2030
글로벌 모바일 금융 서비스 트렌드

GLOBAL MOBILE FINANCIAL SERVICES TREND 2023

서기수 & 서경대학교 MFS 연구회

박영사

옛 중국의 고사성어 중에 선견지명先見之明이란 말이 나옵니다. 현재 상황을 통해 미래를 예측하여 대처하는 지혜, 즉 미리 앞을 내다보는 밝은 시야나 생각이라는 의미인데 최근 몇 년간 국내외 경제 상황은 이 선견지명이 불가능했던 시기라고 보여집니다. 코로나 펜데믹COVID-19의 확산과 계속되는 미국과 중국의 갈등, 러시아의 우크라이나 침공 등 유럽지역의 정세불안과 남유럽 국가들의 재정 문제, 지구 온난화 등 전 세계적으로 발생하고 있는 자연재해 등 너무나 다양한 변수와 사건사고들이 이어지기 때문입니다. 이렇게 어수선하고 불안한 시대에 한쪽에서는 나름 큰 발전과 변화가 이루어지고 있습니다.

바로 금융Finance과 기술Technology의 융합으로 이루어지고 있는 핀테크Fintech 산업의 발전입니다. 기존 전통적인 은행을 중심으로 한 금융기관의 상품과 서비스에 IT기술이 접목되어 다양한 채널의 확대와 빠르고 편리한 고객편의 위주의 금융권의 변화가 이어지고 있습니다. 그 변화의 중심에는 스마트폰의 보급 확산과 젊은 금융 소비자의 지속적인 금융시장 이용, 기존 은행들의 비용절감을 위한 영업점 폐점으로 그 비중이 커지고 있는 모바일 금융Mobile Finance이 있습니다.

이러한 트렌드에 발맞추어 서경대학교의 금융정보공학과에 귀한 사람들이 모였습니다. 서기수교수를 중심으로 해서 만들어진 MFSMobile Financial Service 연구회가 그것인데 이번에 7명의 학생들과 크고 값진 결실을 맺었습니다.

전 세계의 핀테크를 분야별로 나누어서 지급결제, 뱅킹서비스, 대출, 주식투자, 로보어드바이저, 중국 핀테크, 남미와 기타지역 핀테크로 구분해서 다양한 사례와 트렌드를 분석해서 정리를 했습니다. 학생들이 직접 앱App에 가입하면서 회원가입절차와 서비스를 경험하면서 느낀 글로벌 모바일 금융 서비스의 사용설명서라고 보시면 됩니다. 이러한 시도와 결과물은 아직 국내외에 없으며 간단한 사이트나 앱App 소개에 그치는 단편적인 내용들만 있기 때문에 그 가치와 의미가 크다고 볼 수 있습니다. 물론 우리나라의 핀테크 산업이 다른 나라에 비해서 상대적으로 발전속도가 느리거나 부족해서가 아닙니다. 카카오뱅크나 K뱅크, 토스 뱅크의 인터넷 전문은행과 뱅크 샐러드 등의 다양한 금융관련 앱App이 핀테크 산업을 이끌고 있고 기존 전통은행들도 다양한 모바일 서비스를 선보이며 선의의 경쟁을 하고 있습니다. 하지만 세계적인 핀테크, 특히 모바일 금융서비스 시장의 트렌드를 앎으로써 더 빠른 발전과 성장의 디딤돌로 삼자는 것입니다.

부디 본 도서를 통해서 우리나라 핀테크 산업의 발전에 다양한 인사이트Insight와 큰 열매를 맺기 위한 거름이 되었으면 하는 바람 간절합니다. 우리 서경대학교도 항상 핀테크 교육과 산업 발전에 기여토록 관심과 노력을 약속드립니다.

2023년 2월
서경대학교 부총장 **김범준**

머리말

대형 서점에 가보면 부쩍 '핀테크', '디지털', '인공지능', '메타버스', '블록체인' 등의 용어를 책 제목으로 사용한 도서의 발간이 크게 증가했다는 것을 알 수 있다. 아예 관련 도서를 모아서 별도의 공간을 만들어 판매하는 모습도 보이고 있고 비슷한 도서 이름이 많아 내가 보려는 책이 이 책이 맞던가? 하는 착각을 일으키는 경우도 있을 정도로 많은 책이 판매되고 있다.

이는 필자가 모 외국계 은행에서 근무할 당시인 2000년대 초반의 '재테크' 열풍과 비슷하다는 생각을 한다. 아니 그때보다 더하면 더했지 덜 하지는 않을 것 같다는 생각이 든다. 당시에도 '재테크'나 얼마 모으기 등의 도서 제목들이 엄청나게 쏟아져 나왔고 서점에서도 처음으로 '재테크' 관련 도서 공간을 별도로 마련하기 시작했기 때문이다. 이후 2008년 글로벌 금융위기나 최근 코로나 바이러스COVID-19의 발생과 확산시기에도 주식과 부동산을 중심으로 한 투자와 함께 가상화폐나 NFT대체 불가능 토큰: Non-fungible token까지 가세하며 열풍이 사라지지 않고 있다.

핀테크나 디지털금융에 대한 열풍도 향후 지속적으로 이어질 것으로 보이고 관련 상품과 서비스의 범위와 종류도 계속 늘어날 것으로 판단된다.

이는 스마트폰의 이용 확산과 기술 개발의 급격한 발전이 첫 번째 원인이겠고 오프라인 영업점의 운용과 관리에 대한 비용의 부담감으로 인력감축과 함께 지점 폐쇄가 이루어지며 서비스와 상품의 온라인 혹은 모바일화가 이루어지는 것도 이유가 되겠다. 여기에 사회 전반적으로 모든 서비스의 모바일이용 확대도 하나의 역할을 했다고 보여진다. 이처럼 현재 가장 관심을 받고 있고 발전의 대상인 핀테크, 특히 모바일 금융서비스의 동향에 대해서 관심을 갖고 있던 차에 감사하게도 서경대학교와 귀한 인연을 맺으면서 MFSMobile Financial Service연구회를 만들고 학생들과 분야별 글로벌 모바일 금융서비스에 대해서 조사하고 분석하는 과정을 통해서 귀한 결실을 맺게 되었다.

물론 위에도 언급했듯이 시중에는 핀테크나 디지털 금융관련 도서는 넘치게 많다. 하지만 대부분의 도서들은 핀테크의 개념과 함께 관련 정책, 법률, 용어의 설명 및 주요 회사나 앱App에 대한 간단한 코멘트 정도의 정보를 제공하고 있는 반면 본 도서는 글로벌 모바일 금융서비스를 분야별로 지급결제Payment, 주식Stock, 뱅킹Banking, 로보어드바이저Robo-advisor, 대출Loan, 중국과 제3세계의 주요 회사와 앱App 등으로 구분해서 주요 서비스와 회원가입절차와 최근 이슈 사항 등 다양한 정보를 제공하기 때문에 의미가 있다고 생각한다.

또한 각 서비스 별로 국내 경쟁회사나 벤치마크 대상 앱App 서비스 등을 함께 제시해서 향후 국내 모바일 금융서비스의 방향성과 전략수립에 조금이라도 기여할 수 있기를 바랄 뿐이다.

본 도서를 구성하기 위해서 분야별로 직접 해당 사이트나 앱App에 방문해서 하나하나 회원가입 절차를 진행하면서 경험한 내용을 기술해준 서경대학교 MFS연구회 연구원들의 노고에 감사드리고 항상 많은 관심과 격려를 해주신 김범준 서경대학교 부총장님, 금융정보공학과 함형준

교수님 등 학교 관계자분들에게도 감사의 마음을 전한다.

　향후 서경대학교 MFS연구회는 지속적으로 인터넷 전문은행, 모바일 금융서비스 및 메타버스나 다양한 디지털 기술과 금융이 연계된 산업과 상품, 서비스의 발전을 조사하고 분석해서 국내 관련 분야의 발전에 하나의 디딤돌이 되기를 희망하며 가급적 매년 트렌드 정보로 도서나 기타 방법으로 귀한 결실을 제공하려고 계획하고 있다.

2023년 2월 어느날

북한산이 보이는 연구실에서

서경대학교 금융정보공학과 **서기수 교수**

차례

1
금융과 핀테크

2
모바일 금융의 이해

3
글로벌 모바일 금융 트렌드

1

금융과 핀테크

01 · 핀테크의 이해

핀테크(Fintech)라는 표현은 이제 국민 누구나 알거나 한번쯤 들어본 단어가 된 지 오래이다. 2022년 11월 16일에 구글에서 '핀테크'라는 단어를 검색해보니 835만개의 검색건수가 나온다. 그만큼 많은 뉴스와 다양한 정보 컨텐츠에 회자가 되고 있다는 의미일 것이다. 글로벌 모바일 금융서비스의 트렌드와 전망에 대해서 알아보기 전에 우선 핀테크에 대해서 간단하게 정리해보도록 하자.

위키백과사전에서 '핀테크'의 정의는 금융(Financial)과 기술(Technology)의 합성어로 모바일, 빅데이터나 SNS 등의 첨단 정보기술을 기반으로 한 금융서비스 및 산업의 변화를 통칭한다고 되어 있다.

한국통신학회지에 기고된 한 논문*에서는 핀테크의 정의로 금융과 기술을 결합한 용어로 글로벌 ICT 기업이 폭넓은 사용자 기반을 바탕으로 송금, 결제, 대출, 자산관리 등 각종 금융서비스를 결합하여 제공하는 새로운 유형의 금융서비스라고 정의하고 핀테크의 등장은 스마트폰 이용의 보편화로 소비자의 소비행태가 모바일 중심으로 변화하고 있고, 빅데이터 분석 등으로 소비자에게 맞춤형 금융서비스가 가능해진 환경에 기인한다고 주장했다. 이렇듯이 핀테크는 금융상품이나 서비스가 핵심요소이고 여기에 다양한 관련 기술을 접목해서 간편송금이나 상품 가입 등의 사용자 편의가 크게 발전하고 있다.

최근에는 여기에 한걸음 나아가서 '테크핀'이라는 용어가 사용되고 있는데 이는 '기술'이 우선적으로 개발되고 이 기술을 활용할 금융이 접목되는 방식의 개념이라고 보면 된다. 테크핀은 기존의 핀테크와 마찬가지로 금융과 기술의 합성어이지만, 우선순위에 있어서 '기술'이 앞선다는 데에서 차이점이 있고 테크핀 기업은 자체 기술과 플랫폼을 소유하고 있고 유통 등의 비금융 영역의 사업을 통해 확보한 방대한 양의 고객 데이터를 보유하고 있다는 특징이 있다.

핀테크가 기존의 금융을 기술 지원을 통해 편리하게 바꾸는 개념이라면, 테크핀은 기술 혁신을 통해 새로운 금융 서비스를 구축한다는 점에서 차이가 있고

---

* 정보와 통신: 한국통신학회지 = Information & communications magazine v.33 no.2, 2016년. pp.52-58 박재석, 김민진, 황병일(정보통신정책연구원)

1
·
금융과 핀테크

003

핀테크와 테크핀의 차이

[자료: 카카오페이]

구분	핀테크	테크핀
사업 주체	금융회사	IT기업
서비스	금융 서비스를 앱(APP)이나 모바일을 통해 제공	모바일 사용자에게 맞춤화된 금융서비스 제공
서비스 예시	인터넷, 모바일뱅킹, 간편 송금 등	데이터분석을 통한 맞춤형 자산관리 등
고객 데이터 출처	예금과 적금, 대출 등 은행고객 데이터	메신저, 검색, 통신 가입자 등의 데이터
경쟁력	금융업의 노하우와 높은 신뢰도	빅데이터, AI, 블록체인 등 첨단기술

사업 주체 또한 금융 회사와 IT 기업으로 서로 다르다고 볼 수 있다.

최근에는 많은 국내외 빅테크 기업들이 다양한 금융서비스를 선보이며 업무 범위를 확장하고 새로운 수익모델창출과 고객기반확대에 주력하고 있다. 3대 핀테크 거래 지역으로 꼽히고 있는 미국, 아시아, 유럽을 중심으로 해서 꾸준하게 거래가 확대되고 있고 특히 모바일 금융의 경우에는 상대적으로 기존 전통적인 은행이나 금융기관 영업점이 없었던 아프리카나 중남미, 서남아시아 등지에서 활발하게 서비스를 확장하고 있다. 특히 아프리카는 다른 지역의 인건비 상승과 다양한 정치적인 문제가 도출되며 사업위험이 존재하지만 급격한 인구 증가와 국민의식도 점점 높아지고 있기 때문에 전 세계에서 모바일 금융의 떠오르는 메카로 자리 잡고 있다. 나이지리아만 하더라도 인구 2억이 넘는 세계 6위권의 인구 대국이다.

이러한 아프리카의 핀테크 시장 발전은 무선 네트워크 기술의 급격한 발전과 정치가들과 국민들의 의식이 열려지고 있고 소득도 점차로 증가하면서 금융거래와 특히 송금과 지급결제 시장의 발전 속도가 유달리 빠르다.

특히 이동통신사들과 은행들의 협력관계가 예전에는 서로 본인들의 비즈니스를 빼앗긴다는 인식이 많았지만 이제는 이동통신사가 무선송금 서비스를 제공하면서 자연스레 국민들의 금융계좌 가입과 금융거래도 늘어나 서로 윈윈 할 수 있는 토대가 만들어지고 있다.

최근 5년간의 뱅킹과 핀테크 외 지급결제 등 시장의 기존공급자와 새로이 진입하는 신규 공급자의 비율을 살펴보면 모든 분야에서 80% 이상의 신규공급자의 진출과 거래비중을 알 수 있다. 이러한 결과는 그만큼 스타트업 기업 등 창업 시장의 새로운 아이디어로 무장한 신설 기업들과 앱(app)의 출현을 여실히 확인할 수 있다.

　이처럼 핀테크는 금융과 기술의 융화로 새로운 서비스와 금융거래 방식의 혁신을 불러왔고 은행을 중심으로 한 기존 금융기관들에게는 새로운 비즈니스 기회와 수익모델 창출, 신규로 시장에 진입하는 스타트업 기업이나 빅테크 기업들에게는 안정적인 제휴 파트너와 회원 확보를 통한 앱(app) 등의 안정적인 정착과 회사의 성장을 도모할 수 있게 되었다.

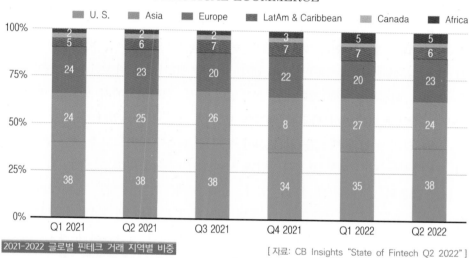

2021-2022 글로벌 핀테크 거래 지역별 비중

[자료: CB Insights "State of Fintech Q2 2022"]

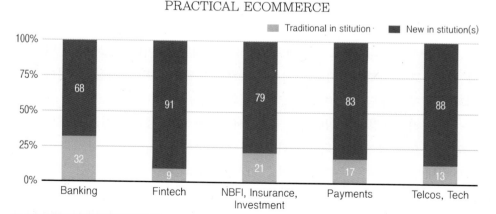

최근 5년간 신·구 공급자별 거래비중

[자료: World Bank Fintech Market Participants Survey, May 2020 to Feb. 2021]

02 · 핀테크 시장동향

　　최근 몇 년 사이 핀테크에 대한 관심과 서비스 종류의 다양화와 발전 속도는 급속도로 빨라지고 있다. 이는 금융서비스 환경자체의 변화에서도 알 수 있는데 2008년도 글로벌 금융위기 이후 금융기관들의 위험관리와 수익채널의 다양화를 위한 고객확보 전략과 맞물려 많은 투자가 이루어지고 있기 때문이다.

　　여기에 코로나 바이러스(COVID-19)의 확산으로 비대면 서비스나 집안에서의 생활이 늘어나면서 고객들의 금융 서비스에 대한 다양한 요구가 이어지는 것도 원인이라고 할 수 있다. 게다가 기존에 IT분야는 은행 등 금융 산업의 후선에서 영업부문을 도와주는 역할이었는데 이제 상품의 가입과 다양한 서비스의 제공을 통해서 핵심부문으로 자리매김하고 있다. 이는 '핀테크'에서 오히려 '테크핀'이라는 용어가 나오면서 확고한 역할의 변화를 각인시키고 있다.

　　핀테크의 성장과 발전을 최근 시장 동향을 통해서 알아보고자 하는데 전체적인 부분에서는 역시 대부분 상품가입과 서비스의 제공에 대한 모바일화가 있겠고 금융 고객들의 인식변화를 들 수 있다. 금융 고객들조차 이제는 일부 PB(Private Banking)나 WM(Wealth Management) 등의 자산관리 부분을 제외하면 대부분 비대면 금융거래를 선호하는 분위기로 바뀌고 있다. 하지만 자산관리 분야조차도 이제는 로보어드바이저 등 알고리즘을 통한 자산관리로 바뀌고 있는 것이 현재의 시장상황이다. 핀테크 분야의 또 다른 변화는 규제나 정책의 변화로 새로운 채널이나 금융거래 형태의 출현이다.

　　2022년 6월 네덜란드 암스테르담에서 개최되었던 '머니 20/20 유럽'의 행사를 취재하고 기사화한 CNBC의 기사에 따르면 핀테크에 대한 가장 큰 변화로 기업과 소비자의 부담을 줄여주는 결제방식의 발전을 들었다.

　　이는 오픈뱅킹이나 임베디드 금융, 서비스형 뱅킹 등으로 최근에 새로운 금융의 개념으로 많이 회자되고 있다.

　　국내에서도 많은 은행들의 집중 마케팅 대상으로 자리잡고 있는 '오픈뱅킹(Open Banking)'은 은행의 송금·결제망을 표준화시키고 개방해서 하나의 앱으로 모든 은행의 계좌 조회, 결제, 송금 등을 할 수 있는 금융 서비스를 의미하고 2019년 10월 30일 시범 운영이 시작돼, 같은 해 12월 18일부터 정식 시행되고 있다.

이는 일반 스타트업 기업과 은행이 함께 이용할 수 있는 공동결제시스템이라고 할 수 있는데 스마트폰에 설치한 응용프로그램(앱)을 통해 모든 은행 계좌에서 결제를 비롯해 잔액 조회, 거래내역 조회, 계좌실명 조회, 송금인 정보조회, 입금입체, 출금이체 등의 금융서비스를 실시간으로 이용할 수 있다. 오픈뱅킹을 통해서 신생 핀테크나 스타트업 기업들이 쉽게 활용할 수 없는 은행권 고객 정보와

국가명	오픈뱅킹 관련 정책
EU	• PSD2(Payment Service Directive 2) 도입('18.1월) ✓ 은행 API를 핀테크기업에 수수료 등 차별 없이 제공토록 의무화 • GDPR(General Data Protection Regulation)에서는 '개인정보이동권'을 도입하여 고객의 정보 자기결정권 강화('18.5월)
영국	• 9대 주요 은행 대상 오픈 API 서비스 실시('18.1월) ✓ 은행들이 오픈 API를 통해 타은행의 고객 정보를 받아, 타은행 계좌의 접근 등 다양한 서비스 실시 → 은행의 결제 기능 강화 및 경쟁 확대 • 英OBIE(Open Banking Implementation Entity)는 기술사양, 보안 등 API 표준요건을 담은 Open Banking Standard 3.0 발표('18.9월) ※ 英 오픈뱅킹 API 이용건수는 19.8월 1.1억건으로 작년 동월(420만건)대비 약 26배 성장
호주	• 재무부에서 오픈뱅킹 구현을 위한 권고안 발표('18.2월) ✓ (4대 주요은행) '19.7월 신용·직불카드 및 예금·거래계좌부터 시작하여 20.2월까지 주택담보대출 등으로 확대 예정 ✓ (기타 은행) 12개월 시차를 두고 점진적으로 확대, '22.7월 전 은행권의 전 금융상품에 대한 API 공개 예정
일본	• 은행법 개정을 통해 핀테크기업에 대한 API 제공 등 의무화('18.6월) ✓ 핀테크기업에 대한 API 제공 기준 공시 및 기준 충족업체에 대해 API 제공 의무화 (법 시행 후 2년내 은행 API 구축 노력 명시) ⇨ 日당국, '20년까지 110개 은행이 API 공개를 완료할 것으로 예상
싱가포르	• 아태지역 최초로 오픈뱅킹 지침 발표('16년) ✓ 정부 주도의 금융데이터 개방 유도 정책* 추진 중 * 은행(Citi, OBCD 등), 지급결제업체(NETS) 등이 거래내역 등 약 310여 종 API 개방 중이며, MAS도 감독 관련 API를 개방하여 레그테크 부문 발전 도모 중
홍콩	• 홍콩금융관리국에서 'Open API Framwork'를 마련('18.7월) ✓ 단계별* 오픈뱅킹 추진 중 * 1단계(은행상품 및 서비스 정보), 2단계(고객의 취득 및 신규 신청), 3단계(계좌정보), 4단계(거래처리)로 구분

[자료: 금융위원회 보도자료]

1 · 금융과 핀테크

함께 다양한 금융서비스를 제공할 수 있게 되면서 다양한 아이디어로 무장해서 혁신적인 상품이나 서비스를 제공할 수 있고 은행들도 신규고객 창출과 기존고객 관리에 있어서 효율성과 추가 거래유도가 가능하게 되었다.

최근 핀테크 트렌드에서 국내외를 막론하고 중요한 변화로 빠질 수 없는 것이 바로 '임베디드 금융(Embedded Finance)이다.

임베디드 금융은 비금융 회사가 입출금 계좌 서비스, 전자지갑, 결제, 대출 등 기존 은행의 서비스와 함께 자사 서비스를 번들(Bundle)로 제공하는 것을 의미한다.

자본시장 연구원의 신경희 연구원은 '임베디드 금융(Embedded Finance)의 성장과 규제' 보고서에서 임베디드 금융의 의미를 비금융회사가 금융회사의 금융상품을 중개·재판매하는 것을 넘어 자사 플랫폼에 핀테크 기능을 내재화(embed)하는 것을 말한다고 정의했다. 보고서의 내용을 좀 더 살펴보면 임베디드 금융은 금융서비스를 비금융회사에서 번들(bundle)처럼 다른 서비스와 함께 제공하는 것으로, 비금융회사가 본업인 온라인 제품 판매, 서비스를 수행하면서 관련 금융상품과 서비스를 함께 제공하여 금융수익을 추가로 획득하는 핀테크를 말한다. 지금까지의 핀테크 서비스는 결제, 송금, P2P 금융, 자산관리 등 개별 서비스별로 신규 사업자가 서비스를 제공하고 고객을 모으는 형태였다면, 임베디드 금융은 이미 고객이 확보되어 있는 비금융 서비스에 금융기능을 결합하여 제공하는 방식이라고 할 수 있다. 예를 들어, 금융기관이 제공하는 수단을 직접 이용하지 않아도 결제를 할 수 있는 네이버페이, 카카오페이, 페이코 등의 간편결제, 스타벅스의 모바일 앱(사이렌오더)과 선불카드 결제, 현대차 그룹의 차량 내 간편 결제 서비스, 테슬라의 자체 보험 서비스 등을 들 수 있다.

이외에도 전자신문이 2021년 12월 27일 자 기사로 정리한 주요 해외 미디어와 시장조사업체가 전망하는 핀테크 시장 트렌드를 살펴보면 크게 6가지로 구분할 수 있다.

첫 번째로 화이트 레이블 금융 상품 확산으로 여기서 화이트 레이블은 서비스형 뱅킹(BaaS: Bank-as-a-Service)과 핀테크 기술로 구현되는 대표 금융 상품을 의미한다. 서비스형 뱅킹은 규제기관의 승인을 받은 은행이 핀테크 업체와 비은행 기관이나 회사 등에 새로운 서비스를 개발할 수 있도록 API를 개방하는 서비스를 말한다. 이제 금융기관의 고객데이터와 거래정보는 금융기관만의 전유물

임베디드 금융 기업 사례

[자료: 자본시장 연구원 보고서]

테슬라	• 자동차 시스템에 수집되는 실시간 정보를 바탕으로 해당 차량 운전자의 사고위험과 수리비용을 정확하게 예측한 자체 보험을 제공
구글맵	• 네비게이션 기능을 사용하는 고객 대상으로 미국 400개 이상의 도시에서 지도앱으로 정산할 수 있는 서비스 제공
람다스쿨 (Lambda)	• 온라인 코딩 교육 사이트인 람다스쿨은 수업료 결제 시 할부, 미래소득 발생에 따른 지불계약 체결 등 직접거래를 통해 은행 대출을 대체
네이버 파이낸셜	• 대안신용평가시스템(ACSS)을 통한 신용대출 등의 금융서비스를 제공하고 있으며 보험 등에도 진출 예정
카카오	• 결제, 은행, 증권에 이어 디지털 손해보험에도 직접 진출하기로 결정하고 예비 인가를 준비 중
쇼피파이 (Shopify)	• 캐나다 온라인 쇼핑 플랫폼인 쇼피파이는 핀테크 업체 어펌(Affirm)과 파트너십을 맺고 자사 플랫폼 이용 고객이 50~1,000달러 금액의 상품을 무이자 할부로 구매할 수 있도록 할부금융 서비스를 제공 • 판매자는 상품 판매 즉시 전액을 받고, 어펌(Affirm)이 나머지 할부 금액에 대해 책임을 지는 구조 • 소비자는 신용카드가 없더라도 쇼피파이 앱 내에서 체크아웃을 할 때 제공되는 옵션을 간편하게 선택
아마존 (Amazon)	• 입점업체 대상 대출 프로그램인 아마존 렌딩(Amazon Lending)을 운영

이라고 할 수 없고 다양한 형태로 빅테크나 핀테크 기업들과 협업을 통해서 재생산, 활용해야 하는 시대가 도래되었다. 이러한 개념은 상품은 금융사가 만들고 제공하지만(금융사=디스트리뷰터), 소비자 서비스는 비금융권 업체의 온라인 플랫폼(=리셀러)에서 이뤄진다고 정의할 수 있다.

두 번째 핀테크 트렌드는 '데이터 어그리게이터'라고 할 수 있는데 향후 핀테크분야의 트렌드로 데이터 수집 업체의 역할이 커지고 데이터 관련 시장이 급속도로 발전할 것으로 보여진다. 데이터 수집업체는 핀테크 기업과 금융기관을 개인 사용자나 기업의 금융 계좌와 연결하고 금융서비스에 필요한 정보를 제공하는 역할을 한다. 빌 게이츠가 얘기했듯이 이제는 석유의 시대에서 데이터의 시대로 접어들었으며 데이터 어그리게이터의 금융 데이터 수집으로 금융소비자의 다양한 금융거래 정보를 통해서 새로운 마케팅 아이디어와 상품과 서비스의 개선에 큰 역할을 할 것으로 보인다. 2020년 지구촌에서 매초마다 1.7MB 데이터를 만들었다는 통계가 있다. 핀테크 업체와 고객은 금융 상태를 보다 포괄적으로 파악하기 위해 많은 데이터를 수집하고 이를 통해 다시 방대한 데이터를 생성해내고 금융기관은 데이터 수집업체와 협력해 고객 이탈 방지와 서비스 개선에 금융 빅데이터를 사용할 수 있다.

모 은행에서 향후 모든 영업점에 통계전문가를 육성해서 지점 차원에서의 영업과 마케팅에 고객 데이터를 활용하겠다고 발표한 적이 있는데 이렇듯이 금융기관들이 신규 고객창출과 함께 기존 거래 고객들의 정보를 수집정리함에 있어서 데이터 수집과 활용 관련 핀테크 기업들과의 연계가 필요하게 되었다.

세 번째는 '블록체인 기술과 사이버 보안' 시장의 확대인데 마켓앤마켓에 따르면 2021년 세계 블록체인 시장은 49억 달러(약 5조 8,000억 원) 규모이며 무려 68.4%의 연평균 성장률로 2026년이면 674억 달러(약 80조 원) 규모에 이를 것으로 발표했다. 디지털 금융과 거래에서 가장 중요한 요소가 블록체인이라는 것은 이제 누구나 아는 사실인데 고객의 거래정보를 분산화된 관리로 특정 개인이나 기업, 정부, 은행이 통제할 수 없게 되었기 때문이다. 블록체인은 은행과 금융기관의 비효율성을 제거해줄 수 있는데 이러한 비효율성은 주로 정산과 종료 절차에서 발생하고 핀테크 산업에 주는 블록체인의 가장 큰 영향은 금융 사기와 사이버 공격을 줄여준다는 것이다. 핀테크 기업은 누군가의 개입이 없는 안전한 정보를 탈중앙화된 네트워크를 통해 전송하거나 공유할 수 있으며 마켓앤마켓은 뱅킹과 사이버 보안에서의 확산, 결제와 스마트 계약, 디지털 ID에서의 채택 급증, 정부 차원 이니셔티브 등과 함께 이 시장에 몰려드는 벤처 캐피털 펀딩과 투자로 블록체인 시장이 더더욱 커지고 있다고 전했다.

네 번째 핀테크 트렌드로 'RPA·인텔리전스 프로세스 자동화'를 들 수 있는데 로봇공정자동화(RPA)를 사용해 금융기관은 비교적 적은 투자로 더 큰 효율성을 얻을 수 있는데 RPA는 소프트웨어 봇을 사용해 일상적이고 반복적인 비즈니스 활동을 수행하는 것으로, 단순 반복 업무로부터 인적 자원을 해방시키고 보다 가치 있는 업무에 효율적으로 배치할 수 있게 할 수 있다. 파이낸셜 브랜드의 최근 기사를 살펴보면 2022년 리테일뱅킹 기술 6가지 트렌드 중 하나로 지능형 프로세스 자동화를 꼽았고 매킨지는 수십년 내에 인력이 수행하던 기존 업무의 절반 가까이가 자동화될 것으로 예상했다. 2025년에는 500억 개 이상 기기가 사물인터넷(IoT)에 연결될 것이며 로봇, 자동화, 3D 프린팅 등을 통해 연간 약 79.4ZB

(제타바이트) 데이터가 생성된다는 전망을 발표했다. 그랜드뷰 리서치의 RTA 보고서에 따르면 2020년 세계 RPA 시장은 15억 7,000만 달러(약 1조 8,000억 원) 규모였으며 2021년부터 32.8%의 연간평균성장률로 2028년 말이면 137억 4,000만 달러(약 16조 3,000억 원) 규모에 이를 것으로 예상했고 그랜드뷰 리서치는 "RPA와 머신러닝을 통합하면 소프트웨어 봇 기능을 규칙 기반 프로세스 이상으로 향상시켜 사람과 비슷한 수준의 의사결정 기술을 수행할 수 있으며 AI와 통합하면 비정형 데이터의 구조화, 비즈니스 통찰력과 데이터 무결성 향상 등을 지원할 수 있다고 했다. 이를 금융과 연계해서 활용하면 무인점포나 기존 CD, ATM기를 활용한 다양한 서비스개발이 가능하고 화상 상담 등 새로운 개념의 금융서비스 시행도 기대해 볼 만하겠다.

다섯 번째 핀테크 기술 트렌드는 '결제 기술의 변화―캐시리스와 음성 지원 결제'라고 정의하는데 캐시리스(cashless), 즉 무현금 결제 방식이 활성화될 것으로 예상된다. 또한 신용카드 등 플라스틱 결제수단은 줄어들고 점점 지문이나 홍채 등 다양한 방법의 결제기술이 시도될 것으로 보여진다. 영국은 2026년쯤 거의 모든 결제에서 현금을 찾아볼 수 없을 것으로 보고 있고 글로벌프로세싱 서비스(GPS)에 따르면 스웨덴은 2023년 3월까지 완전 무현금의 디지털 결제로 전환을 추진하고 있고 미국 샌프란시스코 소재 페더럴 리저브 뱅크에 따르면 미국에선 2020년 기준 모든 결제에서 전액 현금을 사용하는 비중은 26%, 10달러 이하 소액 결제에서 현금을 사용하는 경우는 47%였다고 한다.

무현금 결제는 자동화된 매장 증가와 이에 따라 휴대폰을 통한 비접촉식 결제 수단을 대중적으로 사용하면서 확대될 것으로 보이고 물리적 미디어로 된 신용카드와 직불카드 발행도 줄어들거나 아예 사라질 것으로 예상된다. 음성 기술은 결제를 포함한 전반적인 금융거래의 새로운 수단으로 자리매김 하고 있는데 핀테크뿐 아니라 모든 산업에서 음성 기반 기술은 현재의 ARS 차원을 넘어설 것으로 보인다.

음성 기술 장점은 키 입력보다 빠른시간 내에 필요한 정보를 획득할 수 있다는 점으로 자연어 처리, 자연어 이해, 자연어 생성의 기술 향상은 사람이 아닌 시스템과 상담하지만 사람 상담원과 동일한 수준으로 대화 및 상호작용할 수 있게 해주고 이는 은행의 고객 관계 관리 발전에 큰 역할을 할 것이다.

핀테크 트렌드 여섯 번째는 바로 '디지털 뱅킹과 지점 폐쇄 가속화'를 들 수 있다.

COVID-19의 확산과 소비자 행태 변화 등으로 비대면 금융 거래가 증가하고 모바일 뱅킹, 디지털 뱅킹이 확산되고 있다. 이는 은행 등 금융기관들이 기존 영업점을 폐쇄하고 통합하는 과정으로 진행되는데 영국 위치 조사에 따르면 2021년 12월 기준, 2015년 1월부터 매월 54개꼴로 현재까지 4,734개의 영국 시중은행 지점들이 폐쇄했거나 폐쇄 예정인 것으로 나타났다. 2021년만 놓고 보면 736개 지점, 2022년 말이면 추가로 220개 지점이 폐쇄될 것으로 보고 있다. 이는 국내 은행의 상황에서도 마찬가지로 금융감독원의 자료에 의하면 2017년부터 2022년 8월까지 폐쇄된 국내 은행 지점은 총 1,112개인 것으로 조사됐다. 연도별로는 ▲2017년 340개 ▲2018년 74개 ▲2019년 94개 ▲2020년 216개 ▲2021년 209개 ▲2022년 8월 179개였다.

문제는 앞으로 계속적으로 은행 폐쇄가 이어질 것이라는 점이다. 은행 지점 폐쇄의 가장 큰 이유는 모바일 등 온라인 뱅킹, 디지털 뱅킹의 확산이 큰데 영국 은행 연합회인 UK파이낸스에 따르면 2020년 기준 영국 성인 3분의 2에 해당하는 72%가 온라인 뱅킹을 사용하고 있으며 모바일 뱅킹 이용자는 절반을 넘어선 54%다.

미국도 마찬가지로 미국 통계조사 업체 스테이티스타 자료에 따르면 2021년 미국 시민 64.6%가 온라인뱅킹을 이용하고 있으며, 이는 마침내 온라인뱅킹이 금융의 변혁적 도구가 됐다는 것을 의미한다. 디지털 뱅킹은 단지 종이와 현금이 사라진 금융 거래를 뜻하는 게 아니라 오랜 시간 동안 금융서비스를 장악했던 전통적 중앙집중형 뱅킹 모델에서 분산형의 기술 중심적 뱅킹모델로 전환을 뜻하고 블록체인도 힘을 보태고 있는 분산형 모델은 DeFi(Decentralized Finance)로 통칭되며 금융 산업 패러다임의 변화를 주도하고 있다.

이처럼 다양한 분야에서 핀테크의 변화와 발전이 급속도로 진행되고 있다. 따라서 단순히 금융업에 근무하건 다른 업종에 근무하건 인공지능(AI), 빅데이터(Big Data), 블록체인(Block Chain) 등의 IT융합 기술이나 지식, 마인드와의 동행은 받아들여야 할 변화의 핵심이고 금융권 내에서도 분야별 최근 트렌드에 대한 내용을 정리해 보도록 하자.

가. 은행

은행은 전통적으로 모든 금융 산업의 핵심이자 기준이 되는 회사이다. 과거부터 지금까지 은행업의 흥망성쇠가 곧 국가 경제의 근간이 되고 국민들의 희로애락을 함께하는 채널이기도 하였다. 따라서 은행업의 변화는 모든 금융기관 나아가서는 다른 산업에까지 큰 영향을 미치게 된다. 핀테크 분야에 있어서 은행업은 변화를 주도적으로 이끌고 있다. 하지만 지급결제(Payment)를 중심으로 핀테크 스타트업 기업들의 금융 서비스 시장의 진입으로 경쟁이 점점 치열해질 전망이다.

'은행 업무는 필요하지만 은행은 필요 없다(Banking is necessary, banks are not)'고 했던 빌 게이츠의 1994년 발언이 현실화되고 있다고 봐도 무방할 것이다.

은행의 업무는 크게 입출금 및 보관, 이체(송금), 여신, 자산유동화, 보안 등의 다양한 기존 업무가 인터넷이나 모바일 뱅킹, 간편 결제, 신용평가와 P2P 대출 플랫폼, 팩토링과 블록체인 기술로 변화하거나 도입이 되면서 핀테크 혁신을 리드하고 있다. 삼정 KPMG 경제연구원이 2021년 발간한 '은행산업에 펼쳐지는 디지털 혁명과 금융패권의 미래' 보고서에서 은행이 핀테크를 도입하고 변화해야 하는 이유를 크게 5가지로 구분하고 있다.

첫째로 MZ세대라고 불리는 새로운 금융 소비층으로 인해서 금융도 신선한 경험과 편의성을 매우 중시하게 되었다. 고객경험마케팅(CEM)이 모든 분야에서 마케팅의 핵심으로 자리 잡고 있는 상황에서 고객들이 다른 채널에서 경험하는 것을 금융권에서도 도입하지 않을 수 없게 된 것이다. 은행의 변화 이유 두 번째로는 기술발전과 디지털화를 꼽을 수 있다. 사회전반적인 디지털 기술이나 서비스의 도입으로 은행을 중심으로 한 금융기관도 디지털화가 생존을 결정하는 요인이 되고 있다. 현재 대부분 은행들의 TV광고나 마케팅의 핵심은 은행 앱(App) 광고가 대부분이라는 점을 우리는 알고 있을 것이다. 세 번째 변화 이유는 디지털화에 이은 모바일 채널의 급부상을 들 수 있고 이어서 오픈뱅킹, 마이데이터, 마이페이먼트 등 금융규제가 금융 혁신을 촉진하는 방향으로 완화 내지는 바뀌고 있고 기존 은행권의 마인드와 비즈니스 모델로는 대응하기 어려운 시장 상황이 도래되었다.

따라서 향후 은행업의 핀테크 시대의 서비스 방향은 금융서비스의 초 개인화, 오픈플랫폼 활성화, 데이터 역량과 기술의 자산화, 전략적이고 기능적인 파트너십 확대, 원스톱 금융서비스 제공 등으로 정리할 수 있다. 최근에는 각 은행들이 헬스케어나 요양서비스, 유통, 게임, 편의점 등과의 제휴를 통해서 새로운 비즈니스 모델을 구축하고 있고 금융업을 초월한 다양한 분야와의 협업을 통해서 생존전략을 구축하고 있다.

또한 기존 하나의 은행에서 모든 금융 업무를 제공하는 번들링(Bundling)서비스의 시대에서 다양한 고객들의 니즈에 부합하고 상품과 서비스를 별도로 신속히 제공하는 언번들링(Un-Bundling)서비스로 변화되었고 빅테크 기업들이 슈퍼앱(Super App)이라고 불리는 플랫폼을 구축하며 다시 금융서비스들을 종합적으로 제공하는 리번들링(Re-Bundling)화된 서비스가 진행되고 있다. 따라서 핀테크 기업들이 대부분의 은행 업무를 제공하게 되었고 은행들은 판매업자에서 제조업자로 역할의 중심이 바뀌는 분위기로 가고 있다.

이러한 뱅킹의 밸류체인 서비스의 변화가 소비자들에게는 나만을 위한 나와 맞는 맞춤형 서비스나 상품의 제공이라는 장점과 신속하고 저렴한 비용으로 금융 거래를 할 수 있다는 장점이 있기 때문에 지속적으로 금융 채널의 변화 특히 은행업의 핀테크 기업화로 변하는 모습을 계속 지켜보게 될 것이다.

Banking Service   🔍

1 데이터 기반 기능적 관점의 "금융서비스 초개인화"
- 맞춤화된 금융 서비스 제공 및 데이터 역량을 극대화할 수 있는 디지털 신기술 도입
- 데이터 전문가 및 디지털 인프라 확보 필요

2 뱅킹의 플랫폼화 "오픈플랫폼 활성화"
- 고객 데이터 · 오픈 API 활용 등 미래 수익을 창출할 수 있는 방안 검토
- 마켓플레이스 등 자사 디지털 전략 · 여건에 적합한 플랫폼화 전략 수립

3 데이터 기반 신사업 기회 "데이터 역량 · 기술 자산화"
- 데이터 역량 · 기술 자산화 및 이를 기반으로 B2B 금융솔루션을 제공하는 기술플랫폼 사업 등 데이터 기반 신사업 기회 지향

4 비금융과 연계 "전략적 · 기능적 파트너십 확대"
- 금융뿐만 아니라 이종 산업과의 적극적인 파트너십 지향
- 금융 · 비금융을 아우르는 차별화된 데이터 역량확보 및 밸류체인 확대

5 금융 서비스 리번들링 "원스톱 금융서비스"
- 뱅킹 외 보험 등 타 금융 서비스도 원스톱으로 연계하는 리번들링 강화
- 금융서비스 간 연계성 강화 및 교차판매 촉진

디지털, 데이터 경제 시대의 뱅킹서비스 방향성   [자료: 삼정 KPMG 리포트]

나. 증권

증권회사의 핀테크 접목은 오래전부터 진행되어 왔다고 해도 과언이 아니다. 핀테크라는 용어가 사용되기 전부터 기존에 홈트레이딩시스템(HTS: Home Tranding System)을 통해서 주식거래 서비스를 제공하고 있었으며 이어서 모바일트레이딩 시스템(MTS: Mobile Trading System)을 도입하면서 걸어 다니면서 주식에 투자하는 시대를 열었다.

최근에는 여기서 업그레이드 된 서비스를 제공하고 있는데 국내주식과 해외 거래를 모두 거래할 수 있고 계좌개설, 금융상품, 인공지능(AI) 자산관리를 앱(App) 에서 진행할 수 있다.

최근 증권회사의 디지털 전환(DT; Digital Transfomation)에 속도를 내고 있는데 특히 은행과 마찬가지로 개인이 직접 금융데이터를 관리·통제할 수 있도록 하는 '마이데이터' 서비스가 본격화되어 한 앱에서 모든 금융 정보와 계좌 등을 관리할 수 있게 되면서 영역을 초월한 경쟁이 치열할 것으로 보여 진다. 2022년 각 증권 회사 대표들의 신년사에서 가장 많이 언급된 단어가 '디지털 전환'과 '고객중심' 이라는 것을 이를 입증한다. 개인투자자 1,000만명 시대를 맞아 고객서비스를 중 점으로 증권회사의 핀테크 도입과 적용은 선택이 아닌 필수가 되었다.

최근 몇 년 동안 MTS 이용자 비중이 크게 증가하고 있는데 스마트폰의 보급 과 함께 2009년 도입된 MTS의 이용자 비중은 현재 50%를 넘어서며 MTS는 주식 투자에 있어 주거래 수단이 되었다. Koscom Newsroom의 '차세대 MTS 경쟁,

개인투자자의 거래 수단별 비중 추이

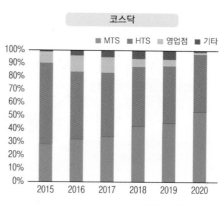

[자료: 한국거래소]

'합쳐야 산다' 보고서에 의하면 MTS 이용자 비중은 2015년 유가증권 및 코스닥 시장에서 27.3%, 28.34%에 불과했으나 2020년 50%를 넘어서며 각각 54.8%, 53.9%를 차지했다. 특히, 2019년부터는 기존 주요 거래수단이었던 HTS를 추월했고 MTS 이용자 증가는 95%에 달하는 스마트폰 보급률과 함께 개인투자자들의 대거 발생이 원인이라고 보고 있다. 개인 투자자 주식 거래 규모는 2019년 2,963조 원에서 2020년 8,800조 원으로 3배가량 증가했고, 2021년에는 9,885조 원의 규모를 기록했다. 활동 계좌 수도 2020년 초 2,936만 개에서 2022년 초에는 6,000만 개를 돌파했다. 이전 2017년부터 2019년까지의 신규 계좌 개설 수가 618만 개인 것을 감안하면 2020년부터 신규 투자자의 유입이 급격하게 증가한 것임을 알 수 있다.

　여기에 2020년 COVID-19라는 팬데믹 상황이 더해져 주가 급락으로 인한 저가 매수의 기회가 찾아왔고, 경제적 불안감으로 인한 청년층의 재테크에 대한 관심 증대가 일명 '동학개미'라 불리는 개인투자자 층을 만들었다. 특히, 핀테크 증권사 출범은 개인 투자자의 이용 편의성을 높여 신규 투자자와 젊은 층의 투자자가 MTS로 주식 투자를 하는 계기가 되었다. 하나의 플랫폼에서 모든 걸 해결할 수 있다는 강점을 내세우며 로그인 절차를 간편하게 하고 메뉴 접근을 단순화하는 등의 차별화된 시스템으로 젊은 투자자를 끌어들이고 있다. 2021년 3월 출시된 토스증권은 이용자 편의성에 중점을 둔 MTS로 출시 3개월 만에 350만 개를 넘는 계좌 수를 기록했다. 모바일 환경에 최적화된 UI/UX로 사용자 층을 늘려가고 있으며, 쉬운 용어 사용과 필요한 정보를 압축적으로 보여주고 연동된 계좌에서 바로 거래 금액을 충당할 수 있는 것이 특징이다. 토스 앱은 20대의 80%, 30대의 68%가 이용할 정도로 젊은 층에서 높은 인기를 끌었다. 2021년 말 인가를 받

[자료: 삼정KPMG 경제연구원]

국내 증권사의 디지털 혁신 방향

은 카카오페이증권도 2022년 4월 MTS 서비스를 정식으로 시작했는데 쉽고 편리한 UI/UX를 구축해 초보 투자자의 편의성을 높였고 통합증거금, 캔들 차트, 다양한 지표와 같이 주식 경험이 많은 투자자들이 필요로 하는 기능을 갖춰 다양한 고객군을 MTS 이용자로 끌어들이기에 용이하다.

이미 이 회사들은 인터넷 전문은행을 설립해서 은행 분야에서도 독특하고 차별화된 상품과 서비스로 영역을 넓히고 있는데 증권업까지 진출해서 새로운 시도를 하고 있는 것이다. 이 외에도 최근 증권사들은 소수점 거래 서비스, 실시간

주요 증권사 통합형 MTS 개발 및 출시현황 [자료: 2022년 7월 14일 '차세대 MTS경쟁, '합쳐야 산다' 보고서]

회사	주요 내용
MIRAE ASSET 미래에셋증권	• 지난 6월 사용자 편의성 높인 통합앱 '엠스톡'(M-Stock) 출시 • 기존 거래앱 '엠스톡', 해외 거래앱 '엠글로벌', WM '엠올' 통합 운영
NH투자증권	• 모바일 증권나무 → 나무증권 리브랜딩 • 해외주식 소수점 거래 종목을 309개 → 467개로 확대
삼성증권	• '엠팝' 대비 전체 메뉴 수를 510 → 78개로 대폭 감소 • 한 화면에서 국내외 주식 주문 가능한 '오늘의 투자' 출시
신한투자증권	• 쉬운 용어 변경 및 메뉴 이동경로 간소화 등 '신한 알파' 개편 • 앱 고객이 PB 상담 원할 경우 비대면 투자 상담 가능
키움증권	• 조만간 국내주식 거래 플랫폼 '영웅문S'와 해외주식 거래 플랫폼 '영웅문S글로벌' 통합한 앱 출시 예정 • 계좌개설, 국내외 주식, 금융상품, AI 자산관리 등 하나의 앱에서 거래 가능
한화투자증권	• MTS에 프리미엄 정보 서비스 추가
유진투자증권	• MZ세대를 타깃으로 한 간편 투자앱 출시(키워드 뉴스 제공) • SNS에 특화된 UI 제공
eBEST 이베스트투자증권	• 누구나 간편하게 접근해서 투자 가능한 맞춤형 MTS 개발
pay 증권	• 올 초 MTS 출시하고 국내외 주식과 ETF·ETN 거래 서비스를 진행 • 6월 '주식 선물하기' 서비스 오픈
토스증권	• 올 초 MTS 개편, 국내외 투자종목 확대, 매매 기능 추가, 알림 기능 세분화 등 추진 • 프리마켓(저녁 9시~11시 30분). 애프터마켓(오전 6시~8시)에서의 거래 가능 시간 확대

해외주식 거래, 인공지능(AI) 투자자문 등 다양한 디지털 서비스를 MTS를 통해서 제공하고 있다. 예전의 HTS에서 MTS가 단순한 주식투자에 있어서 주가 조회 및 투자거래만 하는 수단이 아니라 다양한 금융상품 가입과 상담 및 금융상품의 자산관리까지도 가능한 개인 투자집사의 역할을 하고 있는 것이다.

이처럼 최근 증권업에서도 은행과 마찬가지로 핀테크 기업들의 시장진입으로 새로운 경쟁구도가 형성되고 상호 발전하는 선의의 경쟁시대로 접어들었다.

증권회사의 핀테크 서비스 관련 전망은 고객맞춤에 주력하면서 신속한 매수나 매도 거래서비스의 제공과 함께 보안에 대한 철저한 대비 등을 들 수 있겠고 마이데이터 등을 통해서 투자자에게 단순히 진열방식 자산의 나열보다는 보유자산을 진단하고 평가하고 포트폴리오를 제시하는 수준으로 한걸음 진보하고 있다.

다. 보험

최근 몇 년 사이 금융업의 화두는 '핀테크'와 더불어 '비교'가 아닐까 싶다. 은행연합회에서 운영하고 있는 소비자포탈(portal.kfb.or.kr)사이트를 방문하면 모든 은행들의 예적금 금리와 대출금리, 예대금리차, 신탁상품 수익률, 퇴직연금 수익률, 예금과 대출수수료를 조회할 수 있어 비교해보고 나에게 유리하고 저렴한 상품이나 대출을 알아볼 수 있다.

또한 최근에 서비스를 시작하는 금융과 관련된 앱(App)들 대부분이 주요 서비스에 해당하는 금융상품이나 서비스를 비교해서 사용자에게 맞는 최적화된 상품과 서비스를 추천하는 방식이 기본적으로 제공된다.

그런데 금융상품 비교 서비스의 원조는 '보험' 분야가 아닐까 싶다. 보험비교 서비스는 이미 예전부터 온오프라인으로 인터넷 사이트와 보험설계사들의 영업에서도 가장 고객에게 어필하는 서비스로 인식되어 왔다. 즉 현재 고객이 가입해서 월 보험료를 납부하고 있는 보험 상품을 분석해주고 모자란 보장 부분이나 추가할 사항들을 체크해서 새로운 보험 상품을 권하는 방식인데 이런 과정에서 보험 독립법인대리점(GA: General Agency)에 속한 보험설계사나 회사들이 모든 보험회사의 보험 상품을 취급한다는 장점을 내세워 영업을 하고 있었다. 최근에는 여기에 핀테크 기술이 가미되어 좀 더 고객들에게 최적화된 보험 상품을 비교하고 추천하는 보험 비교, 추천 플랫폼 서비스를 정부에서 추진하면서 소속 설계사들의 대량 실직을 우려한 보험 독립법인대리점(GA)들의 반발로 갈등이 커지고 있다.

어떤 방식으로건 판매만 되면 좋을 것 같은 보험 상품의 제조회사인 보험사들도 부정적인 분위기가 많다. 보험사의 경우 '수수료 책정'에 대해서 우려를 나타내고 있는데 보험업계는 '보험 계약 건수별 수수료 지급을 가이드라인에 명시하자'는 입장을 고수하고 있으며 카카오와 네이버, 토스 등 빅테크 업체들은 '수수료 지급 방식을 가이드라인에 명시하면 안 된다'고 맞서고 있기 때문이다. 서비스 대상 상품들도 논쟁의 대상으로 금융위원회는 보험비교, 추천 플랫폼 사업에 대해서 가이드라인을 정하면서 상품으로 종신보험, 외화보험, 변액보험 등을 비교·추천에서 제외되는 상품의 예로 들었는데, 보험업계에서는 자동차보험이나 간단한 미니보험들의 경우 구조가 간단하고 약관들도 어렵지 않아 고객들이 인터넷에서 비교하고 가입하는 게 크게 문제가 되지 않지만 종신보험이나 변액보험 등 복잡한 상품들이 보험상품 비교, 추천 플랫폼에서 소비자에게 전달되고 가입하는 과정에서 불완전판매 요인이 발생할 수도 있다는 것이다. 이처럼 보험업계에서도 제조와 판매사의 입장이 다르고 핀테크 기업들의 입장이 달라서 향후 보험 핀테크 비즈니스의 이슈가 이어질 전망이다.

보험업계의 핀테크 기술 접목은 이처럼 비교서비스의 활성화로 예전부터 진행되어 왔으며 최근에도 비대면 금융거래가 늘어나면서 금융소비자의 불편성 해소와 최근 보험시장 진입규제 완화와 평균수명 100세 시대의 다양한 연금과 질병 발생의 증가로 새로운 수익모델을 고민하는 빅테크 기업들의 관심과 진입노력으로 보험업의 핀테크 접목은 속도를 내고 있다.

플랫폼 기업들은 보유하고 있는 기술을 활용해서 빅데이터와 인공지능(AI)을 활용해서 보험회사의 언더라이팅 정교화를 도와주거나 계열사의 검색, 쇼핑, SNS서비스 등을 활용해서 고객 DB창출을 하고 있으며 기업들과의 제휴나 협업을 통해서 보험가입자의 상품관리와 보험금 지급 등 다양한 핀테크 서비스를 선보이고 있다.

최근에는 보험업계에서도 임베디드(Embedded) 보험에 대한 관심이 증가하고 있다. 앞 장에서 언급했듯이 임베디드 금융은 핀테크의 트렌드에서 빼놓을 수 없는 키워드로 자리 잡고 있는데 특히 보험업종에서도 활용되고 있다. 임베디드 보험은 비보험 상품과 서비스 기업이 제공하는 상품에 보험 상품과 서비스가 내재되어 비보험 기업에 의해 제공되는 보험 상품을 의미한다. 즉 소비자가 비보험 상품 및 서비스를 추천받고 구매하는 과정에서 장소와 시간에 구애 없이 구매가

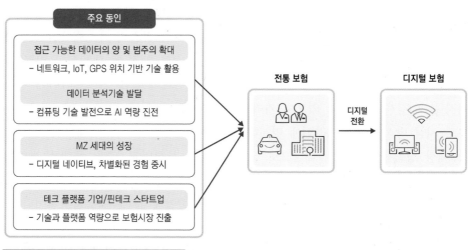

디지털 환경 변화와 보험 산업의 디지털 전환

[자료: 보험연구원 '디지털 환경과 보험산업' 보고서(2021. 7)]

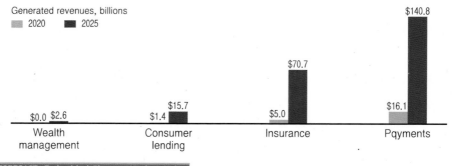

FORECAST: Embedded Finance Market Value

[자료: Lightyear Capital, 2020]

가능하다는 점이 장점으로 보여진다. 보험연구원의 자료*를 살펴보면 임베디드 보험의 부상 요소들로 클라우드 및 API 기술의 발전 및 보급 확대 등 IT 기술의 발달과 소비자의 소비행태 및 니즈 변화, 각종 관련 규제 완화와 규제 정비, 데이터 기반 맞춤형 상품 제공 요구의 증가를 들 수 있다.

향후 글로벌 보험시장에서 임베디드 보험시장의 가치는 2025년까지 약 700억 달러 이상이 될 것으로 예상되며 생명, 건강보험 분야까지 기술이 적용되면 약 3조 달러 이상의 가치를 창출할 것으로 예상된다.

• 2022년 9월 22일 코리아 핀테크 위크에서 보험연구원의 손재희 연구위원의 발표자료.

임베디드 보험은 제공되는 상품의 내용에 따라서 소프트 임베디드 보험, 하드 임베디드 보험, 완전 결합 임베디드 보험으로 구분하는데 그 내용은 아래와 같다.

임베디드 보험의 형태　　　　　　　　[자료: 보험연구원 보고서 '임베디드 보험이란 무엇인가?'(2022. 9)]

소프트 임베디드 보험(Opt-in)	하드 임베디드 보험(Opt-out)	완전 결합 임베디드 보험
• 상품구매 시 발생할 수 있는 위험을 보장하는 보험 상품을 실시간으로 제시하는 형태 • 소비자는 보험 구매를 선택할 수 있음 예: 비행기 티켓예약 시 항공사가 여행자 보험을 제시	• 특정 상품 구매 시 보험 상품이 기본적으로 포함되어 있어 판매됨 • 소비자는 보험 상품 구매를 거부할 수 있음 예: 전자제품 구매 시 구매가격에 포함되어 있는 Extended Warranty 보험	• 상품에 보험이 완전히 포함되어 있어 구매 시 보험가입이 필수임 • 소비자는 보험 구매를 선택할 수 없음 예: 테슬라 자동차 구매 시 함께 구매하는 자동차 보험

이처럼 빅테크나 핀테크 기업들이 제공하는 보험서비스의 내용과 발전이 속도를 내고 있다. 이제는 보험상품에 대한 단순 비교를 넘어 다른 소비자들의 리뷰와 평가를 감안해서 가입하고 있는데 본인신용정보관리업(마이데이터사업)을 기반으로 상품분석시스템이 고도화되면서 가능해지게 되었다. 사용자가 가입한 보험 내역을 동갑이거나 비슷한 나이대의 고객들과 비교해주고 동일 조건 군의 가입 내용과 비교해주는 카카오페이의 '내 보험 리포트'서비스나 보험가입자 간 네트워킹을 통해서 비교·추천이 가능해 보험 상품에 소셜 커머스적인 요소를 추가하기도 했다.

최근에는 네이버파이낸셜도 41개 보험사 마이데이터 정보를 통해 사용자가 가입한 모든 보험정보를 알려주는 '보험통합조회' 서비스를 시작했다. 또한 보험 상품에 헬스케어 서비스를 적용해서 실시간 건강관리 프로그램이나 각종 건강관련 지표의 확인을 통해서 보험료를 인하해주는 서비스 등 전 세계적으로 보험업과 핀테크의 융합이 크게 발전하고 있다.

국내 빅테크 기업들의 보험산업 진출 사례

[자료: 보험법학회 발표자료 '빅테크 플랫폼의 보험산업 진입과 법적과제' 김시홍]

빅테크	진출유형	내용
네이버	제휴	• 자회사(NF보험서비스)를 통해 기존의 보험사들과 제휴를 맺고 보험서비스 간접제공 • 보험 상품에 대한 비교, 분석을 제공하고 보험 판매 시 수수료를 받음
	자회사	• 2020년 7월 GA 자회사인 'NF보험서비스' 설립 • 보험 상품 중개 및 판매를 위한 GA 라이센스 미획득
	규제 샌드박스	• '지정대리인' 지위를 이용해 여신 및 보험업에 진출
카카오	제휴	• 기존 보험사와 협업해 자동차 보험료 비교서비스, 운전자보험, 반려동물 보험, 해외여행자보험 제공(현재 중단) • 자회사(KP보험서비스)를 통한 암보험 판매

	자회사	• 디지털손보사 설립 추진(카카오손해보험)
		   – 예비인가 획득 2022년 영업계획
		   – ICT와 보험이 결합된 첫 디지털 손보사
		   – 보증보험, 재보험 제외한 손해보험 종목 전부 취급 가능
		   – 보험금 간편 청구 시스템 도입 예고, AI활용 신속보험금 지급 심사 예정
		• 기존 GA '인바이유'(현 KP보험서비스)를 인수
		   – 판매전문회사로서 독자적인 라이센스를 얻어 직접 보험을 제작, 판매
		   – 카카오페이 앱 내 자산관리 메뉴에서 보험판매 중개

	규제 샌드박스	• 카카오커머스가 쿠프파이맵스와 함께 카카오톡 보험선물하기
토스	제휴	• 기존 보험사와 MOU를 통해 토스의 플랫폼에서 보험회사들의 상품, 가입창구 제공 • 보험사와 제휴 방식으로 월 보험료 1만원 미만의 미니 암보험, 여행보험 등 토스 전용 미니보험을 판매

	자회사	• GA인 '토스인슈어런스' 설립
		   – 독자적으로 보험업에 진출하면서 '정규직 설계사' 시스템(토스보험 파트너)을 도입
		   – 운전자보험, 해외여행보험 등 상품 출시

	규제 샌드박스	• 토스인슈어런스 '모바일 표준상품설명서비스' 혁신금융서비스 지정 받음

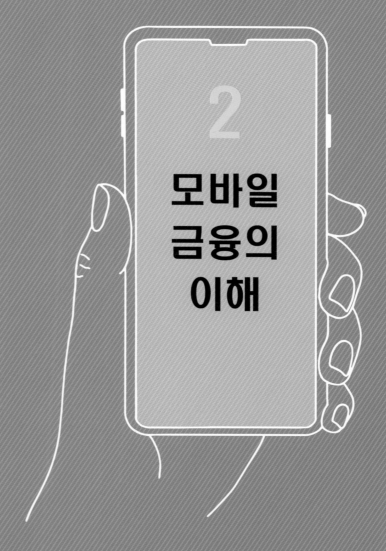

2

모바일
금융의
이해

01 · 모바일 금융의 이해

'모바일 금융'의 사전적 의미는 휴대 전화나 스마트폰 혹은 태블릿 등 모바일 기기에서 금융 업무를 볼 수 있게 한 것을 이르는 말이다. 스마트폰 뱅킹이라고도 한다. 폰뱅킹·텔레뱅킹은 전화를 걸어서 ARS나 상담원의 안내에 따라 거래하는 것이고, 모바일뱅킹은 휴대전화를 인터넷뱅킹처럼 쓰는 거래 방식이다. '폰뱅킹'을 스마트폰뱅킹과 헷갈리면 안 된다.

최근에 스마트폰이 대부분의 업종에서 가장 중요한 마케팅과 영업, 판매의 핵심 채널로 부상하고 있다. 영화사에서는 영화검색부터 극장예매, 다운로드 등으로 활용하고 있고 일반 제조업체에서는 홍보와 설문조사 및 유통과 판매 앱(App)과 연계해서 주요 판매채널로 자리매김했다. 게임 산업에서도 모바일이 가장 중요한 사용자확보 채널이 되고 있고 방송이나 언론에서도 모바일 버전의 신문이나 뉴스채널로 전환이 이루어지고 있다.

이러한 변화의 물결에 일상생활에서 빼놓을 수 없는 업무 중 하나인 결제, 송금, 저축이나 투자, 대출, 신용카드 등 다양한 금융 업무를 스마트폰에서 진행하는 것을 종합적으로 '모바일 금융'이라고 정의할 수 있다. 최근에 대부분의 금융기관들이 모바일 채널을 대고객 핵심 채널로 삼고 앱(App) 개발과 다양한 상품과 서비스 개발에 박차를 가하고 있다. 이는 첨단 정보통신 기술의 발전이 급속도로 이어지고 고객 경험 마케팅의 중요성이 커지면서 일상생활의 일부분이 되어버린 모바일 라이프의 한 축을 모바일 금융이 차지하고 있다. 스마트폰은 단순히 다른 사람들과의 소통을 위한 메신저에서부터, 일반적인 업무에 활용되는 한편 여가 시간과 출퇴근시간 등 대부분의 일상생활을 책임지는 필수품이 되었다. 스마트폰의 사용 경험을 이루는 대부분의 수단, 혹은 방법은 바로 앱, '앱(App)'이다.

SK DT(Digital Transformation)에서 정리한 모바일뱅킹과 디지털 금융의 핵심인 앱(App)의 키워드를 살펴보면 Agility(민첩성)과 Untact(비대면), Efficiency(효율성)을 들 수 있다. 하루가 다르게 급변하는 모바일 금융의 발전에 민첩하고 유연하게 대처하는 Agility 개념과 마인드가 필수인데 카카오뱅크나 토스 등의 떠오르는 인터넷전문은행의 모바일 개발 트렌드가 바로 'Agility'라고 할 수 있다. 여기에 상담이나 상품 가입 및 모든 관리가 사람과의 대면 없이 모바일 화면에서 이루어지는 비대면과 다양한 상품과 서비스를 이용자들이 한눈에 볼 수 있고 회원가입이나 계좌개설 및 각종 조회와 상품가입이 원활하게 이루어지게 하는 효율성이 모바일 금융의 핵심 키워드라고 할 수 있다.

02 · 모바일 금융 서비스 트렌드와 전망

2022년 11월 24일 조세일보에서 딜로이트 그룹의 보고서를 소개하는 기사를 발표했다. 한국 딜로이트 그룹의 '2022디지털뱅킹 성숙도 조사' 글로벌 보고서인데 글로벌, 41개국 304개 은행을 대상으로 디지털뱅킹 관련 조사를 했고 최근 모바일 금융 서비스의 동향과 특징을 잘 알 수 있는 내용이라 소개해본다.

특히 한국의 인터넷 전문은행인 카카오뱅크, 토스뱅크 등이 전통은행을 압도하는 부분에서는 향후 국내 모바일금융의 시장판도가 어떻게 달라질지 흥미진진하지 않을 수 없다. 카카오뱅크, 토스뱅크 등 인터넷 전문 은행이 디지털뱅킹 측면에서 기존 타 은행을 압도하고 있는 것으로 나타났기 때문이다.

이번 보고서에 따르면 은행에서 이뤄지는 모든 고객 여정에서 디지털화 수준은 2년 전 조사 때에 비해 꾸준히 증가했으며, 특히 계좌 및 상품 관리, 카드 관리, 계좌개설 부문은 2020년 이후 가장 높은 디지털화 수준을 기록한 것으로 나타났다. 상품별로 분석했을 때는 신용 및 직불 카드, 예금 등 거래용 상품과 방카슈랑스 부분 상품의 디지털화가 가장 많이 증가한 것으로 나타났다. 딜로이트는 설문조사에 참여한 은행을 디지털화 수준에 따라 4개 그룹으로 분류, 각각의 은행들을 ▲'디지털 분야의 뒤처진 수용자(Digital latecomers)', ▲'디지털 분야의 수용자(Digital adopters)', ▲'디지털 분야의 스마트한 추종자(Digital smart followers)', ▲'디지털 챔피언(Digital Champion)'으로 구분했다. 이 중 '디지털 챔피언' 그룹은 디지털 역량 상위 약 10%에 해당하는 30개 은행으로 업계 디지털 핵심 트렌드를 주도하고 있었으며 고객의 오래된 습관도 바꾸고 있었다. 은행 지점에서 이뤄지는 대면 창구 업무의 일부를 대체하는 수준이었던 디지털뱅킹이 이제는 고객들에게 주거래 은행을 바꿀 직접적 원인으로 작용할 정도로 경쟁력이 커지고 있기 때문이다.

한편, 전체 조사대상 은행 중 인터넷 전문 은행을 포함한 '챌린저 은행(challenger bank)'이 디지털 챔피언 그룹 전체 중에서 19% 비중을 차지하는 것으로 나타났다. 챌린저 은행은 혁신적인 솔루션 도입으로 전통 은행과는 차별화된 포인트를 다수 보유하고 있었으며, 한국도 디지털뱅킹 측면에서 인터넷 전문 은행이 전통 은행들을 앞서고 있는 것으로 나타났다. 특히 한국에서는 카카오뱅크와 토스뱅크가 강력한 존재감을 보이며 디지털 전략을 선도하는 중이다.

■ 상위 10% 디지털 챔피언, 작년 총 매출액 대비 순수수료 이익 비율 31%

디지털뱅킹 트렌드를 주도하는 '디지털 챔피언' 그룹은 디지털 인프라가 탄탄한 상위 10% 은행을 의미하는데 이들은 고객에게 다양한 금융 상품과 서비스를 제공하며 핵심 트렌드를 주도하는 한편 디지털 도입 사례를 선도적으로 추진해 다른 은행의 벤치마킹이 되어주고 있다.

'디지털 챔피언'의 성과는 나머지 타 은행을 압도하고 있다. 딜로이트의 조사에 따르면, '디지털 챔피언'은 타 은행 대비 자기자본 이익률(ROE) 및 총자산 이익률(ROA)이 각각 1.5%P, 0.1%P 높았다. 총 매출액 대비 순수수료 이익 비율도 2019년 기준 28%에서 2021년 기준 31%로 집계됐다. 같은 기간 타 은행이 24%에서 25%로 사실상 제자리 걸음한 것과 대비된다. '디지털 챔피언' 그룹은 고객 관계를 확장시키는 부분에서도 타 은행을 압도한다. 에코시스템 및 계좌통합 부분에서 타 은행 대비 무려 2.9배나 높은 경쟁우위를 확보하고 있었으며, 방카슈랑스 및 '비욘드 뱅킹'(beyond banking, 기존 은행 업무를 넘어서 새로운 가치를 제공하는 서비스) 경쟁력은 2.7배, 투자서비스 부분도 2.5배에 달하는 높은 경쟁력을 보이고 있다.

■ 모바일 채널 디지털화 수준 대폭 증가 …
챌린저 은행 65%, 모바일 채널만 서비스 지원

딜로이트 보고서는 '디지털 챔피언'의 등장을 통해 현재 은행 업계에 불고 있는 8개의 트렌드를 짚어냈다. 먼저 완전한 디지털뱅킹 프로세스 구축 트렌드다. 현재 '디지털 챔피언'은 인터넷과 모바일 채널 대부분이 원격으로 계좌를 개설할 수 있도록 지원하는 등 완전한 디지털화에 다가서고 있다. 실제로 '디지털 챔피언'그룹 은행들은 기타 그룹 은행에 비해 모든 상품 개설 과정에 있어 약 2배가량 높은 비율로 모바일 혹은 인터넷 원격 기능을 제공하는 것으로 나타났다.

'디지털 챔피언'은 고객에게 금융을 넘어 새로운 가치를 제공하는 비욘드 뱅킹에도 가까워지고 있다. 특히 '디지털 챔피언'의 97%가 고객 보상 프로그램을 제공하는 한편 상업 카테고리 서비스를 제공하고 있으며 이를 바탕으로 향후에는 이커머스와 연결된 다양한 서비스 개발과 채널확대가 가능하다. '디지털 챔피언'의 83%가 가상카드 기능을 제공하는 등 이커머스 연계를 활발히 진행중이다.

생태계 구축을 위한 노력도 끊임없이 진행되고 있는데 '디지털 챔피언'의

93%가 API를 제공하고 있으며 핀테크 파트너십, 전자정부 기능 통합에 나서는 곳도 83%에 이른다. 타 은행의 경우 각각 77%, 61%, 43%에 머무는 것을 고려하면 높은 수치라고 할 수 있고 '디지털 챔피언' 그룹 은행의 60%가 블록체인에 투자했으나 다른 그룹 은행들은 17%에 불과하며 블록체인 분야에서도 '디지털 챔피언' 그룹이 크게 앞서고 있는 것으로 나타났다. '디지털 챔피언'은 개인재무관리관련 기능도 제공하는 한편 다른 앱 서비스도 적극적으로 벤치마킹한다. 고객들의 앱 사용 촉진을 위해 디지털 챔피언 그룹 은행의 53%가 비디오 자막 이용 기능을 제공하고 48%가 접근성 설명 기능도 제공하는 중이다. 타 은행은 각각 16%, 28%에 머물고 있다.

디지털 채널을 활용한 투자에 대한 잠재력에도 주목하고 있다. 주요 은행들은 복잡한 과정 없이 고객들이 간편하게 투자를 할 수 있도록 서비스를 개선하거나 양질의 정보에 기반하여 고객들이 투자의사 결정을 할 수 있도록 도와주고 있는 것으로 나타났다. '디지털 챔피언'들은 다양한 디지털 채널을 통한 투자 잠재력을 확실하게 이해하고 있기 때문이다. 또한, 보고서는 은행업계 디지털 트렌드의 중요한 핵심 중 하나로 챌린저 은행의 부상을 꼽았다. 이들 챌린저 은행의 무려 65%가 모바일 채널로만 서비스를 제공하는 등, 타 은행 대비 압도적인 디지털 로드맵을 보여주는 것으로 확인됐다. 한편 모바일 채널의 디지털 성숙도는 인터넷 뱅킹 채널보다 더 빠르게 증가했으며, 정보 수집, 카드 관리, 계좌 개설 영역 등에서 모바일 채널의 디지털화 수준이 2020년 이후 최대 증가 폭을 보인 것으로 나타났다.

■ 한국, 디지털뱅킹 측면에서 인터넷 전문 은행이 전통 은행 압도

금융업종에서도 특히 은행업계의 디지털 바람이 거세지며 한국 은행업계도 빠르게 변신하는 중이다. COVID-19 팬데믹(전염병 대유행) 이후 비대면 거래가 확대되면서 모바일 금융서비스 이용률이 늘어난 것이 이러한 변신의 원동력이라고 할 수 있다. 한국은행이 발표한 '2021년 지급수단 및 모바일금융서비스 이용행태 조사'에 따르면 모바일금융서비스 이용 경험 비율은 65.4%를 기록했는데 코로나 사태가 발생하기 이전인 지난 2019년도 조사(57.1%)보다 8.3%p 상승한 결과이다.

이용행태 조사를 보면 전체 조사대상자의 65.4%(2,313명)는 최근 1개월 이내 모바일기기를 통해 금융서비스를 이용한 경험이 있다고 답했다. 특히 △40대 이하 △3,000만원 이상 소득수준 가구 등에서 모바일 서비스 이용경험 비율이 상대적으로 더욱 높게 나타났다. 코로나 이후 모바일금융서비스 이용 빈도에 변화가 있었는지를 묻는 질문에 대해선 '증가했다'는 응답이 42.1%로 나타났다.

은행들의 디지털뱅킹 이용고객 증가는 예적금, 이체 등 단순한 수준을 넘어 고객별 최적화된 자산관리, 편리한 UI/UX® 제공, 투자금융상품 정보 안내 및 가입 등 다양한 영역으로 디지털뱅킹의 기능 개발을 촉진하고 있다. 2022년 8월 기준 국내 6대 주요 뱅킹 앱(카카오뱅크, KB스타뱅킹, 신한쏠, NH스마트뱅킹, 우리WON 스마트뱅킹, 하나원큐)의 월간 활성 이용자(Monthly Active Users, MAU) 수가 5,311만 명을 기록한 결과도 있다. 이러한 분위기에 정부도 적극 지원하는 태세인데 최근 금융위원회가 은행을 비롯해 증권, 보험, 신용카드 등 동일한 기업 집단 내 금융 계열사들의 서비스를 단일 앱으로 통합할 수 있는 '슈퍼앱' 운영을 허용하는 것을 골자로 하는 금융 규제 혁신 조치를 취한 것이 증거라고 할 수 있다.

특히 인터넷 전문 은행과 같은 챌린저 은행의 성장이 눈에 띄는데 디지털뱅킹 측면에서 타 은행을 오히려 앞서고 있다. 포브스코리아가 2022년 3월 디지털뱅킹을 이용하는 국내 소비자 1,000명을 대상으로 실시한 설문조사 결과 인터넷 전문 은행으로 분류되는 카카오뱅크와 토스뱅크가 디지털 뱅킹 역량 순위 1, 2위를 석권한 결과를 보면 기존 은행들이 얼마나 긴장하고 고민을 해야 하는지 알 수 있다. 기존 전통은행도 거대한 변화에 맞서 디지털 챔피언 은행의 비전에 집중하고 있지만 카카오뱅크와 토스뱅크 등 챌린저 은행들이 강력한 디지털 전략에 나서며 상대적으로 디지털 챔피언이 될 수 있는 유리한 국면을 맞이했다는 평가다. 무엇보다 20대와 30대 등 젊은 층은 앱 구동 속도 및 이체 수수료 면제가 디지털뱅킹 만족도를 크게 좌우한다. 여기에 착안한 카카오뱅크와 토스뱅크가 한국 디지털 은행업계의 쌍두마차로 거듭나고 있다는 설명이다. 이처럼 디지털뱅킹 서

• UI (USER INTERFACE) 사용자가 제품/서비스를 사용할 때, 마주하게 되는 면으로 사용자가 제품/서비스와 상호작용할 수 있도록 만들어진 매개체의 의미이다. 따라서 UI 디자인은 폰트, 칼라, 레이아웃과 같이 사용자가 마주하게 될 시각적인 디자인을 의미한다. UX (USER EXPERIENCE)는 사용자 경험의 약자로, 사용자가 어떠한 서비스/제품을 직간접적으로 이용하면서 느끼는 종합적인 만족을 의미하는데 UX 디자인이란 사용자에게 만족스러운 경험을 제공하는 UI를 디자인 하는 것으로 사용자가 만족할 수 있도록 사용자 중심적으로 설계된 디자인이라고 볼 수 있다.

비스 만족도에 따라 기존 주거래은행을 디지털 은행, 인터넷전문은행으로 변경하는 경우도 많이 나오고 있고 향후에도 디지털뱅킹이 고객 접점 및 상품과 서비스의 다양성에서도 기존 은행들을 앞서고 있다는 것이 최근 트렌드라고 할 수 있다.

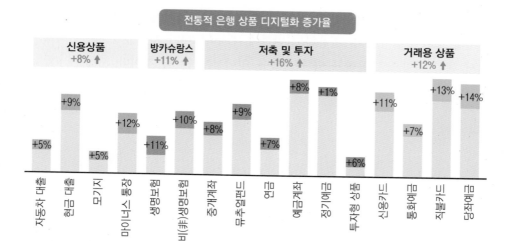

글로벌 은행 디지털화 증가율

[자료: '20년 대비 '22년]

고객 여정별 디지털화 증가율

* 비욘드 뱅킹: 기존 은행업무 범위를 벗어난 혁신 서비스

2 · 모바일 금융의 이해

향후 모바일 금융은 은행, 보험, 증권 등 영역을 넘어선 금융이라는 테두리 안에서 모든 상품과 서비스에 대한 정보와 가입, 관리, 해지가 가능한 수단으로 확고하게 자리매김하게 될 것이고 금융감독원 등 정부에서도 모바일을 통한 정책 공지나 교육, 감독이 이루어지는 시대를 준비해야 할 것이다.

'내 손안에 금융'이라는 표현이 이제는 너무나 당연하고 일상화되는 시대에 얼마나 모바일 금융을 잘 활용하고 변화에 대처하느냐가 개인들의 자산관리에 있어서 핵심 역량으로 꼽히고 있다는 것을 잊어서는 안 될 것이다.

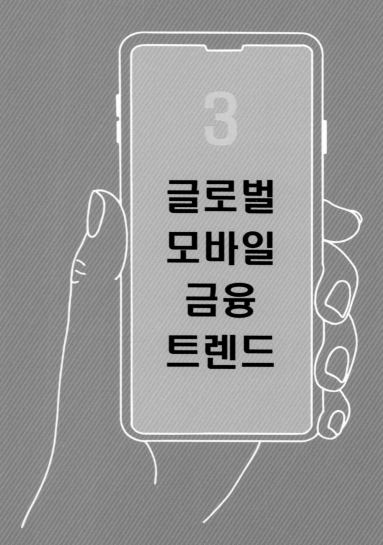

3

글로벌
모바일
금융
트렌드

01 · 지급결제(Payment)

[이종우]

가. 핀테크 지급결제 시장 트렌드

코로나 팬데믹(COVID-19) 확산으로 인해 지난 몇 년간 디지털 결제 시장은 크게 성장했다. 대부분의 쇼핑과 음식 등의 배달이 집에서 이루어졌기 때문이다. 현금과 카드, 신분증 등을 넣고 다니던 지갑은 점차 얇아지거나 가지고 다니지 않는 사람이 많아졌고 이제는 스마트폰이 이를 대신하고 있다.

쇼핑몰에서 디지털 지갑으로 결제와 포인트 적립을 하고, 심지어는 동네 식당에서도 스마트폰을 통해 각종 페이(Pay)앱으로 결제를 진행한다. COVID-19 이후 많은 사람이 '비대면', '비접촉' 생활에 적응했고 기업들도 소비자의 니즈에 충족하기 위해 많은 기능을 디지털 방식으로 전환했다. 국내에서는 삼성페이와 카카오페이, 네이버페이의 결제가 급격하게 증가했다. 이렇게 COVID-19는 현금 없는 사회로의 전환을 일으켰으며, 전자상거래 시장 확산을 가속했다. 급격하게 변화하는 상황은 기존의 지급 결제 시장을 크게 성장시켰고, 동시에 새로운 서비스가 출시되었다. 글로벌 조사기관인 스타티스타에 따르면 2020년 글로벌 디지털 간편결제 시장의 결제 규모는 4조 9,000억 달러에 육박하며 이용자는 34억 명 이상으로 전체 인구의 46.7%가 사용 중이라고 밝혔다. 이는 전년 대비 23.7% 성장한 수치다. 큰 폭으로 성장하고 있는 산업이지만, COVID-19에 따른 시장의 성장과 변화한 우리의 라이프 스타일은 디지털 결제 시장의 더욱 큰 성장을 끌어낼 것이다.

현재 디지털 결제 시장을 주도하는 몇 가지의 서비스를 소개하기 전에 시장 트렌드를 짚고 넘어가 보려고 한다. 먼저 전자상거래 시장이 활성화되면서 소비자들의 구매욕은 더욱 커졌다. 여기서 빠르게 성장한 것이 BNPL(Buy Now Pay Later) 서비스*이다. 페이팔(PayPal)과 아마존(Amazon) 등의 많은 기업이 BNPL 서

---

* Buy Now, Pay Later의 준말로 '선구매 후결제'라는 새로운 결제 방식이다. BNPL 방식으로 결제하면 결제 업체가 가맹점에 먼저 대금을 지불하고, 소비자는 여러 차례에 걸쳐 결제 업체에 결제대금을 납입하면 된다. 신용카드와 차이점은 신용카드를 발급받기 위해서는 일정 수준 이상의 신용점수가 필요하고 신용카드로 할부 서비스를 이용하면 할부 수수료를 내는 반면 BNPL은 신용점수와 상관 없이 만 18세 이상이라면 이용할 수 있으며 수수료가 없는 경우가 대부분이다.

비스를 제공하고 있으며, 인사이더 인텔리저스에 따르면 2022년에 미국인 쇼핑 고객 3명 중 1명은 BNPL 서비스를 이용할 것으로 추정했다. BNPL은 이미 미국 전자상거래 거래액의 1%가량을 차지하고 있으며, 2025년까지 전 세계 BNPL 지출이 1조 달러를 돌파할 것으로 전망하고 있다. 특히 미국에서는 전통적인 신용카드를 접하지 않았던 MZ세대를 중심으로 크게 성장하고 있다.

COVID-19를 기점으로 비접촉 결제와 탭 투 모바일(Tap to Mobile) 기술이 발전해 결제 방식을 바꾸었다. 소비자가 비접촉식 카드나 모바일 지갑을 이용해 결제하는 방식으로 중국은 2021년 스마트폰 사용자의 87.3%가 이 방법으로 결제를 할 만큼 상용화되어 있다. 전문가들은 2022년이 이 서비스가 본격적으로 자리 잡는 해가 될 것으로 전망했다.

스마트 스피커를 이용해 음성 명령으로 결제를 하는 사람들도 증가하고 있다. 미국은 현재 1억 2,000만 명 이상이 스마트 스피커를 사용하는 것으로 추정되는데, 이는 2017년 2,000만 명의 사용자와는 비교되는 수치이다. 2021년 스마트 스피커 사용자의 절반이 스피커를 통해 결제했으며, 이 중 40%는 매달 꾸준히 스마트 스피커를 이용해 구매한 것으로 조사됐다. 이와 같은 결제의 총거래액은 46억 달러에 달하며, 이는 무시할 수 없는 금액이고 향후에 이러한 음성결제방식이 결제시장의 중요한 방식으로 자리매김 할 것이다.

지급결제(Payment) 분야에서 최근 많은 기업과 서비스, 제품의 결제에 많이 이용되는 방식이 바로 임베디드 결제(Embedded Payment)이다. 임베디드 금융이란 비금융회사가 금융회사의 금융상품을 중개 및 재판매하여 자사 플랫폼에 핀테크 기능을 내재화(embed)하는 것을 말한다. 카카오페이, 네이버페이와 같은 간편결제, 스타벅스 모바일 앱의 사이렌 오더, 테슬라의 자체 보험 등을 예로 들 수 있다. 이미 확보된 비금융회사의 고객에게 금융 서비스를 제공하는 것으로 기업은 비교적 쉽게 수익을 올릴 수 있고, 고객은 거래 과정에서의 번거로움을 줄여 상품 구매를 완료할 가능성을 높여준다. 이는 온라인을 중심으로 하는 소비자의 구매패턴 변화와 함께 COVID-19 이후 비대면 금융의 확산으로 큰 성장세를 보인다.

최근에 디지털 월렛에 대한 인기가 높아지고 있다. 디지털 월렛의 등장으로 자연스럽게 지갑에 대한 소요를 감소시켰는데 결제 카드와 포인트 카드, 면허증, 심지어는 티켓까지도 디지털 월렛에 등록해 간편하게 사용할 수 있기 때문이다. 높은 접근성, 확장성, 편리성과 더불어 보안까지 높은 수준이다 보니 소비자의 유입은 점차 증가했으며, 락인효과*를 기대하는 기업들의 유입도 증가하고 있다. 글로벌 시장 조사기관인 주니퍼리서치는 2026년에는 전 세계적으로 디지털 월렛 사용자 수가 52억 명을 넘을 것으로 예측된다고 밝혔다. P2P(Peer to Peer) 결제도 최근 중요한 결제시장의 요소로 중요성이 커지고 있다.

미국의 시장 조사기관 eMarketer에 따르면 2021년 P2P 서비스를 주도했던 젤(Zelle), 벤모(Venmo), 캐시 앱(Cash App)의 사용자는 총 1억 6,570만 명으로 추정되고, 이는 미국 인구의 약 50%에 달하는 수치라고 한다. 또한 P2P 산업이 2023년까지 1조 달러 이상의 거래량을 보일 것으로 예측되며, MZ세대를 중심으로 큰 성장세를 보인다. 국내의 대표적인 P2P 서비스로는 토스와 카카오페이가 있는데 지인에게 송금할 때 자연스럽게 해당 서비스를 사용하는 본인의 모습이 보이지 않는가? 이렇게 무의식중에 P2P 서비스는 이미 우리의 생활 속에 자리 잡아, 이제는 일상생활에서 분리할 수 없는 서비스 중 하나로 성장했다.

변화하는 트렌드에 맞게 기존의 앱은 새로운 서비스를 접목하기 위해 노력 중이다. 덕분에 디지털 결제 시장은 더욱 빠른 속도로 성장하고 있으며, 소비자들은 더 나은 서비스를 사용할 수 있게 되었다.

이제는 시장을 주도하고 있는 몇 가지의 서비스를 소개해 보려고 한다.

---

* 락인 효과란 고객이 상품·서비스를 이용하고 나면 다른 상품이나 서비스로 '이용의 이전'을 하지 않는 현상을 말한다. 플랫폼 서비스에서 락인 효과는 서비스 성패를 가르는 주요 전략이다.

나. 핀테크 지급결제(Payment) 사례

애플페이(Apple Pay)

■ 애플페이 서비스 개시일 & 간단한 역사

지급결제의 사례에서 가장 먼저 소개할 서비스는 미국의 애플이 제공하는 모바일 결제 및 전자 지갑 서비스인 애플페이이다. 애플페이는 iOS를 사용하는 고객을 대상으로 하는 서비스로 아이폰을 포함한 애플의 기기를 통해 온라인 및 오프라인 결제가 가능하다. 2014년 10월에 NFC*를 탑재한 아이폰과 함께 서비스가 출시되었으며, 2015년 iOS 9 업데이트에서 기존 Passbook이었던 앱의 이름이 Apple Wallet으로 변경되었다. 2016년 iOS 10 업데이트에서는 온라인 결제까지 지원할 수 있게 되었다. 그리고 2017년 iOS 11.2 업데이트에서는 기존 약점이라고 평가되었던 P2P 송금 서비스 Apple Pay Cash를 선보였다. 2019년 업데이트에서 앞서 출시한 P2P 서비스의 이름을 Apple Cash라고 간단히 변경했으며, Apple Card 출시해 아이폰과의 연동과 결제를 지원했다.

■ 애플페이 회원가입 과정

애플페이의 경우에는 기존에 사용하고 있는 핸드폰의 정보를 기반으로 사용하는 서비스이기 때문에 별도의 회원가입의 과정을 거치지 않아도 된다. 아이폰 사용자라면 회원가입 없이 카드 등록만으로 매우 간단하게 애플페이를 이용할 수 있다. 애플페이를 이용하기 위해서는 먼저 iOS의 기본 서비스인 Apple Wallet을 설치해야 한다. 최초 사용 시 기기의 잠금 해제로 먼저 인증을 진행한 후 App Store에 등록된 카드의 CVC 번호를 입력하며 Wallet에 기본 결제 카드로 등록된

---

* NFC는 Near Field Communication, 즉 근거리 무선 통신을 의미하며, 13.56MHz의 대역을 가지고 있다. NFC 기능을 지원하는 장치는 이미지, 연락처, 파일 및 결제와 같은 데이터를 쉽게 보내고 받을 수 있도록 해준다. 즉, 두 장치가 약 10cm 이상 떨어져 있으면 이러한 연결이 설정된다.
NFC는 Wi-Fi, 3G, LTE, 전원 또는 수동 페어링이 필요 없는 기술인 무선 주파수 식별(RFID)에서 발전했으며 NFC 칩은 보안 카드 또는 각종 결제 및 여행 카드에서 찾을 수 있다. 최근 대부분의 스마트폰에 NFC가 있으며 주로 비접촉 모바일 결제에 사용되고 있다.

다. 카드가 등록되면 신원확인 단계로 넘어간다. 현재 대한민국에서는 애플페이를 사용할 수 없어서 미국을 기준으로 하면 SSN(Social Security Number)이라는 사회 보장 번호를 입력해야 한다. 애플페이에 등록할 수 있는 카드 유형은 대표적으로 신용카드와 체크카드, 교통카드가 있다. 만약 다른 카드를 추가로 등록하고 싶다면 Wallet 내에서 진행할 수 있다. 등록하고자 하는 카드를 카메라로 비추면 카드번호와 유효기간 등의 정보를 자동으로 스캔한다. 이때 카드를 등록하면서 카드사의 서버에 정보를 보내 해당 카드가 도난당한 카드가 아닌지, 애플 계정에 등록된 사용자와 일치하는지 검증하는 과정을 거친다고 한다.

결제를 진행하는 것은 너무나도 간단하다. 기기에 등록된 얼굴인식(Face ID)이나 지문인식(Touch ID)을 통해 잠금을 해제하고 핸드폰 기기를 NFC 결제 단말기 근처에 가져가면 결제를 완료할 수 있다.

■ 애플페이 주요 서비스와 서비스의 내용

애플페이에서는 애플카드라는 실물 카드를 발행할 수 있다. 골드만삭스(Goldman Sachs)와 마스터카드(Mastercard)가 제휴해 2019년 발표한 서비스이다. 애플에서는 전자 결제 시스템인 애플페이와 고객을 관리하고, 골드만삭스에서는 금융 서비스를, 마스터카드에서는 구축된 결제 네트워크를 담당해 제공한다. 애플카드는 만 18세 이상만 사용할 수 있으며 SSN이 필요하다. 이후 간단하게 이름, 전화번호, 주소 등의 정보를 제공하고 승인을 기다리면 된다. 승인된다면 애플페이를 통해 즉시 사용할 수 있다. 애플페이를 제공하지 않는 가맹점에서는 실물 카드를 통해 결제할 수 있으며, 실물 카드는 신청 후 도착까지 약 일주일의 시간이 소요된다. 우리가 평소 사용하는 카드와는 달리 애플카드는 카드에 카드번호, 유효기간, CVC 번호가 없고 사용자의 이름만이 각인되어 있다. 카드번호와 CVC 번호가 없는 이유는 실물 카드를 사용할 때마다 일회성 카드번호가 자동으로 생성되기 때문이다. 번호가 유출될 가능성이 현저히 낮고, 만약 유출되더라도 일회성 번호이기 때문에 범죄에 악용될 가능성이 작다. 신용카드 범죄율이 높은 미국에 적합한 프로세스라고 생각한다.

2022년 6월 애플은 WWDC(세계개발자회의)에서 애플페이 레이터(Apple Pay Later)라는 서비스를 공개해 BNPL(Buy Now Pay Later) 시장 진출을 선언했다. 특정 기업과 단독으로 협력을 맺어 서비스를 제공하던 기존의 BNPL 시장과는 다르게 애플페이 레이터는 애플 월렛을 통해 진행되고 구매 시점부터 6주 동안 4번에 걸쳐 별도의 수수료 없이 지급이 이루어진다. 애플은 애플페이 레이터에 대해 보통의 신용카드 결제보다 안전할 것이라고 강조했다. 해당 서비스를 이용하기 위해서는 기기에 등록된 암호를 확인해야 하고, 구매 진행 시 고유 트랜잭션 코드를 사용해 판매자에게 카드번호를 알려주지 않기 때문이다. 물론 애플페이를 사용하지 않는 고객을 확보할 수는 없다. 하지만 기존 애플페이나 애플월렛 등의 서비스를 사용하던 브랜드 충성도가 높은 고객들의 유입을 유도할 수 있다.

■ 애플페이의 장점 및 단점

먼저 애플페이의 장점으로 애플카드를 이야기할 수 있을 것이다. 앞서 언급한 것과 같이 애플이 제공하는 신용카드로 애플월렛은 물론 실물 카드로도 사용할 수 있다. 평소에는 애플페이를 사용하다가 애플페이를 제공하지 않는 매장에서는 실물 카드로 사용할 수 있는 것이다. 애플카드의 장점으로는 연회비, 해외송금, 한도 초과 등에 대한 수수료를 부과하지 않고, 애플카드를 통한 결제에 대해 높은 캐시백을 적립할 수 있다. 연회비와 수수료 없는 신용카드는 그 자체로도 메리트가 있지만 데일리 캐시(Daily Cash)라고 불리는 캐시백 혜택이 큰 장점으로 언급된다. 실물 카드를 통한 결제는 1%, 애플페이를 통한 결제는 2%, 애플 제휴사에 대한 결제는 최대 3%까지 당일 페이백을 제공한다. 이 페이백은 애플 캐시(Apple Cash)를 통해 적립되며, P2P 송금 서비스, 이체, 카드 대금 지급 등 현금처럼 사용할 수 있다. 애플카드의 매력적인 디자인 또한 사용자를 유입시키는 요소라고 생각된다.

애플카드 실물

왼쪽의 이미지는 현재 발행되는 애플카드로 굉장히 깔끔한 디자인을 확인할 수 있다. 애플을 상징하는 하얀색 바탕에 사용자의 이름만이 각인된 티타늄 재질의 카드로 고급스러운 느낌을 주기 때문에 카드의 디자인이 마음에 들어 발급받는다는 사용자들도 많다고 한다. 사소한 디자인까지도 사용자의 마음을 읽는 애플의 배려를 엿볼 수 있다.

애플월렛 내 등록한 애플 캐시

애플월렛을 통해 디지털 카드인 애플 캐시를 사용할 수 있다.

오른쪽 이미지와 같이 월렛에 애플 캐시를 등록해 사용할 수 있다. 애플페이는 여러 신용카드와 직불카드를 월렛에 등록해 비대면 방식으로 결제를 하는 것이라면 애플 캐시는 송금을 할 수 있는 서비스를 더한 것이다. 월렛에 등록된 카드를 통해 애플 캐시에 송금하고, 애플 캐시 내에 있는 잔액으로 결제는 물론 메시지와 월렛을 통해 지인에게 송금할 수 있다. 애플페이 출시 초기 P2P 서비스가 불가능하다는 부분이 단점으로 언급되었지만, 애플 캐시를 통해 P2P 서비스도 제공할 수 있게 되었다. 메시지나 월렛에서 직불카드를 선택하고 송금 상대방과 금액을 입력해 [Send Money]만 누른다면 즉시 송금이 가능하다. 애플페이의 경우 신용카드이기 때문에 만 18세 미만의 이용자나 조건에 부합하지 않는 이용자는 사용할 수 없지만, 애플 캐시는 가족 공유 그룹을 설정해 송금해줄 수 있다. 애플 캐시를 통해 어린아이에게 용돈을 송금하면 아이가 거래를 완료할 때 알림을 받을 수 있으며, 송금 대상을 제한할 수도, 계정을 잠글 수도 있다.

위의 모든 서비스를 간편하게 애플월렛을 통해 제공하고 있다. 애플월렛은 애플페이에서 사용되는 카드와 애플 캐시 등록은 물론 여러 종류의 카드, 면허증, 티켓, 키와 같은 것들을 한곳에 안전하게 보관할 수 있는 서비스이다. 매장의 계산대 앞에서 여러 앱을 들어갈 필요 없이 월렛 앱에 등록된 신용카드와 직불카드를 통해 결제를 진행하고 할인과 포인트 적립까지 한 번에 완료할 수 있다. 그뿐만 아니라 운전면허증, 사원증도 등록할 수 있으며 교통카드도 등록해 지갑 없이 휴대폰으로 모든 것들을 해결할 수 있게 되었다. 비행기 탑승권과 입장권, 티켓, 자동차 키 등 모두 월렛 앱에 등록해 휴대폰만으로 간편하게 사용할 수 있다.

애플에는 애플워치라는 기기가 있다. 착용하고 있는 애플워치를 통해 월렛에 들어간다면 휴대폰 없이도 결제를 완료할 수 있다.

마지막으로 애플페이의 보안에 대해 이야기해 보려고 한다. 애플카드는 다른 카드와 달리 카드번호와 유효기간, CVC 번호가 없고 결제마다 일회성 카드번호가 자동으로 생성된다. 덕분에 카드번호가 유출될 가능성이 작고, 만약 유출된다고 하더라도 일회성 카드번호이기 때문에 범죄에 악용될 수 없다. 애플페이 결제를 위해서는 기기에 등록된 비밀번호를 확인해야 가능하므로 사용자의 생체 보안 인증(Face ID, Touch ID)을 거쳐야 결제 프로세스를 진행할 수 있다. 애플페이는 기본적으로 NFC(Near Field Communication)를 기반으로 한 결제를 이용한다. NFC 결제의 특징으로는 카드 정보에 대한 토큰만으로 결제를 진행하기 때문에 결제 단말기 내에 카드번호나 CVC 번호가 저장되지 않는다는 것이다. 결제 시 트랜잭션에 대한 정보를 수집하지 않기 때문에 개인 정보가 유출될 위험이 없다는 것이다. 또한 결제 시 어떠한 데이터 통신도 필요하지 않기 때문에 와이파이나 셀룰러 데이터 없이도 서비스 사용이 가능하다. 데이터 통신을 반드시 수반해야 하는 삼성페이와 차별화된 부분이다.

반대로 NFC 기반 결제를 단점으로도 이야기할 수 있다. 애플페이 출시 초반에는 NFC를 지원하는 가맹점이 적었기에 서비스가 정착하는 데에 많은 시간이 소요되었다. 2014년 당시에는 생소했던 NFC 방식이었고, 미국 내 시중 점포에 설치된 NFC 단말기 보급률이 5% 미만이었다. NFC 단말기 보급의 문제로 애플페이를 통한 결제는 사실상 불가능했다. 국내에서 성공적으로 자리 잡은 삼성페이와는 다른 방식이었다. 삼성페이는 MST(Magnetic Secure Transmission)라는 마그네틱 보안 전송과 NFC를 동시에 채택했다. MST 기술 채택으로 기존의 카드 단말기를 그대로 사용할 수 있었고, 덕분에 결제 단말기 보급 문제로 인해 결제하지 못하는 경우는 없었다. 기존의 마그네틱 카드 리더기에 그대로 사용할 수 있는 삼성페이에 비해 애플의 NFC에는 사용 확산 측면에 있어 불리한 부분이었다. 이후 애플은 결제용 단말기 업체인 애니웨어, 스퀘어와 적극적으로 협력했고, 점차 미국 내 NFC 단말기 보급률을 높여 시장 점유율을 넓혀나가고 있다.

한국 iOS 사용자에게 있어 애플페이의 최대 단점을 이야기하라면 한국에서 애플페이를 사용하지 못한다는 부분이다. 이 부분은 잠시 뒤에 이야기해 보도록 하자.

■ 애플페이의 현재와 미래

얼마 전 아이폰 사용자를 흥분시킬 만한 뉴스가 보도되었다.

[단독]애플페이 한국 상륙...12월 전국 편의점에서 쓴다

애플사, 현대카드 계약...밴사 통해 11월까지 시스템 구축
스타벅스 · 이마트 등 대형가맹점 60개 브랜드에서 먼저 ...

등록 2022-09-07 오전 6:30:00
수정 2022-09-07 오전 6:30:00   가 가

애플페이의 한국 진출 보도 뉴스

2022년 말, 애플페이가 한국에 상륙한다는 뉴스였다. 과거 비슷한 뉴스도 있었고 아직 항간에 떠도는 소문에 불과하지만, 그 어느 때보다 세부 조건들이 구체화하여 많은 뉴스가 보도되었다. 여신업계와 밴(VAN) 업계에 따르면 현대카드는 애플페이와 국내에서 단독으로 서비스를 제공하기로 협의를 마쳤고 국내 밴사들과 세부적인 결제망 개발을 논의 중이라고 밝혔다. 또한 현대카드가 밴(VAN)사에 결제 단말기 확보를 하는 등 인프라 구축을 요청했다고 한다. 현대카드가 우선으로 코스트코와 CU에서 서비스를 시작할 것이라는 구체적인 뉴스도 보도되었다. 그동안 한국의 아이폰 사용자에게 애플페이는 그림의 떡이었다. 한국은 애플페이가 정식으로 지원되지 않는 국가 중 하나였다. 2021년 기준 63개국에서 애플페이를 정식으로 사용할 수 있다. OECD 회원국 중 애플페이가 지원되지 않는 국가는 한국과 터키, 단 두 국가로 전 세계적으로 널리 사용되는 서비스이다.

그동안 애플페이가 한국에 들어오지 못한 이유에 몇 가지가 있는데 첫 번째는 단말기 보급 비용 문제이다. 앞서 언급한 것과 같이 애플페이는 NFC 방식으로 결제를 지원하지만, 국내 NFC 결제 단말기를 보유한 가맹점은 10만 개가 되지 않는다고 한다. 국내 신용카드 가맹점 수는 1,300만 개 정도이기에 이는 1%도 되지 않는다. 이에 따라 애플페이 결제만을 위해 단말기를 새로 보급하기에는 큰 부담으로 작용했을 것이다. 두 번째는 수수료에 대한 합의가 이루어지지 않았기 때문이다. 삼성페이의 경우 카드사로부터 수수료를 요구하지 않지만, 애플은 결제 금액의 일부분을 수수료로 요구하고 있다. 애플페이를 도입하게 되면 국내 카

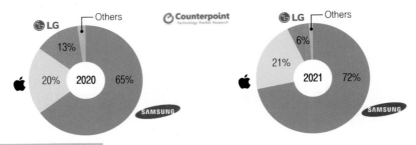

국내 스마트폰 시장 점유 그래프

드사는 EMV에 1%의 수수료를 지불해야 하고, 별도로 애플이 책정하고 있는 0.15%가량의 수수료를 지불해야 한다. EMV는 결제 시장에서의 표준 중 하나로, 1993년에 유로페이, 마스터카드, 비자카드가 제정한 표준이다. 이후, 1994년에 최초 규격 출시 후, 유럽 중심으로 널리 사용되기 시작했다. 이름 자체는 처음으로 EMV 규격을 만드는 데 합의한 Europay, MasterCard, Visa 세 브랜드의 이름 첫 글자를 따와서 EMV라 명명했다. 과거 몇몇 국내 카드사가 애플페이 도입과 관련해 협의했지만, NFC 결제방식과 수수료 문제 등으로 난항을 겪었다고 한다.

2016년 구글페이(Google Pay)의 한국 출시 소식이 발표되었고 서비스 실시 단계까지 진전을 보였으나 국내 금융법 이슈와 각종 인증 문제 등으로 서비스 출시가 무산된 적이 있다. 과연 이번 애플페이는 한국 시장에 출시될 수 있을지, 또한 위의 문제점을 현대카드가 어떻게 해결했을지 관심이 집중되고 있다.

국내 스마트폰 시장 점유율을 나타낸 상기 그래프를 살펴보면 삼성이 압도적이기는 하지만 애플 사용자 또한 적은 수치는 아니다. 국내에서는 애플페이를 사용할 수 없어 삼성을 선택하는 사용자도 다수 존재한다. 그리고 애플페이를 대체해 삼성페이, 카카오페이, 네이버페이가 이미 시장을 선점했다. 금융감독원에 따르면 2018년 국내 오프라인 간편결제 금액 중 약 80%를 삼성페이가 차지한다고 밝힌 바 있다. 이런 상황에서 애플페이의 한국 진출이 간편결제 시장에 어떤 영향을 미칠지, 국내 스마트폰 시장에는 어떤 영향을 미칠지에 대한 관심도 커진다.

2022년 초, 애플은 비접촉 결제 기능인 탭 투 페이(Tap to Pay)를 공개했다. NFC 기술을 활용해 리테일러들이 별도의 단말기 없이 아이폰과 아이폰의 접촉으로 결제가 완료되는 시스템이다. 그동안 애플페이로 결제하기 위해서는 별도의 NFC 결제 단말기가 있어야 했는데 탭 투 페이 방식으로 단말기 없이도 결제할 수 있는 것이다. 이 방식은 NFC 방식을 기반으로 하는 시스템이기 때문에 애플페이와 같이 모든 거래명세는 암호화되어 개인 정보보호가 보장된다고 강조한다. 그뿐만 아니라 탭 투 페이의 결제 방식은 아이폰을 결제 단말기로 사용하는 것이기 때문에 기존 언급되던 NFC 단말기 보급 문제를 상당 부분 해결할 수 있다고 예상된다. 하지만 한국에서는 애플페이가 도입되더라도 탭 투 페이 결제 방식의 도입까지는 상당한 시간이 소요될 것으로 보인다. 탭 투 페이는 NFC 기반의 국제 표준인 EMV 규격을 따르는데, 한국은 아직 이 규격을 따르지 않기 때문이다. 애플은 스트라이프(Stripe) 결제 플랫폼과 협력해 시스템을 도입한다고 밝혔다. 아직은 서비스 발표 단계이지만, 해당 서비스가 상용화된다면 더욱더 간편한 서비스 제공은 물론 인프라 구축에서도 큰 비용을 절감할 수 있을 것으로 기대된다.

애플이 지향하는 핀테크 서비스는 은행을 아이폰에 집어넣는 것이다. 이것을 애플 내부적으로는 '브레이크아웃(Breakout) 프로젝트'라고 부른다고 한다. 결제 프로세스 수행, 대출 리스크 평가, 금융 사기 분석 시스템, 신용분석 등의 작업 직접 수행하면서 파트너 기업 의존도와 수수료를 줄이고 유연성을 높이겠다는 전략이다. 특히, 2022년 4월에는 영국의 핀테크 기업 크레디트 쿠도스를 인수했다. 은행 데이터를 활용해 신용평가를 해주는 소프트웨어를 제공하는 기업으로 애플은 많은 데이터를 확보할 수 있게 되었다. 금융 데이터는 다양한 사업의 기초가 된다. 해당 데이터로 사용자들을 파악할 수 있고 금융 서비스를 확장해 매출 구조를 다각화할 수 있다. 또한 요즘 주목받는 메타버스에서도 고객의 금융 데이터는 큰 가치가 있다고 여겨진다. 데이터를 통한 서비스 확장은 사용자를 애플 생태계에 머물게 하는 락인효과(Lock-in effect)를 유도할 것이다.

과연 한국에서의 애플페이는 목말라 있던 아이폰 사용자를 만족시키면서 삼성페이를 위협하는 서비스가 될 수 있을지 기대가 된다.

"특정 재화 혹은 서비스를 한 번 이용하면 다른 재화 혹은 서비스를 소비하기 어려워져 기존의 것을 계속 이용하는 효과 혹은 현상"

현재 이용하고 있는 특정 재화 또는 서비스가 다른 재화 혹은 서비스의 선택을 제한하여 기존에 이용하던 것을 계속 선택하게 되는 현상을 말한다. 특정 재화를 한 번 구입하고 나면 호불호에 상관없이 해당 재화를 지속해서 이용하도록 고객을 가둔다는 의미로 '잠금 효과'라 한다.

예를 들어, 프린터 기기와 프린터의 주요 부품인 잉크 카트리지를 함께 생산하는 기업 A가 있는데, 이 기업이 생산한 프린터는 자사의 잉크 카트리지만을 이용하도록 설계되어 있다. 이 경우 기업 A에서 생산하는 프린터 기기를 구입한 소비자들은 다른 기업에서 더 좋은 잉크 카트리지가 나온다고 할지라도 기업 A의 잉크 카트리지를 이용할 수밖에 없다. 이러한 측면에서 볼 때 잠금효과는 기업이 지속해서 고객을 확보하기 위한 하나의 전략이 될 수 있다.

실생활에서 관찰할 수 있는 잠금효과로는 마이크로소프트사의 운영 체제인 윈도우를 이용하는 소비자들이 대부분 동일 회사에서 개발한 웹브라우저를 이용하는 현상, 이동통신사들이 유선통신(초고속 인터넷), IPTV(인터넷TV) 상품까지 포함된 결합상품을 판매하고 이 중 하나를 타사 서비스의 것으로 소비할 경우, 더 높은 비용을 부과하여 소비자들을 묶어 두려는 현상 등이 있다.

이 용어는 기술 관련 분야에서도 쓰인다. 한 산업에서 어떠한 기술이 표준으로 자리 잡으면 다른 기술들이 그 기술을 기반으로 하여 발전하는 현상이 관찰되는데, 이 경우 해당 표준 기술은 새로운 기술의 등장을 저해할 수 있다. 표준 기술의 확산으로 소비자들이 해당 기술에 충분히 익숙해져 있다면, 새로운 기술을 개발하는 기업의 입장에서는 기존 기술을 이용하는 소비자들의 저항에 부딪히게 된다. 이 경우 기업들은 새로운 기술 개발에 적극적이지 않을 수 있으며 이러한 현상을 '기술의 잠금효과'라고 한다.

([네이버 지식백과] 잠금효과[Lock-in effect] (두산백과 두피디아, 두산백과))

■ 페이팔 서비스 개시일 & 간단한 역사

다음으로 이야기를 시작할 앱은 국내에서도 나름대로 인지도가 있는 미국의 페이팔(PayPal)이다.

페이팔은 소비자와 사업체를 이어주는 전자 및 모바일 결제 솔루션 기업이다. 이는 온라인상에서 개인과 개인, 개인과 기업 간의 송금, 구매 및 판매 등의 결제 시스템을 제공한다. 또한 페이팔 계좌와 카드로 송금 및 입금, 청구를 할 수 있으며, 해외 결제 사이트에서 페이팔을 통한 결제 서비스를 제공한다. 쉽게 말해 국내 카카오페이나 네이버페이와 같이 온라인 간편결제 시스템을 제공하는 기업인 것이다. 국내의 경우에는 해외 사이트 결제를 할 때 페이팔을 통해 간단하게 결제를 할 수 있다. 기존의 결제 같은 경우 결제 시 카드 정보를 하나하나 입력하여 결제를 진행했지만, 페이팔을 통해 미리 등록해 둔 카드로 간편하게 결제를 진행할 수 있다. 이 과정에서 간편함은 물론 개인 정보가 유출되는 사고를 방지할 수 있게 되었다.

페이팔은 콘피니티(Confinity)라는 회사의 이메일을 통한 송금 사업으로 서비스가 시작되었다. 이후 일론 머스크의 X.com이라는 회사에 인수되어 2001년 회사명을 페이팔로 변경하였다. 2002년 페이팔은 'PYPL'의 이름으로 주당 13달러에 나스닥에 상장된 이후 온라인 쇼핑몰 회사인 이베이(eBay)에 인수되었다. 이베이의 인수로 상당한 규모의 회원과 가맹점을 확보한 페이팔의 성장은 시작되었다. 당시 이베이의 전체 경매 금액의 70%가 페이팔에 의해 이루어질 만큼 빠른 성장폭을 보였다. 가파른 성장세를 보인 페이팔은 2005년 베리사인(VeriSign)이라는 결제 게이트웨이를 인수하면서 추가적인 보안 서비스를 제공함과 동시에 전자상거래(eCommerce) 사업을 확장했다.

2007년에는 마스터카드(Mastercard)와 제휴를 맺으며 카드 결제 서비스를 발전시켰다. 당시 제휴의 결과로 한 해 수익이 18억 달러를 돌파하는 성과를 이뤄냈다. 또한 이 제휴는 결제 과정에서 카드의 일회성 번호를 생성시켜 페이팔을 지원하지 않는 웹사이트에서도 지급을 가능하게 하는 소프트웨어의 개발로도 이어졌다.

2008년 이스라엘의 프로드사이언스(FraudScience)라는 보안업체를 인수하여 온라인 거래 보안을 강화하는 데에 큰 노력을 기울였다. 또한 같은 해 미국의 신용을 제공하여 외상 구매 서비스를 지원하는 지급회사 빌 미 레이터(Bill Me Later)를 인수하면서 BNPL(선구매 후지불) 서비스를 제공하기 위해 노력했다. 그 결과 2009년 페이팔의 수익과 거래 대금 모두 전년도 대비 10% 이상 증가하는 쾌거를 이루었다.

2011년에는 기존의 카드 단말기를 이용하여 오프라인에서도 페이팔로 결제를 가능하게 하는 서비스 제공을 발표하면서 온라인뿐만 아니라 오프라인에서의 사업을 확장했다. 이를 기반으로 페이팔은 2012년 디스커버카드(DiscoverCard)와 제휴를 맺어 카드 네트워크에 속한 약 700만 점포에서 페이팔을 통한 결제를 가능하게 했으며, 이는 2012년 3분기 이베이 전체 수익의 40% 이상을 차지하는 수익 창출로 이어졌다. 2013년 모바일 및 웹 결제 게이트웨이인 브레인트리(Braintree)를 인수하면서 모바일 결제 수익을 향상함과 동시에 벤모(Venmo)를 인수하면서 P2P 서비스까지 확장하였다.

꾸준히 성장하던 페이팔은 2015년 큰 변화를 겪게 된다. 2002년 이베이에 인수된 지 13년 만에 분사하게 된 것이다. 처음에는 불확신 속에 걱정을 표출하는 의견도 있었지만, 독립하는 페이팔의 시가총액은 약 495억 달러로 한화 약 57조 2,000억 원에 달했다. 당시 이베이에서 분사해 나스닥에 상장된 페이팔의 주가는 기대감이 반영되어 상장 첫날 5.44% 증가하여 시가총액 520억 달러를 기록하였다. 상장 첫날 모회사였던 이베이는 물론 트위터와 넷플릭스까지 뛰어넘게 된 것이다. 반대로 이베이는 페이팔이 분사하기 전 800억 달러였던 시가총액이 분사 직후 340억 달러까지 추락하며 위상을 구기게 되었다. 이베이의 제약에 막혀있던 페이팔은 분사로 인해 결제 사업을 더욱이 발전시킬 수 있게 되었다.

분사 직후 페이팔은 애플페이의 대항마라고 불리던 페이던트(Paydiant)를 인수했다. 이베이에 속했을 때도 수익의 상당 부분을 차지하던 페이팔이었지만 모바일 결제 시장에서의 점유율은 20% 미만으로 해당 부문은 약점이라고 평가받았다. 페이팔은 이런 상황에서 페이던트 인수를 통해 대형 유통업체 컨소시엄과 연계를 목표로 대형 유통사와 기술을 확보할 수 있었다. 또한 현금 서비스를 제공하는 줌(Xoom)을 인수하면서 국제적인 디지털 송금 서비스 지원을 가능케 했으며, 페이팔미(PayPal Me) 서비스를 출시하여 더욱 쉽고 편리한 P2P 서비스를 제공할 수 있게 되었다. 이후 2018년 글로벌 결제 서비스를 제공하는 하이퍼월렛(HyperWallet)과 스웨덴의 소상공인 상거래 플랫폼 아이제틀(iZettle)을 인수하여 온라인 전자 거래 시장의 범위를 확장했다.

2019년에는 중국의 궈푸바오(GoPay)를 인수했는데 중국 최초로 외자 출자의 제삼자 결제기관이 100% 인수한 사례인 동시에 페이팔도 중국 온라인 결제 시장을 공략한 사례가 되었다. 궈푸바오 인수에 대해서는 이미 알리바바의 알리페이, 텐센트의 위챗페이가 시장점유율 93% 이상을 장악한 상태였기에 암울한 전망을 예측하는 의견도 있었지만, 중국 시장 진입 자체가 페이팔의 혁신을 이끌 것이라는 전망에 대한 의견이 훨씬 많다.

이후 2020년 미국 내 1,700만 명 이상이 사용하고 있는 가격 비교 플랫폼 허니(Honey)를 인수하면서 전자 상거래 웹사이트에서 온라인 쿠폰을 집계하고 자동 적용하는 프로그램을 개발했다. 2021년 일본의 페이디(Paidy)를 인수했다. 이는 경쟁이 심화되는 BNPL 시장에서의 입지를 다짐과 동시에 온라인 쇼핑 규모가 세계에서 세 번째로 큰 일본 시장의 점유율을 선점하기 위한 전략으로 사용되었다.

아래의 자료를 보면 알 수 있듯이 페이팔은 지속적인 기업 인수와 이에 따른 새로운 서비스를 제공하기 위해 노력하고 있다.

지속해서 추가되는 페이팔의 서비스

■ 페이팔 회원가입 과정

페이팔의 가장 큰 장점 중 하나는 가입 절차가 간단하다는 것이다. 페이팔 웹 사이트와 앱에서 가입할 수 있다. 앱을 다운로드하고 두 가지의 가입 경로가 존재한다. 일반적인 사용자(소비자) 계정과 비즈니스 계정을 개설할 수 있다. 먼저 사용자 계정의 경우 다른 앱과 가입 절차가 크게 다르지 않다. 사용자의 국가를 선택한 뒤 휴대전화로 보안코드를 받아 인증 절차를 거치게 된다. 이후 아이디로 사용되는 이메일과 비밀번호를 조건에 맞춰 입력하면 계정을 생성할 수 있다. 계정을 생성하면 개인 프로필과 주소를 입력하는데 국내의 유사 서비스와 달리 페이팔에서는 운전면허증과 여권으로만 본인인증이 가능하다는 것이다. 정보 입력 후 가입이 완료되면 입력한 이메일 주소로 확인 이메일이 전송된다. 해당 이메일로 들어가 페이팔 계정 생성과 계정의 합법적 소유자임을 증명하는 로그인을 진행하면 모든 인증과 가입은 마무리된다. 설정 완료 후 이어지는 팝업 메시지에서 바로 직불카드 또는 신용카드를 연동할 수 있다. 이후에도 추가할 수 있지만 카드 등록까지 바로 이어져 헤매지 않고 등록이 가능한 프로세스이다. 카드는 Visa, Mastercard, American Express와 같은 국제 카드만 등록할 수 있으며 여기서 연결한 카드로 페이팔 내에서 결제할 수 있게 된다.

카드는 추가로 등록할 수 있으며 온라인 결제 시 등록한 카드나 페이팔 앱 내 잔액 중 선호하는 결제 수단을 설정할 수 있다. 카드에 이어 계좌 정보 또한 연결할 수 있다. 한국의 은행 계좌를 연결해 사용하는 것인데 페이팔 내의 잔액을 한국 계좌로 송금할 수 있고, 페이팔 잔액으로 결제 시 결제 금액이 부족하다면 한국 계좌에서 충전하여 결제를 진행할 수도 있다. 은행 계좌 연결 시 인증을 거치게 되는데 페이팔에 등록한 계좌로 입금 코드와 함께 소액 입금이 된다. 이 인증 과정을 마치면 정상적으로 계좌 인증이 완료된 것이다. 사용자 계정에서는 지인들과의 송금 서비스도 가능하다. 여기서 연락처 동기화 서비스를 제공하는데 연락처 동기화에 동의한다면 저장된 연락처 정보만으로 지인과의 송금 서비스를 진행할 수 있다.

다음은 비즈니스 계정의 생성이다. 비즈니스 계정은 사업자들에게 제공하는 서비스로 청구서 작성 및 결제 대금 요청, 환급의 기능까지 제공한다. 페이팔 비즈니스 계정의 장점은 따로 앱을 다운받지 않고 같은 앱 내에서 거래를 진행할 수 있다는 부분이다. 비즈니스 계정 생성은 자영업자, 개인사업자, 법인 등 사업 유형을 선택하는 것으로 시작된다. 계정 생성은 무료로 제공되며 기존 사용자 계정을 업그레이드해 이메일 주소를 그대로 유지하여 사용할 수도 있고, 새로운 이메일 주소를 등록하여 별도의 계정을 생성할 수도 있다. 이후 법적 사업명과 제품 등 비즈니스에 대한 정보를 입력해야 한다. 입력이 완료되면 비즈니스 계정에 대한 추가 정보를 요청하는 이메일이 전송된다. 미국 세법인 FATCA(해외금융계좌신고법)에 따른 정보 수집으로 신원 증빙과 같은 서류를 제출해야 한다. 이는 미국에 거주하지 않아도, 미국의 납세자가 아니어도 필요로 하는 정보이기에 반드시 제출해야 하는 약간의 번거로움이 존재한다. 모든 절차가 완료되면 비즈니스 계정 활성화 메일과 함께 간단한 가이드라인, 안내 사항을 받아볼 수 있다.

■ 페이팔 주요 서비스와 서비스의 내용

앞서 언급했듯이 페이팔은 수많은 기업을 인수하여 영향력을 확장해 나가고 있고, 타 기업 인수에서 파생된 서비스 또한 무수히 많다.

먼저 페이팔 자체 서비스는 소비자와 판매자를 잇는 B2C(business-to-consumer) 결제 서비스를 제공한다. 브레인트리는 이커머스 기업들을 위한 전자 결제 솔루션을 제공한다. 기존의 페이팔은 결제할 때 페이팔에 접속해야만 했지만, 브레인트리는 신용카드와 체크카드 결제와 같이 완전히 다른 결제 방법을 업체에 제공해준다.

벤모(Venmo)는 우리나라의 토스와 비슷한 서비스로 미국 내 벤모 계정이 있는 사람들끼리 쉽게 송금을 할 수 있는 미국의 국내용 P2P(peer-to-peer) 서비스를 제공한다. 줌은 국제판 벤모로 미국 및 캐나다에서 해외로 송금을 도와주는 국제 P2P 서비스를 제공한다.

스웨덴에서 인수한 아이제틀로는 페이팔 제틀이라는 서비스를 만들어 냈다. 이 서비스는 오프라인 매장에서 사용할 수 있는 Tap to Pay 서비스를 제공한다. 오프라인 결제에 필요한 POS기 필요 없이 스마트폰을 NFC 비접촉 결제 단말기로 사용할 수 있게 도와줌과 동시에 현재 물건이 얼마나 잘 팔리고 있는지 판매 현황은 물론 분석 소프트웨어 또한 제공해준다.

페이팔 크레딧이라는 서비스도 존재한다. 이는 신용서비스, 할부 서비스로

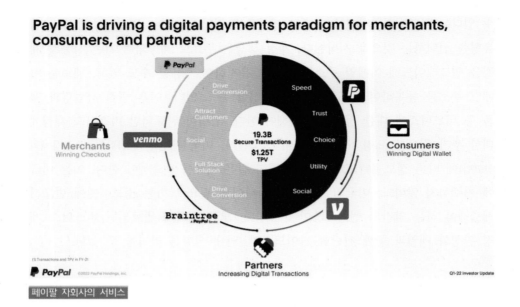

페이팔 계정 내에서 자금 조달 옵션을 제공하면서 이후 페이팔 잔액으로 지급할 수 있도록 도와준다. 즉, 주문한 물건을 먼저 받고, 나중에 결제를 할 수 있도록 도와주는 서비스인 것이다.

■ 페이팔의 장점 및 단점

페이팔이 지원하는 기능은 무수히 많다. 사업용 서비스를 제공함은 물론 대부분의 온라인과 오프라인 결제를 지원한다. 페이팔이 제공하는 많은 서비스가 있지만, 그중 사용자들이 이야기하는 몇 가지의 장점을 이야기해 보려고 한다.

먼저 가입 절차가 간단하다는 것이다. 아이디/비밀번호, 본인인증 등 기본적인 정보만으로 가입 절차를 최소화해 간단한 절차로 글로벌 소비자와 사업자가 될 기회를 제공한다.

다음의 장점으로는 높은 접근 가능성을 이야기한다. 웹사이트와 안드로이드, iOS 플랫폼 모두 지원하여 스마트폰 앱으로 송금 온라인 결제, 수수료 자동 납부 등 여러 서비스를 이용할 수 있다. 이러한 장점으로 미국의 자영업자는 물론 중소기업, 대기업 모두 페이팔을 사용한다. 또한 전화, 이메일, 헬프 데스크, 챗봇, 기본 가이드라인 등 다양한 방법으로 서비스를 제공하고 있어 서비스의 불편함이

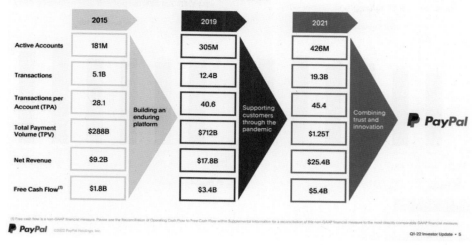

PayPal delivers results at massive scale

	2015	2019	2021
Active Accounts	181M	305M	426M
Transactions	5.1B	12.4B	19.3B
Transactions per Account (TPA)	28.1	40.6	45.4
Total Payment Volume (TPV)	$288B	$712B	$1.25T
Net Revenue	$9.2B	$17.8B	$25.4B
Free Cash Flow(1)	$1.8B	$3.4B	$5.4B

Building an enduring platform — Supporting customers through the pandemic — Combining trust and innovation

PayPal

Q1-22 Investor Update • 5

분사 이후 페이팔의 실적

발생했을 시 빠른 피드백이 가능하다.

페이팔은 미국에만 국한되는 것이 아니라 국제적으로 활용되는 서비스이다. 또한 위에서 언급한 것과 같이 미국 대부분의 기업은 페이팔을 사용한다. 따라서 기존 계정 생태계가 우수하다는 것이 최대 장점이 될 수 있을 것이다. 페이팔은 우리나라를 포함한 전 세계 수많은 웹 사이트에서 결제 수단으로 활용되고 있으며 무료 P2P 서비스를 제공함으로 전 세계 신규 고객들을 유치하고 있다. 현재 페이팔은 200개 이상의 국가에서 사용되고 있다. 또한 활성 계정 수, 거래 수, 결제 대금 처리, 수익 등 모든 부분에 있어 꾸준한 성장세를 보였으며 코로나 팬데믹 이후에는 더욱 가속화되어 성장하는 모습을 보여주고 있다. 이를 통해 페이팔의 기존, 그리고 앞으로의 인프라가 튼튼할 것임을 예측할 수 있다.

위의 자료는 실제 페이팔이 홈페이지에 공개한 자료이다. 2015년 분사 이후부터의 누적 통계치로 활성 계정 수, 거래 수, 순수익, 현금흐름 등 모든 영역에 있어 눈에 띄게 성장한 모습을 볼 수 있다. 특히, 4억 2,600만 명 이상의 사용자가 서비스를 사용하는 것을 확인할 수 있으며, 이는 형성되어 있는 인프라가 튼튼하여 앞으로 새로운 서비스가 출시되어도 확실한 메리트가 있을 것이라고 해석할 수 있을 것이다.

또한 고객과 거래 대금은 물론 수익 또한 성장하고 있음을 알 수 있다. 과거

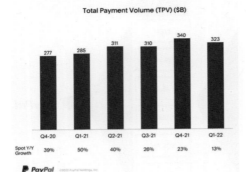

Q1-22 Total Payment Volume (TPV)
3-year CAGR of 26% at spot and 29% ex-eBay

Q1-22 Revenue
3-year CAGR of 16% at spot and 22% excluding eBay

2022년 1분기 실적

와 같이 드라마틱한 성장은 아니지만, 전년도와 비교했을 때 매 분기 지속적인 성장을 이어나가고 있다는 것을 확인할 수 있다.

이외에도 페이팔 잔액 충전 시스템으로 간편하게 결제를 완료할 수 있으며, 높은 거래 한도, 결제 대금 입금 및 환급 수단으로 손쉽게 활용될 수 있다. 우리나라의 입장에서는 2015년 페이팔 코리아가 정식 출시되었다는 것이다. 덕분에 회원가입은 물론 모든 서비스를 한국어로 진행할 수 있다. 국내 앱을 사용할 때는 너무나도 당연한 서비스이지만 해외 결제를 진행할 때 번역기가 아닌 정식으로 출시된 한국어로 결제를 진행할 수 있다는 것은 큰 장점이다.

이런 페이팔도 장점만 있는 것은 아니다. 당연히 단점도 존재한다. 이번에는 페이팔의 단점에 관해 이야기해 보려고 한다.

먼저 계정에 대한 단점이다. 국내에서 해외 결제를 진행할 때 대부분 페이팔을 통해 결제할 수 있지만 미국 내 자국민에게만 서비스를 지원하는 쇼핑몰도 다수 존재한다. 즉, 한국에서 일부 해외 사이트 이용과 결제가 불가능하다는 것이다. 대표적으로 랄프로렌과 나이키가 있는데 이는 한국에서 사업을 영위하고 있으니 본토에서 구매하지 말고 한국 사업장에서의 구매를 유도하는 것이다. 이에 따라 변태 페이팔, 변형 페이팔이라고 하는 계정이 나타나게 되었다. 흔히 '변팔'이라고 부르는 이 계정은 한국에서 한국인이 아니라 미국인인 것처럼 가입하여 이용하는 것이다. 이 계정을 생성하기 위해서는 미국 USIM칩과 휴대전화 번호, 미국 주소가 필요하다. 준비물을 보면 알 듯이 한국에서 정상적인 방법으로는 만들 수 없는 계정이다. 이 때문에 보안이 취약해지는 것은 물론 계정 정지 가능성이라는 리스크가 수반된다. 각 기업의 의도가 담겨 서비스를 지원하지 않는 것이지만 페이팔을 통해 결제할 수 없는 사이트도 분명히 존재한다는 것이다.

또한 오프라인에서의 사용 제한이 있다. 그동안 여러 기업을 인수하면서 오프라인 결제 서비스를 준비하던 페이팔이었다. 실제로 기업 인수 후 QR코드나 NFC 등을 통해 결제를 가능케 하는 서비스를 제공했지만, 온라인에서 이용할 수 있는 서비스가 오프라인에서는 많은 제한에 부딪힌다.

페이팔의 장점으로 간단한 계정 생성을 이야기했다. 하지만 아이러니하게도 이렇게 쉬운 계정 생성이 단점으로도 꼽힌다. 페이팔은 정식 허가를 받은 사업자 계좌가 아니다. 사업자 등록이 된 계좌만 허가받을 수 있는 것이 아니라 누구라도 사업자처럼 설정하여 계정을 생성할 수 있는 구조이다. 최소한의 자료로 증명을 한다고 해도 일정 제한 필터링을 하므로 선의의 피해자가 발생할 가능성이 있다.

또한 생성한 계좌가 동결되는 사례가 종종 발생한다. 필자도 이 이야기를 듣고 금전이 유통되는 플랫폼에서 아무 이유 없이 계좌가 동결된다고 해서 의아한 부분이 있었다. 하지만 예시를 멀리서 찾을 필요가 없었다. 비즈니스 계정을 만들고 활성화 메일을 받은 직후 [고객님은 더 이상 PayPal을 이용하여 거래할 수 없습니다.]라는 메일이 한 통 전송되었다. "검토 결과 계정이 사기성 정보 또는 도난당한 정보를 사용하여 생성된 것으로 감지되었기 때문에 고객님의 계정을 영구적으로 제한하기로 결정했습니다."라는 안내문과 함께 계정이 동결되었다.

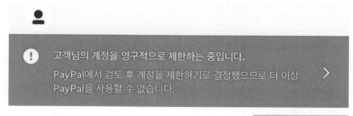

고객님의 계정을 영구적으로 제한하는 중입니다.
PayPal에서 검토 후 계정을 제한하기로 결정했으므로 더 이상 PayPal을 사용할 수 없습니다.

계정 동결 알림 메시지

좋은 방향으로 생각한다면 사기성 계정을 미리 발견해 사고를 예방할 수 있다고 할 수 있겠지만 반대로 순수한 거래 목적으로 가입했는데 이러한 상황이 발생한다면 굉장히 당황스러울 것이다. 필자는 가입 직후 바로 동결되었기 때문에 계좌에 잔액이 없어 다행이었지만 거액의 잔액이 남아있는 사용자의 계좌가 동결된다면 난처한 상황이 발생할 것이다. 물론 무결성을 증명할 수 있다면 계좌 복구가 가능하지만 이를 성공한 사용자를 찾아보기는 힘들다. 실제로 구글에 Frozen PayPal Accounts만 검색하더라도 많은 사례가 있고, 이는 분명 적은 수치가 아니다.

■ 페이팔의 현재와 미래

페이팔은 현재도 많은 서비스를 제공하면서 몸집 키우기에 집중하고 있다. 2020년 11월 페이팔은 미국 이용자 대상으로 가상자산 매매 및 서비스를 제공하고 있다. 페이팔 앱으로 비트코인 매매, 보유가 가능한 서비스를 제공하고 있다. 기존 모바일 간편결제 서비스에 핀테크 플랫폼을 추가함으로써 디지털 금융까지 사업영역과 채널을 확대하겠다는 것이다.

매매 서비스에 그치지 않고 페이팔은 달러와 연동된 자체 스테이블코인을 개발 및 발행 예정이라고 한다. 스테이블코인은 달러와 1 대 1로 가치가 고정되어 가격 변동성을 최소화하도록 설계된 암호화폐로 시장의 일반 코인과 비교해 안정적이라는 특징이 있다. 페이팔 개발자가 최근 알고리즘상의 숨겨진 코드를 발견하면서 자체 코인 발행은 더욱 확실해진 상황이며 규제당국 관계자들과 논의 중이라고 한다.

댄 슐만 페이팔 최고경영자(CEO)는 "페이팔의 암호화폐 지원은 단순한 투자용 자산을 넘어 일상적인 상거래 자금원이 됐다."라고 밝히며 고객들이 암호화폐로 상품을 결제할 수 있는 앱 서비스를 출시했다. 페이팔 내에서 거래되는 가상자산은 페이팔 내에서만 취급되며, 페이팔이 중심이 되어 가상자산을 활용하는 서비스를 제공한다. 페이팔 디지털월렛에 보유하고 있는 암호화폐를 달러로 전환해 상품 구매 시 즉각 사용할 수 있는 것이다. 암호화폐로 거래한다면 가격 변동성이 문제가 될 텐데 이 리스크를 가맹점들이 감수하지 않도록 거래 정산이 달러로 이뤄지도록 한 것이다. 암호화폐에 대한 많은 리스크가 존재하겠지만 페이팔은 P2P, B2C 거래가 아닌 페이팔 자체가 주도권을 갖는 가상자산 인프라를 제공하면서 결제 편의성을 강화하는 데에 초점을 맞추고 있다. 이런 노력이 대중화된다면 Visa, Mastercard 등 기존 네트워크에서 벗어나 새로운 인프라를 구축할 수 있을 것이다.

이를 위해 페이팔은 2021년 이스라엘의 디지털 자산 보안 및 수탁기업인 커브(Curv)를 인수했다. 디지털 자산 역량 강화에 더욱 힘쓰는 모습이다. 이를 통해 페이팔은 현재 미국 내에서만 제공하는 암호화폐 서비스를 더욱 강화해 국가 간 안전한 거래 환경 구축을 목표로 하고 있다.

페이팔의 현재 금융 슈퍼 앱(Super App) 초기 버전을 공개했다. 자동 입금, 디지털 월렛, P2P 결제, 쇼핑, 암호화폐 등 다양한 통합 금융 서비스를 통합해 제공하는 것이 핵심이다. 고객이 일상적인 금융 생활을 쉽게 관리할 수 있도록 안전하고 강력한 올인원 맞춤형 앱이다. 기존 계정 잔액이 먼저 표시되었던 화면 대신 개인화된 대시보드를 볼 수 있다. 이 대시보드에는 이체를 할 수 있는 월렛, 송금 및 지급을 할 수 있는 결제, 암호화폐에 접근할 수 있는 금융, 그리고 개인화된 쇼핑 탭이 표시된다.

이를 활성화하기 위해 페이팔은 신규 활성 계정 수 증가, 탈퇴율 감소, 회원의 활동 지수 반등을 목표로 플랫폼 및 자사 결제 시스템을 이용하는 고객을 늘리기 위해 지속해서 사업을 확대하고 있다. 모든 기업에 새로운 도전은 리스크로 작용할 수 있지만 페이팔의 경우 압도적인 사용자 수로 규모의 경제가 실현할 수 있다고 생각한다.

Q Mobile Financial Service 지식 Talk Talk!! :

" BNPL 서비스 "

지금 미국, 유럽, 호주 등 해외 쇼핑 업계에서 가장 주목받는 단어는 'BNPL'이다. BNPL은 'Buy Now, Pay Later'의 약자로 신용카드를 발급받지 않고도 신용 결제할 수 있는 후불결제 시스템을 의미한다. 돈을 내지 않고 물건을 먼저 받는다는 점에서 신용카드 기능과 유사하다고 할 수 있는데 아마존은 BNPL 업체인 '어펌(Affirm)'과 제휴를 맺었고, 페이팔도 BNPL 서비스를 제공하고 있고 애플도 애플페이에 BNPL을 옵션으로 제공할 예정이다.

디지털 외상 시스템인 BNPL은 '지금 바로 구매하고, 지불은 나중에(Buy Now, Pay Later)'라는 의미로 소비자가 온·오프라인 매장에서 외상으로 물건을 사면 BNPL 업체가 소비자 대신 가맹점에 먼저 물건값을 지불하고, 소비자는 나중에 BNPL 업체에 대금을 분할 납부한다는 개념이다. 이용 과정은 신용카드 서비스와 비슷하지만, 운용방식에 차이가 있어서 BNPL 업체는 이용자가 아닌 가맹점으로부터 수수료를 받고 판매자가 사용료를 내는 구조라고 할 수 있다. 특히 가맹점이 지불하는 BNPL 수수료가 신용카드 수수료보다 2배 정도 높은 3~6%로 비싼 수수료에도 불구하고 판매자들이 BNPL을 가입하는 이유는 물건을 더 많이 팔 수 있기 때문이다.

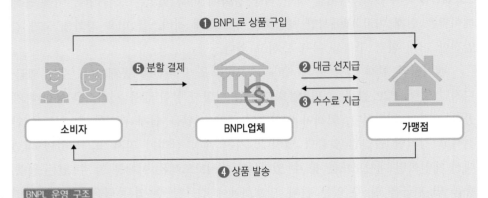

BNPL 운영 구조

우선 BNPL은 카드를 발급받는 과정이 없다. 앱을 다운로드해 본인 인증 후, 이메일, 핸드폰 번호만 입력하면 된다. 즉, 카드 발급 절차, 신용 심사 과정이 없고 신용 점수가 부족하거나 없어 신용카드를 발급받지 못했거나 계좌 잔고가 없는 경우에도 BNPL을 이용해 물건을 구매할 수 있다. 연회비는 물론 분할납부 수수료나 이자도 없다. 연체할 경우 연체 수수료를 내지만, 신용카드보다 저렴한 편으로 가맹점 입장에서는 물건을 판 뒤 돈을 바로 받을 수 있다는 장점도 있고 신용카드처럼 2~3일간 입금을 기다릴 필요도 없다.

세계 최초로 BNPL 서비스를 도입해 글로벌 1위로 자리매김한 스웨덴 핀테크 기업 '클라르나'에 따르면 해당 서비스를 적용한 온라인 쇼핑몰의 2020년 구매 전환율은 2019년보다 약 44% 증가 했는데 물건을 보고 망설임 없이 구매하는 사람이 늘고 있다는 뜻이고 구매자들의 평균 구매 금액 또한 무이자 할부의 영향으로 약 45% 높다고 한다. 결국 높은 수수료에도 불구하고 가맹점은 다수의 사용자를 앱에 유입시킬 수 있고, 간단한 결제방식으로 고객 구매 횟수와 구매 금액이 늘어나는 효과를 얻을 수 있기 때문에 BNPL을 선택하고 있다.

BNPL은 특히 우리나라처럼 신용카드 문화가 발전하지 못한 해외에서 인기인데 우리나라는 민간소비지출의 75%가 신용카드 결제이지만 미국은 아직 25%에 불과하다. 국내와 달리 신용카드 발급도 까다롭기 때문인데 미국에서 신용카드를 발급받으려면 합법적 근로가 가능하다는 증명인 사회보장보호가 필요하며 소득 증명이나 일정 규모의 보증금을 요구하는 경우도 많다. 금융거래 이력이 없는 대학생이나 신용 점수가 낮은 청년층이 할부로 물건을 사기 어려운 환경이고 게다가 무이자 할부도 거의 없다. 신용카드 할부 서비스를 이용할 순 있지만 매달 이자를 내야 하기 때문에 이런 부분이 부담스러운 MZ세대가 BNPL에 열광하는 이유가 여기에 있다. 소비 욕구는 높지만 신용도가 상대적으로 낮은 연령대에 매력적인 결제 수단이기 때문이다. 또한 언택트 시대의 온라인 쇼핑에 익숙해진 X세대 및 베이비붐 세대의 유입도 늘고 있어서 미국 내 35~44세의 50%, 45~54세 42%가 이용 경험이 있는 것으로 나타났고, 호주의 경우 전체 인구의 22%인 580만 명이 호주 BNPL 업체인 '애프터페이'를 사용하고 있는 등 BNPL 이용이 다양한 연령에 걸

쳐 보편화되고 있다. 우리나라에서는 아직 용어도 생소하지만 이미 미국, 유럽, 호주 등 해외에서
는 BNPL이 신용카드의 대체재로 급부상하며 새로운 소비 트렌드로 정착하고 있고 핀테크 시장에
서 뜨거운 이슈가 되고 있다.

　한국은 경제활동인구 1인당 보유하고 있는 카드가 평균 4장 이상으로 무이자 할부도 보편화되
어 있고, 카드 수수료도 비교적 낮아서 해외와 달리 플랫폼 이탈을 맞는 '락인 Lock-in' 효과를
목표로 대형 IT 기업들이 주로 BNPL 시장에 뛰어들고 있다. 가장 먼저 BNPL 서비스를 시작한
곳은 '쿠팡'으로 쿠팡은 '나중결제'라는 이름으로 BNPL 서비스를 운영 중인데 신용카드가 없어도
후불결제와 할부로 구매가 가능하고 현금영수증으로 소득공제도 받고 금융권 채무가 아니기 때
문에 개인 신용점수에도 영향이 없다는 점이 장점으로 꼽히고 있다. 하지만 BNPL 서비스도 단점
이 있어서 신용평가를 하지 않는 만큼 채무 상환 능력을 판단하기 힘들어 이용자들이 구매 대금
을 갚지 못하는 일들이 발생할 수 있고 한 이용자가 여러 BNPL 업체를 동시에 이용할 수 있고,
BNPL 업체들끼리 이용자의 신용정보를 공유하지 않기 때문에 여신관리에 취약하다는 점이다.

(Prudential Home Page '금융생활' 내용 발췌)

벤모(Venmo)

■ 벤모 서비스 개시일 & 간단한 역사

　다음으로 이야기할 앱(App)은 앞서 언급한 페이팔(PayPal)의 자회사인 벤모
(Venmo)이다. 벤모는 펜실베니아 대학교 신입생이었던 앤드류 코르티나와 이크람
마그돈 이스마일에 의해 설립되었다. 벤모는 우연한 기회에 의해 탄생하였다. 그
들은 친구의 요거트 가게를 도와주면서 기존의 POS에 의한 결제 방식이 굉장히
비효율적이라고 생각했고, 그러던 중 문자 메시지를 통한 즉시 결제 방법을 고안
해낸 것이다.

　그렇게 벤모는 2009년 문자 메시지 기반 P2P(peer-to-peer) 결제 플랫폼으로
서비스를 시작하게 되었다. 처음에는 문자 메시지 기반으로만 서비스를 제공할 수
있었지만, 이후 스마트폰 앱을 통한 P2P 결제 서비스를 지원하게 되었다. 당시 스
타트업 기업이었던 벤모는 높은 가치를 인정받아 2012년 브레인트리(Braintree)가
2,620만 달러라는 금액에 벤모를 인수했다. 그리고 2013년 브레인트리가 페이팔
(PayPal)에 인수되면서 벤모는 최종적으로 페이팔의 자회사가 되었다. P2P 서비스

Top U.S. Finance Apps by Downloads

Most installed Finance apps on the U.S. App Store and Google Play by year

	2017		2018			2019			H1 2020	
1	Cash App Square	1	Cash App Square		1	Cash App Square	-	1	Cash App Square	-
2	PayPal PayPal	2	Venmo PayPal	+2	2	Venmo PayPal	-	2	Venmo PayPal	-
3	Credit Karma Credit Karma	3	PayPal PayPal	-1	3	PayPal PayPal	-	3	PayPal PayPal	-
4	Venmo PayPal	4	Sweatcoin SweatCo.in	NEW	4	Credit Karma Credit Karma	+1	4	Robinhood Robinhood	NEW
5	Chase JPMorgan Chase	5	Credit Karma Credit Karma	-2	5	Zelle Early Warning Services	+5	5	IRS2Go Internal Revenue Service	NEW
6	Capital One Capital One	6	Capital One Capital One	-	6	Capital One Capital One	-	6	Credit Karma Credit Karma	-2
7	Bank of America Bank of America	7	Bank of America Bank of America	-	7	Chase JPMorgan Chase	+1	7	Turbo Tax Return Intuit	NEW
8	Wells Fargo Wells Fargo	8	Chase JPMorgan Chase	-3	8	Bank of America Bank of America	-	8	Zelle Early Warning Services	-3
9	Coinbase Coinbase	9	Wells Fargo Wells Fargo	-1	9	Wells Fargo Wells Fargo	-	9	Bank of America Bank of America	-1
10	GEICO GEICO	10	Zelle Early Warning Services	NEW	10	Sweatcoin SweatCo.in	-6	10	Fresh EBT Propel	NEW

미국 내 벤모(Venmo) 시장 점유율

로 설립되었던 벤모는 2015년까지 플랫폼에서 C2B(consumer-to-business) 서비스를 지원하지 않았다. 하지만 2016년 벤모는 일부 상점과 지급 결제를 협력하고 있다고 발표했고, 페이팔을 사용하는 모든 가맹점에서 벤모를 통해 결제를 진행할 수 있게 되었다. 벤모 QR코드 결제 서비스가 활성화되면서 기존의 온라인 송금 서비스는 물론 오프라인에서도 초석을 다지게 되었다.

위의 이미지와 같이 벤모는 미국에서 가장 대표적인 앱 중 하나로 지난 몇 년 동안 굳건한 사용자를 보유하고 있다. 미국 스퀘어(Square)사의 송금 서비스인 캐시 앱(Cash App)과 시장점유율 1, 2위를 다투고 있는 기업이다.

여기서 미국 내 송금 서비스가 왜 중요한지 먼저 알고 넘어가야 할 것 같다. 한국의 대표적인 송금 서비스로 토스와 카카오톡을 통한 송금을 이야기할 수 있을 것이다. 우리는 해당 금액과 송금 버튼을 터치함과 동시에 송금이 이루어지기 때문에 불편함이 전혀 없지만, 이는 우리나라에 한정되는 이야기이다. 우리나라에서만 송금 서비스가 빠른 것이지 미국의 경우 평균 하루 이상의 시간이 소요된다고 한다. 그리고 벤모라는 서비스로 이러한 문제를 해결할 수 있게 되었다.

■ 벤모 회원가입 과정

벤모의 회원가입 절차는 간단하다. 첫 번째 이미지는 처음 벤모 앱을 들어갔을 때 볼 수 있는 화면이다. 이후 두 번째 이미지와 같이 개인 계정과 비즈니스

벤모(Venmo) 앱의 초기 화면

계정 중 선택할 수 있게 된다. 계정을 선택하면 휴대전화 번호를 통한 인증을 거치게 되고, 이름, 닉네임, 이메일 등과 같은 세부 정보를 입력한다. 모든 정보를 입력한 후 사용자 동의 및 개인 정보보호 정책에 대한 동의를 진행하면 계정 생성은 완료된 것이다. 모회사인 페이팔과 같이 서비스를 이용하기 전 연락처 동기화를 통해 친구 리스트를 업데이트할 수 있는데, 벤모의 특이점은 연락처뿐만 아니라 페이스북을 통해 연락처를 동기화할 수 있다는 것이다.

　여기서 벤모의 또 다른 특징은 계정의 공개 여부를 선택할 수 있다는 것이

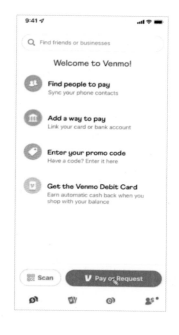

벤모(Venmo) 앱의 서비스 이용 화면

다. 인터넷 내 모든 사람에게 자신의 지급 명세를 공개하는 Public 계정과 친구들에게만 공개되는 Friends 계정, 그리고 아무도 볼 수 없게 하는 Private 계정으로 설정할 수 있다. 이후 송금 및 결제를 진행할 은행 계좌와 카드를 등록해야 한다. 대표 계좌를 설정한 후 백업 카드를 추가로 등록하여 여러 계좌 중 선택하여 서비스를 진행할 수 있다.

모든 설정을 완료하면 첫 번째 이미지와 같은 화면을 볼 수 있을 것이다. 메인화면의 [Find people to pay], [Add a way to pay], [Enter promo code], [Get the Venmo Debit Card]의 큰 카테고리는 벤모의 가장 주요 서비스이다. 또한 오른쪽 아래를 보면 [Pay or Request]라는 서비스를 볼 수 있다. 이는 친구들과의 P2P 송금 서비스를 위한 것으로 돈을 송금할 수도 있고, 상대방에게 송금을 요구할 수도 있다. 두 번째 이미지와 같이 사용자의 이름, 전화번호, 이메일, 그리고 QR코드로도 검색할 수 있으며, 금액을 입력한 후 [Pay], [Request] 터치 한 번으로 간단하게 서비스를 이용할 수 있다.

■ 벤모 주요 서비스와 서비스의 내용

Send & Receive	Pay with Venmo	Venmo for Business
How it works	Ways to pay	Ways to get paid
Tips & tricks	Pay businesses	Accept Venmo payments
Manage balance	Pay in apps & online	Accept Venmo in apps & online
Direct Deposit	Pay in stores	
Crypto	Venmo Debit Card	
Purchase Protection	Venmo Credit Card	

벤모(Venmo) 서비스의 전체 구성

다음은 벤모가 제공하는 서비스의 전체 구성이다. 지금부터는 각 카테고리의 대표적인 서비스를 소개해 보려고 한다.

[Send & Receive] 카테고리에 들어가면 P2P 서비스에 대한 설명이 제공된다. 서비스 중 가장 눈에 띄는 특징은 위에서도 언급한 거래명세 공개 여부이다. 거래명세를 전체 공개, 친구에게만 공개, 비공개로 설정할 수 있는데 거래명세를

공개하면 SNS와 같이 간단한 이모티콘이나 코멘트를 남길 수 있는 소셜 피드 기능이 있다. 트위터나 페이스북처럼 친구들과 의사소통할 수 있는 특징이 있다. 또한 거래가 이루어진 음식점이나 카페와 같은 장소에 대한 리뷰, 장소 즐겨찾기에 대한 즐겨찾기 및 공유 서비스도 제공하고 있다.

다음 서비스는 위에서 언급한 내용인 Pay & Request이다. 쉽게 더치페이 기능으로 인지하면 좋을 것 같다. 지인들과 함께 식사하고 적은 단위의 금액까지 더치페이하는 것에 민망했던 경험이 한 번쯤은 있을 것이다. 분명 더치페이해야 하는 금액인데 10원 단위까지 나누는 것에 대해 꺼리는 사람도 분명 존재할 것이다. 벤모에서는 이러한 걱정을 할 필요가 없다. 결제 명세에 함께 자리했던 친구들을 추가하면 자동으로 더치페이 금액을 계산해 송금을 요청할 수 있는 서비스를 제공한다. 이런 서비스로 받아야 할 돈을 받지 못해 스트레스를 받는 일을 줄일 수 있을 것이다. 벤모에서는 기본적으로 수수료가 없는 P2P 송금 서비스를 지원하지만, 수수료 지급으로 빠른 송금을 선택할 수도 있다.

다음은 [Pay with Venmo]에 소개된 서비스이다. 가장 기본적인 기능으로는 벤모 계정으로 앱과 웹 사이트에서 결제가 가능하다는 것이다. 앞서 소개한 페이팔처럼 결제 과정에서 결제 방법을 벤모로 진행한다면 벤모에 연결된 계좌로 결제를 할 수 있다. 또한 벤모 가맹점에서 쇼핑한다면 매장에 있는 벤모 QR코드로도 오프라인 결제가 가능하다. 벤모 앱에서 간단히 QR코드를 스캔함으로 결제를 끝낼 수 있는 것이다. 이는 COVID-19 상황에 있어 비접촉 결제 방식으로 더욱 주목받고 있다.

벤모는 다른 지급 및 결제 앱과 다르게 벤모만의 직불카드와 신용카드 서비스를 제공한다는 것이다. 카드를 분실했다면 벤모 앱에서 터치 한 번으로 카드를 비활성화할 수 있다. 국내 체크카드는 분실신고를 하면 새로운 카드가 올 때까지 카드 사용이 불가한데 벤모의 경우 터치 한 번으로 카드 활성화/비활성화가 가능하다.

다음은 벤모 직불카드의 가장 큰 장점이지 않을까 싶다. 직불카드 사용 시 잔액이 부족한 때도 있다. 국내의 경우 다른 은행이나 다른 계좌에 들어가 잔액을 옮겨야 하는 다소 귀찮은 과정을 거쳐야 하지만 벤모는 직불카드에 잔액이 없다면 연동된 계좌에서 자동으로 잔액을 충전해 바로 사용이 가능하다는 사소하지만 편리한 서비스를 제공한다.

벤모 신용카드는 연회비가 없다는 메리트와 함께 직불카드보다 조금 더 광범위한 서비스를 제공한다. 먼저 벤모 신용카드는 비자(Visa) 카드를 사용할 수 있는 200개가 넘는 국가에서 모두 사용할 수 있다. NFC 결제 방식을 통해 매장에서도 비접촉 결제가 가능하며, 카드 앞면에는 개개인의 고유한 QR코드가 프린트되어 있다. 프린트된 QR코드를 스캔하면 개인의 벤모 프로필이 연결되고, 스캔으로 간단하게 송금을 진행할 수 있다. 벤모를 통한 모든 결제는 모두 누적되어 본인이 어느 분야에 있어 얼마만큼의 소비했는지 한눈에 분석할 수 있게 도와준다.

마지막으로 [Venmo for Business]에 소개된 서비스이다. 벤모는 우리와 같은 일반 소비자의 지급, 결제 서비스만 제공하는 것이 아니라 비즈니스 계정도 함께 지원한다. 사업자들은 온라인과 오프라인, 그리고 앱에서 벤모를 통한 결제를 수락할 수 있다. 우리가 국내에서 네이버 페이나 페이코(PAYCO), 토스(toss)를 이용해 온라인 결제를 진행하는 것처럼 사업자는 벤모를 결제 수단으로 설정해 결제 방법의 다양성을 제공할 수 있다. 현재 벤모를 통해 결제를 수락하는 활성 커뮤니티는 8,300만 명이 넘고, 200만 이상의 판매자가 존재하는 거대한 시장을 형성하고 있다.

사업자 입장에서의 벤모 비즈니스 계정은 다음과 같은 장점이 있다. 먼저 QR코드 결제 수단을 지원한다. 이는 COVID-19로 비접촉 커뮤니케이션이 중요시되는 현재에 적절한 결제 방식이 될 수 있을 것이다. 또한 비교적 적은 수수료도 큰 메리트가 될 것이다. 수익의 극대화가 중요시되는 사업에서 미세한 차이의 수수료라도 크게 느껴질 것이다.

마지막으로 기존의 앱과 계정을 그대로 사용할 수 있다는 것이다. 별도의 다른 앱을 추가로 설치해야 하는 것이 아닌 벤모 앱의 기존 계정에 비즈니스 계정을 연결할 수 있어 새 계정을 개설할 필요가 없다. 비즈니스 계정은 기존 벤모 계정에 연결되어 새로운 계정을 개설할 필요가 없지만, 완전히 다른 프로필로 개인 거래와 비즈니스 거래를 별도로 유지할 수 있다. 또한 개인 프로필과 비즈니스 프로필 간 전환이 빠르고 간단해 소비자 관점에서 비즈니스 프로필 구성이 쉽다는 특징이 있다.

■ 벤모의 장점 및 단점

벤모가 지원하는 서비스에는 많은 것이 있지만 실제 사용자들이 이야기하는 장점에 관해 이야기해 보려고 한다.

먼저 간단한 가입 절차가 장점으로 언급된다. 불필요한 추가 정보 제공 없이 이름, 이메일, 전화번호 등 최소한의 정보만으로 가입할 수 있다.

다음은 벤모에서 제공하는 카드 서비스이다. 앞서 언급했던 것처럼 직불카드와 신용카드를 지원하는데, 직불카드는 ATM 사용 시 수수료가 면제되고 카드 내 잔액이 부족하면 연동 계좌에서 즉시 충전이 가능하다. 신용카드는 연회비 없이 여러 국가에서 제약 없이 사용할 수 있다는 장점과 함께 광범위한 서비스를 제공한다.

벤모는 타사 서비스에 비해 빠른 송금이 가능하다. 미국은 은행 간 계좌 이체가 통상 1~2일이 걸리는데 벤모는 이 시간을 획기적으로 단축해 주었다. 사용자는 연동된 계좌로 연락처, 이메일, 페이스북 등을 통해 간편하고 빠르게 이체할 수 있으며, 이는 벤모의 가장 큰 장점 중 하나로 뽑힌다.

다음은 벤모만의 특징인 소셜 네트워크 플랫폼이다. 벤모는 송금 서비스에 소셜 기능을 추가했다. 다른 사람에게 송금하면 그 명세 내용이 상대 타임라인에 뜨게 된다. 이에 간단한 이모티콘이나 댓글을 남길 수 있는 기능이 있다. 또한 맛집 등 특정 장소 즐겨찾기 등록을 하여 지인들과 공유할 수 있다. 우리가 평소 사용하는 페이스북이나 트위터 같은 작은 소셜 네트워크 플랫폼 기능이 추가되어 있어 특히 미국 내 MZ세대에게 큰 유행이 되고 있고, 이들에게는 필수적인 앱이라고 한다. 국내에서 친구들에게 돈을 받을 때 "카카오 페이로 보내줘", "토스로 보내줘"라는 말을 빈번하게 하곤 한다. 이처럼 미국의 MZ세대는 송금해달라고 할 때 주로 벤모를 사용하여 "벤모 해"라는 말이 유행되었다고 한다. 빠른 송금과 깔끔한 UI, 그리고 소셜네트워크 플랫폼을 기반으로 벤모는 미국의 밀레니얼세대와 Z세대를 중심으로 폭발적인 인기를 끌 수 있었다.

신뢰도 높은 페이팔을 모회사로 삼아 기존의 튼튼한 인프라를 앞세워 MZ 세대라는 특정 타겟층을 확보함으로써 미래 고객을 확보하고 벤모의 영향력을 점차 확대하고 있다. 더불어 2017년 시작한 오프라인 결제 서비스를 통해 오프라인 시장에서 스퀘어나 비자 등에 밀리고 있는 페이팔의 약점을 보완해 주고 있다.

여러 분야에서 영향력을 확대하고 있는 벤모이지만 처음부터 모든 것이 순탄했던 것만은 아니다.

지난 몇 년간 벤모의 소셜 네트워크 플랫폼 서비스를 문제 삼는 사용자들도 있었다. 이 서비스를 기반으로 MZ세대의 인기를 끌었던 벤모이다. 하지만 벤모가 인간관계에 돈을 끌어들여 관계가 더욱 옹졸해지고 계산적으로 되었다는 비판이 있었고, 자신은 제외되고 다른 친구들끼리 모여 즐겁게 지내고 있으리라 생각하고 친구들의 거래명세 피드를 확인하는 포모 증후군(소외 불안 증후군)에 시달린다는 주장도 있었다.

벤모는 페이팔을 모회사로 삼고 있다. 앞서 소개한 페이팔의 문제점으로 언급한 계좌 동결이 벤모에서도 종종 그대로 발생한다고 한다. 단순한 계정의 동결이 아닌 금전적인 거래가 오가는 결제 및 지급 계정이 갑작스럽게 동결된다는 것은 분명한 사고이고 리스크가 될 것이다. 다행히 계정과 잔액이 복구된다고 해도 "같은 문제가 반복되지 않을까?"라는 의심이 생길 것이고 이는 신뢰도의 문제로 직결될 것이다.

다음은 빈번한 사기 거래의 발생이다. 실제로 Payment 서비스에 있어 벤모의 사기 사례는 쉽게 찾아볼 수 있다.

편리함과 신속성 때문에 용돈을 비롯해 축의금 및 조의금, 선물 등을 송금하는 경우가 많은데 은행을 가장한 ID로 사기가 종종 발생한다고 한다. 하지만 벤모 측에서는 낯선 사람과의 거래는 피하고 신뢰 관계에 있는 사람들과 서비스를 이용하라는 가이드라인을 제공할 뿐 조작된 계정을 추적하는 등의 실질적인 해결책을 내놓지 못하고 있다. 2018년 11월 미국의 월스트리트 저널은 벤모가 대금 사기(a wave of payments fraud)로 예산보다 40% 더 많은 4,000만 달러의 손실을 보았다고 보도했다.

또한 사생활 침해와 사이버 공격의 위험 문제도 언급되고 있다. 이는 엄청난 양의 개인 정보 공개와 거래명세 공개로 야기된 문제이다. 벤모의 소셜 피드는 금융 거래에 의한 것이기 때문에 다른 소셜 네트워크와는 다른 성격을 가지고 기본적으로 사용자의 사생활에 대해 많은 정보를 노출한다. 실제로 2021년 5월 미국의 버즈피드(BuzzFeed) 뉴스의 조사에 의하면 10분도 채 걸리지 않아 미국 조 바이든 대통령의 벤모 계정을 찾아냈고, 이에 따라 많은 사람이 사생활 노출에 대한 우려를 드러냈다. 이는 개인의 정보 노출뿐만 아니라 사이버 공격 위험 또한 초래할 수 있기 때문이다. 계속되는 우려 속 벤모는 2018년 FTC 조사에서 GLBA 보호 규칙 및 개인 정보 보호 규칙 미준수가 발견되었고 향후 10년 동안 2년마다 감사를 받게 되었다.

또한 미국구제법이 벤모의 발목을 잡을 것으로 보인다.

미국구제법 조항에 따라 국세청(IRS) 보고 관련 규정이 변경되면서 미국 내 송금 사업에 브레이크가 걸렸다. 스마트폰 간편 송금 앱을 통해 송금받는 금액이 연 600달러 이상이면 자동으로 IRS에 보고되어 과세소득으로 분류된다. 미국에는 '캐시잡'이라는 형태의 아르바이트가 있는데 이는 대부분 벤모와 같은 송금 앱을 통해 입금받는다고 한다. 어떻게 보면 이런 소득에 대해서는 과세하는 것이 당연하지만 용돈이나 선물, 더치페이한 금액까지 모두 600달러에 포함된다. 이런 돈은 당연히 세금 보고의 대상은 아니다. 하지만 IRS로부터 돈의 출처를 확인하는 편지를 받을 수 있고, 이는 분명 사용자에게 부담이 되고 리스크가 되는 요소가 될 것이다.

■ 벤모의 현재와 미래

하지만 벤모의 장래가 어둡다고 하기는 힘들 것 같다. 많은 구설수가 있었음에도 벤모는 신용카드사를 제외한 모바일 결제 시스템 중 가장 높은 시장점유율을 차지하고 있다. 송금/결제 서비스와 함께 금융 서비스, 신용카드, 쇼핑 등 디지털 지갑의 기능은 강화되었다. COVID-19 팬데믹으로 성장 속도는 가속화되었으며, 모바일 송금/결제가 일상화되면서 벤모의 성장이 모회사인 페이팔의 성장으로 직결되었다. 2019년 3분기와 2020년 3분기를 비교했을 때 벤모는 페이팔 플랫폼 전체 결제 금액이 38.2% 증가했고 활성 계정 수는 22.4% 증가했다고 한다.

또한 앞서 언급한 것과 같이 벤모는 페이스북과 트위터와 같은 소셜 네트워크 플랫폼을 제공한다는 것이 가장 큰 특징이고, 이 서비스가 MZ세대의 유입을 가속했다. 특정 세대층을 확보했다는 것은 분명 중요한 요소이며, 그 세대의 연령층이 낮다는 것은 미래의 고객까지 확보했다는 것을 의미한다. 벤모가 확보한 MZ세대의 효과는 벌써 나타나고 있다.

벤모는 페이팔의 자회사이기에 지향점이 비슷하다. 벤모는 암호화폐까지 지원하는 종합 금융 플랫폼을 목표로 하고 있다. 페이팔의 암호화폐 거래 도입으로 벤모도 암호화폐를 지원하게 되었다. 최근 벤모와 페이팔 모두 암호화폐를 통한 구매 서비스를 지원하기 시작했으며 벤모의 신용카드 고객은 암호화폐로 캐시백을 받을 수 있도록 하는 서비스를 출시했다. 국내에서는 현재 호기심과 일확천금의 꿈을 꾸며 젊은 연령층의 다수가 암호화폐를 거래한다. 국내와 마찬가지로 미국 또한 크게 다르지 않다고 한다. 미국도 젊은 연령층을 중심으로 코인 거래가 활성화되었다고 한다. 이 이용자들이 다수 벤모로 유입되고, 이 이용자들이 페이팔의 서비스로 유입되는 과정을 거치게 된다. 이미 형성된 거대한 고객이 존재한다면 어떠한 서비스를 출시해도 그 영향력은 막대할 것이다.

페이팔은 과거 허니(Honey)라는 온라인 커머스 플랫폼을 인수했다. 간편결제와 온라인 커머스는 밀접한 관련이 있기에 시너지 효과를 낼 수 있었다. 미국의 온라인 쇼핑 거래액이 매년 두 자릿수 이상의 높은 성장률을 보이고 있으며, e커머스 시장 성장과 함께 간편결제 거래액도 급증하는 추세다.

설립 당시에는 문자 메시지에 의한 작동만 가능했던 벤모였지만 이제는 소셜 네트워크 서비스까지 제공하고 있다. 벤모는 단순히 사람을 P2P로 연결하는 것에 그치지 않고 그들의 거래를 시각화하여 일상을 기록하고 다른 사람의 일상을 직접 느낄 수 있도록 도와준다. 벤모를 기억의 테크놀로지라고 많이 이야기하곤 한다. 거래명세를 기록함으로써 우리의 기억을 데이터로 변환한다. 그리고 이 기억은 우리의 깊은 곳 어딘가에 자리 잡혀 언제 우리와 다시 마주치게 될지 모른다. 우리의 추억을 기록해 주는 벤모가 이제는 암호화폐까지 품게 되었다. 소셜 네트워크 서비스로 새로운 길을 제시한 벤모가 암호화폐를 활용하여 어떻게 변화할지 기대된다.

젤(Zelle)

■ 젤 서비스 개시일 & 간단한 역사

이번에 소개할 서비스는 젤(Zelle)이라는 미국의 결제 네트워크 서비스이다. Zelle은 발음의 차이로 젤, 젤러, 젤르 등 여러 이름으로 불리는데 필자는 젤이라고 지칭하여 앞으로의 본문을 작성하려고 한다.

젤의 역사는 2011년 클리어엑스체인지(clearXchange)라는 서비스를 시작되었다. 당시 뱅크 오브 아메리카(Bank of America)와 JP모건 체이스(J.P. Morgan Chase), 웰스 파고(Wells Fargo Bank)에 의해 운영 및 소유되면서 P2P(peer to peer), B2C (business to consumer), G2C(government to citizen)의 지급 결제 서비스를 제공했다. 서비스 출시 이후 미국의 캐피털 원과 US뱅크가 소유주 멤버로 추가됨과 동시에 다수의 은행과 신용조합 등의 금융기관이 클리어엑스체인지와 제휴를 맺으면 서 비스 영역을 확장했다. 당시 구성원은 소수의 은행으로 구성되었지만, 이 은행은 미국의 온라인과 모바일뱅킹 인구의 절반을 차지하는 대형은행이었다.

클리어엑스체인지는 은행 컨소시엄으로 미국 내 결제 처리 속도를 쇄신하고 자 만들어진 서비스이다. 국내와 달리 미국 내 송금 서비스 처리 속도는 아주 느 리다. 국내의 토스와 카카오페이를 비롯해 은행의 송금 서비스는 몇 초 이내로 즉시 완료되지만, 미국의 경우 몇 분, 몇 시간이 아닌 일 단위로 거래가 처리된 다. 이러한 문제점을 해결하기 위해 2015년 클리어엑스체인지가 실시간 결제 서 비스(Real-Time Payment)를 출시한 것이다. 클리어엑스체인지 서비스 출시로 처리 속도의 문제점을 어느 정도 해결할 수 있었지만, 일부 거래는 5일 이상의 시간이 소요될 정도로 미국의 송금 서비스 처리 속도는 많이 뒤처졌다. 메가뱅크의 목표 는 궁극적으로 모바일과 결제 플랫폼으로 소비자의 편의성을 향상하고 금융 인프 라를 확충시키는 것이었으며 페이팔과 구글을 목표로 두었다고 한다.

2016년 클리어엑스체인지는 얼리 워닝 서비스(Early Warning Services)에게 매 각되었지만, 여전히 뱅크 오브 아메리카를 비롯한 기존의 금융 그룹이 그대로 소 유하게 되었다. 기존의 클리어엑스체인지 P2P 서비스는 발송인과 수취인이 같은 은행을 사용하는 고객인 경우에만 서비스가 이루어졌다. 하지만 2017년 워닝 서 비스는 젤 결제 시스템과 스마트폰 앱을 출시하면서 클리어엑스체인지의 P2P 서 비스를 종료하겠다고 발표했고 이후 송금 서비스는 일부 기업이나 정부의 특정 고객에게만 제공하게 되었다. 클리어엑스체인지의 P2P 서비스가 종료되면서 얼리 워닝 서비스는 젤을 선보였다.

젤을 출시한 이후에도 정부와 기업에 관한 서비스는 이어가던 클리어엑스체 인지였지만 위의 이미지와 같이 2022년 7월 5일부로 클리어엑스체인지의 서비스 는 완전히 종료되었고 기존의 서비스를 이용하던 고객들이 젤에 가입하게 하려고 노력 중이다.

젤은 주요 은행들이 참여한 개인 간 송금(P2P) 및 결제 앱이다. 클리어엑스

clearXchange®
is no longer
available

Enroll with Zelle® now:

App Store | Google Play

The clearXchange® payment service was shut down effective July 5, 2022. If you did not deactivate your clearXchange® profile before July 5, 2022, your profile was automatically deactivated. If you were using clearXchange® to receive money from a company or government entity you will need to enroll with Zelle® to continue receiving payments.

클리어엑스체인지 서비스 종료 안내

체인지 서비스와 유사하게 은행 계좌와 이메일 주소 및 휴대전화 번호로 송금할 수 있다.

이전 서비스와 차이점이 있다면 거래 처리까지 며칠 간의 시간이 소요되던 클리어엑스체인지와는 다르게 몇 분 이내에 거래를 완료할 수 있다는 장점이 있다. 젤은 뱅크 오브 아메리카, JP모건 체이스 등 30개 이상의 대형은행 및 신용조합이 협력했기 때문에 서비스 출시 초기에도 잠재 이용자 수와 규모가 엄청날 것으로 예측되었다. 또한 30여 개의 각기 다른 시스템을 단일화했기 때문에 더 쉽고 간편한 서비스를 제공할 수 있을 것으로 기대됐다.

■ 젤 회원가입 과정

출시 당시 다른 송금 및 결제 서비스와 다른 특징이 있다면 협력한 금융기관의 자사 앱에 젤 서비스를 추가한다는 것이다. 미국의 가장 큰 은행 중 하나인 뱅크 오브 아메리카를 예로 들어 설명해 보겠다.

다음 이미지는 뱅크 오브 아메리카의 앱 초기 화면이다. 앱의 하단의 두 번째 카테고리를 보면 Transfer | Zelle이라는 서비스를 볼 수 있을 것이다. 해당 서비스로 이동하면 기존에 이용하던 뱅크 오브 아메리카의 계좌에서 바로 송금을 할 수 있는 것이다. 기존 은행 네트워크와 연결되는 것이기 때문에 이용자는 새로운 계좌를 생성할 필요도, 자금을 젤로 옮길 필요도 없다. 사용자가 서비스를 이용하기 위해서는 거래 상대방의 계좌, 이메일 주소, 전화번호 등 상대방의 송금

주소만이 필요하다. 유사 타 서비스는 그 서비스만을 위한 회원가입이 필수적이다. 앞서 소개한 페이팔과 벤모 또한 서비스를 이용하기 위해서는 회원가입 과정을 거쳐 은행 정보와 카드를 연동시켜야 했다. 하지만 젤 서비스는 거래 은행 앱에서 간편하게 등록할 수 있다. 은행 앱이 아닌 젤의 단독 앱을 통해 서비스를 이용한다면 가장 먼저 은행을 검색하라는 알림이 표시된다. 본인이 사용하고자 하는 은행을 검색한 뒤 은행 계정에 로그인하여 젤과 연동될 계좌를 확인한다. 은행마다 약간의 차이는 있겠지만 일반적으로 해당 계정과 관련된 전화번호와 이메일 주소, 계좌의 정보를 확인해야 한다. 기입된 정보가 모두 일치한다면 몇 번 되지 않는 클릭으로 젤의 가입을 완료한 것이다.

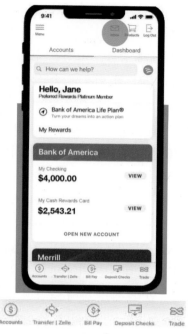

뱅크 오브 아메리카 앱 내 젤 서비스

■ 젤 주요 서비스와 서비스의 내용

가입도 간편했지만, 돈을 송금하고 받는 프로세스는 더욱 간편하다.

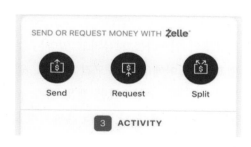

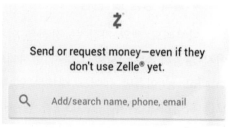

뱅크 오브 아메리카 앱 내 젤 서비스 이용 프로세스

이는 뱅크 오브 아메리카 은행 앱에서 Transfer | Zelle 서비스로 이동했을 때의 화면이다. [send or receive money with Zelle]라는 메시지와 함께 돈을

송금하고 요청할 수 있는 프로세스로 이어진다. 이후 송금하고자 하는 금액과 상대방의 연락처나 이메일 등을 통해 간단하게 송금할 수 있으며 같은 방법으로 상대방에게 송금을 요청할 수도 있다. 사용자가 직접 상대방의 정보를 입력하지 않고 QR코드를 이용해 송금하는 방법도 있다. 위의 이미지를 보면 정보 검색창 옆 QR코드를 볼 수 있을 것이다. QR코드를 스캔하면 상대방 정보를 직접 입력하지 않아도 정보를 받아 올 수 있다. 송금 받은 금액은 앞서 소개한 벤모, 그리고 국내의 카카오 페이처럼 해당 서비스의 잔액으로 수취하는 것이 아닌 바로 계좌로 입금된다는 장점이 있다. 기존 사용하던 은행에서 젤을 지원한다면 은행 앱을 통한 송금은 당연히 가능하고 스마트폰 없이 온라인 뱅킹 웹사이트에서 젤을 통한 송금이 가능하다. 만약 거래 은행이 젤을 지원하지 않는다면 스마트폰 앱을 통한 송금만이 가능한데 젤을 지원하는 은행 및 신용조합이 1,000개 이상이기 때문에 미국 내 대부분 기관이 젤을 통한 서비스 이용이 가능할 것으로 생각한다.

만약 젤을 통해 송금했는데 수취인이 젤을 사용하지 않을 때는 어떻게 할까? 걱정할 필요 없다. 수취인의 이메일이나 휴대전화 번호로 젤이 등록되어 있지 않다면 상대방의 계정이 등록되어 있지 않다는 메시지가 오게 된다. 또한, 거래 상대방에게도 안내 메시지와 함께 젤 서비스를 등록하는 방법이 메일로 발송된다. 상대방이 프로필을 등록하면 연동된 계좌로 돈을 받을 수 있으며, 14일 이내에 프로필을 등록하지 않는다면 해당 거래는 만료되고 자금은 송금했던 이용자의 계좌로 반환된다.

■ 젤의 장점 및 단점

아무래도 젤의 가장 큰 장점은 엄청난 규모의 인프라를 보유하고 있다는 것이지 않을까 싶다. 서비스 출시 당시에도 뱅크 오브 아메리카, JP모건 체이스, 웰스 파고 등 이름만 들어도 대부분 알 만한 메가뱅크로 구성되었던 젤은 점차 규모를 확장하며 이제는 1,000개가 넘는 기업들과 협력하고 있다. 젤의 홈페이지를 확인하면 젤을 지원하는 은행과 신용조합을 볼 수 있는데 스크롤을 계속 내려도 끊임없이 나오는 리스트를 확인할 수 있다. 금융 서비스라는 부분에 있어 신용과 신뢰는 서비스의 상당한 영역을 차지한다고 말할 수 있다. 이런 부분에 있어 미국 내 최고 은행을 포함한 1,000여 개의 기업들이 젤을 지원한다는 것은 믿을 수 있는 서비스라는 것으로 해석할 수 있을 것 같다. 금융기관들의 분산된 송금 및 결제 서비스를 젤이라는 서비스로 단일화해 일괄된 서비스를 제공함으로 더욱 빠르고 간편한 서비스를 제공할 수 있게 된 것이다.

젤을 지원하는 1,000여 개의 금융기관 중에는 우리가 알고 있는 한국의 우리은행도 포함되어 있다. 우리은행은 세계 26개국에 지점을 두고 있으며, 젤과 제휴를 맺은 것은 미국 10개 주에 지점을 두고 있는 미국법인인 우리아메리카은행(Woori America Bank)이다. 2020년 7월 우리아메리카은행은 미국의 젤과 제휴를 맺어 송금 및 결제 서비스를 출시한다고 발표했다. 미국에 진출한 국내은행 중 아직은 유일하게 젤 서비스를 제공하는 우리은행이다. 미국에서만 젤 서비스를 제공하지만, 국내은행인 만큼 한국어를 지원하므로 미국 내 한국인들은 번역의 왜곡 없이 서비스를 이용할 수 있다는 메리트가 생겼다. 또한 우리은행의 [Woori 원화로 송금]이라는 서비스를 통해 송금 수수료 혜택은 물론 미국에서 한국으로 송금 시 최종 금액을 달러가 아닌 원화로 정할 수 있어 서비스를 이용하는 교민들에게 큰 도움이 되고 있다.

특히 교민들이 한국으로 달러를 송금할 때 해당 서비스를 많이 사용한다. 미국에서 달러를 원화로 환전하는 데에 수수료가 부과되고, 미국 계좌에서 한국 계좌로 송금하는 데에 별도의 수수료가 또 청구되기 때문에 처음부터 미국에서 한국으로 달러를 송금하는 방식으로 해당 서비스를 많이 사용한다고 한다.

상기 이미지처럼 우리아메리카은행에서 달러를 한국으로 송금할 때는 한국

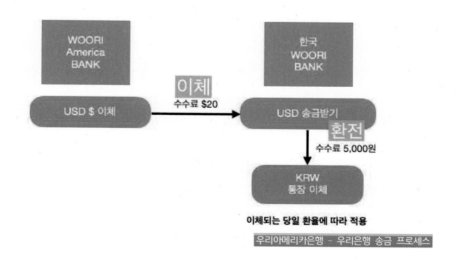

우리아메리카은행 - 우리은행 송금 프로세스

으로 보낼 때 부과하는 이체 수수료와 한국에서 달러를 원화로 환전할 때 부과하는 환전 수수료만 부과한다. 미국에서 달러를 원화로 바꾸어 송금하는 것이 아니라 달러를 한국 우리은행에 이체하여 한국에서 원화로 환전하는 것이다. 즉, 우리 아메리카은행에서 한국으로 달러를 송금하면 미국에서 부과되는 환전 수수료를 아낄 수 있다는 의미이다. 한국의 수취인은 우리은행 로그인 후 [외화 송금 받기]에서 거래를 완료할 수 있다. 위의 서비스는 젤을 지원하는 우리은행의 부가적인 서비스이다. 젤을 지원하는 금융기관은 현재 1,000개 이상이며, 각각의 기관들이 부가적으로 지원하는 서비스와 이에 파생되는 효과는 더욱 다양할 것으로 생각한다. 또한 이는 분명 젤이 영향력을 확장할 수 있는 좋은 기회라고 생각한다.

그렇다면 1,000여 개에 속하지 않는 금융기관의 이용자는 젤 서비스를 이용하지 못하는 것일까? 그렇지 않다. 젤의 협력 금융기관 네트워크는 지금도 확장하고 있으며, 안드로이드와 iOS에서 젤 앱을 다운로드해 서비스를 사용할 수 있다.

젤의 또 다른 장점은 돈이 바로 계좌로 입금된다는 것이다. 앞서 소개한 페이팔(PayPal)과 벤모(Venmo)는 계좌가 아닌 각 계정으로 송금하는 서비스였다. 국내의 카카오페이처럼 계정에 있는 잔액으로 바로 결제하거나 지인에게 송금하는 부분에 있어서는 분명 간편한 방식이다. 하지만 문제는 계정의 잔액을 은행 계좌로 이체할 때 발생한다. 앞서 언급했듯이 미국의 송금 서비스 처리 속도는 아주 느린 편에 속한다. 이는 앱을 통해 개인이 개인에게 송금하는 것은 물론 은행을 통한 송금을 할 때도 포함되는 이야기이다. 앞서 언급한 많은 서비스의 출시로 이 시간이 많이 단축되었다고는 하지만 페이팔과 벤모의 경우 송금 받은 돈을 계정의 잔액에서 그들의 은행 계좌로 다시 이체해야 한다. 이 과정에서 또다시 많은 시간이 소요된다. 하지만 젤의 경우에는 사용자 계정으로 돈이 입금되는 것이 아닌 은행 계좌로 바로 입금되기 때문에 제3의 기관에서 소요되는 시간을 절약할 수 있다는 장점이 있다.

또한 젤 서비스에는 수수료가 없다. 은행이나 신용조합마다 조건이 다르겠지만, 은행을 기반으로 한 젤은 기본적으로 송금에 있어 수수료를 부과하지 않는다.

타사의 송금 서비스 수수료를 보면 3일 뒤까지 송금이 완료되는 서비스는 3달러, 다음날은 10달러, 당일은 무려 30달러를 요구한다. 이러한 부분에서 봤을 때 송금에 수수료를 부과하지 않고 바로 은행 계좌로 입금되어 서비스 처리 시간까지 절약할 수 있는 젤은 충분한 메리트를 갖는다고 생각한다.

송금 처리 시간에 따른 수수료 안내

젤의 이용자들이 가장 걱정하는 부분은 혹시나 하는 실수이다. 송금 시 상대방의 정보를 입력하면 곧바로 송금이 완료된다. 이용자가 잘못 입력한 정보가 다행히도 젤에 등록되지 않은 프로필이라면 해당 거래에 대한 취소를 승인할 수 있지만, 잘못 입력한 정보가 이미 존재하는 프로필이었다면 돈은 수취인의 은행 계좌로 송금이 완료되어 거래 취소가 어렵다고 한다. 금융 거래에 있어 꼼꼼한 확인은 필수이지만 일부 이용자는 혹시나 잘못된 정보를 입력해 돌이킬 수 없는 실수하지 않을까 하는 걱정을 한다고 한다. 한 번 더 확인하면 방지할 수 있는 사소한 문제이지만 사용자로서는 거래를 주저할 요소가 될 수 있다고 생각한다.

젤의 이체 한도가 적다는 것이 불편하다고 생각하는 이용자들이 다수 존재한다.

Time period	Individuals		Small Business*	
	Dollar amount	Total transfers	Dollar amount	Total transfers
24 hours	$3,500	10	$15,000	20
7 days	$10,000	30	$45,000	60
30 days	$20,000	60	$60,000	120

Private Bank and Merrill Lynch Wealth Management clients may be subject to higher dollar limits and total transfers.

뱅크 오브 아메리카 - 젤 송금 제한 안내

[자료: https://www.bankofamerica.com/online-banking/zelle-transfer-limits/]

이는 미국에서 대표되는 은행 이자 젤을 지원하는 은행인 뱅크 오브 아메리카의 이체 한도이다. 개인 고객의 이체 한도는 하루에 3,500달러, 일주일에 10,000달러, 그리고 한 달에 20,000달러로 제한되어 있다. 지인들과의 소액 이체에는 큰 문제가 없겠지만 월세를 이체하는 등 큰 금액을 이체하기에는 부족하다는 의견이 나오고 있다.

　다음은 하나의 전화번호는 하나의 은행－젤 연동만 가능하다는 점이다. 젤을 지원하는 수많은 금융기관이 있기에 이는 어쩌면 당연할 수도 있다. 앞서 소개한 페이팔과 벤모는 앱을 다운로드해 해당 서비스만을 위한 계정을 생성해야 한다. 하지만 젤은 은행 앱을 기반으로 더욱 간편한 서비스를 제공하기 위해 젤을 지원하는 것이므로 젤을 단독적으로 사용하기 위한 회원가입이 없다. 따라서 젤 서비스를 사용하기 위한 전화번호와 이메일이 존재하지 않고 기존에 거래하던 금융기관에 등록된 정보로 서비스를 이용하는 것이다. 예를 들어 본인이 전화번호로 젤과 뱅크 오브 아메리카를 연동했다고 가정해 보자. 뱅크 오브 아메리카에 등록한 번호로 누군가 송금을 했다면 이는 당연히 뱅크 오브 아메리카 계좌로 입금된다. 이는 당연하다. 하지만 내가 우리아메리카은행에도 계좌가 있고 여기에도 젤을 연동하면 어떻게 되는 것일까? 누군가가 내 번호로 송금하게 된다면 이는 이미 등록한 뱅크 오브 아메리카 계좌로 입금된다. 따라서 이미 전화번호를 등록해 서비스를 이용 중이었고 다른 금융기관을 추가로 등록하고 싶다면 전화번호가 아닌 이메일로 등록해야 한다. 어떻게 보면 당연한 이야기일 수 있겠지만, 여러 은행의 여러 계좌를 사용하는 이용자에게는 혼란을 일으킬 수 있을 것이다.

　또한 개인 정보 변경 사항 반영이 늦다는 불평도 있다. 휴대전화 번호를 변경했거나 새로운 이메일 계정을 개설하는 등의 이유로 젤에 이미 등록하여 사용 중인 정보를 새롭게 업데이트해야 할 경우가 있을 것이다. 국내의 경우 개인 정보를 업데이트하면 곧바로 새로운 정보가 반영되지만, 젤의 경우는 그렇지 않다. 일반적으로 정보를 수정한 후에 한 달 정도의 유예기간이 필요해 정보 업데이트 후 바로 서비스를 이용할 수 없다고 한다. 새벽에 종종 은행 점검 시간으로 몇 분 동안 은행 서비스를 이용하지 못하는 것도 너무나 불편하고 번거롭다고 생각하는 필자이다. 이런 필자에게 약 한 달간 서비스에 제약이 생긴다는 것은 상상도 할 수 없는 일이다. 모바일 금융 앱은 간편함과 접근성이 가장 중요하다고 생각하는데 필자와 같은 생각을 하는 이용자에게는 이러한 제약은 분명 불편함으로 다가올 것이다.

　금융 앱을 포함한 모든 서비스에서 그렇듯 가장 중요한 것으로 개인 정보 보호와 안전성을 뽑을 수 있을 것이다. 다음으로 선정한 젤의 문제점으로 사기 위험에 관해 이야기해 보려고 한다. 다음 첨부한 기사는 "젤 송금 사기"에 대한 중앙일보의 실제 기사를 인용한 것이다.

" 은행 직원 사칭, '수취 불명' 계좌로 송금 유도
연방법·가입약관 등으로 보호 못 받아 유의해야 "

뉴저지주에서 은행 송금을 할 때 젤(Zelle) 서비스를 이용하는 주민들은 사기범들의 접근을 조심해야 할 것으로 보인다. 수년 전부터 급격히 늘고 있는 '젤 사기(Zelle scam)'의 피해자가 될 수 있기 때문이다.

최근 한인들에게 잘 알려진 P은행을 이용하는 L씨는 사기범들에게 젤 사기를 당해 1,000달러를 잃었다.

L씨는 P은행 사기 방지 부서 직원임을 내세우는 사기범으로부터 전화를 받았는데, 전화를 건 사람 이름이 'P은행' 이름으로 뜨고, 심지어 이름과 주소·전화번호 등을 모두 알고 있어서 전혀 의심하지 않았다.

사기범들은 L씨에게 텍사스주 휴스턴으로 1,000달러를 보낸 것으로 나왔는데 만약 본인이 보낸 것이 아니면 젤 앱에 들어가 특정 코드를 이용해 '환급(reversal)'을 요청하는 등의 과정을 거쳐야 한다고 주문했다. L씨는 다소 의심이 들었으나 시간이 없다며 다그치는 사기범들의 독촉에 밀려 결국 시킨 대로 했고, 나중에 자신의 은행 계좌에서 1,000달러가 '수취 불명'에게 송금된 것을 알게 됐다.

그러나 은행과 젤 서비스는 L씨가 사기를 당한 것을 신고하자 ▶송금이 예금주·가입자의 권한으로 이뤄졌고 ▶연방법(레귤레이션 E)과 가입약관에 따라 은행과 젤 서비스의 책임이 없다며 피해 보상을 거부했다.

한편 재무 컨설팅 회사인 재블린 전략조사(Javelin Strategy & Research)에 따르면 2021년 1년 동안 젤 서비스의 총송금액은 4,900억 달러, 2020년 송금 사기를 포함한 피해는 무려 1,000만 건에 육박하는 것으로 나타났다.

(2022.08.02. 중앙일보 박종원 기자 기사 인용)

기사에서 보았듯이 젤 서비스를 악용한 사기 사례가 빈번히 발생하고 있다. 피싱 문자 이후 한 통의 전화가 오게 되는데, 걸려 오는 전화 Caller ID가 은행의 이름으로 뜨기 때문에 대부분 속을 수밖에 없다고 한다. 하지만 이렇게 사기를 당해도 사실 보상받을 가능성은 희박하다. 젤에서도 해당 송금 서비스는 믿을 수 있는 지인과의 거래로만 활용하고 낯선 사람과의 거래는 절대적으로 피하라고 경고한다. 다른 결제 및 송금 서비스에 비해 개인 정보 유출이나 사기의 사례는 비교적 적은 편에 속하지만 2020년 송금 사기를 포함한 피해가 1,000만 건에 육박한다는 것은 결코 적은 수치가 아니며 이용자들 또한 주의를 기울여야 한다.

■ 젤의 현재와 미래

젤의 주요 경쟁사는 페이팔과 벤모이다. 서비스 출시 당시에도 벤모를 잡을 서비스(Venmo-killer)라고 소개되었고, 얼리 워닝 서비스에서도 페이팔과 벤모를 목표로 서비스를 출시했다고 한다. 벤모가 이용자의 적극적인 참여, 지속적인 신규 서비스 출시, 규모의 경제 등으로 대중적인 인기는 더 높지만, 젤은 2017년 서비스 출시 당시 30여 개의 금융기관의 송금 및 결제 서비스를 단일화하여 더욱 쉽고 빠른 송금 서비스를 제공했으며 최고 등급의 보안을 대표하는 은행을 기반으로 한다는 점에서 안전성이 보장된다는 장점이 있었다. 이를 바탕으로 젤은 서비스 출시 첫해에 750억 달러 규모의 송금을 처리하는 등 벤모보다 우수한 실적을 보였다. 또한 송금 수수료를 부과하지 않고 벤모보다 빠른 송금 처리 서비스 등 많은 장점으로 Payment 분야에서 자리를 잡아 영향력을 넓혀가고 있다.

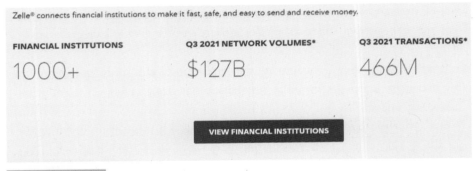

젤 2021년 실적 및 현황

최근 발표된 2021년 3분기에는 1,270억 달러의 거래 대금을 처리하고 4억 6,600만 건의 거래를 수행했다. 1억 명 이상의 소비자가 젤 네트워크에 참여하고 있으며 1,000개가 넘는 금융기관과 협력하는 젤은 지금도 네트워크를 넓혀가고 있다. 또한 프로세스, 네트워크, 기술, 장치 및 모바일 리스크 등 각 분야의 전문 기업들과 파트너를 맺으며 이미 쌓아온 업적을 더욱 단단하게 다지고 있는 젤이다. 최고 규모의 협력 파트너를 보유하고 있는 젤이 앞으로 어떤 방향으로 더욱 발전할지 기대된다.

스트라이프(Stripe)

■ 스트라이프 서비스 개시일 & 간단한 역사

이번에는 페이팔(PayPal)의 자리를 위협하는 스프라이프(Stripe)에 대해 이야기해 보려고 한다. 스트라이프는 사업자를 위한 서비스로 결제 사업자와 판매자를 연결해 주는 PG(Payement Gateway)의 역할을 한다.

스트라이프는 2011년 아일랜드 출신의 형제 패트릭 콜리슨과 존 콜리슨이 창업한 스타트업 기업이다. 금융 서비스와 결제 서비스, 그리고 SaaS(Software as a Service) 기업이며 전자상거래 웹사이트 결제와 모바일 결제 시 필요한 소프트웨어와 API(Application Programming Interface)를 제공한다.

콜리슨 형제의 스트라이프 창업은 우연한 기회로 시작되었다. 온라인 쇼핑몰을 운영하는 친구들이 복잡한 결제 시스템 때문에 고생하던 것을 보고 새로운 결제 시스템을 고안해낸 것이다. 당시 결제 및 송금 서비스 분야의 최고였던 페이팔(PayPal)도 계정을 쇼핑몰에 연동하려면 9단계의 프로세스를 거쳐야 했다. 소비자들은 별도의 창을 열어 결제를 진행해야만 했으며, 판매자 계정을 생성하고 등록하는 데에도 2~3주의 시간이 소요되었다. 페이팔의 등장으로 일부 서비스는 상당 부분 편리해졌지만, 여전히 불편한 요소는 존재했고 콜리슨 형제는 이를 개선하고자 스트라이프 서비스를 고안해냈다.

스트라이프가 주목받게 된 것은 너무나도 간단하게 결제를 진행할 수 있다는 사실 덕분이었다. 복잡한 구성을 단순화해 7줄의 코드만으로 바로 결제를 완료할 수 있는 서비스를 출시했다. 높은 수준의 보안과 안정성이 요구되는 결제 시스템이라면 당연히 복잡하고 어려우리라 생각했지만, 스트라이프는 이 프로세스를 단 7줄의 코드로 완성했고 간단한 결제 시스템이라는 소문으로 인해 많은 사람에게 알려졌다. 스트라이프는 결제 코드를 홈페이지에 공개하여 누구나 제약 없이 쉽게 이용할 수 있으며 고객은 이 코드를 복사해 사용하면 스트라이프 결제 시스템을 이용할 수 있다. 기존 페이팔의 경우 판매자가 온라인 결제 시스템 연동을 완료하려면 9단계의 프로세스를 거쳐 몇 주의 시간을 기다려야 했지만, 스트라이프는 복사-붙여넣기로 이 과정을 간소화했다.

높은 성장 가치를 인정받은 스트라이프는 페이팔의 공동창업자인 일론 머스크와 피터 틸, 그리고 많은 기업가와 벤처캐피털로부터 투자를 받을 수 있었다. 2013년 스트라이프는 채팅 및 작업 관리 앱인 킥오프(Kickoff)를 인수하게 된다.

2016년에는 스타트업 기업을 위한 미국 법인 등록 플랫폼인 **아틀라스(Atlas) 서비스**를 출시한다. 이는 전 세계 어디서나 안전하고 빠른 방법으로 스타트업 기업을 돕기 위한 것으로 스타트업의 법인화, 주식 발행, 은행 계좌 설정 등 다양한 서비스를 지원한다. 또한 아틀라스 서비스의 출시는 페이팔에 도전하겠다는 의미로 해석되었다. 기존의 서비스와 더불어 대출, 청구서 발행, 매장 내 결제 등 스타트업 기업을 지원하던 페이팔의 대항마로 스트라이프가 거론되었다.

2018년에는 사기 거래를 방지하고 부정 거래 차단을 위한 시스템인 레이다(Radar)를 출시했다. 수많은 글로벌 기업의 데이터를 기반으로 하는 머신러닝을 통해 사기 거래를 사전에 탐지하여 차단할 수 있는 시스템을 구축했다. 또한 같은 해 기업이 마스터카드(MasterCard)와 비자카드(Visa)를 발급할 수 있는 플랫폼을 런칭했고, 스트라이프의 아이디어를 홍보하기 위한 출판사인 스프라이트 프레스(Stripe Press)를 출시해 대중에게 스프라이트를 알리기 위해 노력했다.

2019년에는 스트라이프 캐피털(Stripe Capital)을 출시해 현금 서비스는 물론 기업에 대출과 신용카드를 제공하기 시작했다. 스트라이프 대출 서비스의 특징은 사람의 개입 없이 머신러닝을 통해 대출을 승인한다는 것이다. 빅데이터 분석과 알고리즘 분석을 기반으로 대출자의 상환 가능 금액을 추론하는 방식이다. 과거에는 대출 신청서를 받아 검토, 승인하는 데에 몇 주 이상의 시간이 소요되었지만, 스트라이프 캐피털 출시로 인해 사람의 개입 없이 모든 과정을 분석, 승인할 수 있게 된 것이다. 같은 해 POS 서비스인 스트라이프 터미널(Stripe Terminal) 서비스를 출시해 매장 내 결제는 물론 온라인과 오프라인의 판매를 통합하여 정보를 제공할 수 있게 되었다.

2021년 결제 자동화 및 회계 플랫폼인 렉코(Recko)를 인수했다. 사용자 비즈니스의 수익 관리 구조를 간소화하기 위해 노력으로 전반적인 비즈니스가 성장함에 따라 요구되는 작업을 자동화할 수 있는 새로운 방법을 제시했다.

2022년 자동차 시장 전자상거래 전략으로 포드 자동차와 파트너십을 채결하면서 스트라이프는 소비자의 주문과 예약 거래를 담당하게 되었다. 또한 스포티파이(Spotify)라는 라이브 스트리밍 기업과 파트너십을 맺어 크리에이터들의 수익을 쉽게 관리해 주는 서비스를 제공하고 있다. 트위터(Twitter)와 파트너십을 맺으며 일부 사용자를 위한 암호화폐 결제 서비스를 추진했다. 암호화폐 결제가 이루어지면 스트라이프를 통해 정보가 전달되는 프로세스이다. 또한 영국의 핀테크 기업 아이온(ION)과 전략적 제휴를 체결하면서 전 세계 기업들이 전자상거래로의 전환을 가속할 수 있는 길을 만들어주었다. 두 회사의 협력으로 여러 데이터를 분석하여 제공하고 청구 및 결제의 과정을 자동화하여 중간 시장의 인프라를 구현할 수 있을 것이라는 기대를 받고 있다.

여러 금융기업은 물론 포드와 스포티파이, 트위터 등 여러 분야에 있어 인지도와 영향력을 확장하기 위해 노력 중인 스트라이프이다.

■ 스트라이프 회원가입 과정

스트라이프의 가입은 다른 서비스와 달리 앱(App)이 아닌 웹사이트에서 가능하다. 첫 번째 이미지와 같이 앱으로 들어가더라도 회원가입을 진행할 수 있는 서비스 없이 로그인과 비밀번호 찾기만 가능하다. 두 번째 세 번째 이미지와 같이 스트라이프의 다른 앱을 확인하면 계정을 만들 수 있는 인터페이스가 존재하

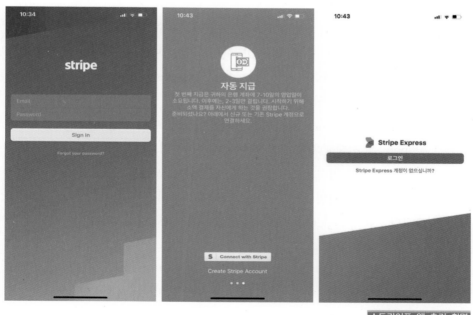

스트라이프 앱 초기 화면

지만, 해당 서비스를 선택해도 웹 사이트로 넘어가 회원가입을 진행한다.

웹 사이트로 이동 후 회원가입을 진행하면 오른쪽과 같은 화면이 나온다. 서비스 회원가입의 프로세스는 너무나도 간단하다. 이메일과 이름, 국적, 비밀번호를 입력하면 써넣은 이메일로 확인 메일이 발송된다. 해당 메일의 링크로 들어가 비밀번호를 입력해 로그인하면 회원가입은 완료된다.

이제는 가장 중요한 은행 계좌를 연결하는 과정이 남았다. 다른 서비스와는 달리 스트라이프는 회원가입 과정에서 해당 국가의 주소와 전화번호를 입력할

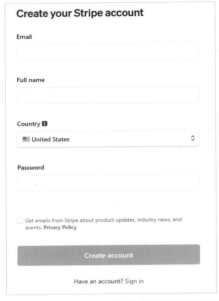

스트라이프 가입 프로세스

필요가 없었기에 한국에 거주하는 필자도 어려움 없이 회원가입을 마칠 수 있었다. 하지만 은행 계좌를 연결할 때는 회원가입 때 선택했던 국가의 주소와 전화번호가 필요하다.

로그인하면 [Activate payments]라는 버튼을 볼 수 있을 것이다. 해당 서비스로 이동하면 본인의 비즈니스 정보를 입력하는 화면이 나온다. 여기서 본인의 비즈니스가 등록된 국가와 주소, 그리고 Individual, Company, Nonprofit organization 중에서 비즈니스 유형을 선택해야 한다. Individual을 선택했다면 주소와 전화번호, 그리고 SSN(Social Security Number)이라는 미국의 사회 보장 번호를 입력해야 하고, Company를 선택했다면 개인기업, 1인 유한책임회사 등의 비즈니스 구조를 추가로 입력해야 하며 법적 비즈니스 이름, EIN(Employer Identification Number)이라는 고용주 식별 번호, 기업 주소, 서비스 종류, 비즈니스 웹사이트 주소 등의 정보가 필요하다. Nonprofit organization의 경우에는 Company와 같은 정보가 필요하다.

이후 입력해야 하는 비즈니스 대표자의 정보, 서비스 제공 상대, 결제 방식, 그리고 영수증에 표시되는 이름 설정 등의 추가적인 정보는 3종류의 비즈니스 유형 모두 똑같이 적용된다. 비즈니스에 대한 정보를 입력하는 단계는 여기서 모두

완료되었다.

위의 단계까지 완료했다면 이제는 은행 계좌를 연동할 수 있다. [Add your bank]라는 화면이 나오면 은행을 선택할 수 있다. 체이스(Chase), 뱅크 오브 아메리카(Bank of America), 웰스 파고(Wells Fargo) 등의 은행 중 본인이 사용하는 은행을 선택하면 해당 은행 로그인 페이지로 이어진다. 로그인을 하면 해당 은행과 연결되고 개설된 계좌를 확인할 수 있다. 계좌 선택까지 완료했다면 2차 보안 인증을 설정해야 한다. 정보 보안을 위해 스트라이프가 요구하는 것이다. SMS를 설정하여 로그인 시 핀 번호가 메시지로 전송되고 이 핀 번호를 입력해야만 스트라이프에 로그인할 수 있다. 또한 세금에 대한 간단한 정보를 얻을 수 있는 설정도 가능하다. 마지막으로 지금까지 입력한 정보에 대한 요약이 나오게 된다. 혹시 잘못 입력한 정보가 있는지 확인하고 정보를 제출하면 계좌 연결을 포함한 모든 설정을 완료한 것이다.

■ 스트라이프 주요 서비스와 서비스의 내용

스트라이프는 다음의 3가지 요소를 추구하면서 여러 서비스를 제공하고 있다.

1. 온라인 상거래를 확장한다. (Broadly enable online commerce.)
2. 상거래 파트너의 성장을 지원한다. (Support merchant partner growth.)
3. 인터넷 경제를 성장시킨다. (Grow the internet economy.)

위의 3요소를 보면 알 수 있듯이 스트라이프의 키워드는 '성장'이다. 전체적인 핵심 메시지로는 "인터넷의 국내총생산(GDP)을 증가시키는 것(Increasing the GDP of the Internet)"으로 설정해 회사를 설명하고 있다. 스트라이프는 인터넷 생산물의 가치를 높이고 낭비를 줄이기 위해 노력하고 있으며, 이를 위해 다양한 서비스를 제공하고 있다.

"상거래 파트너의 성장을 지원한다." 스트라이프가 추구하는 방향 중 하나이다. 이에 알맞게 상거래 고객을 위한 서비스가 다수 존재한다.

다음의 이미지처럼 파트너 고객은 호스팅 결제 페이지를 설정할 수 있다. 사전에 구축된 호스팅 결제 페이지를 이용하여 고객이 체크아웃(checkout)을 옵션에

스트라이프 호스팅 결제 페이지 설정

따라 설정할 수 있다. 페이지의 디자인은 물론 주소 자동 완성 기능, 링크를 통한 결제, 카드 브랜드 식별, 결제 수단 설정 등 고객이 결제 정보를 쉽게 입력하고 지원하며 실시간으로 오류를 식별할 수 있도록 지원한다. 또한 데스크탑, 모바일 등 모든 기기에서의 사용이 최적화 되어 있어 파트너 고객이 직접 디자인하여 UI(User Interface)를 설정할 수 있다.

스트라이프는 현재 30개 이상의 언어, 135개 이상의 통화를 지원하고 있다. 덕분에 모든 국가의 고객에게 비자(Visa), 마스터카드(MasterCard), 아메리칸 익스프레스(American Express), 유니온페이(UnionPay) 등 주요 카드 결제를 수락하며, 애플페이와 구글페이, 위챗페이, 알리페이 등 각국의 여러 결제 수단이 활성화 되어 빠르고 간편한 결제 방법을 제공한다. 이외에도 매장에서 현금으로 구매를 할 수 있도록 지원하며, 구매력을 높이기 위해 BNPL(Buy Now Pay Later) 서비스 또한 지원한다. 위와 같은 결제 수락을 모바일 웹사이트, iOS 앱, Android 앱에서 모두 실행할 수 있으므로 접근성이 뛰어나다는 특징이 있다.

결제를 수락하는 방법은 물론 결제 처리까지 책임져주는 스트라이프이다. 온라인 결제에 대한 수락은 계정을 만들고 바로 시작할 수 있으며, 이에 따르는 프로세스는 이미 만들어져 있는 API(Application Programming Interface)를 이용하거나 공개된 정보와 키트를 활용하여 맞춤화된 프로세스를 설계할 수 있다. 온라인 결제만 처리하는 것이 아닌 오프라인 결제 또한 처리할 수 있다. 기존의 앱을 이용한 결제와 더불어 NFC 결제와 카드 리더기 결제를 통한 옴니채널 결제 솔루션을 제공한다.

그뿐만 아니라 거래를 조정하고 결과 보고를 간소화하기 위해 기본적인 재무 및 회계 보고서를 제공한다. 스트라이프를 통한 결제를 기반으로 통합 재무 보고서는 물론 월별 보고서, 거래 전송 보고서, API를 통한 맞춤형 보고서 등 재무 보고를 목적으로 하는 보고서를 자동으로 생성한다. 또한 수익 보고를 자동화하여 발생한 회계를 빠르고 정확하게 처리할 수 있다. 스트라이프의 데이터와 회계원장을 자동으로 동기화하여 대차대조표, 손익계산서 등을 회계 관행에 맞게 생성한다. 복잡하고 까다로운 세금 문제를 스트라이프의 데이터만으로 해결할 수 있도록 지원한다.

위의 서비스를 보면 알 수 있듯이 고객 파트너의 편의를 위한 서비스가 다수 존재하며, 대부분을 파트너의 의사대로 설정할 수 있도록 지원하고 있다.

위의 이미지는 현재 스트라이프가 제공하는 서비스의 리스트이다. 그중 스트라이프를 대표하는 서비스 몇 가지를 소개해 보려고 한다.

stripe

↗ United States
◆ English (United States)

© 2022 Stripe, Inc.

Products

Atlas
Billing
Capital
Checkout
Climate
Connect
Corporate Card
Data Pipeline
Elements
Financial Connections
Identity
Invoicing
Issuing
Link
Payments
Payment Links
Payouts
Pricing
Radar
Revenue Recognition
Sigma
Tax
Terminal
Treasury

Use Cases

Ecommerce
SaaS
Marketplaces
Embedded Finance
Platforms
Creator Economy
Crypto
Global Businesses

Integrations & Custom Solutions

App Marketplace
Partner Ecosystem
Professional Services

Developers

Documentation
API Reference
API Status
API Changelog
Build a Stripe App

Resources

Support Center
Support Plans
Guides
Customer Stories
Blog
Annual Conference
Privacy & Terms
Licenses
COVID-19
Sitemap
Cookie settings
Your CA Privacy Choices

Company

Jobs
Newsroom
Stripe Press
Become a Partner

스트라이프가 제공하는 서비스 리스트

먼저 처음에 언급한 **아틀라스(Atlas)**이다. 아틀라스는 스타트업 기업 설립을 돕기 위한 플랫폼이다. 수많은 서류 작업과 법적 문제, 복잡한 수수료의 과정을 제거함으로써 꽃피우지 못한 아이디어가 스타트업으로 전환할 수 있게 도와준다. 해당 플랫폼을 이용하면 며칠 이내로 회사를 설립할 수 있게 모든 서류를 준비해준다. 스트라이프 계정을 통해 Billing, Connect, Radar 등 스트라이프의 다른 플랫폼도 사용할 수 있으며, 법률 및 회계 분야에 있어 협력이 된 파트너에게 비교적 저렴한 비용에 위탁을 맡길 수 있다. 스트라이프 아틀라스는 설립자와 투자자 모두가 신뢰하는 대표적인 서비스로 이를 통해 20억 달러 이상의 자금이 조달되었다고 한다.

스트라이프 **커넥트(Connect)**는 결제를 소프트웨어 플랫폼 또는 시장에 쉽고 빠르게 통합할 수 있도록 지원한다.

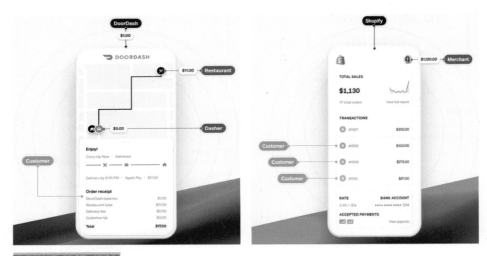

스트라이프 커넥트 서비스

위의 이미지와 같이 처음부터 마지막까지 이어지는 비용을 한 번에 처리할 수 있도록 **엔드 투 엔드(end to end)** 결제 서비스를 제공한다. 14개의 언어로 35개 이상의 국가를 지원하므로 어디에서든 계정을 몇 분 안에 생성할 수 있으며 사전에 구축된 UI를 이용하거나 사용자가 새롭게 디자인할 수 있다. 제공되는 가이드라인을 활용해 여러 요구 사항과 준수 사항을 처리할 수 있으며 사용자 오류를 최소화하기 위한 노력으로 서비스 가입이 꾸준히 증가하는 추세이다.

Drive more revenue with Connect

Platforms and marketplaces using Connect can grow revenue and expand faster
while reducing manual processes and compliance risks

Read the full report >

364%
ROI after switching to Stripe

10%
more revenue from new sellers

67%
reduction in expansion costs

스트라이프 커넥트 이용의 결과

위의 이미지는 스트라이프 홈페이지에 공개된 자료로 스트라이프 커넥트를 이용한 후 투자수익률과 비용 절감 정도를 보여주고 있다.

다음은 사기를 방지하고 부정 거래를 차단하는 레이다(Radar)이다. 레이다는 수백만 글로벌 기업의 데이터를 기반으로 하는 머신러닝을 통해 사기 거래를 사전에 탐지하여 차단할 수 있는 시스템이다. 과거 스트라이프의 데이터와 더불어 비자, 마스터카드 및 주요 은행과의 파트너십을 통해 더욱 광범위한 데이터를 활용하여 위험에 대비한다. 고객 파트너에게는 처음 발생하는 결제일지라도 스트라이프 네트워크에서 91% 이상의 확률로 처리된 거래이다. 머신러닝을 통해 구축된 네트워크로 고위험 지급 결제를 자동으로 차단하며, 모든 결제를 스캔하여 결제가 진행되기 전에 위험을 감지하고 방지한다. 위험 허용 범위를 선택해 정도를 조절할 수 있으며, 카드 번호, 이메일과 IP 주소를 활용해 차단 목록을 설정할 수 있다. 레이다의 도입으로 위험을 자동으로 검토할 수 있게 되었고, 위험을 인지하는 시간도 줄여 위험을 신속하게 감지할 수 있게 되었다.

■ 스트라이프의 장점 및 단점

스트라이프는 고객 파트너와 함께 성장하자는 전략으로 여러 서비스를 제공했다. 2019년을 기준으로 대략 200만 고객사를 확보했는데, 이들 중 대부분이 영세기업과 스타트업 기업인 것으로 알려졌다. 그러므로 스트라이프 서비스의 대부분은 이 기업들을 표적으로 삼은 것들이 많다. 먼저 스트라이프의 낮은 수수료가 장점이 될 수 있다. 미국 카드사의 평균적인 수수료는 4~5% 수준이지만, 스트라이프는 신용카드 결제 대금의 2.9%＋추가 비용 30센트이다. 또한 초기 설치비, 환율 수수료, 해외 발급 카드 수수료는 부과하지 않는다고 한다. 카드사의 수수료와 비교했을 때는 압도적으로 유리한 부분이며 업계 라이벌 회사인 페이팔과 비교했을 때 수수료는 같은 수준이다. 스트라이프의 최고경영자인 패트릭 콜리슨은 한 인터뷰에서 수수료 책정에 대해 "우리는 고객들이 돈을 벌 때 돈을 번다는 사실을 알고 있다. 따라서 고객들이 많은 수수료를 내서는 안 된다고 생각한다"라고 뜻을 밝힌 바 있다.

홈페이지에 제공하는 API는 스트라이프의 최고 장점이라고 생각한다. 온라인 판매자가 직접 결제 시스템을 구축해 서비스 제공까지 옮기는 것은 사실상 불가능한 일이다. 하지만 스트라이프는 이를 가능하게 만들었다. 결제와 연동되는 API 소스 코드를 자사 홈페이지에 공개한다. 그리고 판매자는 공개된 소스를 복사-붙여넣기만으로 스트라이프의 결제 시스템을 사용할 수 있게 되는 것이다. 스트라이프 홈페이지 stripe API 카테고리에 가면 상품, 자금, 계좌, 결제 방법 등 각각의 상황에 따른 소스 코드가 모두 공개되어 있고, 사용자는 공개된 코드를 활용하여 서비스를 구축할 수 있다.

다음은 간단한 결제 프로세스가 장점이 될 수 있을 것이다. 해당 플랫폼의 최고라고 언급되는 페이팔보다도 훨씬 단순하다. 페이팔 결제 시스템을 서비스에 연동하려면 9단계의 프로세스를 수행해야 하지만, 스트라이프는 이를 3단계로 압축했다. 더불어 별도의 페이지를 추가로 열어 구매를 진행하는 페이팔과는 다르게 스트라이프는 단일 결제 페이지에서 모든 과정을 끝낼 수 있다. 페이스북 제품 개발자인 모건 브라운은 "스트라이프는 게임 체인저다. 기술문서는 명확하고 간략하며 API는 지금까지 사용해 본 것 중 최고다. 설치부터 서비스 이용까지 한 시간도 걸리지 않았다. 아마 페이팔이었다면 생각도 할 수 없는 일이다"라며 스트라이프에 대해 평가를 한 적이 있다. 페이팔을 비롯한 경쟁사는 결제 시 자사 플러그인을 활용하거나 페이지로 이동하여 서비스 이미지를 각인시키는 데에 집중했지만, 스트라이프는 이러한 것들을 포기하고 서버 개발에 집중하여 단일 페이지 내에서 해결할 수 있도록 구축했다. 고객을 위한 편리함과 일관성 있는 UX (User eXperience)는 스트라이프를 더욱더 매력적으로 만드는 요소가 될 수 있다.

스트라이프의 단점으로는 많은 국가를 지원하지 않는다는 것이다. 최대 경쟁사인 페이팔은 200개 이상의 국가를 지원하는 반면에 스트라이프는 현재 약 35개국을 지원한다. 서비스를 지원하지 않는 지역은 아시아와 중동, 아프리카, 브라질을 제외한 남미 등으로 다른 지역에 비해 위험이 내재되어 있는 국가라고 할 수 있다. 실제로 이에 대해 스트라이프가 잠재적 위험이 있는 국가를 피해 서비스를 제공하려고 한다는 평가도 존재한다.

스트라이프의 또 다른 단점은 아이러니하게도 API라고 생각한다. 조금 전 스트라이프의 장점으로 API를 언급했다. 하지만 필자는 이 장점이 양날의 검이라고 생각했다. 홈페이지를 보면 대부분의 소스 코드와 프로세스가 공개되어 있다. 스트라이프 측에서 이미 구축해놓은 소스도 존재한다. 하지만 사용자의 개인 능력에 따라 결제 시스템을 구축하는 데에 어려움이 생길 수 있다고 생각하게 되었다. 시스템 구축이 익숙한 이용자에게는 모든 옵션을 본인의 취향에 맞게 설정할 수 있지만, 시스템 구축이 처음인 이용자에게는 충분히 부담되고 큰 노력이 필요할 것이다. 양질의 서비스를 제공하지만, 진입장벽이 존재한다면 이는 리스크로 작용할 것이다.

■ 스트라이프의 현재와 미래

2021년 기준 스트라이프는 956억 달러(한화 약 112조 원)로 평가받았고, 2020년 매출액을 74억 달러로 추정된다고 한다. COVID-19로 혜택을 받은 기업이긴 하지만, 이를 고려하더라도 눈에 띄는 성장이 있었다. 우리가 여기서 주목해야 하는 것은 스트라이프가 비상장기업이라는 것이다. 전 세계 핀테크 기업 중 스트라

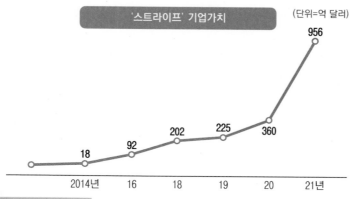

'스트라이프' 기업가치 (단위=억 달러)

956

360

225

202

92

18

2014년 16 18 19 20 21년

지난 기간 스트라이프 기업가치 변화

[자료: 크런치베이스]

이프보다 기업가치가 큰 기업은 페이팔과 앤트그룹, 스퀘어, 텐센트, 아디옌만이 존재한다. 그 때문에 자연스럽게 스트라이프의 기업공개(IPO)에 관한 이야기가 나오고 있다. 여러 분석기관에서는 IPO를 할 것이라는 의견이 지배적이지만, 이에 대한 여부는 불투명하다. 월스트리트 저널은 스트라이프가 골드만삭스와 씨티은행과 협력해 기업 대상 뱅킹 서비스를 제공하면서 본격적으로 디지털 뱅킹 사업을 확장할 것이라고 보도했다. 스트라이프가 계속해서 사업 확장에 의지를 보이고 있지만, 스트라이프 공동 창업자인 존 콜리슨은 "우리는 시장에 나설 계획이 없다. 우리는 서두르지 않아도 된다"라고 밝히며 IPO에 대해 조심스러운 모습을 보였다.

더 많은 서비스를 제공하고 시장을 확장하고자 하는 스트라이프이다. 최근에는 가상자산을 지불하고 지원할 수 있는 프로세스를 구축 중이며 트위터와 협력해 가상자산 결제 기능을 테스트할 예정이라고 밝혔다. 또한 스트라이프가 한국 시장에 진출한다는 뉴스도 보도되었다. 이처럼 그들은 영향력을 넓히기 위해 끊임없이 노력하고 있다.

스트라이프의 데이터 처리량은 초당 약 5,000여 건으로 알려져 있다. 미국의 경제 전문지 블룸버그에 의하면 "온라인으로 물건을 구매한 미국인 중 절반을 모르는 사이에 스트라이프를 통해 구매했을 것"이라고 스트라이프의 증가하는 점유율을 설명한 적이 있다. 현재 미국의 일부 영세기업인들은 스트라이프가 페이팔보다 사용하기 편리하다는 의견도 나오고 있다. 콜리슨 형제는 자신들을 '창업자'가 아닌 '문제를 찾아내는 사람(problem founder)'이라고 소개한다. 어떻게 돈을 벌 것인가를 고민하기보다는 해결하고 싶은 문제들이 무엇인지 인지하고 해결하는 것이 스트라이프가 나아갈 방향이라고 설명한다.

고객 파트너와 함께 성장한다는 전략으로 데카콘을 넘어 헥토콘 기업으로의 성장을 바라보는 스트라이프의 미래와 한국에서의 서비스 정착이 기대된다.

5개 기업의 특징 비교

앱	애플페이	페이팔	벤모	젤	스트라이프
국가	미국	미국	미국	미국	미국
서비스 출시 연도	2014년	1998년	2009년	2011년	2011년
지원 기기	iPhone iPad Mac	Android iPhone iPad	Android iPhone iPad Mac	Android iPhone iPad	Android iPhone iPad Mac
오프라인 결제방식	○	○	○	×	○
수수료	×	2.9% + $0.30	×	×	2.9% + €30
상장 여부	애플의 서비스	○	페이팔의 서비스	×	IPO 루머
한국 출시	루머	○	×	×	예정
장점	애플기기 호환 애플카드 애플 캐시	국제적 사용 보안 접근 가능성 인프라	페이팔의 자회사 소셜 플랫폼 빠른 송금	은행과의 협업 계좌 송금 보안 가입절차×	간단한 프로세스 API 제공 영세기업 타깃

다. 지급결제 시장의 시사점 및 전망

현재 시장을 주도하고 있는 5개의 앱을 통해 시장 상황과 트렌드를 알아보았다. 지금, 이 순간에도 핀테크 산업은 성장하고 있으며, 우리가 상상도 하지 못했던 서비스들이 하나둘씩 추가되고 있다. 특히 COVID-19로 인해 구매 패턴과 라이프 스타일에는 많은 변화가 생겼고, 이는 디지털 결제 시장에 큰 영향을 주었다.

과거의 디지털 결제라고 하면 속도와 보안, 그리고 편리성이 전부였다. 우수한 보안을 기반으로 쉽고 빠른 서비스를 제공하는 것만으로도 충분히 경쟁력이 있었다. 하지만 앞서 소개한 앱을 보면 알 수 있듯이 이제는 즉각성, 안전성, 편리성으로 시장을 점유할 수 없다. 이와 더불어 고객을 만족시킬 만한 서비스의 다양성과 차별성을 요구한다.

이러한 추가적인 요소를 만족시키기 위해 기업들은 트렌드 변화에 주목하고 대비할 필요가 있다. 시장을 주도하고 있는 기업들은 적극적인 M&A를 통해 이에 대응하고 있다. 앞서 소개한 페이팔은 물론 스퀘어(Square) 등은 산업 내 M&A로 제공하고 있는 서비스를 강화하기 위해 노력하고 있다. 인수하는 기업의 풍부한 경험과 전문화된 데이터를 바탕으로 차별화된 서비스를 제공할 수 있을 것이다. 또한 글로벌 은행들이 지급 결제 시장에 참가함으로써 안정적인 수익과 풍부한 고객 데이터를 확보할 수 있게 되었다. 기업들이 글로벌 은행과의 제휴를 추진하고 있고, 이는 향후 더욱 가속화될 것으로 예상된다.

플랫폼 생태계를 구축하는 데에 있어 데이터 확보는 굉장히 중요한 요소가 될 것이다. 많은 표본은 더 나은 서비스를 제공하는 데에 기초가 될 것이고, 기업은 소비자의 니즈에 맞추어 더욱 편리하고 실용적인 서비스를 제공할 수 있을 것이다. 변화하는 상황에 적합하게 대응하는 기술, 그리고 확보한 고객이 이탈하지 않도록 유지하는 것이 기업의 성장에 있어 굉장히 중요한 요소가 될 것이다.

글로벌 지급결제 수익 전망 (단위: 조달러)

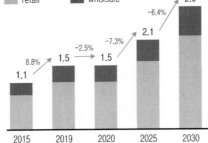

자료: BCG Global Payments Model 2021

글로벌 지급결제 수익 지역별 전망 (단위: 십억 달러)

구분	2015	2019 ('15→'19)	2020 ('19→'20)	2025 ('20→'25)
유럽	209	242 (3.7%)	237 (-2.2%)	307 (5.3%)
북아메리카	342	474 (8.5%)	459 (-3.2%)	609 (5.8%)
라틴아메리카	95	130 (8.3%)	127 (-2.3%)	190 (8.3%)
중동·아프리카	48	64 (7.6%)	60 (-6.8%)	84 (6.9%)
아시아·태평양	400	621 (11.6%)	611 (-1.6%)	932 (8.8%)

주: 괄호는 연평균 성장률(CAGR)을 의미
자료: BCG Global Payments Model 2021

[자료: 하나금융경영연구소 보고서 발췌]

참고문헌 및 자료 출처

(■: 이미지 출처　　▲: 기사 출처　　●: 용어 설명)

애플페이

- ■ 애플카드 실물
  https://www.apple.com/apple-card/　(애플 홈페이지)
- ■ 애플월렛 내 등록한 애플캐시
  https://www.apple.com/apple-cash/　(애플 홈페이지)
- ■ 애플페이의 한국 진출 보도 뉴스
  https://www.edaily.co.kr/news/read?newsId=01226726632457824&mediaCodeNo=257&OutLnkChk=Y　(이데일리 기사 헤드라인)
- ■ 국내 스마트폰 시장 점유 그래프
  https://www.yna.co.kr/view/AKR20220323084900017　(연합뉴스 기사 (카운터포인트 리서치 제공))
- ● 락인효과
  https://terms.naver.com/entry.naver?docId=3534618&cid=40942&categoryId=31819
  ([네이버 지식백과] 잠금효과[Lock-in effect] (두산백과 두피디아, 두산백과))

페이팔

- ■ 지속적으로 추가되는 페이팔의 서비스
  페이팔 홈페이지 내 2022년 1분기 보고서 캡처
- ■ 페이팔 자회사의 서비스
  페이팔 홈페이지 내 2022년 1분기 보고서 캡처
- ■ 분사 이후 페이팔의 실적
  페이팔 홈페이지 내 2022년 1분기 보고서 캡처
- ■ 2022년 1분기 실적
  페이팔 홈페이지 내 2022년 1분기 보고서 캡처
- ■ 계정 동결 알림 메시지
  앱 사용 후 캡처
- ● BNPL 서비스
  Prudential Home Page '금융생활' 내용 발췌

- 미국 내 벤모(Venmo) 시장점유율
- 벤모(Venmo) 앱의 초기 화면
  앱 사용 후 캡처
- 벤모(Venmo) 앱의 서비스 이용 화면
  앱 사용 후 캡처
- 벤모(Venmo) 서비스의 전체 구성
  https://venmo.com/send-receive/start/ (벤모 홈페이지)

젤

- 클리어엑스체인지 서비스 종료 안내
  https://www.clearxchange.com/public/clearxchange-is-becoming-zelle
  (클리어엑스체인지 홈페이지)
- 뱅크 오브 아메리카 앱 내 젤 서비스
  https://promotions.bankofamerica.com/digitalbanking/mobilebanking/zelle
  (뱅크 오브 아메리카 홈페이지)
- 뱅크 오브 아메리카 앱 내 젤 서비스 이용 프로세스
  https://blog.naver.com/columbiawestcollege/222743910870 (블로그 컬럼비아웨스트컬리지)
- 우리아메리카은행 – 우리은행 송금 프로세스
  https://usa.edit.kr/entry/%EB%AF%B8%EA%B5%AD-%EC%9A%B0%EB%A6%AC%EC%9D%80
  %ED%96%89%EC%97%90%EC%84%9C-%ED%95%9C%EA%B5%AD-%EC%9A%B0%EB%A6
  %AC%EC%9D%80%ED%96%89-%EA%B3%84%EC%A2%8C%EB%A1%9C-%EC%86%A1%EA
  %B8%88-%EC%9D%B4%EC%B2%B4%ED%95%98%EA%B8%B0Woori-America-Bank%EC%9
  7%90%EC%84%9C-Woori-Bank%EC%9D%B4%EC%B2%B4%ED%95%98%EA%B8%B0-%ED
  %95%9C%EA%B5%AD%EC%9C%BC%EB%A1%9C-%EC%86%A1%EA%B8%88-%ED%95%98
  %EA%B8%B0
  (티스토리 USA에서 살아남기)
- 송금 처리 시간에 따른 수수료 안내
  https://m.blog.naver.com/PostView.naver?isHttpsRedirect=true&blogId=act4us&logNo=221794
  123554 (블로그 랑이별비맘)
- 뱅크 오브 아메리카 – 젤 송금 제한 안내
  https://www.bankofamerica.com/online-banking/zelle-transfer-limits/ (뱅크 오브 아메리카 홈
  페이지)
- ▲ 뉴저지주 '젤 송금 사기' 주의보
  https://news.koreadaily.com/2022/08/02/economy/economygeneral/20220802211041164.html
  ("[중앙일보]뉴저지주 '젤 송금 사기' 주의보", 박종원 기자, 2022.08.02)

- 젤 2021년 실적 및 현황
  https://www.zellepay.com/join-zelle-network/partners (젤 홈페이지)

스트라이프

- 스트라이프 어플 초기 화면
  앱 다운 후 캡처
- 스트라이프 가입 프로세스
  https://dashboard.stripe.com/settings (스트라이프 홈페이지)
- 스트라이프 호스팅 결제 페이지 설정
  https://stripe.com/payments/checkout (스트라이프 홈페이지)
- 스트라이프가 제공하는 서비스 리스트
  https://stripe.com/ (스트라이프 홈페이지)
- 스트라이프 커넥트 서비스
  https://stripe.com/connect (스트라이프 홈페이지)
- 스트라이프 커넥트 이용의 결과
  https://stripe.com/connect (스트라이프 홈페이지)
- 지난 기간 스트라이프 기업가치 변화
  https://www.mk.co.kr/news/stock/view/2021/11/1058263/ (매일경제 기사)

02 · 로보어드바이저(Roboadvisor) [편종성]

가. 로보어드바이저 정의 및 시장 전망

　전통적인 자산관리의 유형은 고객이 판매회사인 은행이나 증권회사를 방문해서 PB(프라이빗 뱅커)나 WM(웰스매니저)와 상담을 하고 이들이 권유해주는 여러 자산운용사의 투자 상품이나 자체 상품을 가입해서 관리를 받는 방식으로 진행이 되고 있다. 이후 시스템펀드 등이 출시되면서 펀드매니저의 개인적인 판단을 배제하고 사전에 등록한 수익률 달성 시 자동으로 환매가 이루어지거나 기초자산의 가격 하락 시 재투자가 이루어지는 방식으로 발전했다. 최근에는 여기에 더욱 진화된 핀테크 기술이 가미되어 로보어드바이저를 통한 자산관리 시장이 확대되고 있다.

　로보어드바이저(Robo-Advisor)는 로봇(Robot)과 어드바이저(Advisor)의 합성어로 사전에 등록되어 있는 알고리즘에 의해서 투자자의 투자 성향이나 투자목표 등을 고려하여 자동으로 '투자와 관리 포트폴리오를 구성'하고 '자산 재조정(재구성)'하며, '운용' 및 '환매'가 이루어지는 핀테크 기술의 핵심이라고 할 수 있다.

　로보어드바이저(Robo-Advisor)는 기존에 사람이 투자하던 것과 달리 AI 알고리즘을 통해 투자하는 방법이기 때문에 투자자 성향에 따라 머신러닝, 빅데이터를 활용해 포트폴리오를 구성하고, 개인의 목표와 자금 상황에 맞춰 투자한다. 로보어드바이저의 종류에는 투자일임형, 정보제공형, 투자 자문형 3가지가 있다. 국내에는 단순히 투자자의 투자 목표를 달성할 수 있는 상품구성이 주된 서비스인 상품 추천형이 주류를 이루고 있고 해외에서는 투자일임형이 많은 점유율을 차지하고 있다.

　코로나 이후 주식에 관한 관심이 커지기 시작하면서 로보어드바이저 또한 참여자들의 관심이 커지고 있고 이용자수는 43만 명 정도로 2018년 대비 대략 11배, 금액은 1조 8,381억으로 4배가량 성장하고 있다. 2022년 5월 기준 글로벌 로보어드바이저 시장은 1.79조 달러, 1,790조 원으로 규모가 더욱 커졌다.

　로보어드바이저는 앞으로도 지속적으로 성장할 것으로 예상되며 그 이유로 크게 3가지를 들 수 있다. 첫째로 개인화된 맞춤형 금융서비스의 활성화이다. 개인화된 목표와 자금에 맞춰 소액으로도 투자를 할 수 있기 때문이다. 개인화되어

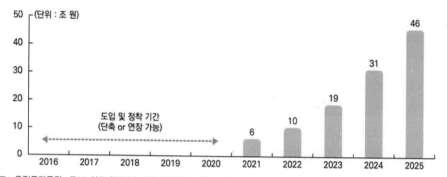

자료: 유진투자증권, 로보-어드바이저가 이끌 자산관리시장의 변화, 2016.6.8

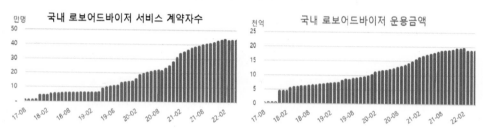

국내 로보어드바이저 서비스 계약자수

국내 로보어드바이저 운용금액

Assets Under Management

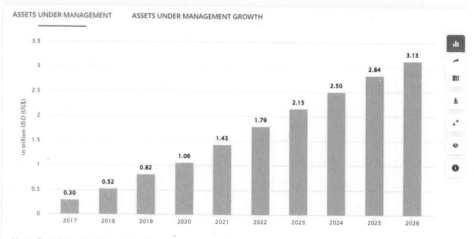

ASSETS UNDER MANAGEMENT　　ASSETS UNDER MANAGEMENT GROWTH

Notes: Data shown is using current exchange rates. Data shown does not yet reflect market impacts of Russia-Ukraine war; we are currently working on an update.

Most recent update: Mar 2022

Source: Statista

국내 로보어드바이저 시장 규모와 전망

가는 세상에 공동의 목표가 아닌 개인마다 다른 목표는 재미와 성취감 두 가지를 다 잡을 수 있다.

두 번째는 앱 UI의 직관성이다. 기존 복잡하던 앱들과 달리 로보어드바이저 앱의 UI는(이체, 회원가입, 투자 등) 고객들이 보기 편하게 만들어져 있다. 토스, 카카오, Betterment 등을 보면 UI가 편리하여 간단한 절차를 통해서 회원가입과 자산관리 서비스의 이용이 가능하다. 로보어드바이저 서비스의 성장예상 이유 세 번째는 신속성이다. 계좌 개설 및 투자가 10분 이내로 이루어지는 것이 보통이다. 물론 대부분 금융서비스의 최근 트렌드가 빠른 조회와 거래에 있지만 특히 로보어드바이저 서비스의 발전 속도가 빠르게 이루어지고 있다.

회원가입 및 계좌 개설이 간단한 전화번호, 이메일 인증이 있으면 10분 내로 만들어지고 다른 금융기관 간 연결도 간단히 이루어지고 있다. 간단한 인증으로 다른 은행 계좌를 연동할 수 있는 점은 최근 핀테크 기술의 핵심으로 자리 잡고 있다.

위 3가지 이유로 인해 로보어드바이저에 대한 진입장벽이 낮아지고 있고 투자자들의 접근성 및 이용의 편리성이 점점 커지고 있다.

하지만 이러한 로보어드바이저 투자도 고려해야 할 사항이 있는데 기존 투자 자문과 일임은 전문가와 개인 간의 이해 상충이 있었다. 전문가의 개인적인 판단과 다른 금융상품들과의 이해관계 및 수수료를 고려한 상품제안과 관리가 이루어진 부분이 있었다. 하지만 로보어드바이저는 알고리즘에 의해 거래되기 때문에 감정적 판단이 없지만 오히려 이러한 부분에 문제가 발생할 여지가 있다.

수수료를 많이 취하기 위해 알고리즘 투자 매매가 특정 ETF 이해관계자의 것만 매수하는 사례가 나올 수도 있다. 아직 구체화한 법안이 만들어지지 않았지만, 알고리즘 코드를 감사원에 평가하는 방법 및 감시할 수 있는 규제나 관리방법론의 정립이 필요하다고 판단된다.

로보어드바이저 회사는 예상 수수료를 고객에게 보여주어 고객으로부터 신뢰를 얻어야 하는 부분이 같은 이유에서이다. 로보어드바이저는 일종의 은행 업무이므로 전통적인 은행과 마찬가지로 고객들에게 신뢰를 얻고 지켜야 한다. 알고리즘에 손을 건드려 신뢰를 잃게 된 순간 로보어드바이저 시장 전체의 신뢰 문제가 생길 수 있기 때문이다. 현재 전 세계적으로 많은 로보어드바이저 회사가 설립되고 있고 다양한 서비스와 장점을 갖춘 상품도 출시되고 있다. 본 지면을 통해서 전세계적인 로보어드바이저 서비스를 비롯한 핀테크 서비스의 시장동향과 분야별 서비스의 소개를 통해서 국내 핀테크 산업의 발전에 작으나마 기여했으면 하는 마음이 간절하다.

나. 핀테크 로보어드바이저(Roboadvisor) 사례

■ Betterment 서비스 개시일 & 간단한 역사

첫 번째 해외 로보어드 바이저 앱은 Betterment이다. Betterment는 2008년에 설립

Betterment의 로고

된 회사로 현재 로보어드바 이저 기업 중에서 가장 선두에 나서고 있다.

AUM(Aseet under Management: 운용자산) 330억 달러, 730,000명의 고객을 보유하고 있으며 스타트업 기업으로 시작했지만 초기 로보어드바이저 개척자이다 보니 선점효과가 큰 금융시장에서 매년 높은 순위권을 차지하고 있다. 세라 레비 CEO는 "끊임없는 변화를 추구하며 더 나은 세상을 만들기 위한 새로운 방법을 끊임없이 찾고 있다"라고 모 언론과의 인터뷰에서 밝혔다. 이 회사는 3가지의 목표에 중점을 두고 있는데 각자의 목표를 세워 최대한의 이익을 얻도록 노력하는 개인화, 포트폴리오를 자동화하고 투자에 대한 규율을 유지하여 장기적인 이득을 누릴 수 있는 자동화, 분산 투자를 위한 다양화이다. 또한 양도소득세 관리를 위해 적기에 적정한 자산을 매각해 세금을 상쇄하도록 돕는 것도 차별화된 서비스라고 할 수 있다.

■ Betterment 회원가입 과정

회원가입은 이메일, 비밀번호, 이름, 전화번호, 동의 사항이 있으면 가능하다. 추가로 거주하는 지역과 SSN(Social Security Number)을 입력하면 된다. 기존의 다른 앱들 보다 모든 과정이 10분 내로 종결된다.

회원가입 이후 지역번호, 생년월일, SSN(Social security number)을 입력하면 가입할 수 있다.

---

1 of 5 ✕

Great, let's start with your email address.

You'll use this as your login.

Email address

[   ]

Let's do this

‹ **2 of 5**

Next, create a strong password.

To make this extra secure, please use symbols, uncommon words, and at least 8 characters.

Password

[   ]

Continue

‹ **3 of 5**

Nice. Now, what's your legal name?

We're required to get your legal first and last name for your account. If you go by a different name, you can update that in your settings after logging in.

Legal first name   MI

[   ]   [   ]

Legal last name

[   ]

☐ I go by a different first name

Continue

‹ **4 of 5**

Almost there. Next, we need your phone number.

We use this to secure your account with two-factor authentication. We'll never sell your info or spam you. This must be a U.S. phone number.

Phone number

[   ]

Continue

‹ **5 of 5**

Lastly, there are agreements.

Please read and agree to the following terms.

☐ By checking this box, you agree to our Limited Scope Advisory Agreement, consent to electronic delivery of communications and our Privacy Policy, and acknowledge that you have received a copy of our Form CRS relationship summary and Form ADV brochure.

Create account

Betterment 앱 가입 절차

■ Betterment 앱 메인화면 이미지 & 서비스

오른쪽 이미지는 Betterment 앱의 첫 화면으로 추가적인 메뉴는 자신의 자금 흐름을 확인하는 'Activity', 친구를 초대하면 얻을 수 있는 'Earn rewards', 'Get help' 그리고 'Setting'과 'Logout'이다.

Betterment의 메인 서비스로 은행과 같은 현금 서비스, 로보어드바이저가 있다. 계좌를 만들고 직불 카드를 만들어 은행과 같은 서비스를 이용할 수 있는데 현금의 이자는 0.75%로 최소 잔액과 수수료는 없다. 로보어드바이저는 은퇴, 퇴직 소득, 원하는 물품 구매, 재정적 안전망, 교육 자금 등 각자의 목표 금액에 맞춰 달성 가능성을 제시하여 투자를 진행한다. 자산 증식을 목표로 하는 젊은 사람들은 주식 비중을 늘려 위험 지향적인 투자를 하고 비상

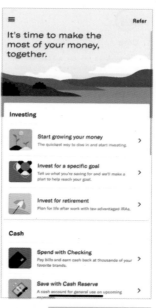

Betterment 앱 첫 화면

금이 목적인 사람들은 안정적인 채권의 비중을 늘려 투자한다. 로보어드바이저가 포트폴리오를 자동으로 거래를 하지만, 자신이 원한다면 주식과 채권의 비중을 조절할 수 있다. 투자하는 도중 위험이 감지되면 자동으로 포트폴리오 자산 재조정(자산 재조정)을 통해서 위험을 회피한다. Betterment의 최저 가입 금액은 0원으로 소액으로 시작할 수 있는데 이러한 부분은 로보어드바이저 서비스를 처음으로 이용하는 사람들에게 부담 없는 회원가입 등의 장점이라고 할 수 있다. 수수료는 연 0.25%로 경쟁사보다 다소 높다. 프리미엄은 계좌 $100,000 이상 그리고 수수료 0.4% 납부 시 사내 CFP 전문가와 무제한 상담이 가능하다.

Betterment의 수익구조는 규모의 경제이다. 그들은 많은 고객 및 AUM을 증가시켜 0.25%의 수수료로 수익을 창출한다. 만약에 자신이 공격적인 투자자로 운용자산 대부분을 투자하고 현금보유 비중을 0%로 만들고 싶다면 Betterment의 활용을 권하고 싶다. 이는 소액으로 주식 일부를 구매하여 계좌 내 현금을 모두 투자할 수 있는 옵션이 있기 때문이다. 모든 고객에게 Tax loss harvesting을 하여 양도소득세를 관리하기 어려움이 없고 자동으로 손실이 나는 분야는 매각

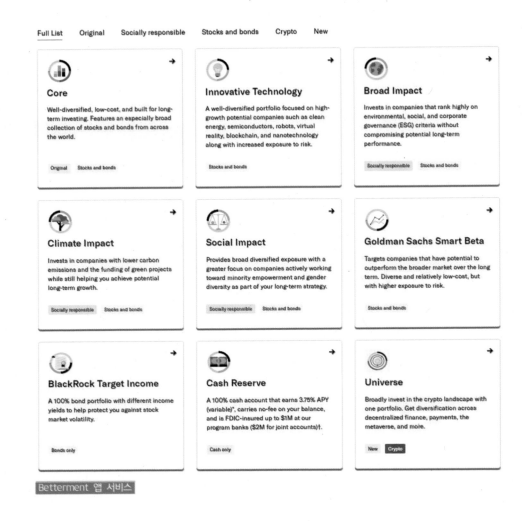

Betterment 앱 서비스

하여 세금을 계산한다. Betterment는 포트폴리오 구축 시 다수의 저비용 ETF에 투자하기도 하는데 포트폴리오는 맞춤형을 제공하고 환경, ESG 등 일반적인 투자 외에도 비중이 낮은 투자 분야에 대한 ETF를 선별해 투자할 수 있다. 높은 수익을 위한 골드만 삭스의 스마트 베타, 안정적인 수익을 위한 BlackRock Target Income, 환경을 위한 Climate Impact, 소수자들을 위한 Social Impact 등이 있다. Betterment는 초보 투자자를 위한 교육용 컨텐츠도 풍부해서 홈페이지에 기사 또는 비디오를 통한 기초 강의, 유튜브에 강의를 올려 간단한 정보를 제공하고 있다.

Betterment의 아쉬운 점은 타사에 비해 높은 수수료이다. 0.25%의 수수료가 높지 않아 보이지만 수수료가 0%인 로보어드바이저들도 다수 존재하기 때문에 상대적으로 높아보이기는 하다. 또한 휴먼어드바이저에게 상담받기 위해서는 최소 AUM이 $100,000을 충족해야 한다는 것도 단점이다. 초보 투자자, 소액 투자자에게는 위 금액도 부담이 될 수 있기 때문이다. 많은 ETF 및 카테고리를 제공하지만 실물 자산과 같은 리츠에 투자할 수 없는 것도 단점이 된다. 인출, 결제 등은 가능하지만 은행의 역할은 미흡하다. 고객의 돈을 예치하여 대출해주는 시스템이 없다는 것이 아쉬운 점으로 남아있다.

■ Betterment 회사 및 서비스 관련 기사

최근 Betterment는 22년 2월 암호화폐를 제공하는 로보어드바이저 회사 Makara를 인수했는데 관련기사 내용을 살펴보도록 하자. Betterment는 미국 최대의 독립 디지털 어드바이저로 코로나 기간 성장 및 선도를 한 로보어드바이저 투자회사이다. 회사의 CEO인 Sarah Levy는 Makara가 암호화폐 제품과 인터페이스 안내 및 사용 편의성을 결합했기 때문에 독특하다고 말했다. Makara는 10년 전 로보어드바이저 투자의 선구자였던 이래로 오늘날 우리가 전통적인 투자에 어떤 존재인지를 암호화하고 있다고 언급했다. Makara의 CEO인 Jesse Froudman은 암호화폐 전문지식을 Betterment의 규모와 결합하면 개인 투자자와 재무 어드바이저 모두와 함께 플랫폼의 성장을 가속할 수 있을 것이라는 의견을 표명했다. 이 스타트업은 작년도 2021년 6월 20,000명의 고객과 100만 달러의 자산을 관리하에 두고 출범했는데 Betterment는 현재 330억 달러의 자산을 보유하고 있으며 2021년 9월에는 거의 700,000개의 고객 계정을 보유하고 있어 두 회사의 결합은 큰 시너지를 낼 것으로 예상된다. Robinhood와 같이 밀레니얼 세대에 초점을 맞춘 많은 앱이 빠르게 암호화폐를 제품에 통합했지만, Betterment는 자산 클래스에 도달하는 데 시간이 걸렸고 가상화폐의 가격 급등과 대유행 기간의 인기 상승은 이 회사의 인수에 자극이 되었다고 한다. Betterment의 가상화폐 시장에 진출했고 새로운 자산 클래스의 구축이라고 보면 되겠다.

이번 인수로 Betterment는 새로운 고객이 가상화폐 투자에 관심을 가질 수 있게 될 것으로 기대하고 있고 향후 다양한 대규모 암호화 포트폴리오의 관리를 지원하는 서비스를 지속적으로 제공한다고 발표했다. 아울러 Makara 인수는 사용자들이 가상화폐로 포트폴리오의 다양성을 추구하는 것을 도와줌으로써 Betterment 포트폴리오의 결과를 개선할 것으로 기대했다. 즉, 이 플랫폼은 투자자가 가격 변동과 자산 등급의 빠른 뉴스 보도로 촉발되는 무작위 암호 공격에서 벗어나 로보어드바이저를 통해 재무 목표에 따라 보다 체계적인 투자 일정으로 전환할 수 있도록 지원한다. 그러나 규제에서 세금에 이르기까지 여러 가지 불확실성이 뒤섞인 암호 환경에서 책임 있는 투자를 하는 것은 어렵기 때문에 Betterment의 로보어드바이저 플랫폼 변경 발생 시 자동화 및 통합하여 암호 투자의 불확실성을 해소하는 데에도 집중할 것이라고 한다.

■ Betterment 분석 정리

　　로보어드바이저 분야 스타트업이면서 1위 회사인 Betterment는 단순히 선점효과에 의해 1등을 차지한 것이 아니다. 직관적인 UI, 간편한 회원가입, 가입 계좌 한도 0원 등 다수의 이유에 의해 1등의 자리에 차지하고 있다. 진입장벽이 낮아 주식 초보 및 소액 투자자들이 시작하기 좋은 기업이다. 장기투자를 목적으로 하는 은퇴 투자자들에게도 좋은 방법일 것이다. 하지만 독립적인 로보어드바이저로서 불안정한 것은 사실이다. 같은 로보어드바이저이자 스타트업이었던 Wealthfront는 UBS가 $14억 달러에 인수하였고 많은 거대 은행 기업들(SoFi, Chareles Swab, Vanguard 등)이 로보어드바이저로 진출하였다. 경쟁이 치열해짐으로써 Betterment가 독자적인 기업으로 살아남을지 다른 기업에 인수될지 지켜봐야 할 것이다.

■ wealthfront 서비스 개시일 & 간단한 역사

Betterment와 같이 초기 스타트업 회사 중 하나인 wealthfront는 2008년에 Dan Carroll와 Andy Rachleff에 의해 설립되었다.

wealthfront 회사 로고

창업자인 Andy는 VC[•]회사인 Benchmark Capital의 공동 설립자로 경력을 쌓고 은퇴 후 스탠퍼드 경영대학원에서 테크놀로지 기업가정신 강좌를 가르치고 있었다. 그에게 투자 조언을 듣고 싶어 하는 학생들이 많았지만, 최소 투자 금액이 너무 높아 자신이 사용하는 서비스를 추천하지 못한 경우가 있었다. 또 다른 창업자인 Dan은 전직 트레이더였는데 Dan은 재무 어드바이저 수익의 90%가 상위 20%의 고객으로부터 얻는 사실을 알았고 대부분 사람은 좋은 재정적 조언을 받지 못한 것을 깨달았다. 그는 Andy를 찾아가 모든 사람이 로보어드바이저를 이용하여 큰 투자를 실현하여 안전하고 보람 있는 삶을 살게 설득해서 wealthfront를 설립했다. 현재 wealthfront는 AUM $240억을 보유하고 있고 고객 수는 48만 명이다. Nerd wallet 및 Business Insider에서 항상 높은 로보어드바이저 순위권을 유지하고 있다.

■ wealthfront 회원가입 과정

wealthfront는 Betterment와 같이 회원가입이 빠르다. 투자의 목적을 먼저 물어본 뒤 누구를 위한 계좌인지 물어본다. 그 후 고객의 이름, email 주소, 미국 핸드폰 번호를 인증하면 회원가입이 완료된다. 회원가입 과정은 10분 내로 완료되는 빠른 프로세스를 지니고 있다.

• 벤처 캐피털(venture capital, VC)이란 잠재력이 있는 벤처 기업에 자금을 대고 경영과 기술 지도 등을 종합적으로 지원하여 높은 자본이득을 추구하는 금융자본을 말한다. 주로 기술력은 뛰어나지만 경영이나 영업의 노하우 등이 없는 초창기의 벤처 기업을 대상으로 한다.

3 · 글로벌 모바일 금융 트렌드 [로보어드바이저]

What's your phone number?

We'll text you a security code to verify it's you.

U.S. mobile number

We'll text you a verification code.

Why do you need my phone number?

Next

What's your first and last name?

Legal First name

Preferred First name (optional)

Middle name or initial (optional)

Legal Last name

Suffix (optional)

Next

What's your email address?

Create a new password to use to log in to Wealthfront.

Email address

Create password

By signing up, you are agreeing to our Privacy Policy and Terms of Use.

I agree. Sign me up.

Who will own the account?

Just me >

Me and another person >

Joint accounts can only be managed by the primary account holder. Shared account access is coming in the future.

A trust with me as the trustee >

What are you investing for?

General investing >
Taxable Investment Account
A flexible account designed for building wealth over time.

Retirement >
Traditional IRA, Roth IRA, SEP IRA, 401k Rollover
Accounts with tax advantages for money you won't need before you're 60.

Education >
529 plan
An account with tax advantages for qualified education expenses.

`wealthfront 앱 가입 절차`

■ wealthfront 앱 메인화면 이미지 & 서비스

wealthfront의 초기 화면이다. 하단을 보면 홈, 이체, 알림, 선물, 설정 총 5가지의 메뉴가 있다. 우선 홈 메뉴에 연결된 계좌와 현금 잔액을 확인할 수 있고 그 아래 투자 항목이 있다. 투자 항목은 자신이 투자하는 주식 계좌, 은퇴 계좌, 로보어드바이저 계좌 등 연결된 모든 투자 계좌들을 한눈에 볼 수 있다. 다음은 부채 항목이다. 부채 항목은 연결된 자신의 계좌 중 부채 액수 및 상황을 간략하게 보여준다.

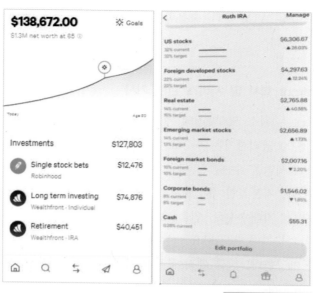

만약 내 은퇴시기를 알고 싶다면 오른쪽 위의 Goal UI를 누르면 된다. 몇 가지 질문 후 연결된 계좌를 통해 언제쯤 은퇴할 수 있을지 알게 된다. 투자하고 있는 계좌 중 한 계좌를 클릭하면 현재 투자 수익률 등의 상세 세부 조항을 알 수 있다.

로보어드바이저를 통한 투자 포트폴리오는 언제든지 고객별 맞춤형으로 제공이 가능하다. 반도체 시장이 좋으리라 생각하면 반도체 ETF를 추가하면 된다. 상품을 선택하는 것뿐만 아니라 선택한 상품들의 비중 조절도 가능하다. 만약 로보어드바이저의 투자 전략이 맘에 안 들거나 수익률이 저조하다 판단되면 자신의 전략으로 포트폴리오를 자산 재조정하면 된다. wealthfront는 외부 계좌와 연결이 자유로워 거래하기 편하며 모든 거래(배당금, 자산 재조정(자산 재조정), 자문 수수료, 배당금 재투자)를 볼 수 있어 투자 및 은퇴 계좌를 목적으로 사용하기 편리하다.

두 번째 이체 메뉴로 예금, 인출, 송금 등이 있다. wealthfront만의 직불 카드를 가지고 있어 인출이 편리하다는 장점이 있다. 계좌 생성 시 Investing or Banking 계좌를 생성할 수 있다. 세 번째 알림 메뉴이다. 모든 활동을 필터별 분류를 통해 알 수 있다. 네 번째 선물 및 친구 초대 기능이다. 친구 초대를 하면 한 명당 투자 자산의 $5,000의 수수료를 면제해준다. (ETF 수수료 제외) 마지막은

Profile 메뉴로 설정, ATM 찾기, 도움말 등 여러 가지 설정을 바꾸거나 도움 되는 내용을 찾을 수 있다.

■ wealthfront 회사 및 서비스 관련 기사

Wealthfront는 최소 500달러의 예치금이 있어야 로보어드바이저를 시작할 수 있다. 최대 5,000달러까지는 수수료가 면제되고 친구 초대 시 한 명당 5,000달러의 수수료를 면제받을 수 있다. 현금 예치 시 금리에 따라 변동이 되지만 현재 이자는 2.00%이다. 기본적인 수수료는 0.25%로 Betterment와 같고 ETF의 수수료는 평균 0.8%이다. 거래수수료, 인출 수수료 최소액수 or 이체 수수료가 없어 자유로운 이체가 가능하다. wealthfront는 FDIC*가 보증하는 Green Dot과 협력하여 직불카드를 제공한다. 현금 계좌에 돈을 넣은 후 직불카드를 신청하여 사용할 수 있다. wealthfront는 목적에 따라 투자 분류가 가능하다. 은퇴를 목표로 투자한다면 Traditional IRA, Roth IRA, SEP IRA가 있다. 교육자금을 목표로 투자한다면 529 College Savings가 있다. 그 외에는 Individual Accouts, Joint Accouts, Trust Accounts가 있다. 목적에 따른 계좌를 생성한 뒤 나이, 수입, 리스크 등 질문을 한다. 질문에 대한 답변을 한 후 Classic, Socially responsible, Direct Indexing의 계정 스타일을 선택한다. Socially responsible은 ESG와 관련된 회사에 투자하는 스타일이고 Direct Indexing은 100,000달러 이상인 계좌일 경우 세금 절감을 강화하기 위해 개별 미국 주식에 투자하도록 설계된 포트폴리오이다. 모든 과정을 거치면 로보어드바이저가 투자자에게 맞는 포트폴리오를 계획한다. 만약 포트폴리오가 맘에 안 들면 포트폴리오 고객 맞춤형으로 자산 재조정이 가능하다. 자신의 취향에 따라 비중, 상품 조정이 가능하다는 의미이다. 포트폴리오는 17개자 자산 항목, 200개가 넘는 ETF 그리고 2개의 암호화폐 상품 내에서 이루어진다. ETF 상품으로는 미국 주식, 배당주, 국채, 부동산, 신흥시장 주식 등이

• 은행은 돈을 안전하게 보관하고 운용할 수 있는 기관이지만 과거 사례를 보면 그 역할을 제대로 하지 못해 부채를 감당하지 못하거나 예금주에게 돌려줄 돈을 확보하지 못했던 사례가 있었다. 만약에 이런 상황이 온다고 할지라도 연방 예금보험공사(Federal Deposit Insurance Corporation: FDIC)에 가입된 은행이라면 예금해 놓은 돈은 돌려받을 수 있다. 미국 연방 예금보험공사는 예금주(Depositors)가 은행 및 저축은행(Savings Associations)에 모아 둔 자금을 보호해 주는 미국 정부의 독립기관이다. 연방 예금보험은 미국 정부가 보장하는 보험이라 할 수 있다.

있다. wealthfront의 특이점 중 하나는 대출이다. wealthfront는 고객의 포트폴리오에서 최대 30%까지 대출이 가능하다. 만약 포트폴리오에 100,000달러가 있다면 30,000달러를 빌릴 수 있다. 현재 대출 금리는 연이율 4.6~5.90%로 신용카드 평균 대출금리인 19.49%보다 낮다. 대출은 신청하면 자동으로 승인되며 신용 조회 또는 신청 수수료가 없다. 상환 일정 또한 없다. 공격적인 투자자에게 레버리지 투자가 가능하며 급전이 필요한 사람들에게 유용한 대출이다. 또한 wealthfront는 모든 고객에게 Tax loss harvesting*을 제공한다. wealthfront의 단점으로는 최소금액과 수수료의 존재이다. 이 두 가지는 로보어드바이저 분야에서 평균적인 비용이지만 최소금액 500달러가 진입장벽이 될 수도 있고 다른 로보어드바이저는 최소비용이 없거나 수수료가 0%인 곳이 있다. 두 번째로 휴먼어드바이저의 부재이다. 휴먼어드바이저에게 투자 조언이나 제안을 들을 수 없다. 하지만 FAQ, 이메일, 전화 등을 이용하여 궁금한 사항을 물어볼 수 있고 투자에 대한 궁금증은 wealthfront의 블로그와 유튜브를 통해 어느 정도 해소할 수 있다. 세 번째 단주거래가 불가하다. 단주거래가 불가능하여 예상치 못한 현금을 남길 수 있다. 공격적인 투자가에게 보유 현금은 마이너스 요소가 될 수 있다.

■ wealthfront 분석 정리

wealthfront는 로보어드바이저 초기 개척자이며 Betterment와 비슷한 유형의 회사이다. 선점효과를 누리게 되면서 시장에서 높은 점유율을 차지하고 있다. 로보어드바이저 대한 관심이 높아지면서 wealthfront는 초보 투자자에게 좋은 로보어드바이저라고 생각한다. 초기 금액 500달러가 필요하지만 모든 고객에게 Tax loss harvesting 지원, 블로그와 유튜브를 통해 공부할 수 있다는 점에서 추천한다. 초보뿐이 아닌 경험이 있는 자에게도 유용하다. 로보어드바이저를 믿되 자신을 믿는 투자자는 포트폴리오를 취향에 따라 조정하면 되기 때문이다. 증권시장 이외에 리츠, 암호화폐 등 투자 다각화에 신경 쓴 점은 높게 평가하는 부분이다. 앱의 UI를 확인하면 왜 이 기업의 앱 평점이 높은지 알 수 있다. 직관적이고 깔끔한 UI,

---

• Tax Loss Harvesting(택스 로스 하베스팅)이란 수익이 마이너스인 증권(주식, 채권 등)을 특정 시점에 매도하여 세금을 줄이는 전략을 의미한다. 줄여서 TLH라고도 하며, Tax-loss selling으로 불리기도 하는데 Tax Loss Harvesting은 미국 주식 투자 절세 방법으로 많이 사용되는 전략 중 하나이다.

빠른 회원가입 등의 이유이다. wealthfront는 로보어드바이저를 필두로 한 유사 은행이라고 생각한다. 직불카드 및 예금 이자가 존재, 포트폴리오의 30% 조건 없는 대출, 로보어드바이저 투자, 은퇴계좌가 있다. 하지만 wealthfront의 입지는 불안하다. 로보어드바이저가 대중화될수록 대규모 은행들이 로보어드바이저에 진출을 시작했기 때문이다. Vanguard, Charles Schwab 등이 있다. 이들은 수수료와 초기 금액 제한 없이 사람들을 끌어모았다. 일반 투자자들은 로보어드바이저에 특화된 회사보다 기존 사용하던 은행의 로보어드바이저를 사용하는 것이 더 친숙하다. 이에 따라 성장성에 문제가 생길 수도 있다. 이러한 이유로 wealthfront가 UBS에 인수되는 것을 결정했을 거로 생각한다. 독립적인 로보어드바이저가 대형 은행, 증권사에 인수된다면 장단점이 있다. 우선 성장성에 도움이 된다. 독립적인 회사보다 큰 자금력을 가진 은행과 함께 연계하여 다양한 상품 제시가 가능해진다. 하지만 인수로 인해 로보어드바이저는 특정 증권사와 은행의 ETF만 팔 가능성이 있다. 이는 자회사의 수수료 이익을 위해 상품의 다양성을 저해할 가능성이 있다. 인수는 22년 하반기에 마무리된다. 인수 후 wealthfront와 UBS의 행보를 지켜봐야 한다. 아래 기사는 UBS의 wealthfront 인수 관련 기사이다.

Q UBS의 wealthfront 인수 관련 기사

Samuel Steinberger 발표에 따르면 UBS는 소프트웨어 전용 자동 조언 플랫폼인 Wealthfront를 14억 달러에 인수한다. 이는 2008년에 설립되어 최초의 자동화된 조언 플랫폼 또는 로보어드바이저 중 하나였던 Wealthfront의 독립이 종료되었음을 의미한다. Wealthfront는 출범 이후 10년 이상(원래 뮤추얼 펀드 분석 회사인 kaChing) 동안 470,000명 이상의 미국 고객과 270억 달러 이상의 자산을 축적했다. Wealthfront CEO David Fortunato는 이 거래가 Wealthfront를 더 빠르게 확장하는 데 도움이 될 것이라고 말했다. 그는 이메일에서 "우리가 같은 가치와 문화를 공유한다는 것은 처음부터 분명했습니다. 당신의 경험이나 서비스 비용에는 변화가 없을 것이며 UBS의 광범위한 제품, 서비스 및 지적 자본의 혜택을 기대할 수 있습니다."라고 말했다. Fortunato는 또한 더 빠른 혁신과 더 많은 연구를 약속했다. UBS는 자체 자산관리 기술을 보유하고 있지만 Wealthfront가 피한 것으로 유명했던 전문가 범주에 속하는 인적 고문(미국에서만 약 6,000명)도 보유하고 있습니다. Wealthfront의 공동 설립자이자 회장인 Andy Rachleff는 2020년 CB Insights Future of Fintech 행사에서 참석자들에게 "하이브리드 모델은 전혀 효과가 없었습니다, 우리는 우리가 취하는 접근 방식에서 검증되었습니다."라고 말했다.

Fortunato는 회사의 철학과 수수료는 인수 후에도 변하지 않을 것이라고 말했습니다. 그러나 그것은 하이브리드 조언에 대한 회사의 의견을 포함하지 않는다. 발표에 따르면 "Wealthfront의 기능은 [UBS] 새로운 디지털 오퍼링의 기반이 될 것이며 여기에는 원격 인간 조언에 대한 액세스도 포함될 것입니다."라고 Fortunato가 기존 고객에게 보낸 이메일에는 언급되지 않은 변경 사항이 있다. Wealthfront가 인간-기술 하이브리드 조언에 대해 역사적으로 부정적인 견해를 취했음에도 불구하고 UBS는 이 거래를 미국 사업 확장에 도움이 될 것으로 보고 있다. UBS의 그룹 CEO인 Ralph Hamers는 성명에서 "Wealthfront는 미국에서 우리의 핵심 사업을 보완합니다. UBS는 이미 고문을 HNW 및 UHNW 투자자와 연결하고 있으며 Wealthfront는 풍부한 투자자에게 확장할 수 있는 디지털 주도 자산관리 솔루션을 제공하려는 우리의 장기적인 야망을 강화할 것"이라고 말했다. 발표에 따르면 Wealthfront의 사용자는 UBS가 제공하는 "생각하는 리더십."과 글로벌 범위 및 "깊은 제품 및 서비스 선반"의 혜택을 받을 것입니다. 제품에 대한 언급은 이분만이 아니었습니다. Fortunato가 고객에게 보낸 이메일에 따르면 "이 거래는 Wealthfront 최종 고객에게 UBS를 파트너로 둔 지금 훨씬 더 매력적인 제품과 서비스를 제공할 것입니다. 작년에 Wealthfront는 투자 메뉴에 암호화 투자 옵션과 자신만의 포트폴리오 기능을 추가했습니다. 혁신에 대한 우리의 열망은 변하지 않았습니다."라고 Fortunato는 말했습니다. Aite-Novarica Group의 자산관리 이사인 Alois Pirker는 이번 인수로 인해 SigFig의 문은 닫혔다고 말했습니다. 최근 2018년에 UBS는 미국에 기반을 둔 자산관리 고객에게 SigFig가 설계한 디지털 조언 플랫폼을 도입했습니다. 그 플랫폼의 미래가 갑자기 달라 보입니다. "두 가지 서비스 모델을 가질 수는 없습니다."라고 Pirker가 말했습니다. 2016년에 UBS는 SigFig에 4천만 달러 투자 라운드 일부였습니다. UBS Americas의 사장인 Tom Naratil에 따르면 당시 UBS 경영진은 건물을 사는 것보다 구매하는 것이 더 낫다고 여겼습니다. UBS는 또한 SigFig가 2018년에 착수한 5천만 달러 투자 라운드 일부였습니다. "Wealthfront는 부유한 고객에게 서비스를 제공하는 데 중점을 둔 [UBS의] Wealth Advice Center와 기업 고객의 직원과 함께 주식 계획 참여, 금융 교육 및 퇴직 프로그램에 대해 협력하는 Workplace Wealth Solutions 비즈니스를 통해 UBS의 기존 서비스를 확장할 것입니다. 하이브리드 조언에 대한 Rachleff의 부정적인 견해도 이어질 것입니다." Wealthfront의 최고 커뮤니케이션 책임자인 Kate Wauck은 공동 설립자가 인수가 끝나면 은퇴할 것이라고 말했습니다. Fortunato는 사업부의 CEO로 계속될 예정이며 인수는 2022년 하반기에 완료될 것으로 예상됩니다. UBS의 인수는 또한 Betterment에 대한 잠재적인 인수자 분야를 좁히는 동시에 회사가 인수될 가능성을 높인다고 Pirker는 말했습니다. Morgan Stanley, Bank of America 및 BofA Securities(구 Bank of America Merrill Lynch), Charles Schwab, JPorgan, Empower 및 Vanguard는 Betterment를 인수할 가능성이 작습니다. 가능한 인수자는 Citi 또는 Goldman Sachs가 될 수 있다고 그는 말했습니다. Javelin Strategy & Research의 자산관리 이사인 William Trout은 미국 확장에 대한 큰 관심이 있지만 UBS는 직접 인덱스화 생성으로 "스텔스 이동"할 수도 있다고 말했습니다. 그는 "Wealthfront는 2013년부터 투자자를 위한 직접 인덱싱 플랫폼을 출시한 최초의 회사 중 하나였습니다."라고 말하면서 UBS는 직접 인덱싱 분야에서 "확실히 침묵"했다고 덧붙였습니다. 기술, 문화 및 철학적 일치의 보장에도 불구하고 Wealthfront를 UBS에 통합하는 것은 어려울 것이라고 Trout은 예측했습니다. 그는 "UBS는

Ralph Hamers 아래에서 진화하고 있지만 브랜드는 여전히 화이트 글러브, 하이터치 자산관리 모델과 강하게 연관돼 있습니다. UBS라는 이름이 기술 친화적인 Wealthfront 고객에게 어떻게 반향을 일으킬지 궁금해야 합니다."라고 말하였다.

인용 기사 출처: Samuel Steinberger, "UBS Purchase of Wealthfront Puts Advisors, Tech on Collision Course", 「Wealthmanagment.com」, Jan 26, 2022

기사 URL: https://www.wealthmanagement.com/technology/ubs-purchase-wealthfront-puts-advisors-tech-collision-course

Wealthsimple

■ Wealthsimple 서비스 개시일 & 간단한 역사

Wealthsimple은 토론토를 본사로 둔 캐나다 로보어드바이저 회사이다. 2014년 9월 Michael Katchen

Wealthsimple
Wealthsimple 회사 로고

에 의해 설립되었다. 설립 초기인 2015년 4월에 1,000명의 고객을 보유했던 기업은 현재 200만 명의 고객, AUM $150억을 보유한 유니콘 기업이 되었다. 2016년 상위 100대 글로벌 핀테크 기업에 선정된 이력이 있다. 현재 앱스토어와 플레이스토어에서 평점 4.7점, 4.3점을 받고 있다. Wealthsimple은 전통적인 투자 관리와 관련된 높은 수수료와 최소 계정 없이 스마트하고 간단한 투자를 제공하는 것으로 시작했다. 이 회사는 전 세계적으로 다양한 저비용 인덱스 펀드 포트폴리오에 고객의 돈을 투자하고 첨단 기술로 세금 청구서를 최적화하면서 최상의 이익을 얻을 수 있도록 도와준다. 이는 자동 자산 재조정, 배당금 재투자 및 세금 손실 회수와 같은 기능도 있는데 지금까지 부자들에게만 제공되었거나 일반 고객들이 직접 진행하기에는 많은 시간이 걸리고 까다로운 절차였다. Wealthsimple의 전문 재정 고문은 필요할 때 항상 사용할 수 있고 고객들의 재정적 이정표를 계획하는 데 도움을 줄 수 있으며 잠재적 위험이나 보유해야 할 투자 계정의 종류에 관한 질문에 바로바로 답변을 제공한다. 투자는 재무 그림의 한 부분일 뿐이기 때문에 목표를 달성하고 자금을 관리할 수 있는 더 많은 방법을 소개하고 있다. 높은 이자 절감과 수수료 없는 거래, 그리고 예비 잔돈을 자동으로 투자하는 것과 같은 기능으로 미래를 위해 더 쉽게 저축할 수 있는 다양한 서비스를 보유하고 있다. 또한 2019년 9월 Wealthsimple은 소득세 신고 소프트웨어 제공업체 SimpleTax를 인수하며 기업 성장에 박차를 가했다.

■ Wealthsimple 회원가입 과정과 서비스

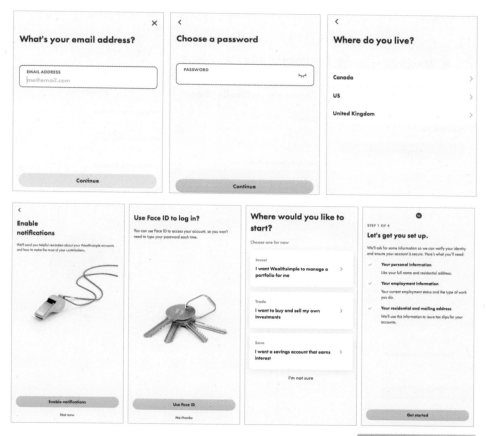

Wealthsimple 앱 가입 절차

우선 아이디와 패스워드를 생성하고 거주 지역을 선택해서 관련 사항에 동의한다. Face ID 승인 시 연동하여 간단한 로그인이 가능하다. 로보어드바이저를 위한 투자 계좌, 주식 거래를 위한 거래 계좌, 저축을 위한 저축 계좌 중 원하는 것을 선택한다. 이후 이름, SSN 그리고 핸드폰 번호와 거주지를 입력하면 가입이 완료된다. 이후 포트폴리오를 계획하기 위해 직업, 나이, 수입, 투자 목표(부동산 구매 자금, 교육 자금, 은퇴), 투자 이해도, 리스크 범위 등 설문조사를 통해 포트폴리오를 설정한다. 보수적 포트폴리오는 채권 비율이 62.5%인 포트폴리오로 수익률이 낮지만 가장 안정적인 포트폴리오다. 균형 포트폴리오는 채권과 주식이 1:1인 포트폴리오다. 성장 포트폴리오는 신흥시장, 해외주식, 캐나다 및 다양한 주식을 최대 80%로 보유하는 포트폴리오이며 위험성과 수익률이 가장 큰 포트폴리오다. 핀테크 기업에 알맞게 빠르고 간편한 회원가입을 통해 계좌 설립이 가능하다.

■ Wealthsimple 앱 메인화면 이미지 & 서비스

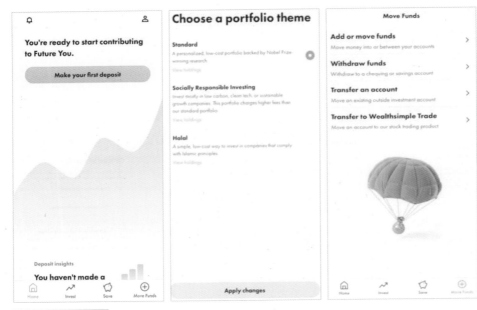

Wealthsimple 앱 화면

Wealthsimple의 메뉴는 총 4가지다. home, invest, save, move funds이다. 홈 화면에서 자신의 포트폴리오 및 수익률을 확인할 수 있다. 투자를 결정하기 전 포트폴리오의 테마를 결정할 수 있다. Standard, SRI(Socially Responsible Investing), Halal 3가지이다. Standard는 낮은 비용의 ETF를 활용해 투자하는 기본적인 방식이다. SRI 투자는 더 나은 세상을 위한 투자로 사회적 책임이 있는 회사에 투자해서 이익을 얻는 방식이다. 주로 북미와 선진국 사회적 책임 기업 그리고 채권 및 금에 분산 투자한다. 각 산업에서 탄소 배출량이 적은 회사, 이사회에 여성이 25% 또는 최소 3명 이상이 있는 회사에 투자한다. 세 번째 Hala 투자는 이슬람 율법을 준수하는 회사에 투자하는 것이다. 또한 도박, 무기, 담배, 돼지고기 관련 제품, 은행, 보험, 성인 오락, 기타 위험한 산업에서 이익을 얻는 회사에 대한 투자에서 수입의 5% 이상을 얻지 않는다. 선진국 시장에서 규정을 준수하는 주식, 금, 무이자 현금 세 부분에 투자하여 이익을 얻는다.

Wealthsimple에는 계좌 내 금액에 따라 basic, black, generation 3가지 옵션이 있다. basic은 최소 계정 0원으로 0.5%의 수수료를 지급한다. Black은 계좌에 $100,000 이상일 경우 자동 가입되고 관리 수수료는 0.4%가 되며 tax loss harvesting 기능이 추가된다. 전문 재무 고문 한 명이 담당자로 정해져서 무제한 상담 및 조언을 얻을 수 있다. 만약 수익률이 저조하여 기존 투자금이 $100,000 이하가 되면 black에서 basic으로 전환된다. 추가적인 서비스로 캐나다에 온타리오주 고객은 Medcan의 연중무휴 의료 플랜을 통해 OHIP에서 보장되는 6개월 무료 의료 서비스를 받는다. generation은 계좌에 $500,000의 금액을 보유하고 있어야 한다. 관리 수수료 0.4%이며 전담 포트폴리오 관리자 팀 및 개인화된 재무 보고 기능이 있다. 상담을 원할 시 generation 고객을 전담하는 특별 고문 팀에 우선적 연락이 되어 generation 담당 전문가가 컨설팅을 담당하게 된다.

고객에게 맞춤형 재무 보고서 및 포트폴리오를 디자인해주는 것도 서비스 중 하나인데 이는 은퇴를 위한 전략, 미래 세대를 위한 부의 보존과 관련된 보고서, 재무 목표에 맞는 포트폴리오 등의 조치를 한다. black과 달리 Medcan 종합 건강 플랜이 50% 할인되고, 만약 투자금이 $500,000 이하가 되면 generation에서 black으로 자동 전환된다. Wealthsimple은 다양한 계좌 생성이 가능해서 TFSA(면세 저축 계좌), RRSP(은퇴 저축 계좌), LIRA(고정 퇴직 계좌), RRIF(등록 퇴직 소득 기금), RESP(교육 저축 계획), LIF(종신 소득 기금), 기업계좌, 공동계좌 등 다양한 목적으로 계좌를 개설할 수 있다. 이 중 RESP(교육 저축 계획)은 다른 로보어드바이저와 달리 특이한 서비스인데 투자 자금을 모으기 위해 계좌에서 돈을 이체하는 방법도 있지만 Wealthsimple은 자동으로 이체하는 방법이 있다. 하나는 Auto-deposit 이다. 주, 격주, 달마다 자동 이체하여 투자하는 방법이다. 두 번째 Round-up으로 이 방법은 카드 결제 시 잔여 돈을 매주 투자 계좌로 자동 이체하는 방법이다.

Round—up에 연결할 카드를 선택하고, 계좌와 연동 그리고 투자 계좌를 선택하면 된다. 연결된 직불카드, 신용카드 중 하나로 돈을 쓸 때마다 금액은 가장 가까운 달러로 반올림되어 일주일에 한 번 돈이 투자된다. 만약 도넛을 구매하고 잔돈으로 $0.24가 남는다면 그 잔여분을 투자하는 것이다. 티끌 모아 태산이라는 말이 있듯이 23살부터 주 5일 커피를 마시고 $0.75의 거스름돈을 투자한다고 생각해보자. 0.5%의 수수료를 차감하면 65세에 $23,712.10을 얻게 된다. 세 번째는 overflow 방법이다. 은행 계좌에 보관할 현금의 양을 결정하면 한 달에 한 번 Wealthsimple 계정으로 추가 금액을 자동으로 이체한다. 만약 Wealthsimple과 연결된 예금 계좌에 $2,500를 보관하기로 했다고 하자. 한 달에 한 번 계정을 확인한다. 만약 계좌에 $2,700가 있는 경우 $200를 투자 계정으로 자동 이체한다.

■ **Wealthsimple 서비스의 특징**

Wealthsimple RESP는 자녀의 교육을 위해 자동으로 투자하는 저비용의 다양한 포트폴리오이다. 관리 수수료는 다른 옵션과 마찬가지로 0.5%이다. 만약 자녀가 CLB(Canada Learning Bond)를 받는 경우 RESP 관리 수수료는 0%다. 부모는 RESP 계정에 최대 $50,000를 넣을 수 있는데 자녀가 한 명일 경우 개인 RESP, 자녀가 둘 이상일 경우 가족 RESP를 이용하면 된다. 캐나다 정부는 자녀의 교육 저축을 위해 RESP 적금을 하거나 투자하면 정부의 재정적 혜택을 준다. 이는 총 3가지가 있는데 우선 CLB를 알아보면 중저소득층을 위한 지원금으로 자녀의 고등 교육을 위해 저축할 수 있도록 지원하는 돈이다. 아이가 태어난 첫해에 $500, 매년 $100씩 지원하여 최대 $2,000까지 청구할 수 있다. CLB에 대한 조건은 2022년 7월 1일~2023년 6월 30일 기간을 기준, 아이가 1명 이상 3명 이하일 경우 가구 소득이 $50,197 이하여야 한다. 저소득 가정 출신이며 2004년 1월 1일 이후 출생자여야 한다. 캐나다 정부 지원이므로 캐나다 거주자여야 하며 유효한 사회보험 번호(SIN: Social Insurance Number)가 있어야 한다. 만약 자녀가 고등학교 졸업 후 교육을 지속하지 않아 RESP가 폐쇄되면 RESP에 납입한 금액은 가입자에게 돌아가며 CLB 및 캐나다 교육 저축 보조금은 캐나다 정부로 돌아간다. 두 번째는 CESG이다. CESG(Canada Education Savings Grant)는 정부가 매년 저축금의 20% 최대 $500를 지원하는 제도이다. 아이가 17세가 되기까지 매년 수령 가능하다. CESG 신청은 Wealthsimple로 RESP를 열 때 계정 개설의 일부로 CEGS 신청서를 작성하도록 요청한다. Wealthsimple은 이 양식에 제공된 정보를 사용하여 고객이 입금할 때마다 자동으로 고객을 대신하여 CESG를 신청한다. 세 번째는 주요 서비스 비과세이다. RESP 투자로 인한 수익은 자녀가 대학을 위해 인출 시 세금으로 계산된다. 하지만 인출된 금액은 $30,000을 넘지 않기 때문에 비과세라고 생각하면 된다.

Wealthsimple은 $1부터 시작할 수 있다는 것이 최대 장점이다. 초보자 및 수동적인 투자자에게 매우 적합해서 초기 시작 금액이 적은 대신 수수료는 0.4~0.5%로 높다. MER(ETF 관리 비용 비율)은 평균 0.2%이다. 투자한 기업에서 배당금이 나오면 자동으로 배당금 재투자가 실행된다. 물론 포트폴리오 자산 재조정도 무료로 포함된다. 로보어드바이저 투자는 저비용 ETF 패시브 투자를 선호하는데 수익률의 목표는 인플레이션보다 4~5%의 수익을 내는 것이다. Wealthsimple이 만약 파산하더라도 캐나다 투자 산업 규제 기구의 회원이므로 지정된 한도 내에서 투자자 보호 기금이 실행된다. 보장 한도는 100만 달러로 부분 주식 투자가 가능하여 공격적인 투자자는 모든 현금을 사용하여 잉여 현금을 줄일 수 있다. 만약 자동투자가 싫다면 Wealthsimple Trade를 사용하면 된다. Wealthsimple은 투자 외 주식거래 앱인 Trade와 암호화폐를 거래할 수 있는 Wealthsimple Crypto가 있다. Trade의 거래수수료는 전액 무료이다. Trade에서 월 $10 지급 시 Trade Plus 가입이 가능하다. 이는 계정에 미국 달러 예치를 가능하게 하여 외환 수수료 1.5%를 절약할 수 있다. Wealthsimple은 기사, 팟캐스트, 유튜브 등 다양한 교육 자료를 제공하는데 이는 초급자부터 중급자를 위한 유익한 영상이 많아 초보 투자자나 처음 거래하는 사람들에게 금융과 투자를 이해하는 데 큰 도움을 준다.

Wealthsimple의 단점으로는 우선 수수료이다. 0.4~0.5%로 다른 로보어드바이저 앱에 비해 월등히 높다. 사회적 책임 기업의 ETF MER은 0.4%로 높다. Tax loss harvesting은 Black 고객에게 자동으로 실행되는데 재무적 조언 또한 Black 고객에게만 가능하다. 일반 고객들은 질문에 대한 답변을 위한 도움말 센터를 따로 이용해야 한다. Betterment의 경우 ETF를 혼합해 다양한 테마의 포트폴리오를 구성하였지만 Wealthsimple의 포트폴리오는 다양한 옵션을 제공하지 않는 아쉬움이 있다.

■ Wealthsimple 분석 정리

Wealthsimple은 캐나다 회사이며 영국과 미국에 투자 서비스를 지원했었다. 하지만 2021년 12월 6일 영국 비즈니스 부분을 핀테크 회사인 Money farm에 매각했다. 영국에서 Wealthsimple을 이용하던 16,000명의 고객은 Moneyfarm으로 이전되었다는 의미이다. 만약 Moneyfarm으로 이전되기를 거부한다면 자금을 찾거나 다른 기관으로 이체하여 시작할 수 있다. 계정은 2022년 1월 28일 이전이 이루어졌는데 미국에서 영업하던 부문은 2021년 3월 Betterment에 매각되었다. Wealthsimple은 회사의 이익을 고려하면서 좋은 회사를 찾은 끝에 Betterment를 선택한 것이다. 고객 계정의 이전은 2021년 6월에 완료되었다. Wealthsimple의 공동 창립자이자 CEO인 Michael Katchen은 "당분간 캐나다 사업에 초점을 맞추면서 고객을 최우선으로 하는 우리의 약속을 공유하는 미국 사업을 위한 파트너를 찾는 것이 최우선 과제였습니다."라고 말했다. 위 두 매각은 Wealthsimple이 원하는 글로벌 기업에서 한발 멀어졌다고 생각된다. 소수의 사람을 위해 타국에서 로보어드바이저 경쟁은 쉽지 않은 것으로 보였기 때문이다. 200만 명의 고객에 비해 영국의 고객은 16,000명이기 때문이다. 미국과 영국의 철수로 인해 관리 자산이 200억 달러가 되면 IPO를 준비한다던 CEO의 말에 의문이 드는 부분도 있다. 하지만 아직 Wealthsimple은 캐나다 내에서 유망한 기업이며 입지가 탄탄하다. 캐나다 거주민이라면 다른 것보다 Trade, Invest, Crypto, Tax, Save가 가능한 Wealthsimple을 사용하는 것이 현명하다 판단된다.

Acorns

■ acorns 서비스 개시일 & 간단한 역사

acorns는 캘리포니아에 본사를 둔 로보어드바이저 회사이다. 현재 9백만 명의 고객, 관리 자산은 47억 달러이다. 회사는 Walter Wemple Cruttenden III와 Jeffrey James Cruttenden 두 명의 아빠와 아

acorns 회사 로고

들이 설립하였다. 포트폴리오는 노벨상 수상자인 Harry Markowitz가 설계하였으며 2014년도에 처음 앱이 출시되었다. 현재 투자자는 페이팔, BlackRock, BainCapital, NBCUniversal 등 다수의 기업이 투자하고 있다. 현재 세계적인 배우 드웨인 존슨도 이 acorns에 투자하고 있다고 한다. 2021년 5월 acorns는 백지수표 업체 Pioneer Merger Corp과 합병하여 IPO를 추진했지만, 경기 상황으로 인하여 22년 1월 취소되었다. acorns는 2020년 Forbes Fintech 50에 선정된 기업으로 2019년 애플에서는 오늘의 앱에 선정되기도 했다. 이들은 회사 이름처럼 도토리가 큰 오크나무가 되듯이 소액 투자로 인해 큰 부를 이루는 것을 목표로 한다. acorns는 이름에 걸맞게 실제로 나무를 심기도 한다. 그들은 One Tree Planted와 협력해 산불과 홍수로 피해를 본 지역을 복구하기 위해 미국 전역에 참나무를 심고 있다. 2019년에 178,000그루의 나무를 심었으며 총 723,274그루의 참나무를 심었다. 550에이커 이상의 숲이 복원되었으며 이에 따라 연간 9,536톤의 CO_2가 절감되었다.

■ acrons 회원가입 과정

acrons 앱 가입 절차

이메일 주소와 비밀번호, 성명과 생년월일, 주소와 zip code, 전화번호를 입력한다. 이후 등록된 전화번호로 문자 인증을 완료하고 SSN 번호를 입력한다. 추가로 보안 관련 질문과 답변을 작성하는데 이는 계정을 복구하기 위한 질문과 답변이다. 다음으로 투자자 질문으로 중개인과 일하는지 IRS가 원천징수를 하는지 회사의 대주주인지 선택하게 된다. 이어서 주거래 은행과 acorns를 연결하는 작업을 한다. 연결 후 어떤 구독 결제 서비스를 선택할지 묻는다. 구독 결제는 personal과 family가 있는데 적합한 포트폴리오를 찾기 위해 몇 가지의 질문들을 한다. 고용상태, 연수입, 투자 목표, 금융 교육 수준, 투자 금액 규모 등이 있다. 적합한 질문을 선택한 뒤 포트폴리오 테마를 선택하게 된다. Core 포트폴리오와 ESG 포트폴리오가 있고 둘 중 하나를 선택하면 질문에 대한 적합한 포트폴리오가 나온다. 그 뒤 연결된 계좌와 round-up을 사용할지 결정한다. 사용하고 싶지 않다면 건너뛰기 버튼을 누른다. 다음으로 자동 이체이다. 주마다 $100, $50, $20, $10, $5 중 하나를 선택하여 자동 투자한다. 물론 건너뛸 수 있으며, 이 설정은 언제든지 변경할 수 있다.

■ acrons 앱 메인화면 이미지 & 서비스

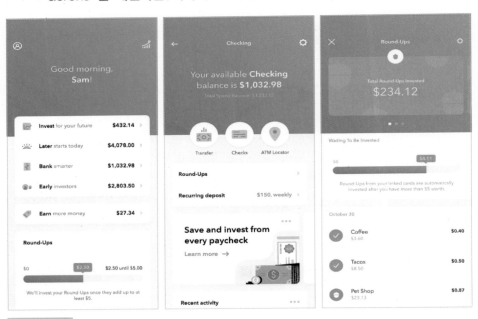

acorns 앱 화면

    acorns는 메뉴 트리가 있지 않고 한 화면에서 스크롤 하는 방식이다. 한 화면에 각각의 투자 금액이 나와 있다. 홈 화면의 오른쪽 위 도표 버튼을 누르면 잠재적인 수익률이 나온다. 리스크 설정 정도에 따라 달라지며 정기 예금을 변경할 때마다 금액이 달라지며 64세에 어느 정도의 금액을 가질 수 있는 예측 모형이 나온다. Earn 탭은 간단하게 말해서 Payback 시스템이다. acorns 앱을 통해 Earn 탭이 있는 브랜드의 상품을 구매하면 몇 %의 Payback이 되며 그 돈은 자동으로 acorns 계좌에 투자된다. acorns와 제휴하는 기업은 350개 이상이며 유명한 기업들도 많아서 애플, Nike, Wall mart, Hotels.com 등이 있다.

　　acorns 서비스의 주력은 로보어드바이저를 통한 저축 및 투자이다. 도토리가 큰 참나무가 되듯이 round-up 소규모 투자를 통해 큰 부를 늘리는 것이 주력 상품이다. round-up은 물건을 구매할 때 반올림하여 거스름돈을 투자하는 것이다. 연결된 계좌를 이용해 $3.6의 커피를 구매하고 $0.4의 거스름돈은 투자 계좌로 이동하여 투자하는 것이다. 이는 앞에서 언급한 Wealthsimple과 같은 방식이다. acorns round-up은 항상 $1의 거스름돈이 아닌 $0.25, $0.5, $0.75, $1로 정할 수 있다. Earn과 round-up은 큰돈이 아니지만 적은 돈이 Robo advisor를 통해 큰돈을 벌 수 있게 된다. round-up이 아닌 이체와 매일, 주, 월마다 정기적 이체를 통한 투자도 가능하다. 포트폴리오를 선택하면 자신의 포트폴리오 상황과 리스크 정도를 파악할 수 있다.

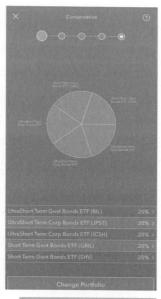

보수적인 투자 성향의 포트폴리오

　　오른쪽 이미지는 보수적인 투자 상황의 포트폴리오이다. 화면 아래 포트폴리오 구성 종목 중 하나를 선택하면 어떤 구성 종목으로 구성되었는지 알 수 있다. 보수적인 성향에서 공격적으로 갈수록 채권의 비율은 줄어들고 주식의 비중이 늘어난다. 구성 종목은 개별 주식, 채권이 아닌 ETF에 투자한다. invest 화면에서 스크롤 하면 고객 본인의 투자 수익률을 도표 모양으로 기간마다 확인할 수 있다. 최근 한 달 동안 어떻게 투자했는지 알 수 있다. Round-up, One Time, Recurring 등이 있다.

■ acorns 서비스의 특징

acorns는 최소 예치금이 $0부터 시작하여 누구나 시작할 수 있다. 수수료는 personal 월 $3, family 월 $5이다. personal은 기본적인 투자, round－up 제도, 인출, 퇴직, 직불카드, Earn을 통한 Payback 등과 같이 기본적으로 투자나 자산 관리를 시작하는 사람들을 위한 구독 결제 시스템이다. family는 자녀를 위한 투자 계정이 추가된다. 자녀를 위한 계정은 어린이 투자 계좌인 acorns Early이고, 보관계정 유형인 UTMA/UGMA 계정이다. 이는 교육에만 사용할 수 있는 529계정과 달리 자녀에게 도움이 되는 모든 일에 사용될 수 있다. 이 계좌는 자녀가 어른이 될 때 이전된다. 이 계좌는 529계좌와 같이 연간 $15,000까지 저축할 수 있으며 최대 $75,000까지 저축할 수 있다. ETF 비용은 자산의 0.03~0.25% 정도로 저렴하다. acorns에는 5가지 서비스 분야가 있는데 acorns invest, acorns later, acorn spend, acorns found money, acorns early이다. acorns invest는 일반적인 저비용 로보어드바이저 투자이다. 회원가입 시 진행했던 질문을 통해 포트폴리오를 구성하고 자동으로 자산 재조정을 한다. 자금은 round－up, 자동이체, 이체 등 다양한 방식으로 모은다. 주로 상장지수펀드 즉 ETF를 통해 주식과 채권에 투자한다. acorns later는 은퇴자금을 모으기 위한 것이다. 주로 IRA이며 Roth IRA, SEP IRA, Traditional IRA가 있다. acorns Early는 family를 이용하는 고객들에게 제공되는 아이들을 위한 계좌이다. acorns spend는 직불카드이다. acorns는 직불카드를 제공하고 있으며 당좌예금계좌로 ATM을 활용할 수 있다. 이 카드는 round－up과 연계해 사용할 수 있다. acorns found money는 앱과 연계된 상품을 구매하면 업체와 합의된 금액을 Payback 하는 시스템이다. 이 돈은 자동으로 투자되는데 프로그램 초기에는 소수의 회사만 참여했지만, 현재는 350개 이상의 브랜드가 있다. 대표적으로 애플 나이키, Hotels.com 등이 있다. 앱을 사용하지 않는 방법도 있어서 크롬(Chrome)과 연결된 확장프로그램을 설치하면 된다. Found Money 크롬 확장프로그램을 설치하여 쇼핑하면 Payback을 받을 수 있다. 투자자에게 맞춤형 포트폴리오는 두 가지의 테마가 있다.

첫 번째는 Core 포트폴리오이다. 이는 일반 포트폴리오라고 생각하면 되는데 Core 포트폴리오는 위험 정도에 따라 5가지의 범주로 나뉜다. 보수적, 약간의 보수적, 보통, 약간의 공격적, 적극적인 포트폴리오이다. 보수적일수록 채권 비율

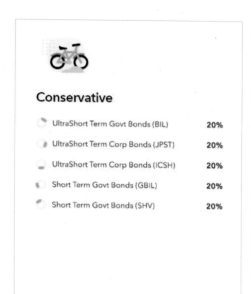

Conservative

UltraShort Term Govt Bonds (BIL)	20%
UltraShort Term Corp Bonds (JPST)	20%
UltraShort Term Corp Bonds (ICSH)	20%
Short Term Govt Bonds (GBIL)	20%
Short Term Govt Bonds (SHV)	20%

Moderately Aggressive

Large Company Stocks (ESGU)	47%
Large and Mid Cap U.S. Stocks (SUSA)	6%
Small Company Stocks (ESML)	3%
International Company Stocks (ESGD)	18%
Emerging Market Stocks (ESGE)	6%
1-5YR Corporate Bonds (SUSB)	3%
Short Term Treasury Bonds (SHY)	3%
U.S. Treasuries (GOVT)	5%
U.S. Mortgage-Backed Bonds (MBB)	5%
U.S. Corporate Bonds (SUSC)	4%

Core 보수적 포트폴리오

Sustainable 공격적 포트폴리오

이 높아지고, 적극적일수록 주식의 비중이 크다.

두 번째는 Sustainable 포트폴리오이다. Sustainable 포트폴리오는 지속이 가능한, 즉 ESG 투자이다. ESG 투자는 재생에너지, 동물 복지 및 CO_2 배출량 감소와 같은 환경 표준을 충족하는 회사, 사회적 책임, 지역사회 지원, 데이터 보안과 같은 사회적 주제와 관련된 표준을 충족하는 회사, 반부패 및 다양한 이사회, 윤리와 같은 표준을 충족하는 회사들에 투자하는 것이다. 글로벌 ESG 등급은 MSCI가 평가한 등급을 토대로 투자한다. 2020년도 acorns의 Sustainable 포트폴리오 수익률의 중앙값은 4.3%를 기록했다. Sustainable 포트폴리오는 위험 정도에 따라 4가지의 범주로 나뉜다. 약간의 보수적, 보통, 약간의 공격적, 적극적인 포트폴리오다. 상기 이미지 중에 왼쪽 이미지는 core 보수적 포트폴리오이다. 오른쪽 이미지는 Sustainable 약간의 공격적 포트폴리오이다. acorns는 투자자에게 교육의 기회도 제공한다. CNBC에서 제공하는 맞춤형 금융 콘텐츠를 통해 이동 중에도 지식을 얻을 수 있다. 주식과 채권 등 다양한 ETF에 투자하여 투자 다각화를 사용하고 있지만, 추가적인 다각화를 위해 암호화폐에도 투자할 수 있다. 보수적인 성향부터 공격적인 포트폴리오 총 5가지 단계에서 최소 1%, 최대 5%까지 투자할 수 있다. 앱에서 비트코인 ETF 포트폴리오 다각화를 탭 하면 승인된다. 현재 acorns는 앱스토어 평점 4.7 플레이스토어 4.6에 달하고 있다. acorns는 많은 장점을 갖고 있지만, 단점도 있는데 우선 높은 수수료 비용을 들 수 있다.

월 $3는 소규모 투자자에게 높은 비용이기 때문이다. Betterment와 비교해보자. Betterment는 초기 금액 없이 수수료가 0.25%이다. 만약 월 $3, 연 $36의 수수료를 초기금액의 0.25% 수수료로 지급하려면 $14,400가 필요하다. 이는 1달러당 1,300원이라고 생각한다면 18,720,000원이 있어야 한다. 소액 투자자에게 배보다 배꼽이 더 큰 상황이 일어날 수 있다. 이 초기금액을 넘어선다면 낮은 수수료를 얻을 수도 있다. 두 번째로 tax loss harvesting 미제공이다. 다른 로보어드바이저들은 프리미엄 혹은 일반 투자자에게도 이 기능을 제공하지만, acorns는 미제공이다. 세 번째 휴먼어드바이저의 부재이다. tax loss harvesting과 휴먼어드바이저가 필요하다면 대안의 로보어드바이저가 많으니 다른 것을 추천한다. 고객센터가 있지만 휴먼어드바이저의 부재는 꽤 클 것으로 예상된다.

■ acrons 분석 의견

acorns의 Round-up 제도는 훌륭하다고 평가한다. 물건을 구매할 때마다 얻는 거스름돈에서 시작한 돈은 어느새 나에게 참나무 같은 큰 부를 안겨줄 수 있기 때문이다. 하지만 수수료가 다른 앱에 비해 큰 것이 흠이다. RA 시장이 발전하면서 다양한 앱들이 경쟁하므로 굳이 가격 측면에서 acorns를 고를 이유가 없어 보인다. Payback 시스템도 신용카드나 다른 할인율을 생각하면 크게 높은 퍼센트의 할인이 아니기 때문이다. 포트폴리오는 4, 5개 정도로 다양하게 구성되어 있어서 좋다고 생각한다. 소비에 대한 투자, 많은 부를 가진 사람에게만 추천한다. 또는 적당히 보수적이거나 적당히 공격적인 투자자에게 좋을 것 같다.

M1 finance

■ M1 finance 서비스 개시일 & 간단한 역사

M1 finance는 2015년 4월 20일에 설립된 로보 어드바이저 회사이다. 본사는 미국 시카고 일리노이에 있으며 Brian Barnes가 창업자이자 CEO로 있다. 가장 최근의 펀딩은 Series E로 이 회사가 스타트업

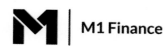

M1 finance 회사 로고

에서 벗어나고 있다는 것을 뜻한다. 현재는 유니콘 기업 중 하나이기 때문이다. 현재 AUM은 60억 달러 이상이며 회원은 500,000명으로 추정된다. Brian Barnes는 어렸을 때부터 투자를 좋아했지만, 직장을 다니면서 꿈을 잠시 접었다. 그러나 결국 자신의 모든 돈을 사용할 플랫폼을 원했다. 그 당시 그러한 플랫폼은 존재하지 않았기 때문이다. 예금을 통한 수익, 자산관리 매니저에게 맡겨 수수료를 부과하는 것, 온라인 중개를 통해 돈의 흐름을 수동으로 계산하는 등 노후화된 기술들이 일부 제공되고 있는 상황이었다. 이에 그는 자신에게 맞는 플랫폼이 없다고 판단하며 다른 사람들도 같은 생각을 하고 있다고 추측했다. 기존 금융 서비스 산업은 변화와 혁신이 없었고 인터페이스는 직관적이지 않았다. Brian Barnes는 M1 finance를 설립하여 현대적이고 직관적인 인터페이스를 추구하여 사람이 편안하게 느끼는 만큼 많은 선택과 사용자 정의를 추구하며 처음 시작하는 사람들을 위한 템플릿을 제공하게 된다. M1 finance는 투자를 선택하면 포트폴리오가 자동으로 관리되어 적절한 양의 정보가 투자자에게 제공된다. M1의 원칙은 투자자의 모든 돈이 원하는 방식으로 투자되고 모든 돈을 활용하는 것이다. 2017년 M1은 20명의 직원에서 현재 250명 이상의 직원을 두는 회사로 발전하였다. M1 finance는 현대적, 개인적, 자동화 3가지를 목표로 둔다. 우선 현대적으로 개인 은행 경험을 디지털화하여 직관적이고 사용하기 쉽게 앱으로 제공해서 언제 어디서나 원하는 방식으로 접근할 수 있다. 두 번째 개인적인 것은 개인의 돈을 버는 방법, 소비 욕구, 리스크 허용 범위, 허용되는 시간, 미래에 대한 관점 및 투자 가치가 다르다는 것을 의미한다. M1은 투자자 개인을 위해 독특하고 차별화되게 설계된 것처럼 느끼게 한다. 세 번째는 자동화로 기존 개인 은행은 전략이나 상황

이 바뀔 때 합의된 전략에 따라 수동으로 움직인다. 하지만 M1 계정은 모든 달러를 자동으로 가장 잘 사용할 수 있는 곳으로 보낸다. M1 finance는 Investopedia에 의해 2022년 저비용 베스트, 정교한 투자자를 위한 베스트 로보어드바이저로 선정되는 성과도 이루게 된다.

■ M1 finance 회원가입 과정

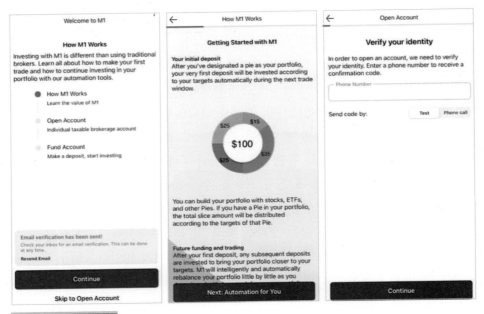

M1 finance 앱 가입 절차

　　M1의 회원가입은 크게 3가지로 나뉜다. M1의 작동방식, 계좌 개설, Fund account로 구분되는데 회원가입 시 처음 화면으로 M1이 어떻게 작동하는지를 설명하고 있고 계좌 개설에는 번호를 통한 문자 및 전화로 인증하여 핸드폰과 연결한다. 이름과 성별을 입력하고 주소를 입력하고 생일을 입력하면 현재 상태에 관해 물어본다. 현재 상태는 일하는 상태, 고용주, 무직, 학생, 은퇴 등이 있다. 다음으로 어느 나라 시민권을 가졌는지 확인 후 연 수입에 관해서 묻는다. 투자 경험은 none, limited, good, extensive의 수준 정도를 묻고 있다. 리스크 허용 범위는 low, medium, high의 항목을 고르게 하고 이어서 투자 기한 3년 이내, 4~7년, 8년 이상 구분해서 확인하고 자산의 유동성에 대한 중요성을 묻는다. 마

지막으로 M1을 어떻게 알았는지와 고객의 SSN을 등록하게 되며 바로 모든 인적 사항이 나오는 페이지가 나온다.

이에 동의하면 Fund account 페이지가 펼쳐지고 이어서 M1과 은행 계좌를 연결하는 페이지가 나오는데 자신이 보유한 은행 계좌를 선택하면 연결된다. 연결된 계좌에서 돈을 M1 계좌로 이동시킨다. M1은 최소 예치금이 $100이기 때문에 최소한 $100의 금액을 연결된 은행에서 이체해야 한다. 계정 설정을 위한 다음 과정은 투자할 항목을 선택하는 것이다. 주식과 ETF, Exper Pies가 있다. 주식과 ETF를 선택하면 나만의 포트폴리오를 만들 수 있다. Expert Pies에는 다양한 테마가 있는데 일반적 투자, 은퇴, ESG 투자 등이 있다. 테마를 선택하면 파이로 설정한 내용을 기반으로 목표 금액과 일치하도록 분할되어 투자된다.

■ M1 finance 앱 메인화면 이미지 & 서비스

M1 finance 앱 화면

M1 finance의 홈 스크린은 5가지로 구성되어 있다. 전반적인 내용을 담은 Home 메뉴, spend, invest, borrow, research이다. Home 메뉴에서 모든 메뉴의 간략한 내용을 볼 수 있다. Spend 메뉴에서 M1 finance의 신용카드 사용명세 및 캐시백 적립 등을 확인할 수 있다. invest 메뉴에서 자신의 포트폴리오를 확인하여 추가하거나 포트폴리오를 변경할 수 있다. borrow 메뉴는 대출 관련 내용을 확인할 수 있다. Research 메뉴는 최근 기사 등을 확인할 수 있다.

■ M1 finance 서비스의 특징

M1 finance는 투자뿐만 아니라 신용카드 발급, 대출도 하고 있다. 우선 투자에 관해 기존 Betterment, Wealthfront 등의 로보어드바이저와는 다른 특징을 가지고 있다. Betterment는 로봇 알고리즘에 따라 자동으로 투자하는 로보어드바이저 앱이라면 M1 finance는 포트폴리오 자산 재조정만을 담당하는 앱이다. M1 finance는 포트폴리오를 파이라고 부르는데 파이는 맞춤형 파이와 전문가 파이가 있다. 맞춤형 파이는 주식과 펀드를 직접 선택하는 것이고 전문가 파이는 전문가가 구성한 60개 이상의 파이들이 있다. 일반 투자, 은퇴, 책임 투자 등 다양한 투자목표에 부합하는 주식과 ETF로 구성된 포트폴리오 모임이다. 전문가 파이는 포트폴리오의 일부, 전체 또는 미사용 할 수 있다.

M1 finance 포트폴리오(파이)

만약 초기 $100를 입금해 20%를 목표로 5종목을 선택하면 위의 이미지처럼 파이가 구성된다. 첫 입금은 균등하게 분할되지만, 시간이 흐를수록 시장 상황에 따라 변화하게 된다. M1은 포트폴리오에서 현금을 입출금할 때 포트폴리오를 지능적으로 자동으로 자산 재조정한다. 기존 $10,000인 포트폴리오에 $1,000가 추가로 입금된다면 기존 할당 비율보다 낮은 슬라이스에 자금이 지원된다. 만약 보유 슬라이스 중 하나를 팔면 판매된 슬라이스의 자산은 같은 파이에 돈을 재투자한다. 포트폴리오의 편차가 켜지면 수동 자산 재조정이 가능하다. 수동 자산 재조정을 요청하면 파이의 균형을 빠르게 자산 재조정할 수 있다. M1은 자동 거래 외에도 개별 주문도 가능하다. 개별 주문은 자동 주문보다 우선시 된다. 현금 보유 시 구매 주문 요청하면 현금은 요청된 슬라이스에 투자된다. M1은 ESG 기업에 투자할 수 있는 다양한 파이가 있다. 흑인 경영진이 이끄는 공기업 그룹에 투자 하는 블랙 주도 파이, 여성 임원이 이끄는 회사에 투자하는 여성 주도 파이, 라틴 계 경영진이 이끄는 회사에 투자하는 라틴계 파이, 아시아계 미국인이 이끄는 회 사에 투자하는 AAPI 주도 파이, UN 지속 가능한 개발 목표와 관련된 지속 가능 한 정책 및 관행에 전념한 회사에 투자하는 지속 가능한 파이 등 다양하게 있다. 유가증권은 분수 지분이 가능하여 높은 가격의 주식도 적은 현금으로 일부 구매 가 가능하다. 일반 계좌에 거래 중개료와 관리 수수료는 없다. 개설 가능 계좌는 일반 계좌, 암호화 계정, 은퇴 계정을 만들 수 있다. 암호화 계정 설립 시 암호화 폐로 파이를 만들 수 있다. 암호화 자산은 Apex Crypto가 제공하는 보관 지갑에 보관된다. 암호화폐 구매 및 판매에 관한 거래수수료는 1%이다. 은퇴 계좌는 Traditional, Roth, SEP IRA를 지원한다. 거래수수료와 관리 수수료는 일반 계좌 와 같게 없으며 IRA를 닫을 시 $100의 수수료가 부과된다. M1 borrow는 낮은 금 리로 대출해주는 서비스로 2022년 9월 기준 4.25~5.75% 낮은 금리로 대출이 가 능하다. 이 대출 금리는 기준금리에 따라 변화한다. 대출 금액은 포트폴리오 가치 의 최대 40%를 빌릴 수 있다.

대출은 최소 포트폴리오 가치 $2,000 이상부터 가능하다. 만약 포트폴리오 가치가 하락하여 대출이 40% 이상이 된다면 마진콜이 발생해서 포트폴리오 매각 및 대출 금액을 갚아야 한다. 다음으로 신용카드 서비스를 살펴보면 캐쉬백서비 스를 찾을 수 있다. 이는 최대 10% 최소 1.5%이며 나이키, 맥도날드, 스포티파 이, 테슬라 등 다양한 브랜드와 협업이 되어 있다. 캐쉬백은 매월 최대 $200이다. 신용카드 상품은 M1 Plus를 가입한 회원들에게만 해당한다. M1 Plus는 연회비 $125이며 대출 시 낮은 금리, 신용카드 발급 등이 있다. M1은 교육을 위한 블로 그와 유튜브가 개설되어 있고 정보를 원한다면 M1 사이트를 통해 금융 교육을 받을 수 있다. M1은 tax loss harvesting과 휴먼어드바이저가 없다. 이 두 가지를 원한다면 다른 로보어드바이저를 선택해야 할 것이다.

■ M1 finance 분석정리

M1 finance는 앞에서 살펴본 로보어드바이저와는 다른 차별성을 가지고 있다. ETF 선택, 자산 재조정, tax loss harvesting부터 시작하여 모든 것을 자동화하는 앱과 달리 주식, ETF를 선택하거나 전문가들이 구성한 포트폴리오를 선택 및 혼합하는 등 투자자 개인의 선택에 초점을 두었다. 초기 투자금이 $100, 수수료 없는 것으로 인하여 초보 투자자에게 좋아 보이지만 숙련된 투자자를 위한 앱이다. 이는 목표 계획 및 재무 계산기가 생략되었다는 점에서 알 수 있다. 거래수수료 및 관리 수수료가 없는 로보어드바이저를 원하거나 어느 정도 투자의 지식이 많은 사람이 사용하기에 좋은 앱이라고 생각한다.

로보어드바이저 5개 기업의 특징 비교

구분	Betterment	wealthfront	wealthsimple	acorns	M1
국가	미국	미국	캐나다	미국	미국
설립 연도	2008	2008	2014	2014	2015
초기 자본금	$0	$500	$0	$0	$100
수수료	0.25%, premium 0.45%	0.25%	basic 0.5% blakc 0.4% generation 0.4%	personal 월 $3 familly 월 $5	×
ESG 투자	○	○	○	○	○
human advisor	○	×	black 이상 o	×	×
tax loss harvesting	○	○	black 이상 o	×	×
개별 주식	×	○ ($100,000 이상)	×	×	○
암호 화폐	○	○	○		○
추천 사용자	초보 투자자	초보 투자자	초보 투자자	자본금 있는 투자자	숙련된 투자자
장점	낮은 예치금 인적 고문	낮은 수수료 개별 주식	캐나다 최고 핀테크	Round-up	낮은 수수료 수동 파이

참고문헌 및 자료 출처
(■: 이미지 출처   ▲: 기사 출처   ●: 용어 설명)

로보어드바이저 정의 및 시장 전망

■ 국내 로보어드바이저 서비스 계약자수, 운용금액
https://www.ratestbed.kr:7443/portal/bbs/B0000006/list.do?menuNo=200241
Assets Under Management - https://www.statista.com/outlook/dmo/fintech/digital-investment/robo-advisors/worldwide?currency=usd

Betterment

■ 로고
https://www.betterment.com/

■ 가입절차
betterment app 스크린샷

■ 앱 첫 화면
betterment app 스크린샷

■ 앱 서비스
https://www.betterment.com/

▲ 인용 기사
[investopedia] RAKESH SHARMA, "Digital Advisory Firm Betterment Enters Crypto With Makara Acquisition", 2022.2.11.
https://www.investopedia.com/betterment-enters-crypto-with-makara-acquisition-5218550

wealthfront

■ 로고
https://www.finder.com/wealthfront

■ 가입절차
https://www.youtube.com/watch?v=079mOiMAh1s&t=1s

■ 메인스크린
https://www.youtube.com/watch?v=mP0d7Hm0NMg&list=WL&index=6

▲ 인용기사
[wealthmanagement]Samuel Steinberger, "UBS Purchase of Wealthfront Puts Advisors, Tech

on Collision Course", 「Wealthmanagment.com」, Jan 26, 2022

https://www.wealthmanagement.com/technology/ubs-purchase-wealthfront-puts-advisors-tech-collision-course

wealthsimple

- 로고

  https://www.thewealthmosaic.com/vendors/wealthsimple/

- 회원가입

  wealthsimple app 스크린샷

- 앱화면

  https://www.youtube.com/watch?v=uOd82Wpl88Q

acorns

- 로고

  https://www.acorns.com/

- 회원가입

  acorns app 스크린샷

- 메인서비스 연속 3장 묶여있는 것

  https://www.acorns.com/

- 포트폴리오 원형 도표 이미지(푸른색 이미지)

  https://www.youtube.com/watch?v=xaMBiqJyiqs

- 포트폴리오(자전거, 비행기)

  https://www.acorns.com/

M1 finance

- 로고

  https://m1.com/

- 회원가입

  https://www.youtube.com/watch?v=OYrSQ9TlZrw

- 메인화면

  M1 공식 유튜브

  https://www.youtube.com/watch?v=mVbzr1Xjiow&t=12s

- 서비스 특징 (포트폴리오 파이)

  https://m1.com/

03 · 대출(Loan)

[박재현]

가. 핀테크 대출 시장의 트렌드

최근 금융과 IT를 아우르는 트렌드로 부상하고 있는 핀테크에서 특히 대출 부분은 기존의 은행 등의 금융기관이 자금의 수요자에게 일방적으로 대출을 제공하는 방식에서 다양한 디지털 기술을 활용해 개인과 개인간의 자금의 수요자와 공급자를 연결해주는 방식으로 크게 성장하고 있다. 과거 금융위기 이후 은행 대출에 대한 규제가 강화되고, 이에 따라 금융기관에서 가계대출과 소매 및 소기업 대출을 축소하면서 핀테크 대출이 크게 성장하는 계기가 됐다.

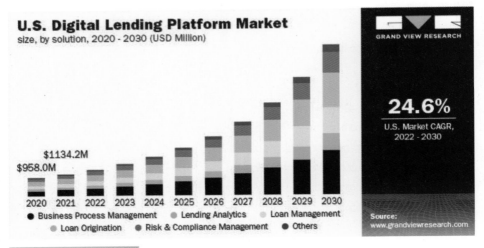

U.S. Digital Lending Platform Market
size, by solution, 2020 - 2030 (USD Million)

GRAND VIEW RESEARCH

$1134.2M
$958.0M

2020 2021 2022 2023 2024 2025 2026 2027 2028 2029 2030

● Business Process Management ● Lending Analytics ● Loan Management
● Loan Origination ● Risk & Compliance Management ● Others

24.6%
U.S. Market CAGR,
2022 - 2030

Source:
www.grandviewresearch.com

디지털 대출 플랫폼 시장의 규모

Grand view research 자료에 따르면 글로벌 디지털 대출 플랫폼 시장의 규모는 2021년 미국 화폐 기준으로 58억 4,000만 달러를 기록했고, 2022년부터 2030년까지의 연평균 성장률(CAGR)이 24.6%를 기록할 것으로 예상된다. 또한 S&P Global의 핀테크 대출 실적 전망 자료에 따르면 핀테크 대출 유형인 모기지, 학자금대출, 소기업 대출, 개인대출 등 모든 부문에서 50% 이상의 성장세를 예상했을 정도로 핀테크는 미래 대출 사업에 있어서 빼놓을 수 없는 혁신적인 트렌드로 부상하고 있다. 이는 모바일 프로세스를 활용해 언제 어디서든 매우 빠른 속도의 대출 서비스를 제공해 고객의 시공간상의 제약을 없애주는 핀테크 대출의 편의성이 고객의 욕구를 충족시켜주는 데 크게 작용했다고 본다. 또한 COVID-19 확산으로 인한 비대면 서비스의 선호도가 올라가고 임대료와 관리비 등 비용에 대한 부담으로 세계적인 추세로 은행 점포의 폐쇄가 이어지고 있다. 아울러 전 세계 주요 소비층인 '밀레니얼 세대'들은 디지털 서비스에 익숙하며, 신선한 경험과 편의성을 추구한다. 이러한 트렌드에 따라 핀테크는 더욱 주목받고 있고, 대출 시장에서는 모바일 금융 서비스를 활용하려는 고객이 가파르게 증가하고 있는 것도 핀테크 산업 발전에 크게 영향을 미치고 있다.

최근 미국 연준에서 발표한 내용에 따르면 COVID-19로 피해 받은 중소기업의 78%가 매출이 감소했고, 46%는 직원을 줄였으며, 기존 은행들 또한 중소기업 대출에 엄격한 기준과 제한을 극복하기 위해 간편한 절차와 까다롭지 않은 심사기준을 가진 핀테크 대출 업체를 찾는 중소기업이 많아졌다. 2021년 12월 23일 메트로 신문에 실린 이대기 한국금융연구원 선임연구위원 인터뷰에 따르면 "은행의 점포망 축소 등은 시대적 변화와 산업구조 변화에 따라 불가피한 은행의 생존 전략 중 하나다."라고 강조하고 있다. 세계의 은행 산업은 생존을 위해 발 빠르게 변화하고 있다. 이렇듯 기존에 없던 혁신적인 서비스인 핀테크의 등장으로 소비자의 금융 서비스 이용 부담이 낮아졌으며, 산업 측면에선 미래 고부가가치를 창출하는 핵심 서비스 산업으로 부상하고 있고, 세계 주요국에서는 핀테크에 대한 정책적 지원 등을 아끼지 않는 추세다. 또한, 여러 은행이 핀테크 쪽으로 발을 넓히는 방식뿐만 아니라 처음부터 핀테크로 시작하고, 그 후 은행을 인수하여 예금 서비스 및 적금 서비스 등 여러 가지의 은행 서비스를 제공해주는 회사도 증가하고 있으며, 이러한 예금 서비스와 대출 서비스를 활용해 신용창조를 발생시켜 예금 통화를 창출하고 있다.

■ 핀테크 대출의 구조

핀테크 대출의 유형으로는 크게 P2P 대출[Peer-to-peer lending]과 직접 대출[Balance sheet lending]로 나뉜다.

P2P(peer-to-peer) 대출이란, 대출을 제공해주는 회사가 다수의 자금수요자를 연결해주는, 즉 개인과 개인을 연결해주는 대출 거래를 뜻한다. 회사는 채무자

의 신용등급을 확인하는 서비스를 통해 중개 수수료를 받아 이익을 내는 구조다. 플랫폼이 다수의 자금수요자를 연결해주는, 즉 개인과 개인을 연결해주는 P2P 대출에서는 대출 실행이 협력 금융회사를 통해 이뤄지는 간접대출형 P2P 대출과 협력 금융회사를 거치지 않고 P2P 플랫폼의 중개만을 거쳐 대출을 진행해주는 순수 중개형으로 구성돼 있고, 또 다른 핀테크 대출 유형인 직접 대출은 중개 기능을 수행하지 않고, 플랫폼 자기 계정으로 직접 대출을 운용하는 형태이다. P2P 대출 플랫폼이 대출증권을 발행하는 경우 투자자의 보호를 위해 미국 증권거래위원회 (Securities and Exchange Commission, SEC)에 등록해야 하며, 공시 의무를 부과 받는다. 그러나 플랫폼이 직접 대출을 취급하는 경우엔 비은행 금융기관에 적용되는 인허가, 금리 제한 등의 규제를 적용한다. 지금까지 기존 핀테크 대출의 동향과 구조에 대해 알아보았고, 이를 토대로 한 요즘 핀테크 대출 회사들의 사례 및 발전 방향성에 대해 자세히 알아보자.

나. 핀테크 대출(Loan) 사례

LendingClub

■ LendingClub 서비스 개시일 & 간단한 역사

LendingClub은 미국 캘리포니아 샌프란시스코에 본사를 둔 미국 1위의 P2P 대출[Peer-to-peer

LendingClub의 로고

Lending] 회사였다. 이 회사는 2007년에 Renaud Laplanche이 설립했으며 회원들이 재정 목표를 달성할 수 있도록 돕는 것을 슬로건으로 내세워 회사를 운영 중이다. 현재 CEO는 Scott Sanborn이 맡고 있으며, 2014년 말에 상장하여 2022년 8월 1일 기준 시가 총액이 한화로 1조 9천억 원에 이른다. 또한 미국 주식 분석 서비스를 제공하는 Choicestock에서 분석한 LendingClub의 분기 재무제표('아래 이미지 자료 참고')는 분기가 지날수록 점점 이익이 증가하는 것을 볼 수 있다. 2022년 2분기 말 기준 매출액이 3억 3,000만 달러, 영업이익이 5,000만 달러를 기록하면서 안정적인 사업 구축을 진행하고 있다.

　최근 LendingClub은 2020년 Radius bank라는 예금을 주력 서비스로 하는 온라인 은행을 인수함과 동시에 새로운 은행 서비스(저축, 예금 등)를 추가했으며, 앞으로 대출 자금을 은행으로부터 조달받지 않고 직접 은행이 되어 저렴하고 안정적인 자금을 제공하는 **네오뱅크**(인터넷 및 온라인 전문은행)가 됐다. 은행을 보유한 대표적인 핀테크 대출 회사로서 미국 핀테크 대출 분야에서 매우 활약 중인 LendingClub의 앱(App)을 먼저 자세히 살펴보자.

손익계산서

(단위: 백만 달러(USD))

	22. 06/30	22. 03/31	21. 12/31	21. 09/30	21. 06/30	21. 03/31	20. 12/31	20. 09/30	20. 06/30
매출액	330	290	262	246	204	106	75	71	40
매출원가	0	0	0	0	0	0	0	0	0
매출총이익	330	290	262	246	204	106	75	71	40
판매관리비	153	143	134	131	113	91	67	67	77
연구개발비	0	0	0	0	0	0	0	0	0
영업이익	50	46	-65	67	10	-50	-31	-38	-82
EBITDA	61	57	25	26	21	-38	-15	-21	-61
법인세	-132	5	-0.23	3	0.24	-3	-0.32	-0.07	0
중단손익	0	0	0	0	0	0	0	0	0
순이익	182	41	29	27	9	-47	-27	-34	-78

LendingClub 분기 재무제표

■ LendingClub 앱 메인화면 이미지 & 메뉴

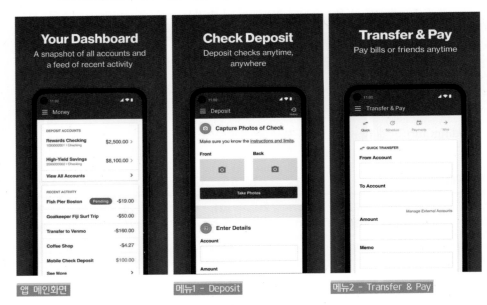

앱 메인화면 메뉴1 - Deposit 메뉴2 - Transfer & Pay

메뉴3 - Insights(3개)

먼저 LendingClub 앱(App)을 로그인하면 가장 먼저 뜨는 메인화면을 살펴보자. 본인이 이 앱에 등록한 모든 계좌의 잔액이 나타나고 고객 본인이 최근 어디에 지출했는지에 대한 지출내용을 보여준다. 그다음 **메뉴 1(Deposit)**은 언제 어디서 은행에 예금을 넣을 수 있는 간편한 서비스다. 예금할 수표의 앞 뒷면을 촬영하여 등록하고, 입금 계좌 선택, 예금할 금액 입력 후 "입금"을 선택하면 예금이 된다. 메뉴 2(Transfer & Pay)는 각종 지급해야 하는 요금이 청구서로 날아왔을 때, 아니면 주변 지인들한테 돈을 송금할 때 사용하는 서비스다. 마지막 메뉴 3(insights)은 통합된 개인 재무 관리 서비스인데, 본인의 부채를 갚기 위한 계획을 설계 및 다양한 전략 등을 탐색해주고, 투자 방향성에 도움을 주는 서비스가 있다. 또한 본인의 예산에 대한 계획을 세울 수 있고, 매월 돈이 어디로 나가는지 지출을 추적하여 자세하게 확인할 수 있으며, 고객의 소비 습관을 파악해줘서 고객에게 알려준다.

■ LendingClub 회원가입 과정

다음은 LendingClub의 앱(App) 가입 절차이다. 총 6가지의 절차로 나눠봤다.

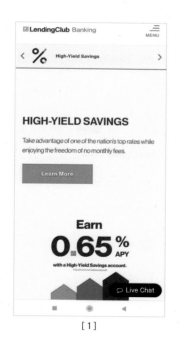

[1]

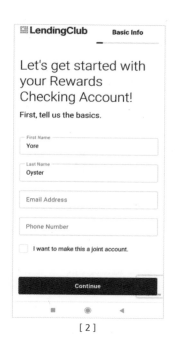

[2]

첫 번째, 오른쪽 위 메뉴 회원가입 버튼을 클릭한다. 두 번째, 가입하려는 자의 이름과 이메일 주소, 휴대전화 번호를 입력해 준다.

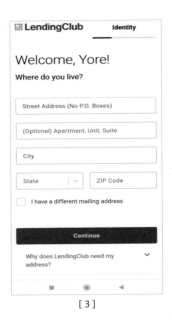

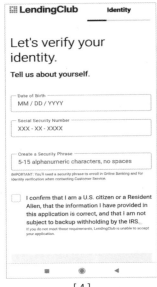

[3]   [4]

　　세 번째, 본인 거주지 정보를 입력한다. 네 번째, 개인 신원확인을 위해 생년
월일, 미국의 주민 등록 번호인 SSN(Social Security Number, 사회보장번호)을 입력하
고 로그인 시 사용할 비밀번호를 설정하면 된다.

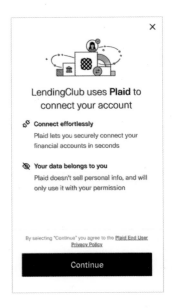

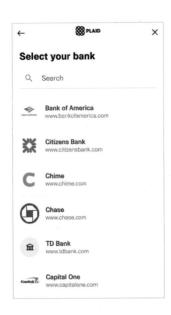

[5]

마지막 단계는 협력 금융 서비스 회사인 Plaid를 통해 사용 중인 본인의 은행 계정을 선택해 LendingClub과 연동하면 가입 절차가 마무리된다.

■ LendingClub 주요 서비스와 서비스의 내용

LendingClub의 메인 서비스 중 하나는 역시 **무담보 개인대출**이다. 대출에 있어서 필요한 것은 Fico score라는 미국 내 대중적으로 사용되는 신용평가회사의 신용점수 600점 이상이 필요하다. 미국인 평균 FICO 점수가 680점인 것을 고려하면 낮은 점수대의 사람들도 부담 없이 대출을 신청할 수 있으며, 대출 개시 수수료는 2~5%를 요구한다. 총 연이율(APR, '수수료와 이자 포함 금액')은 6.34~35.89%를 요구하고 있다. 대출 진행 절차는 매우 간단하고 신속한 프로세스를 활용해 $1,000부터 최대 $40,000(한화로 약 5,300만원) 사이의 금액을 3년 또는 5년 만기

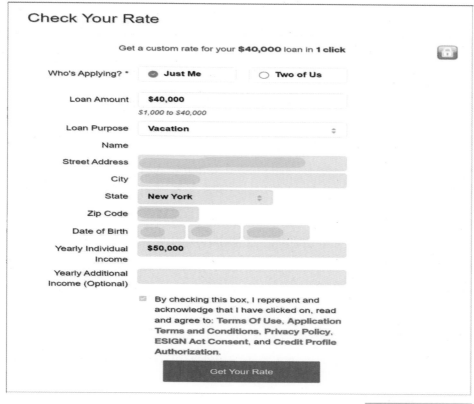

Check Your Rate 서비스

중 선택해 대출 신청을 하면 된다. 신청하기 전 LendingClub 개인대출 서비스에서 활용하는 Check Your Rate 서비스에 본인의 개인 정보('아래 이미지 자료 참고')를 입력하면 인공지능 머신러닝 기술로 고객의 체납 여부 및 신용점수 등을 분석하여 신용을 파악한다. 그 후 대출 가능 심사를 거쳐 고객의 신용 리스크를 분석하고, 신용에 알맞은 대출 금리를 계산해준다. 신용이 좋으면 낮은 금리로 대출을 제공해주고, 그 반대면 높은 금리로 대출을 제공하여 은행의 손실률을 줄인다.

LendingClub은 이뿐만 아니라 Notes라는 플랫폼으로 개인 투자자를 위한 P2P 대출 서비스를 제공했었다. 그러나 이 서비스는 2020년 12월 31일을 마지막으로 P2P 대출 플랫폼 Notes 서비스를 중단했다. P2P 대출 1등 선두 주자였던 LendingClub은 왜 이 서비스를 중단했을까?

LendingClub은 과거 2016~2017년 창업자의 비리 문제와 더불어 신용평가가 저조한 대출 신청자들로부터의 손실로 인해 기업 운영에 큰 문제가 생겨 신뢰도 및 주가에 큰 타격을 입었다. 그 결과 LendingClub은 P2P 대출로 인한 금융 시스템 불안정을 극복하지 못할 것으로 판단하여 P2P 대출 플랫폼을 폐쇄하는 등의 위기를 겪었다. 이러한 위기를 극복하기 위해 온라인 전문은행인 Radius bank를 인수한 것이다. 이제는 기존 파트너 은행인 Web Bank를 통해 수수료를 지급하여 자금을 지원받지 않고 직접 대출을 실행할 수 있게 됐다. 또한 LendingClub은 중단한 P2P 대출 플랫폼 Notes 대신 Marketplace 플랫폼을 통한 Marketplace Lending으로 기관 투자자에게 자금을 투자받는다. 기존에 운영하던 P2P 대출 플랫폼과 메커니즘은 비슷하다. Marketplace Lending 서비스는 대출을 신청하면, LendingClub이 대출받은 소비자의 신용정보를 기관 투자자에게 제공하고, 기관 투자자는 그 정보를 토대로 대출상품을 분석해 투자하고, 대출자들은 이자와 수수료를 투자자들에게 직접 상환하는 방식이다. 하지만, 투자자로 참여하고 있는 주체가 개인(peer)에서 기관으로 옮겨졌다는 차이점이 있다. 개인 투자자는 기관 투자자와 비교하면 Research 정보 분석, 위험 관리, 자금 조달 규모에 있어서 상대적으로 부족할 수밖에 없다. 그렇기에 투자에 대한 위험이 매우 크며, 시장에서 차지하는 투자자금의 비중에서 크게 차이 난다. 이러한 이유로 현재 핀테크 대출 산업은 개인 투자자에서 기관 투자자로 옮겨가고 있으며 그 과정에서 규모가 커지고 있다. 즉, P2P 금융에서 큰 범위를 포괄하는 Marketplace 플랫폼으로 진화하는 추세다.

LendingClub은 자사 홈페이지에 미국 최대 Online Credit Marketplace로서 차용인과 투자자를 연결하는 최초의 기업은 LendingClub이라고 작성해 놨다. 개인 투자자를 위해 시작한 P2P 대출 플랫폼 Notes를 폐쇄한 것은 안타깝지만, 개인 투자자들의 위험하고 비중이 적은 투자자금으론 P2P 대출 시스템을 운영하기엔 어느 정도 한계가 있으며, 매우 큰 위험을 감당해야 한다는 점을 참고해야 한다.

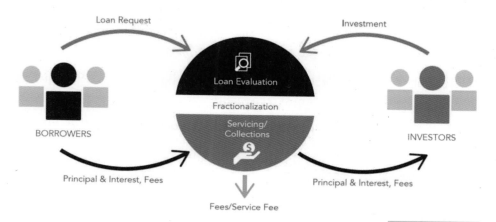

■ LendingClub 회사 및 서비스 관련 기사

"This Fintech Stock is Thriving as Interest Rates Rise"(금리가 오르면서 번창하는 핀테크 주식)이라는 타이틀의 2022년 8월 2일 금융투자기관 Motley Fool의 기사다. 기사 내용에 따르면 사실 대부분의 핀테크 대출 회사는 2022년 미국의 높은 금리 인상 및 경기 불황에 따른 고객들의 대출 부담 증가 및 투자자들의 핀테크 대출상품에 대한 투자가 감소하는 현상이 생겨 LendingClub의 경쟁사 중 하나인 Upstart는 투자자들로부터의 지원이 부족해서 대출금 조달에 위험이 생겼다. 그 결과 회사의 실적이 감소하고, 주가도 크게 하락했다. 그러나 LendingClub은 Radius Bank를 인수하고 시작한 예금 서비스로 위기를 극복했다. LendingClub의 예금의 자금 일부를 투자자들의 투자가 감소하여 부족해진 대출 자금 조달에 사용해 이 문제를 해결했다. 핀테크 회사와 은행의 시너지를 보여주는 획기적인 사례였다.

■ LendingClub 경쟁사

LendingClub의 경쟁사로는 SoFi가 있다. 대학생 학자금대출을 메인 서비스로 시작한 SoFi는 지금은 매우 많은 종류의 대출을 제공하고 있다. 그중 개인대출 부분에서 LendingClub과 비교해볼까 한다.

여러 차이점이 존재하는데 SoFi는 LendingClub 보다 더욱 높은 최소 신용점수 680점을 요구하며, 최소 대출 금액이 $5,000 이상이다. 또한, 대출액 지급이 LendingClub과 비교하면 더욱 느리다. 대신 SoFi는 대출 개시 수수료를 받지 않고, 또한 대출 이자율이 더 낮으며, 최대 $100,000까지 대출을 제공해준다. 본인의 신용도가 좋지 않고, 적은 금액을 대출받고 싶다거나 급하게 자금이 필요하면 LendingClub에서 대출받고, 본인이 신용이 어느 정도 보장돼 있고, 낮은 대출 수수료를 원하거나 높은 금액의 대출을 받고 싶다면 SoFi에서 대출받으면 된다.

SoFi와 LendingClub 개인대출 비교 자료

	SoFi	LendingClub
Bankrate Score	4.6	4.4
Better for	Borrowers with strong credit Large loan amounts	Borrowers with fair credit
Loan amounts	$5,000 – $100,000	$1,000 – $40,000
APRs	5.74% – 21.78%	6.34% – 35.89%
Loan term lengths	2 to 7 years	3 or 5 years
Fees	None	Origination fee: 2% to 6%
Minimum credit score	680	600

■ LendingClub 국내 유사 기업 및 비교

우리나라의 비슷한 핀테크 회사로는 '렌딧'이 있다. 렌딧은 국내 P2P 업체 중 부동산 담보 대출, 사업자 대출 대신 LendingClub처럼 담보 없이 개인 신용대출을 메인 서비스로 회사를 운영하고 있다. 렌딧은 담보 없이 제공하는 개인 신용대출의 채무불이행 문제를 해결하기 위해서 대출을 주로 직장인들처럼 신용이 어느 정도 보장된 사람들에게 제공하여 연체율을 낮추고, 투자자들에겐 여러 가지의 대출 채권에 투자할 수 있는 분산 투자를 활용하여 손실률을 낮춘다. 그러나 우리나라의 핀테크 업체들은 투자자 보호 대책 마련을 위한 **온라인 투자 연계 금융업법** 등의 여러 가지 까다로운 규제 등으로 골머리를 앓고 있으며, 또한 COVID−19 사태 및 경기 불황으로 인해 늘어나는 연체율 등의 문제점을 해결해야 한다는 과제가 남아있다.

■ LendingClub 분석정리

핀테크 산업의 대출 서비스 분야에서 이 회사를 고른 이유로 하나를 꼽자면 P2P 대출 서비스 부분에서 1위를 달리던 회사였기 때문이다. 하지만 창업자의 비리 사건과 신용평가가 좋지 않은 대출자들의 연체 등으로 너무나 큰 손실을 감당하기 힘들어 P2P 대출 플랫폼을 폐쇄한 것을 보아선 아무리 1위를 달리던 P2P 회사조차 위험 리스크를 감당하지 못할 정도로 아직 P2P 대출 시장은 보완할 부분이 많다는 생각이 든다. 우리나라에서 강하게 규제하고 있는 이유도 이 때문이다. 그리고 이러한 위기를 은행 인수를 통해 극복하는 LendingClub의 모습에서 은행과 핀테크의 조합은 혁신적이고 서로의 장단점을 보완하는 좋은 수단으로 작용하는 것을 볼 수 있는 사례였다고 생각한다.

Kabbage

■ Kabbage 서비스 개시일 & 간단한 역사

핀테크 대출 회사 중 하나인 Kabbage는 미국 조지아주 애틀랜타에 본사를 둔 **중소기업 대출** 전문 회사다. 현 CEO인 Rob Frohwein은 많은 중

Kabbage의 로고

소기업 등이 기존 대출 기관으로부터 신용을 얻을 수단이 많지 않다는 사실을 알게 되면서 소기업 및 소비자에게 대출 서비스를 원활하게 제공하기 위해 2009년 2월 12일 이 회사를 설립했다. 회사명인 Kabbage는 속어로 지폐를 뜻한다고 한다. 우리말에서도 만 원권 지폐를 배춧잎이라고 불리는 이유가 이 때문이다. 이

회사는 모바일 앱을 운용 중이며, 앱 순위는 데이터 플랫폼인 data ai 자료를 참고하면 333위를 차지하고 있다. 중소기업 대출이 메인 서비스인 회사 특성상 이용자가 적은 것이 낮은 순위의 이유가 된다. 지금부터 Kabbage 앱을 한번 자세히 살펴보자.

■ **Kabbage 앱 메인화면 이미지 & 메뉴**

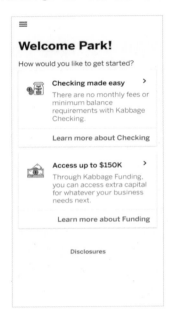

Kabbage 모바일 앱에 로그인했을 때 가장 먼저 보여주는 **메인화면**('왼쪽 이미지 자료 참고') 같은 경우 가벼운 인사 문구와 함께 앱을 어떻게 시작하는지에 대한 방법이 제시된다. 첫 번째로 Kabbage에서 요구하는 최소 대출 잔액을 확인할 수 있으며, 원하는 대출 기한의 월 이자율 확인을 쉽게 할 수 있다는 내용이 적혀있고, 그 밑엔 15만 달러까지 대출할 수 있다는 자금 대출 한도에 관한 내용을 살펴볼 수 있는 창이 제시된다. **메뉴 화면**('오른쪽 이미지 자료 참고') 같은 경우엔 Home, Checking, Funding 총 3가지로 구성돼 있다. Home을 선택하면 위의 메인화면이 제시되고, Checking 메뉴와 Funding 메뉴를 선택하면 메인화면에서 설명한 내용들을 더 자세하게 확인할 수 있다는 내용이 제시된다. 그 외 다른 메뉴는 고객 지원 서비스, 메시지 함, 계좌 등으로 구성이 돼 있는 매우 간단한 구조의 메뉴다.

■ Kabbage 회원가입 과정

다음은 앱 가입 절차다. 총 6가지 절차로 나눠봤다.

[1]

[2]

[3]

[4]

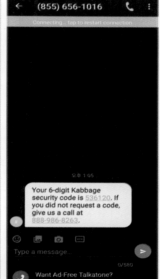

[5]

[6]

첫 번째, 앱을 재생하면 첫 화면에서 Get started 버튼을 누르면 회원가입 절차로 돌입한다. 두 번째, 이메일 주소와 수신받을 수 있는 이메일을 입력하고, 비밀번호를 생성해준다. 세 번째, 신원확인을 위한 법적 이름을 요구한다.

네 번째, 신원확인과 계정 추가 보안 서비스를 제공하기 위해 고객의 전화번호를 요구한다. 하단에는 추가로 업데이트된 서비스 정보를 메시지로 제공해준다는 문구가 적혀있다. 다섯 번째, 전화번호 입력 후 코드를 전송하면 다섯 번째 화면에 보이듯 인증 코드가 메시지 형태로 온다. 여섯 번째, 인증 코드를 입력하면 가입이 완료되고, 처음에 입력한 이메일과 생성한 비밀번호를 입력하면 로그인할 수 있다. 위에 Log in with American Express 창은 2020년 8월 American Express에서 Kabbage를 인수함으로써 연동 로그인이 되는 것이다. 가입 절차에서는 이메일, 법적 이름, 휴대전화번호 등의 개인 정보를 요구한다. 대출 서비스가 주력인 회사인데도 불구하고 간단한 정보만으로 매우 간결하고 쉬운 가입과정을 거친다는 것을 알 수 있다.

■ Kabbage 주요 서비스와 서비스의 내용

Kabbage의 메인 서비스로는 Kabbage Funding 서비스가 있다. 이 서비스는 미국 중소기업(SME)을 위한 자금 대출 서비스로서, 중소기업의 사업 계정을 온라인으로 등록하면 실시간으로 Kabbage에서 신속하게 분석해서 몇 분 만에 신청할 수 있다는 장점이 있다. 신청 한도금액은 $2,000~$250,000까지의 제한을 두고 있으며, 신청 기간은 6, 12, 18개월 중 선택할 수 있는 할부 대출 옵션을 제공한다. 대출 월 이자율로는 6개월 대출의 경우 2~9%, 12개월 대출의 경우 4.5~18%, 18개월 대출의 경우 6.75~27%를 지급해야 한다.

또한 Kabbage는 중소기업청(Small Business Adinistration, SBA)에서 운용하는 SBA 대출이라 불리는 중소기업 사업자금 대출 서비스와 PPP(Paycheck Protection Program) 대출 상환 감면 서비스 등의 중소기업 구제제도를 잘 활용해서 서비스를 운영했다. SBA 대출은 미국 중소기업청(SBA)이 중소기업 사업주에게 직접 돈을 빌려주지 않고 은행, 신용조합, 여러 대출 기관에 대한 대출을 보증해주는 제도다. Kabbage SBA 대출을 이용하기 위해서는 대출받고자 하는 기업이 최소 12개월 이상 사업을 운용한 경력이 있고, 최소 연간 사업 수익이 $50,000 이상이어야 한다. 이 조건을 충족하면 APR(연간이율)이 9~36% 사이의 고정 이자율 상품 중 조건에 따라 선택할 수 있는 옵션을 제공한다. 또한 이 대출은 사업 부채 재융자, 장비 구매, 임대 개선, 회사 장소 이전, 제품 또는 서비스 확장을 위한 유동 자산 확보 등의 목적으로 제한을 둔다.

또 다른 대출 서비스로는 PPP 대출 상환 감면이 있다. 이 서비스도 마찬가지로 중소기업청(SBA)에서 시행하는 중소기업 구제 제도로 중소기업이 직원에게 지급할 급여를 보장해주는 임금 보호 프로그램이다. 24주 동안 대출금을 급여 비용, 사업 대출 이자 납부, 임대 등에 이용하는 경우 그 금액에 대한 상환 감면을 받을 수 있는 제도다. Kabbage는 이 제도를 가장 잘 활용한 회사라고 볼 수 있다. Kabbage의 홈페이지 자사 뉴스에서는 Kabbage는 209,000개 이상의 중소기업을 총 58억 달러의 대출 금액을 승인하여 신청량 기준으로 미국에서 두 번째로 큰 PPP 대출 기관이 되었으며, 그 결과 핀테크 기업 중 단일 최대 규모의 PPP 대출을 달성했다. 대출에 제한이 걸려있고, 심사가 엄격한 가장 소규모의 기업이 구제받을 수 있도록 하여 일부 미국 최대 은행을 뛰어넘은 결과를 가져왔다고 언급되어 있다.

또한 Kabbage의 CEO인 Rob Frohwein은 Kabbage 자사 홈페이지 인터뷰에서 "PPP는 핀테크의 중요성을 검증했습니다. 이 위기가 불과 10년 전에 발생했다면 대부분의 소규모 중소기업은 무시되었을 것입니다. 이러한 대출 서비스 제공은 자동화된 플랫폼에 의해서만 대량으로 제공될 수 있습니다. 수백만 개의 중소기업이 기본적인 금융 서비스를 찾을 때 기존 은행보다 핀테크 솔루션으로 눈을 돌릴 것입니다."라고 언급했을 정도로 Kabbage는 PPP 대출을 통해 대출 시장에서 핀테크의 필요성을 입증했으며, 앞으로 더욱 기대되는 전망을 보여주고 있다.

Kabbage의 대출 서비스는 다른 대출 회사보다 쉬운 신청 절차와 간단한 요구사항, 신원 증명, 신용점수를 요구해 빠른 자금 조달 및 대출에 접근할 수 있는 서비스를 제공한다. 대신 간단한 정보를 기반으로 신속하게 승인을 받았기 때문에 회사는 그 위험을 감수함에 따른 프리미엄을 받는 방식이다. 추가적인 프리미엄을 부담해야 하는데도 불구하고 대출받는 회사가 증가한다는 것은 신속하고, 편리하고, 낮은 장벽의 대출 서비스가 얼마나 사람들에게 매력적으로 다가가고 있는지 증명해준다.

■ Kabbage 회사 및 서비스 관련 기사

두 가지의 기사를 가져왔다. 첫 번째는 "American Express, 중소기업 대출 기관인 Kabbage 인수."라는 타이틀의 기사다. 기사 내용을 요약하면 제목에도 나와 있듯이 American Express는 올해 CNBC Disruptor 50목록에서 24위로 지정된 소규모 기업 대출 기관 Kabbage를 인수하기로 합의했다고 발표했다. American Express는 Kabbage를 중소기업 대출을 머신러닝 기반의 알고리즘을 이용해 매우 빠른 속도로 신용을 평가하고, 대출 서비스를 제공하는 훌륭한 기업이라 언급했고, 또한 경제 회복에 필수적인 부문인 중소기업 되살리기에 기여한 것을 높게 평가했다.

두 번째는 "LendIt Fintech, PitchIt 대회 우승자 및 두 번째 연례 LendIt 산업상 수상자 선정"이라는 타이틀의 기사이다. 기사 내용을 요약하면 금융 서비스 혁신의 세계 최고의 행사인 Lendit Fintech는 오늘 제6회 Pitchit 대회 우승자와 두 번째 연례 Lendit Industry Awrds 수상자로 Kabbage가 선정되었다는 내용이다. Kabbage는 혁신기업으로 이미 증명된 핀테크 기업이라는 것을 방증해주는 기사다.

■ Kabbage 경쟁사

Crunchbase라는 기업 정보 제공 플랫폼에서 조사한 Kabbage의 경쟁사로는 Kinara Capital이라는 인도의 핀테크 기업이 있다. 이 회사는 2011년 Hardika Shah에 의해 설립되었으며 인도 카르나타카의 벵갈루루에 본사가 있으며, 메인 서비스는 중소기업에 융통성 있는 무담보 대출을 제공하는 금융회사다. 창업 자금, 회사 운영 자본 등 성장하는 스타트업 회사에 대한 대출에 중점을 두며, Kinara Capital 데이터 기반 통찰력을 결합하여 신속하게 고객에게 서비스를 제공한다. 또한 IFC/World Bank에서 2019년 '아시아 올해의 은행(Bank of the Year−Asia)'으로 선정했으며 파이낸셜 타임스(Financial Times)는 이를 아시아 태평양 지역의 100대 고성장 기업 중 하나로 선정됐다.

두 번째 경쟁사로는 Iwoca라는 영국의 핀테크 기업이 있다. 이 회사는 2011년 10월 1일 Christoph Rieche와 James Dear에 의해 설립되었으며, 본사는 영국 런던에 있다. Iwoca는 영국 중소기업의 신용 금융 서비스를 제공한다. 자금의 격차

2030 글로벌 모바일 금융 서비스 트렌드

해소에서 투자자금 지원에 이르기까지 다양한 목적으로 기업에 자금을 제공한다. 주로 소매업체, 레스토랑, 호텔, 서비스 제공업체 등에 대출 서비스를 제공한다.

■ Kabbage 국내 유사 기업 및 비교

우리나라에도 Kabbage와 비슷하게 소상공인과 중소기업 사업자들을 위한 대출에 집중하는 회사가 있다. 바로 '윙크스톤 파트너스'라는 2018년 12월에 온라인 투자 연계금융 플랫폼으로 설립된 회사다. 윙크스톤은 국내 금융권에선 드물게 소상공인 및 중소기업에 중금리 대출 제공하는 것이 주력 서비스인 회사이다. 여기서 중금리란 학문적으로 정의된 것은 아니지만, 신용점수 및 등급이 중위 수준에 있는 사람들을 대상으로 하는 신용대출이라고 불린다. 윙크스톤은 기존 금융 데이터뿐 아니라 매출, 상권분석, ROAS(Return On Ad Spend, 광고비 대비 매출액) 등의 비금융데이터와 현금흐름의 평가모델을 활용한 신용평가를 거쳐서 대출자에게 윙크(wink: 눈 깜빡할 사이)처럼 빠르고 간편하게 대출을 제공해주고, 투자자에겐 스톤(stone: 돌)처럼 안정적인 수익을 제공해준다. 소상공인과 중소기업을 위한 중금리 공급자가 없는 한국에서 수요가 넘쳐나는 중소기업 대출 시장을 공략해 고객을 확보하고 대출을 실행해 수익을 내는 메커니즘으로 회사를 운영 중이다.

■ Kabbage 분석정리

전미자영업자연맹(NFIB)은 현재 중소기업의 신뢰 지수가 2013년 1월 이후 가장 낮은 수치로 집계된다고 발표했다. 중소기업의 경기침체는 아직 완벽히 해결되지 않은 COVID-19 사태와 미국의 높은 인플레이션과 우크라이나-러시아 전쟁이 원인으로 작용했다. 핀테크 기업인 Kabbage는 2022년 6월 미국 전역 종업원 500명 이하의 스몰 비즈니스 업체 대표 550명을 상대로 경제 침체에 대해 설문조사를 실시했는데, 80%가 이를 견딜 수 있다고 말했다고 한다. 이는 중소기업의 사업 자금 조달을 담당하는 핀테크 업체인 Kabbage 같은 회사들이 있기에 가능하다고 본다. 경제성장과 고용시장의 기반이 되는 중소기업의 위기는 국가가 해결해야 할 과제이자 필수 사항이다. 이러한 중소기업의 위기를 극복하기 위해 국가는 여러 가지 지원 정책이나 제도를 마련하고 있지만, 수많은 중소기업을 구제하기 위해선 정부의 노력만으론 한계가 있다. 이러한 한계를 극복하기 위해선 여러 가지 구제제도를 잘 활용해 은행 및 온라인 대출 기관과의 협력으로 모든 회사가 구제받을 수 있는 획기적인 방법을 찾아 나가야 한다. 그중 하나는 핀테크 업체와의 협력이다. 실제 위에서 언급한 Kabbage에서 지원한 PPP 대출 같은 경우 핀테크의 신속한 일 처리 프로세스와 편리성에 대한 장점이 다시 부각되는 사례가 되었다. 이로써 핀테크는 앞으로 더욱더 주목해야 할 산업의 핵심으로 자리매김하고 있다고 생각한다.

SoFi

■ SoFi 서비스 개시일 & 간단한 역사

SoFi는 미국 캘리포니아 샌프란시스코에 본사를 둔 미국 핀테크 학자금대출 회사다. 이 회사는 Stanford 경영대학원 학생들인 Mike Cagney, Dan Macklin, James Finnigan, Ian Brady 에 의해 교육 자금 마련을 위해 빚을 지는 학생들을 상대로 더욱 저렴한 대출을 제공해주기 위해 2011년 8월 1일에 설립하였다. 현재 CEO는 Anthony Noto이며, 회사명은 사회적 금융(Social Finance)에서 따와서 SoFi로 지었다. SoFi는 처음에는 학자금대출을 위한 회사로 서비스를 시작했지만, 그 후 주택 담보 대출, 개인 신용 대출(P2P 대출), 2019년엔 은행 서비스인 SoFi Money(예금), SoFi invest(주식, 암호화폐) 서비스를 오픈하여 사업을 더욱 확장했다. 그 결과 500억 달러 이상의 자금을 대출해줬으며 400만 이상의 회원들을 소유한 포괄적인 금융 서비스를 제공하는 핀테크 회사로 성장했다. 또한, 2021년 6월 나스닥에 상장됐으며, 2022년 9월 기준 시가총액은 약 57억 달러(한화로 약 7조 9천억 원)에 이르는 규모를 가지고 있다. 2022년 2월 18일엔 은행 라이선스를 취득하여 안정성 있는 자금력을 획득하였다. 최근 분기 재무제표는 코로나 펜데믹에서 엔데믹으로 바뀌는 추세와 동시에 회복되는 양상을 보여주고 있다. 다음으론 회사 앱에 대해서 알아보자.

손익계산서

(단위: 백만 달러(USD))

	22. 06/30	22. 03/31	21. 12/31	21. 09/30	21. 06/30	21. 03/31	20. 12.31	20. 09.30	20. 07/20
매출액	1,250	1,119	985	871	800	683	566	0	0
매출원가	288	270	257	241	223	204	179	0	0
매출총이익	962	849	728	630	577	479	387	0	0
판매관리비	955	951	925	819	800	651	514	0	0
연구개발비	322	292	276	268	249	227	201	0	0
영업이익	−345	−414	−481	−459	−472	−399	−329	0	0
EBITDA	−225	−308	−380	−359	−371	−308	−259	0	0
법인세	3	2	3	−4	−4	−103	−104	0	0
중단손익	0	0	0	0	0	0	0	0	0
순이익	−347	−417	−484	−456	−468	−295	−224	0	0

SoFi 분기 재무제표

■ SoFi 앱 메인화면 이미지 & 메뉴

앱을 로그인했을 때 반겨주는 메인화면은 예금과 적금 등을 할 수 있는 은행 계좌에 가입할 수 있는 Banking 기능과 무제한 2%의 Cashback을 제공하는 신용 카드 발급 서비스, 투자를 시작할 수 있는 invest 서비스 그리고 본인 계좌 및 집 주소, 자동차 등의 소유 재산에 대한 정보를 입력하면 고객이 등록한 모든 재정 상태를 한 번에 확인할 수 있는 track your finances 서비스와 본인의 신용 등급을 볼 수 있는 credit score 서비스, 고객의 대출 현황을 알려주는 Loans 서비스로 매우 다양한 서비스로 구성되어 있다. 다음으론 메뉴를 차례대로 살펴보자.

첫 번째 메뉴인 Banking 메뉴는 SoFi 은행 계좌에 가입할 수 있는 메뉴이며, 그 밑에는 예금 및 수수료에 대한 혜택 등이 적혀있다. 두 번째 메뉴는 Credit Card 메뉴다. 가입하면 저축 및 투자, 채무 상환 등을 할 수 있는 Credit Card에 가입할 수 있는 기능을 제공한다. 세 번째 메뉴는 Invest 메뉴로 이름 그 대로 투자를 제공하는 서비스로 투자 계좌에 가입하면 SoFi에서 제공하는 다른 주식 및 ETF 상품 추천을 받을 수 있으며, 암호화폐도 거래할 수 있는 메뉴다.

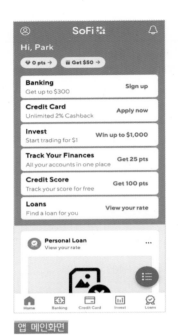

앱 메인화면

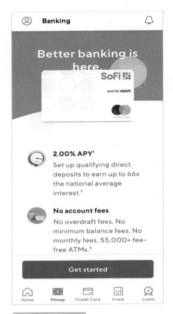

메뉴1 - Banking

메뉴2 - Credit Card

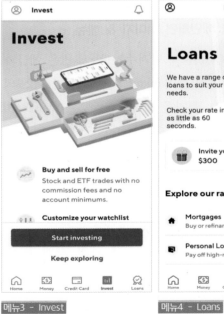

메뉴3 - Invest

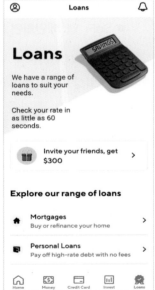

메뉴4 - Loans

마지막 네 번째 메뉴는 Loans 메뉴인데 주택담보대출, 개인대출, 학자금대출 등의 여러 대출 서비스를 제공하고, SoFi에서 어떤 대출을 받았는지, 남은 대출 기한 등을 확인할 수 있다.

■ SoFi 회원가입 과정

앱 가입 절차는 총 6가지의 절차를 거친다.

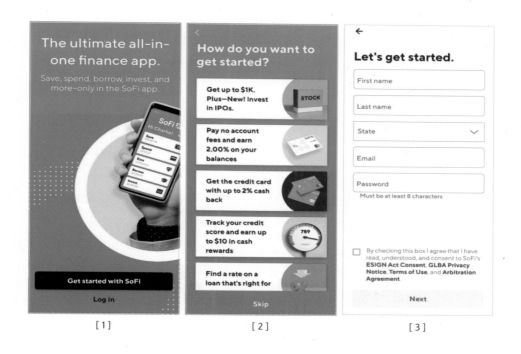

[1]   [2]   [3]

먼저 앱 실행 시 가장 먼저 제공되는 화면에서는 저장, 대출, 투자 등 더욱 많은 것을 할 수 있다는 간단한 앱 소개와 함께 Get started with SoFi 버튼을 눌러 가입 절차에 들어갈 수 있는 창이 제시된다.

버튼을 누르면 두 번째 화면으로 넘어가고, 어떻게 시작하고 싶으냐는 문구와 함께 투자, 신용 카드, 신용 조회, 대출 이자율 등 다양한 선택지를 제시하여 소비자의 성향을 파악한다. 세 번째, 고객의 이름과 지역, 이메일 그리고 8자 이상의 앱 로그인 비밀번호를 설정해 주면 다음 화면으로 넘어간다.

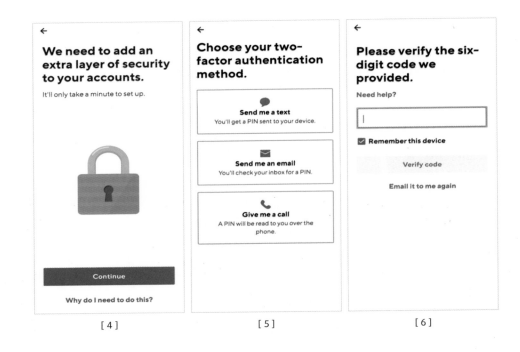

[4]   [5]   [6]

네 번째, 당신의 계정에 추가 보안을 설정한다는 문구를 읽고 Continue를 눌러준다. 다섯 번째, 문자, 이메일, 전화 세 가지 중에 선택하여 6자리의 인증 번호를 받는다. 여섯 번째, 받은 인증 번호를 입력하면 가입 절차가 마무리된다.

SoFi 앱 가입 후 등록한 메일을 통해 감사 메시지를 보내주며, 각 메인 서비스에 대한 간단한 장점 소개를 통해 소비자에게 앱에 대한 기대감을 심어준다.

■ SoFi 주요 서비스와 서비스의 내용

다양한 SoFi의 서비스를 살펴보면 학자금 재융자, 사립 학자금대출, 개인대출, 주택담보대출 등 여러 대출 서비스가 있다. 그중 가장 오래된 서비스이자 메인 서비스인 **학자금 재융자**에 대해 먼저 살펴보면, 이 서비스는 온라인으로 대출 자격이 되는지 사전 심사를 받는다. 본인이 이자를 낮추기 위해 재융자를 받는지, 월 지급 금액을 낮추기 위해 받는지 빠르게 대출금을 상환하기 위해 받는지 등을 물어보고 어떤 종류의 학자금대출을 받고 있는지 물어본다. 그 후 거주지, 학교, 개인 정보 등을 물어보고 이자율을 계산해주는 절차를 밟는다. SoFi의 학자금 재융자는 절차가 쉽고 빠르다는 장점이 있다. 고정금리는 3.99~8.24%, 변동금리는

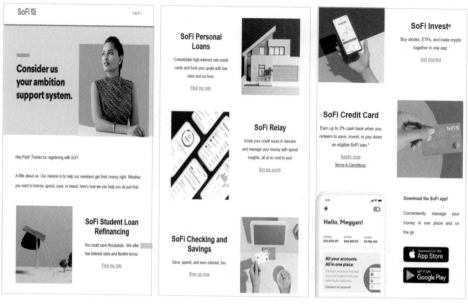

3.25~9.00%로 낮은 편에 속하며, 추가로 받는 수수료 또한 없다. 학자금대출로 골머리를 앓는 학생들을 상대로 메리트가 큰 회사라고 볼 수 있다. SoFi의 **사립 학자금대출**도 US News and World Report에서 최고의 사립 학자금대출 회사로 선정될 만큼 좋은 서비스다. 이름, 학교 정보, 학과 등의 기본적인 정보를 제공하고 3분도 채 걸리지 않는 신속한 신용평가 절차를 거쳐 이자율과 월 상환 금액을 확인받고 신청 절차를 진행하면 된다.

또 다른 SoFi의 서비스로는 **개인대출**이 있으며 대출 한도 금액은 $5,000~$100,000으로 큰 금액까지 대출이 가능하다. 또한 고객 신용에 따라 연이율 7.99~23.43%의 고정금리를 요구하며, 이자 외에 수수료를 받지 않는다. 대출 기간은 24~84개월이며 장기간 대출이 가능하다는 이점도 있다. 개인대출을 제공하는 다른 경쟁사에 비해서 대출 기간과 이자율에 있어서 차별점을 갖고 있다. 그러나 개인대출 또한 높은 신용을 바라는데 FICO 점수가 680점 이상이어야 한다. 700점 이하의 FICO 점수를 갖고 있다면 다른 대출 기관을 찾는 것이 좋을 듯하다. 이자율이 매우 높아지기 때문이다. 낮은 이자율과 장기간 대출이 허용되는 회사인만큼 역시 큰 신용이 따른다는 사실은 피할 수 없다. SoFi에서 제공하는 **개인 대출 계산기** 서비스를 활용하여 월 상환액을 측정한 후 선택하는 것을 추천한다. 또한 SoFi는 P2P 대출도 제공하기에 차용인과 투자자를 연결하여 다방면의 서비스를 제공하는 핀테크 회사라는 것을 다시 상기시켜준다.

■ SoFi 회사 및 서비스 관련 기사

"주식 시장에선 바이든 학자금 탕감 선언에 소파이 주가 4% 올라 투자 눈길" 매일 경제의 2022년 8월 25일 기사에서 언급된 내용이다. 기사엔 최근 바이든 정부에서 '**대규모 대학 학자금 탕감**'이라는 돈 풀기 정책으로 인해 학자금대출 핀테크 업체인 SoFi의 주가가 상승했다는 내용이 언급돼있다. 연방 학자금대출을 가구당 최대 $10,000까지 탕감해준다는 계획을 발표했다. 이러한 정책은 학생들의 채무불이행 발생 위험을 줄여주며, 학자금대출에 대한 부담이 덜어 대출에 대한 수요가 증가할 것이라는 기대가 SoFi의 주가에 영향을 주었다고 한다. SoFi의 학자금대출에 대한 앞으로의 좋은 전망을 보여주는 기사였다.

■ SoFi 경쟁사

SoFi의 경쟁사로는 earnest가 있다. SoFi와 마찬가지로 대학생 학자금 재융자가 메인 서비스인 earnest는 $5,000~$500,000의 대출 한도와 고정금리 3.75~8.77%, 변동금리 3.5~8.72%, 650점 이상의 FICO 점수를 요구한다. 언뜻 보면 SoFi보다 더 낮은 대출 이자율, 신용점수를 요구하여 더욱 메리트 있는 회사라고 볼 수도 있지만, 대출 과정이 매우 비효율적이고 느리다는 평가가 많고, 대출을 어이없는 이유로 거부당한 소비자가 많아서, 대출 평가 기관 등에서 좋지 않은 평가가 많다. 상품은 매력 있으나, 핀테크 회사의 필요 대목인 신속성과 편의성에 있어서는 아직 보완이 더욱 필요해 보이는 회사다.

■ SoFi 국내 유사 기업 및 비교

우리나라 학자금대출 시스템은 한국장학재단의 일부 보조로 각 은행이 취급하고 있기에 아직 정책 자금 느낌을 버릴 수가 없다. 아쉽게도 SoFi와 비슷한 핀테크 학자금대출 회사는 없으며, 학자금 상환을 관리해주는 핀테크 스타트업 회사인 '올라플랜'이 있다. 학자금대출 및 재융자를 제공하지 못하지만 "간편하고 효율적인 상환관리로 학자금대출 이자와 대출 기간을 절감하여 청년들의 건강한 금융 습관을 제고할 것."이라는 고객을 위한다는 맥락을 담고 있는 비슷한 회사 목표를 추구하고 있다. 올라플랜은 고객이 입력한 정보를 토대로 학자금 상환 계획을 수립하여 제공해준다. 학생들의 학자금대출에 대한 부담을 최대한 덜어주기 위한 회사로 앞으로의 횡보가 기대되는 회사다.

■ SoFi 분석 정리

SoFi는 은행에서 핀테크로 발전하는 방식 대신 핀테크에서 은행을 인수하여 라이선스를 얻는 방식을 선택했다. SoFi는 학자금대출에 이어서 개인대출, 주택담보대출까지 뻗어나가 SoFi의 고객을 유치하였다. 고학력자들이 주력 고객인 만큼 채무불이행률 또한 낮다. 또한, 매우 다양한 종합 금융 서비스를 제공하여 고객들에게 부족하지 않은 서비스를 제공하여 고객들에게 서비스 이용에 있어서 부족함을 덜어준다. 이러한 SoFi의 전략은 매우 성공적이라고 생각한다. 여러 투자 기관에서는 전망 좋은 핀테크 기업에 속하는 SoFi에 대해선 항상 긍정적으로 평가하고 있으며, 저자 또한 조사하면서 느낀 SoFi는 매우 전망 좋고 소비자에게 매력적으로 다가오는 회사라고 생각한다.

Wells Fargo

■ Wells Fargo 서비스 개시일 & 간단한 역사

주택담보대출(모기지) 회사인 Wells Fargo는 미국 캘리포니아 샌프란시스코에 본사 건물을 두고 있으며, 회사의 설립자는 헨리 웰스와 윌리

WELLS FARGO

Wells Fargo의 로고

엄 조지 파고이며, 그들은 아메리칸 익스프레스 설립에 도움을 줬다. 회사명은 그들의 이름을 따서 지었으며, 회사의 상징 마크가 마차인 이유는 과거 Wells

연환산 | 연간 | 분기
(단위: 백만달러(USD))

손익계산서

	22. 03/31	21. 12/31	21. 09/30	21. 06/30	21. 03/31	20. 12/31	20. 09/30	20. 06/30	20. 03/31
매출액	17,592	20,856	18,834	20,270	18,532	18,489	19,316	18,286	17,717
매출원가	0	0	0	0	0	0	0	0	0
매출총이익	17,592	20,856	18,834	20,270	18,532	18,489	19,316	18,286	17,717
판매관리비	12,254	11,720	11,739	11,950	12,650	12,414	12,170	12,272	11,623
연구개발비	0	0	0	0	0	0	0	0	0
영업이익	4,509	8,110	6,926	8,189	5,591	3,866	3,318	−5,799	664
EBITDA	6,169	9,261	8,560	9,421	7,687	5,747	5,412	−3,857	2,680
법인세	707	1,711	1,521	1,445	901	574	−83	−2,001	159
중단손익	0	0	0	0	0	0	0	0	0
순이익	3,671	5,750	5,122	6,040	4,636	3,091	3,216	−3,846	653

Wells Fargo 분기 재무제표

Fargo는 우편물, 뉴스, 돈 및 기타 귀중품을 역마차로 운반하는 것을 주력 사업으로 회사를 운영했기에 그때의 상징 마크가 지금까지 이어진 것이다. 특화된 서비스로는 주택융자, 예금, 직불카드 서비스 등이 있고, "우리는 다 같이 장차 크게 될 것이다."라는 슬로건을 갖고 있다.

1852년 3월 18일에 설립된 이 회사는 170년의 오랜 역사를 가진 현재 미국 메이저 4대 은행 중 하나이다. 또한 시가총액[1,545억 달러, 한화로 약 200조, 2022/6/27 기준]은 미국 전체 기업 중 45위를 차지하고 있는 대규모 금융회사이다. Choicestock 에서 분석한 Wells Fargo의 분기 재무제표는 COVID-19 사태로 주춤했지만, 최근 들어 점차 회복되는 양상을 보여준다. 이번에는 데이터 플랫폼인 data ai 자료에서 앱 순위가 12~13위로 집계된 Wells Fargo의 앱에 대해서 자세히 살펴보자.

■ Wells Fargo 앱 메인화면 이미지 & 메뉴

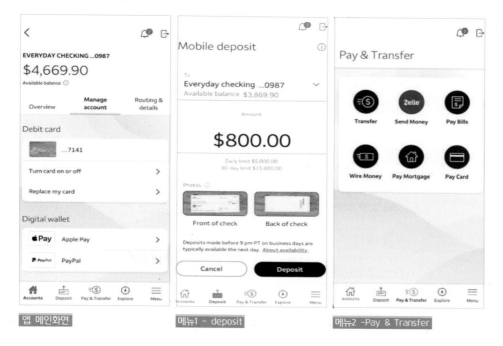

앱 메인화면 / 메뉴1 – deposit / 메뉴2 –Pay & Transfer

앱의 **메인화면**은 본인의 계좌를 등록 및 관리, 카드 등록 및 삭제, 애플페이, 페이팔, 삼성페이 등을 사용할 수 있는 기능이 있다. 메뉴 같은 경우엔 메인화면 포함해서 총 5가지로 이루어져 있다. **메뉴 1**(Deposit) 같은 경우엔 예금을 관리할 수 있는 기능이 있으며, 일일 최대 예금 가능 금액과 30일 최대 예금 가능 금액이 제시돼 있다. **메뉴 2**(Pay & Transfer)는 지급 및 송금 서비스로, 디지털 결제 서비스를 제공하는 회사인 **Zelle**과 제휴하여 돈을 이체할 수 있는 기능을 탑재하고 있다. 또한 청구서 내용을 확인할 수 있는 기능과 Wire money(Wire transfer)이라는 한 개인 또는 법인에서 다른 법인으로 전자 자금을 이체하는 기능, 모기지 대출금 지급, 결제 카드 확인 창 등이 있다.

나머지 **메뉴 3, 4**(explore Wells Fargo, Manu)는 본인의 저축, CDS, 카드, 집 대출, 개인대출 등의 잔액 확인 및 세부 정보를 볼 수 있고, 개인 정보 관리, 고객 문의, 지원, 서비스 검색 기능 등을 요청할 수 있는 기능이 있다.

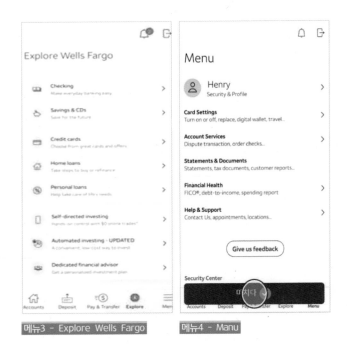

메뉴3 - Explore Wells Fargo   메뉴4 - Manu

■ Wells Fargo 회원가입 과정

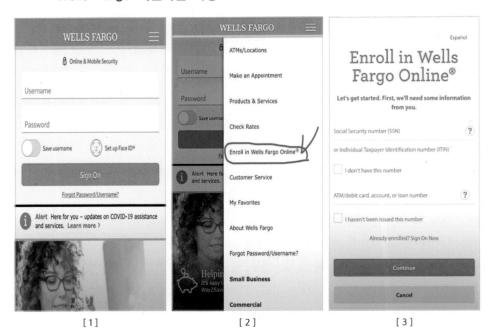

[1]   [2]   [3]

다음으론 앱 가입 절차다. 총 3가지 절차로 나뉜다. 첫 번째, 앱을 실행해 로그인 화면으로 간다. 두 번째, 오른쪽 위 모서리에 있는 세 줄 모양을 클릭하고, Enroll in Wells Fargo Online을 클릭한다. 세 번째, 클릭 후 나타나는 브라우저에서 요구하는 미국 SSN(사회보장번호)번호와 신용카드 번호를 입력해 주고, 아이디, 비밀번호를 설정하면 성공적으로 가입이 완료된다. 대체적 간단한 절차를 따른다.

■ Wells Fargo 주요 서비스와 서비스의 내용

Wells Fargo의 메인 서비스는 주택담보대출(모기지)이 있다. 2021년 집계된 위 그래프 자료에서도 볼 수 있듯이 Wells Fargo는 미국 내 주택담보대출 점유율의 4위를 차지하고 있을 정도로 비중이 매우 크다. Wells Fargo에서 주택담보대출을 받기 위해선 FICO 점수가 620점을 넘겨야 하며, 높은 신용을 요구하지 않는다는 것을 알 수 있다. 이러한 조건을 거쳐 고정금리 주택담보대출과 변동금리 주택담보대출 중 선택해야 하는데, 고정금리는 15년, 20년, 30년의 대출 기간 옵션을 제공하며, 이자율은 4.5%를 약간 웃도는 수치이다. 변동금리는 초기 5~7년 동안 고정금리로 이자를 갚고, 그 후 변동금리로 이자를 지급하는 방식이다. 올해 초까

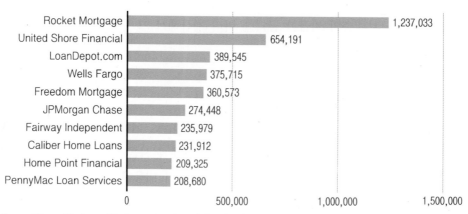

Top 10 mortgage lenders by number of loans
The most active mortgage originators in 2021:

Lender	Number of loans
Rocket Mortgage	1,237,033
United Shore Financial	654,191
LoanDepot.com	389,545
Wells Fargo	375,715
Freedom Mortgage	360,573
JPMorgan Chase	274,448
Fairway Independent	235,979
Caliber Home Loans	231,912
Home Point Financial	209,325
PennyMac Loan Services	208,680

Source: Home Mortgage Disclosure Act data via Lending Patterns, April 2022

대출 건수 기준 미국 상위 10개 주택담보대출 기업

지만 해도 상품의 이자율은 4%를 넘지 않았지만, 최근 미국의 인플레이션에 따른 연준의 금리 인상이 이자율 상승에 영향을 끼친 것으로 보인다.

또한 Wells Fargo는 서민을 위한 주택담보대출 서비스는 FHA 대출을 제공한다. FHA 대출이란 저소득 고객의 신용을 보증해주고, 그 보증을 근거로 은행 대출을 받을 수 있는 서비스다. 이 대출은 Fico score 500점 이상을 충족시키면 된다는 점과 특히 FHA 대출은 Down Payment를 3.5%만 지불하고 대출받을 수 있다. Down Payment란 집을 살 때 집의 구매 가격의 일부를 현금으로 내는 것을 의미한다. 그렇기에 자금이 부족한 고객에게 유리한 주택담보대출이다. 그리고 모바일 앱을 통해 직접 방문하지 않고도 대출을 쉽게 비교하고 저렴한 대출상품을 찾을 수 있는 프로세스를 제공한다. 또한 Wells Fargo는 핀테크 기업인 Blend Labs와 제휴를 하여 Blend Labs의 디지털 기술을 주택담보대출을 신청 절차에 적용했다. 그 결과 소득 신고서와 은행 계좌 정보 등을 작성해 주는 서비스를 제공할 수 있게 되었다. 오래 걸리는 신청 절차를 핀테크 기술로 간소화시킨 것이다. 그리고 앞서 앱 분석 소개 부분의 메뉴에도 있었던 Zelle이라는 핀테크 기업과의 협업을 통해 빠른 대출 서비스 결제 및 송금 서비스가 가능하다는 특징이 있다. 또 다른 획기적인 서비스로는 YourLoanTracker 서비스가 있다. 이 서비스는 주택담보대출 상담사에게 연락하지 않고, 고객이 직접 온라인으로 대출 신청 상태를 파악할 수 있는 기능이다. 구매 가격, 계약금, 신용점수, 구매하려는 상품의 지역 정보 등을 제공하면 이용할 수 있다. 그리고 또 다른 기능인 Mortgage Affordability Calculator 서비스는 소득, 부채, 위치, 계약금에 따라 주택의 월 주택담보대출의 지급할 금액을 미리 계산해서 그 주택을 구매할 수 있는지 이자를 낼 수 있는지 알려준다.

■ Wells Fargo 회사 및 서비스 관련 기사

"Wells Fargo와 HSBC, 블록체인 기반의 외환(FX) 거래를 위한 계약 체결." 이라는 타이틀의 기사다. HSBC라는 기업은 런던에 본사를 둔 세계 최대의 은행 및 금융 서비스를 제공하는 회사 중 하나다. 기사의 내용을 살펴보면 두 회사는 블록체인의 기술을 사용해 미국, 캐나다, 영국 등의 외환 거래를 위한 서비스를 출시할 예정이라고 밝혔다. 블록체인의 기술을 사용하면 결제하는 과정을 실시간

은행에 제공해줘서 거래 과정이 투명하단 장점이 있다. 또한 PVP(Payment vs Payment) 결제를 효율적으로 사용할 수 있다. 여기서 PVP 결제란 외환 결제 시스템에서 한쪽 통화의 최종 거래 단계가 반대쪽 통화의 최종 거래 단계가 이루어지는 경우에만 성사가 되는 메커니즘이며, 보안상의 문제를 해결하기 위한 결제방식이다. 이렇듯 블록체인 기술을 사용하면 외환 거래의 가장 큰 문제점 중 하나인 보안에 대한 위험 문제가 해결된다는 장점을 엿볼 수 있는 기사였다.

■ Wells Fargo 경쟁사

소비자가 직접 더 좋은 금융 서비스를 찾을 수 있도록 돕는 온라인 비교 플랫폼인 SuperMoney에서 조사한 Wells Fargo 경쟁사는 Citi Bank 소속 Citi Mortgage와 Bank of America 소속의 Bank of America Mortgage가 있다.

먼저 Citi Mortgage 같은 경우엔 Wells Fargo보다 더 낮은 주택담보대출 이자율을 요구하며 또한 기존의 고객들에게 요금 및 수수료 등에 할인을 제공해준다. 그리고 "HomeRun"이라는 서비스를 통해 첫 대출이거나, 장기간 대출을 하지 않아서 신용이 낮은 첫 구매 고객들에게 장벽이 낮은 대출을 제공함으로써 접근성을 높였다. 그러나 주택담보대출 시스템이 완전히 디지털화돼 있지 않아서 주택담보대출 상담사와 연락을 주고받으며 대출받는 절차가 필요하다.

두 번째 회사는 Bank of America Mortgage다. 이 회사는 Citi Mortgage와 마찬가지로 낮은 주택담보대출 이자율을 요구하고, 우수한 고객만족도 점수를 가지고 있다. 또한 Wells Fargo의 YourLoanTracker 서비스와 흡사한 서비스인 Home Loan Navigator 서비스를 통해 고객 본인의 대출에 대한 세부 내용을 온라인으로 확인할 수 있게 하는 편리한 서비스를 제공한다.

■ Wells Fargo 국내 유사 기업 및 비교

여러 핀테크의 기술을 사용 중인 Wells Fargo처럼 우리나라의 카카오뱅크는 핀테크 기술 중 하나인 AI 서비스를 주택담보대출에 연계시켜 '챗봇(대화하는 로봇)'이라는 서비스를 현재 제공하고 있다. 주택담보대출 신청, 실행 시 거치는 복잡한 과정과 영업점이 없다는 단점을 보완하기 위해 카카오뱅크는 챗봇을 개발하여 혁신적인 기술력을 보여주었다. 고객이 주택담보대출을 신청하면 카카오뱅크의 챗봇과의 대화창이 열린다. 그리고 대화창에 정보를 입력하면 한도 조회, 서류 제출, 대출 실행 절차가 대화창에서 진행이 되는 간편한 서비스다.

카카오뱅크 '챗봇' 서비스

■ Wells Fargo 총 개인 분석 의견

Wells Fargo는 과거 고객 동의 없이 실적을 쌓기 위해 유령계좌를 개설한 사실을 2016년에 발각당하여 미국 정부에 30억 달러 규모의 벌금을 냈으며, 그와 동시에 고객의 신뢰를 잃는 사건으로 크게 주춤한 적이 있는 회사다. 그러나 Wells Fargo는 미국 내 거의 모든 주에 지점을 두고 있으며, 이미 미국에서 많은 사람을 고객으로 갖고 있다는 강력한 이점이 있다. 그렇기에 Wells Fargo는 실수를 만회하고 혁신적인 기업으로 성장하기 위해 여러 가지 저소득자를 위한 대출 상품과 핀테크와의 협업을 통해 위기를 극복해 나가고 있다. 미국 내 강력한 점유율을 살려 앞으로 더욱 혁신적인 서비스와 상품을 제공해 나간다면 충분히 성장 가능성이 있는 좋은 회사라고 생각한다.

■ Affrim 서비스 개시일 & 간단한 역사

이번엔 핀테크 대출 회사 중 하나인 Affirm
에 대해서 다뤄볼까 한다. Affirm은 Nathan
Gettings, Jeffrey Kaditz와 다국적 금융기술 회

Affirm의 로고

사인 PayPal의 공동설립자인 Max Levchin에 의
해 설립된 **온라인 할부 대출 서비스**를 제공하는 핀테크 기업이며, 2014년부로 Max
Levchin이 CEO가 됐다. 이 회사는 '당신의 삶을 개선하는 정직한 금융 상품을 제
공하는 것'을 목표로 2012년 1월 1일에 설립됐다. 또한 2021년 1월 13일에 상장
을 하여 2022년 8월 기준으로 시가총액은 11조에 이르는 대기업이다.

Affirm은 2,000개 이상의 판매자와 협력해서 가정용품, 여행, 개인 피트니스,
전자 제품, 의류, 미용 등 소매회사 및 유명 브랜드를 고객에게 판매 시 Affirm으
로 할부 대출을 받아 결제할 수 있는 서비스를 제공한다. 또한 서비스를 더욱 간
편하게 이용할 수 있는 앱(App)도 운영 중이며, 플레이 스토어 기준으로 앱 랭킹
은 미국 쇼핑 카테고리로 23위를 기록한다. 판매업체와 활발한 협업을 하고 있다
는 것을 엿볼 수 있다.

■ Affrim 앱 메인화면 이미지 & 메뉴

Affirm 앱을 실행했을 때 가장 먼저 보이는 **메인화면** 같은 경우엔 Shop이라는
Affirm에서 바로 구매할 수 있도록 여러 유명한 판매업체, 소매업체 등의 목록이
전시돼있다. 원하는 판매업체를 선택하여 구매 절차를 밟으면 된다. 메뉴 같은 경
우엔 메인화면인 Shop과 Manage, Save, Profile로 구성돼 있다. Manage 메뉴는
자신이 할부 대출한 모든 대출상품에 대한 만기일, 지급해야 할 남은 금액 등을 확
인할 수 있는 메뉴다. 또 다른 메뉴인 Save 메뉴는 Affirm에서 운영 중인 저축 계
좌에 가입하거나 관리를 할 수 있으며, 계좌 내용, 이자율 등을 확인할 수 있는 메
뉴다. 마지막 메뉴인 Profile은 개인 정보에 대한 정보가 담긴 메뉴라 이미지 자료
가 없다. 이 메뉴는 이메일, 비밀번호, 결제계좌 등의 정보가 담겨 있는 메뉴이다.

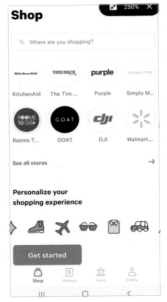

Affirm의 메뉴

메뉴 1 - Manage

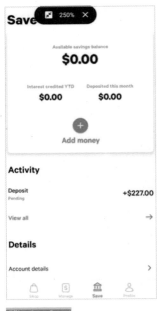

메뉴 2 - Save

■ Affrim 회원가입 과정

다음은 Affirm 앱 가입 절차이다. 총 6가지의 절차로 나눠봤다.

[1]

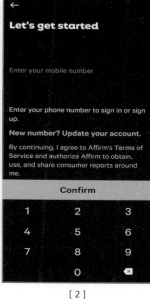

[2]

[3]

[4]

[5]

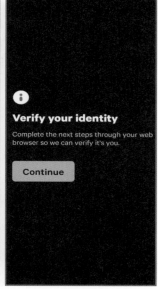

[6]

첫 번째, 앱을 실행하면 Create an account라는 계좌개설 버튼을 클릭한다. 두 번째. 미국 휴대전화번호를 입력한다. 세 번째, 입력한 전화번호로 인증 번호가 오면 입력한다.

다음은 앱 가입 절차다. 총 6가지의 절차로 나눠봤다. 첫 번째, 앱을 실행하면 Create an account라는 계좌개설 버튼을 클릭한다. 두 번째, 미국 휴대전화번호를 입력한다. 세 번째, 입력한 전화번호로 인증 번호가 오면 입력한다. 네 번째, 본인의 법적 이름과 이메일, 생년월일, 그리고 SSN(사회보장번호)의 마지막 4자리를 입력한다. 다섯 번째, 본인의 미국 주소, 우편번호, 도시, 주, SSN 9자리를 모두 입력한다. 여섯 번째, 당신의 신용을 확인한다는 문구와 함께 Continue를 누르면 가입이 완료되고, Affirm의 홈페이지로 넘어가서 본인의 휴대전화 번호로 인증 번호를 입력하고 로그인하면 된다. 로그인 절차는 생체 인식 등으로 본인이 변경할 수 있다. 많은 정보를 요구하는 만큼 고객의 신상에 대한 파악을 중요히 여기는 핀테크 기업임을 알 수 있다.

■ Affrim 주요 서비스와 서비스의 내용

Affirm의 메인 서비스로는 단언컨대 BNPL을 활용한 **할부 대출 서비스**를 손꼽을 수 있다. BNPL(Buy Now, Pay Later)이란 이 책의 앞부분에서 언급됐듯이 지금 구매하고, 나중에 지급이라는 할부 대출 서비스다. 현재 Affirm에서 제공하는 메인 서비스의 작동 원리라고 볼 수 있다. 이 작동 원리를 활용한 여러 가지의 할부 대출 서비스가 있는데, 기간, 금액, 고객의 신용에 따라 연이율은 0% 또는 10~30%를 지급해야 한다. 기간 옵션은 2주마다 1회 총 4번 지급, 6개월 할부, 12개월이 있다. 이때 연이율 0%의 상품은 무엇일까?라는 의문에서 Affirm만의 차별점을 찾아볼 수 있다.

위에 제시된 이미지 자료는 Affirm에서 고객이 만약 $100의 할부 대출을 받으면 제시되는 월 지급 금액 및 총 지급 금액의 예시를 제시해 준 창이다. 연이율 15% 같은 경우엔 가상 고객의 신용도에 따라 측정된 예시이며, 선택한 기간에 따라 지급해야 하는 이자 금액이 다른 것을 볼 수 있다. 그중 2주에 1회 총 4번 지급하는 옵션은 대출 이자를 받지 않는 **무이자** 할부 대출 서비스를 제공함으로써 Affirm만의 차별점을 보여준다.

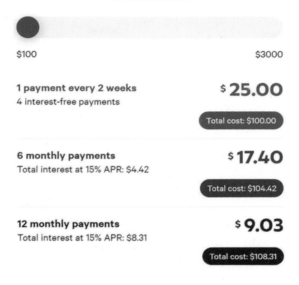

YOUR PURCHASE

$100 $3000

1 payment every 2 weeks   **$ 25.00**
4 interest-free payments
                                    Total cost: $100.00

6 monthly payments   **$ 17.40**
Total interest at 15% APR: $4.42
                                    Total cost: $104.42

12 monthly payments   **$ 9.03**
Total interest at 15% APR: $8.31
                                    Total cost: $108.31

For illustrative purposes only.
See footer for details

Affirm 할부 대출 예시

또한 Affirm은 고객이 지급해야 하는 총 대출 금액과 월 이자액을 대출 전에 미리 측정해주고 고객에게 알려준다는 장점을 갖고 있고, 앞에서 소개한 메인화면인 "Shop"에서 볼 수 있듯이 여러 대기업 판매업체들과 제휴 중이기 때문에 고객은 상품 구매에 있어서 더욱 유연한 절차를 거치기에 할부 구매 욕구가 더욱 증가하는 결과를 가져온다. 또한 판매업체는 Affirm에 수수료를 지불하고 유연하게 고객들에게 상품을 판매할 수 있으며, Affirm 서비스 이용 고객의 구매패턴에 대한 데이터 및 인사이트를 얻을 수 있는 모두에게 좋은 결과를 가져온다. 그리고 Affirm은 소비자가 연체를 해도 연체료를 받지 않는다는 매우 큰 장점이 있다. 연체료가 없다면 채무불이행 양산에 대한 문제점을 제시할 수 있다. 하지만 Affirm은 그 솔루션으로 구체적인 알고리즘은 밝혀지지 않았지만, **머신러닝 기반의 위험 분석 모델**을 구축함으로써 문제를 해결할 수 있다고 밝혔다.

Affirm이 SEC(미국증권거래위원회)에 제출한 자료에 따르면 10억 개 이상의 개별 데이터에서 보정 및 검증을 통해 신용을 평가하여 사용자가 Affirm으로부터 금전 사기 및 과도한 대출을 할 수 없도록 예방한다. 또한, 연체 고객의 신용점수를 하락시키고, 쇼핑 기능을 정지시켜서 추가적인 채무불이행 상황을 방지한다. 결과적으로 Affirm의 분기 채무불이행 비율은 1.1%로 낮은 편이고, 회사 직원의 47%가 엔지니어링 인력일 정도로 기술 및 인재에 대한 투자를 꾸준히 진행하고 있다. 추가로 Autopay(자동결제)라는 서비스도 운영 중인데, 이자 지급 기간을 놓치지 않게 자동결제를 설정하여 연체를 방지할 수 있는 기능이다. 이렇듯 Affirm은 여러 가지의 시스템과 서비스를 구축하여 채무불이행에 대한 우려를 덜어준다.

■ Affrim 회사 및 서비스 관련 기사

다음으론 Affirm 관련 기사에 대해서 다뤄보겠다. 첫 번째 기사는 글로벌 이코노믹의 "Affirm, Amazon과 파트너십 발표 후 주가 50% 넘게 폭등."이라는 타이틀의 2021년 8월 31일 기사다. 기사의 내용은 제목 그대로 Affirm이 Amazon과 파트너십을 맺었다는 기사로 이미 유명 판매 브랜드와 협업하는 Affirm이 이제는 Amazon 같은 대기업 판매업체와 협업을 통해 앞으로도 더욱 판매업체를 늘려가서 서비스를 제공하여 회사의 성장성과 고객의 서비스 이용에 대한 만족도를 높일 수 있을 거란 기대감을 심어주는 기사다.

■ Affrim 경쟁사

Crunchbase에서 조사한 Affirm의 경쟁사를 알아보자면 먼저 Klarna라는 스웨덴의 핀테크 기업이 있다. 이 기업은 최초로 BNPL 시스템을 도입한 기업이며, 판매자와 쇼핑객을 위한 전자 상거래 플랫폼이다. 할부 대출 서비스로는 "Pay in 4"라는 2주에 한 번씩 4번 이자를 상환하는 서비스와 "Pay in 30"이라는 고객이 결제 후 30일 이내 이자와 수수료 없이 대금을 지급하는 서비스가 있다. Affirm과의 차이점으론 연체료가 있고, 평균 구매 연이율은 19.99%이며, 대출 한도 금액은 $1,000~$10,000까지로 Affirm보다 낮다.

또 Afterpay라는 호주의 핀테크 기업이 있는데, Affirm과 마찬가지로 할부 대출 서비스 BNPL을 운영하고 있다. 이자 상환 방식은 6주간 4회를 나눠 대금을 지급하는 방식을 요구한다. 구매 시 25% 선지급, 2주에 한 번씩 25%씩 지급되는 구조다. Affirm과 반대로 소비자의 신용등급을 평가하지 않아서 누구나 이용이 가능하다는 점이 있고, 연체자에게 연체료를 받는다. 최근 미국의 핀테크 회사인

Square가 Afterpay를 인수하여 규모가 더욱 커졌다.

■ Affrim 국내 유사 기업 및 비교

우리나라에서도 BNPL을 활용한 할부 대출을 통한 후불 결제 서비스는 제공하는 회사가 있다. 대표적으로 **네이버페이**와 **쿠팡**이 있는데, 네이버페이는 시범 운용으로 최대 30만 원 한도로 서비스를 운영하고 있다. 또한, 연체 없이 이용하면 신용점수 상승으로 연결된다는 장점이 있다. 쿠팡 같은 경우엔 쿠팡에서 직접 매입한 상품만 할부 대출을 통한 후불 결제 서비스를 제공해준다. 최대 130만 원까지 서비스 이용이 가능하다. 우리나라에서 BNPL을 운영하는 회사들은 Affirm과 달리 연체이자가 발생하며, 할부 한도 또한 더욱 적다. 또한 이용할 수 있는 가맹점이 6,500개 이상의 가맹점과 협업 중인 Affirm에 비하면 규모에 있어서 한참 부족하다. 이렇게 BNPL에 있어서 우리나라가 적극적이지 않은 이유는 우리나라 할부 서비스가 매우 잘 구비되어 있기 때문에 다른 나라에 비해선 혁신적으로 다가오지 않기 때문이다.

■ Affrim 총 개인 분석 의견

'당신의 삶을 개선하는 정직한 금융상품을 제공하는 것'이라는 회사의 목표에서도 느껴지듯이 소비자를 위한 회사라는 것이 물씬 느껴진다. 그 근거로는 연체료가 없다는 것이다. 이는 소비자에게 꽤 혁신적으로 다가온다고 생각한다. Affirm만의 수준 높은 머신러닝 기술력을 활용하여 채무불이행의 양산을 방지하는 회사의 기술력에 감탄하지 않을 수가 없다. 또한 주요 고객층이 MZ세대라는 점에서 회사의 소비 전망이 차후 더욱 규모가 커질 것으로 된다. 실제로 주가 및 회사의 매출은 점점 상승하고 있지만, 고객의 채무불이행률에 대해선 긴장감을 놓지 않고 계속해서 주시해야 하는 부분이라고 생각한다.

대출서비스 5개 기업의 특징 비교

기업명		LendinClub	Kabbage	SoFi	Wells Fargo	Affirm
국가		미국	미국	미국	미국	미국
설립연도		2007년	2009년	2011년	1852년	2012년
은행 라이선스		보유	미보유	보유	보유	미보유
여신	신용 대출	제공	제공	제공	제공	제공
	담보 대출	미제공	미제공	제공	제공	미제공
앱 등록일		Ios: 2012.06.11 Android: 2014.07.19	Ios: 2013.08.13 Android: 2013.10.30	Ios: 2017.04.10 Android: 2017.10.12	Ios: 2009.05.18 Android: 2010.05.26	Ios: 2015.08.24 Android: 2016.06.23
메인 메뉴		Money Deposit Transfer& Pay Insights	Home Checking Funding	Banking Credit Card Invest Loans	Accounts Deposit Pay&Transfer Explore Manu	Shop Manage Save Profile
차별점		Marketplace 플랫폼을 통한 차용인과 투자자를 연결	중소기업 대출 특화	빠르고 간단한 학자금대출 서비스	간단하고 신속한 절차의 주택담보대출 서비스	무이자 할부 대출 서비스
추천 사용자		기관 투자자 및 개인신용 대출이 필요한 고객	중소기업 계정 이용자	대학생, 대학원생	주택담보 대출이 필요한 고객	여행 및 쇼핑 소비가 많은 고객

📘 참고문헌 및 자료 출처   (■: 이미지 출처   ▲: 기사 출처   ●: 용어 설명)

핀테크 대출 시장의 트렌드

- ■ https://www.grandviewresearch.com/industry-analysis/digital-lending-platform-market
  (도표 이미지 자료 출처)

LendingClub

- ■ https://www.lendingclub.com/ (회사로고 이미지 출처)
- ■ https://www.choicestock.co.kr/ (분기 재무제표 이미지 출처)
- ■ https://play.google.com/store/apps/details?id=com.q2e.firsttradeunionbank3351.mobile.production&hl=en&gl=US (앱 메인화면, 메뉴 이미지 출처)
- ■ https://www.yoreoyster.com/blog/lendingclub-referral-code/ (가입절차 이미지 출처)
- ■ https://www.lendingclub.com/ (주요서비스 부문 chcek your rate 서비스 이미지 출처)
- ■ https://d3.harvard.edu/platform-digit/submission/lending-club-a-marketplace-for-loans/
  (주요서비스 부문 〈marketplace lending〉 이미지 출처)
- ▲ [인용 기사: Bram Berkowitz, "This Fintech Stock Is Thriving as Interest Rates Rise.", 「The Motley Fool」, Aug 2, 2022.]
  기사 URL: https://www.fool.com/investing/2022/08/02/this-fintech-stock-is-thriving-as-interest-rates-r/
- ▲ https://www.bloomberg.com/opinion/articles/2020-02-19/the-fintechs-are-banks-now
  (기사내용 뒷받침 내용 자료 출처)
- ■ https://www.bankrate.com/loans/personal-loans/sofi-vs-lendingclub/
  (경쟁사 sofi 비교 이미지 자료 출처)
- ■ https://www.lendit.co.kr/loan (국내 유사기업 참고 자료 출처)

Kabbage

- ■ https://www.kabbage.com/ (회사로고 이미지 출처, 주요서비스와 서비스내용 참고 내용 출처)
- ■ https://www.thebalancemoney.com/ (서비스 개시일&간단한역사 참고 내용 출처)
- ■ kabbage 메인화면, 메뉴, 가입 절차 이미지는 직접 가입해서 캡처함.
- ■ https://www.kabbage.com/ (주요서비스와 서비스내용 참고 내용 출처.)

3 · 글로벌 모바일 금융용 트렌드 [대출]

▲ [인용 기사 출처: Riley de León, "American Express acquiring small business lender Kabbage." 「CNBC」, Aug 17, 2020.]
기사 URL: https://www.cnbc.com/2020/08/17/american-express-acquiring-small-business-lender-kabbage.html

▲ [인용 기사 출처: LendIt Fintech, "LendIt Fintech Names PitchIt Competition Winners And Second Annual LendIt Industry Award Winners." 「PR Newswire」, Apr 11, 2018.]
기사 URL: https://www.prnewswire.com/news-releases/lendit-fintech-names-pitchit-competition-winners-and-second-annual-lendit-industry-award-winners-300627905.html

▲ https://www.crunchbase.com/ (두 경쟁사 내용 출처)

▲ https://magazine.hankyung.com/money/article/202112147191c (국내 비슷한 회사 참고 내용 출처)

SoFi

■ https://www.SoFi.com/ (회사로고 이미지 출처, 주요서비스와 서비스내용 참고 내용 출처)

■ https://www.choicestock.co.kr/ (분기 재무제표 이미지 출처)

■ SoFi 메인화면, 메뉴, 가입 절차, 가입 메일 이미지는 직접 가입해서 캡쳐함.

▲ https://www.supermoney.com/ (주요 서비스와 서비스의 내용 참고 내용 출처)

▲ https://www.korstartup.org/%ED%95%80%ED%85%8C%ED%81%AC%ED%A1%9C-%ED%95%99%EC%9E%90%EA%B8%88-%EC%83%81%ED%99%98-%EA%B4%80%EB%A6%AC%EC%98%AC%EB%9D%BC%ED%94%8C%EB%9E%9C-%EC%95%1-%EC%B6%9C%EC%8B%9C/ (국내 비슷한 회사 참고 내용 출처)

▲ [인용 기사 출처: 김인오 기자, "자이언트스텝으로 마음 굳혔나…뉴욕증시 소폭 상승 마감 [월가월부]." 「매일경제」. 2022년 8월 25일.]

▲ 기사 URL: https://www.mk.co.kr/news/stock/view/2022/08/750549/

Wells Fargo

■ https://www.wellsfargo.com/ (회사로고 이미지 출처, 주요서비스와 서비스내용 참고 내용 출처)

■ https://www.choicestock.co.kr/ (분기 재무제표 이미지 출처)

■ https://www.youtube.com/watch?v=ADU8 (메인화면 및 메뉴, 가입절차 이미지 출처)

■ https://www.bankrate.com/mortgages/top-10-mortgage-lenders-of-2021/ (주요서비스와 서비스내용 〈미국 상위10개 주택담보대출〉 이미지 자료 출처)

▲ [인용 기사 출처: "Wells Fargo and HSBC Establish Bilateral Agreement to Settle FX Transactions Through a Blockchain-based Solution.", 「Wells Fargo」, Dec 13, 2021]
기사 URL: https://newsroom.wf.com/English/news-releases/news-release-details/2021/Wells-Fargo-and-HSBC-Establish-Bilateral-Agreement-to-Settle-FX-Transactions-Through-a-Bl

ockchain-based-Solution/default.aspx

- https://www.supermoney.com/ (경쟁사 참고 내용 출처)
- https://m.kakaobank.com/ (국내 비슷한 회사 참고 이미지 출처(챗봇))
- https://zdnet.co.kr/view/?no=20220215134856 (국내 비슷한 회사 참고 내용 출처)

Affirm

- https://www.affirm.com/ (회사로고 이미지 출처, 주요서비스와 서비스내용 참고 내용 출처)
- https://youtu.be/Ad_lYmmwhO0 (메인 화면, 메뉴, 가입절차 이미지 자료 출처)
- https://www.affirm.com/ (주요서비스 부분 〈Affirm 할부 대출 예시〉 이미지 자료 출처)
- https://youtu.be/p_Mu0E3R08k (주요서비스와 서비스의 내용 참고 내용 출처)
- https://www.affirm.com/how-it-works#legal (주요서비스와 서비스의 내용 참고 내용 출처)
- https://www.sec.gov/ (주요서비스와 서비스의 내용 참고 내용 출처)
- [인용 기사 출처: 조민성 기자, "후불 결제 업체 어펌, 아마존과 파트너십 발표 후 주가 50% 넘게 폭등." 「글로벌이코노믹」, 2021년 8월 31일.]
  기사 URL: https://news.g-enews.com/ko-kr/news/article/news_all/20210831072948451663 36258971_1/article.html?md=20210831073603_S
- https://www.crunchbase.com/ (경쟁사 참고 내용 출처)

04 · 주식서비스(Stock)

[김민재]

가. Stock Investment 트렌드

Stock Investment 부분의 트렌드는 COVID−19 팬데믹을 기점으로 많은 점이 바뀌었다. 우선 COVID−19 팬데믹으로 인해 각 정부는 확장적 재정 정책을 펼쳤고 유동성이 급속도로 확대되었다. 넘쳐나는 돈은 주식 시장을 향하기 시작했고 많은 개인 투자자가 주식에 입문하게 되었다. 이러한 상황 속 눈여겨볼 점은 MZ세대의 유입이다. 2020년 한국예탁결제원의 정보에 따르면 2020년 주식 시장에 새로 들어온 약 300만 명 중 절반이 넘는 53%가 MZ세대이다. 또한 전체 개인투자자 중 39세 이하 비중이 2019년에 25%였지만 2020년에는 약 10% 오른 35%로 증가하였다. 결과적으로 COVID−19 팬데믹을 통한 유동성 확대는 MZ세대의 주식 시장 입문을 끌어냈고 MZ세대 중심으로 트렌드가 변화하기 시작한다.

이러한 MZ세대 중심으로 트렌드가 변화하기 시작한 것은 MZ세대의 주식 시장 입문도 있지만 모바일 금융 서비스를 제공하는 '토스'가 모바일 주식서비스를 시작한 2021년 1분기부터 급속도로 바뀌게 된다. 기존의 존재했던 증권사의 모바일 주식서비스는 이용하기 어렵고 복잡하다는 인식이 MZ세대의 인식이었다. 하지만 토스는 간단명료한 사용자 인터페이스(UI)와 사용자 경험(UX), 초보 투자자들을 위해 이해하기 쉬운 콘텐츠로 리포트나 정보를 전달하는 MTS(Mobile Trading System)를 내세워 주식에 입문하는 사람들이나 MZ세대의 유입을 끌어냈다. 특히 2021년 12월 해외 주식서비스를 하고 5개월 만에 국내 해외주식시장 점유율 12.5%를 기록하는 등 기존 증권사들의 머리를 복잡하게 만들 성과를 내고 있다.

이렇게 토스 증권에 MZ세대를 비롯한 투자자들이 유입되자 기존 증권사들은 토스 증권을 따라 대대적인 MTS 개편을 단행했다. 먼저 국내 주식시장 점유율 1위

'토스'의 새로운 로고

인 키움증권은 최근 기존 MTS를 업그레이드한 키움증권 영웅문 S#의 체험판을 출시했다. 키움증권 관계자는 언론과의 인터뷰에서 "데이터 분석을 통한 빅데이터 활용과 사용자 경험인 UX를 기반으로 플랫폼 경쟁력을 더욱 강화할 것이다"

라고 언급했다. 인터뷰를 통해 유추할 수 있는 점은 토스 증권이 추구하는 사용자 경험(UX)을 키움증권 또한 중요하게 생각하고 있다는 점이다. 미래에셋증권 또한 이 변화에 동승했는데 미래에셋증권이 새롭게 서비스하는 MTS는 공급자 중심의 기존 MTS를 고객 중심으로 전환해 향상된 고객 경험을 제공한다고 하며 깔끔한 인터페이스를 내세워 소비자들의 관심을 이끌고 있다. 미래에셋증권 또한 사용자의 경험을 중요시하고 사용자 인터페이스(UI) 또한 중요한 포인트로 판단하고 있는 것 같다.

종합해 보자면 토스 증권이 사용자 경험(UX)과 사용자 인터페이스(UI)를 중심으로 MTS를 개발하여 많은 투자자와 주식 입문자들의 관심을 끌어냈고 실제로 높은 성과를 내자 기존의 증권사 MTS 또한 사용자 경험과 사용자 인터페이스 중심으로 MTS를 개편하고 있다. 키움증권과 미래에셋증권을 제외하고도 많은 증권사가 자사 MTS를 손보고 있다는 점은 여러 기사를 통해 확인할 수 있다.

이러한 국내 주식정보 제공 및 매매거래 시스템 시장에서의 트렌드는 전세계적인 증권회사나 앱(App)서비스에도 동일하게 진행되고 있다. 지금부터 세계적인 주식투자 관련 서비스의 사례를 알아보도록 하자.

나. 주식서비스(Stock) 사례

Cash App

■ Cash App 서비스 개시일 & 간단한 역사

첫 번째로 소개할 모바일 앱(App)은 미국의 '블록' 사가 개발한 Cash App이다. Cash App을 개발한 '블록'은 2009년 트위터의 공동창업자로 유명한 'Jack Dorsey'와 그의 동료인 'Jim McKelvey'가 설립했고 2015년 11월 뉴욕 증권 시장에 상장했다. 이 앱의 시작은 2013년 10월 15일 'Square Cash'라는 간편 송금 서비스를 제공하는 앱으로 시작했고 Stock Investment 부분은 2019년 10월에 서비스를 시작했다.

■ Cash App 앱 메인화면 이미지 & 메뉴

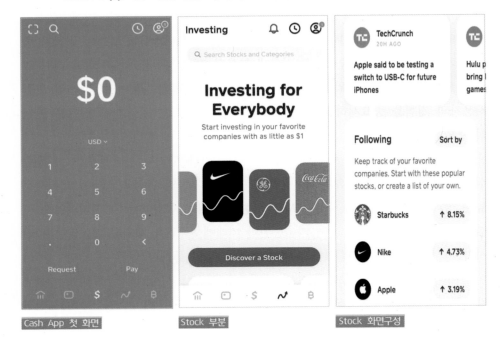

Cash App 첫 화면   Stock 부분   Stock 화면구성

　　Cash App을 처음 들어갔을 때 제공되는 화면이다. Cash App이 'Square Cash'라는 송금 서비스로 앱 서비스를 시작하였기 때문에 첫 화면을 송금 서비스로 선택한 것으로 판단한다. 그 외에도 뱅킹, 카드, 가상화폐 투자 서비스 또한 제공 중이다.

　　Cash App의 Stock Investment 부분에 들어가게 되면 처음으로 이 화면이 나오게 된다. 위의 검색메뉴에서 관심있는 주식을 검색할 수 있고 주요 주식들을 번갈아 가면서 보여준다. 아래의 Discover a Stock을 누르면 주식을 섹터별로 찾을 수 있다. 뒤로 돌아가 첫 화면에서 아래로 스크롤 하게 된다면 윗부분은 관심이 있는 주식을 선택했을 때 그 종목의 뉴스를 실시간으로 보여주고 아랫부분은 선택한 주식을 아래로 나열하여 장이 오픈되었을 때 실시간으로 변동률을 보여준다. 다시 아래로 스크롤 하게 된다면 하루 동안 가장 많이 거래된 주식과 가장 많이 오르고 내린 주식들을 보여준다.

■ Cash App 회원가입 과정

Cash App의 회원가입 과정은 미국의 타 금융 서비스 앱보다 간단한 편이다. 앱을 다운로드하고 핸드폰이나 이메일을 이용하여 사용자 인증을 한 후 직불카드 번호를 입력해야 한다. 하지만 이 과정은 회원가입할 때 스킵이 가능하며 다음에 다시 입력할 수 있다. 그 후 Cash Tag라는 별명을 입력하게 되면 회원가입이 완료된다. 타 앱의 경우 미국 거주 인증번호를 입력해야 하지만 Cash App은 이 과정이 스킵되어 있다.

■ Cash App 주요 서비스와 서비스의 내용

Cash App의 메인 서비스는 $1 투자이다. 미국 주식을 하다 보면 가격이 높은 주식이 많다. 예를 들어 워런 버핏의 버크셔 해서웨이는 한화로 5억 원이 넘고 여행 플랫폼 회사인 부킹 홀딩스는 200만 원이 넘는다. 알파벳, 아마존은 액면 분할 전 300만 원이 넘는 가격이었기 때문에 이러한 주식에 투자하기는 부담스러운 감이 없지 않았다. 하지만 Cash App이 선보인 $1 투자는 이러한 주식들을 부담 없이 매수할 수 있게 도와주었다. 원하는 주식을 최소 $1부터 매수할 수 있다. 다음으로 Cash App은 주식 투자 수수료가 없다. 주식을 여러 번 나누어서 매수할 때마다 증권사에 수수료를 내야 한다. 물론 적은 금액을 내지만 쌓이다 보면 큰돈이 될 수 있다. 하지만 Cash App은 주식 투자에 수수료가 없어 주식을 여러 번 나누어서 살 때 부담이 없고 짧은 시간 내에 주식을 사고 파는 형태의 매매도 부담이 없다. 다음으로 Cash App은 주식을 선물할 수 있다. 원하는 수량만큼 보내고 싶은 사람에게 주식을 선물할 수 있다. 이러한 메인 서비스의 특징들을 볼 때 주식에 입문하는 사람에게 큰 매력으로 어필될 것으로 보인다.

■ Cash App 회사 및 서비스 관련 기사

다음으로 Cash App이 Stock Investment 서비스를 평가한 기사를 한번 보자. Jay Peters 기자가 2019년 10월 쓴 기사에 따르면 1$ 투자로 시작한 Cash App의 주식서비스가 시작될 것이고 주 타깃인 젊은 고객 유치에 1$ 투자가 큰 힘을 발휘할 것이라고 했다. 2021년 11월 4일에 업데이트된 Matt Frankel 기자의 기사를 보면 Cash App의 Stock Investment 부분은 수수료가 없고 주식 투자에 입문하는 투자자에게 적합한 앱이며 본래의 Cash App의 서비스인 송금 서비스와 잘 어울리는 서비스라고 평가했다. 하지만 뮤추얼 펀드, 스톡옵션, 채권 등을 매수할 수 없고 전문적인 투자자에게는 매력적이지 않다고 평가했다.

■ Cash App 경쟁사

Cash App의 가장 큰 경쟁자는 PayPal이다. PayPal은 현재 전 세계 결제 서비스 1위 회사이다. PayPal은 현재 주식 거래를 지원하고 있지 않다. 하지만 PayPal CEO의 인터뷰를 들어보면 주식 거래 서비스 제공을 준비 중인 것을 알 수 있다. CEO는 "결제, 투자, 저축 등을 한 번에 아우르는 슈퍼 앱을 개발하여 머지않아 서비스를 제공할 것이다"라고 인터뷰를 남겼다. PayPal이 슈퍼 앱을 통해 Cash App의 사업 부분 서비스를 시작하면 Cash App의 입장에선 작지 않은 파장이 미칠 것으로 판단한다.

■ Cash App 국내 유사 기업 및 비교

한국에서 서비스되는 앱 중 Cash App과 비슷한 앱은 바로 '토스'이다. Cash App을 조사하는 초반부터 느낀 점이 한국의 토스와 매우 비슷하다는 것이다. 필자는 주식 투자를 토스를 이용해서 하고 있으므로 둘을 비교하기 편했다. 토스를 소개하자면 토스는 2021년 2월 주식서비스를 시작하였고 해외 투자(미국)의 경우 2021년 11월에 시작했다. Cash App이 2019년 10월에 투자 서비스를 시작했으므로 약 1년 3개월 정도 늦게 서비스를 시작했다. 토스의 메인화면을 보면 첫 화면에서 관심을 등록한 주식과 관련된 뉴스를 실시간으로 보여주고 나의 주식 수익률을 보여준다. 아래로 스크롤 하면 장이 열렸을 때 주식들의 변동률을 실시간으로 보여주고 다시 스크롤 하면 주식 섹터나 배당주 등을 간편하게 정리해놓았다. 마지막으로 현재 가장 많이 보고 있는 주식이나 구매가 많은 주식 등 여러 정보는 순위를 통해 제공해준다. 다음으로 토스의 메인 서비스 특징을 알아보자.

토스의 메인 서비스를 보면 $1 투자를 할 수 있다. 이는 Cash App에서 제공하던 서비스와 같다. 토스는 이 서비스를 2022년 4월부터 제공하였고 필자는 이 서비스 덕분에 알파벳을 매수할 수 있었다. 다음으로 주식 선물 서비스를 제공한다. 이 또한 Cash App과 같다. 하지만 토스는 주식 투자 수수료가 무료가 아니다. 토스는 국내 주식 한정으로 월 5,900원을 내야 하는 '토스 프라임'을 구독하면 투자 수수료가 없다. 이를 구독하지 않는다면 투자 수수료가 국내 0.015%, 해외 0.1%로 낸다.

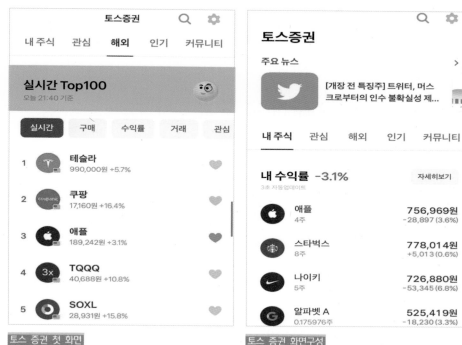

토스 증권 첫 화면   토스 증권 화면구성

■ Cash App 분석정리

현재 Cash App은 연간 7천만 명의 이용자가 사용하고 있고 많이 다운로드되는 금융 앱에 이름을 올렸다. 이렇게 순항하는 앱과는 달리 Cash App을 출시한 '블록'은 성장 둔화 우려로 인하여 주가가 많이 하락했다. 이 그래프는 '블록'의 매출을 보여주는 차트다. 진한 녹색 차트는 애널리스트들의 예상 실적이고 연한 녹색은 '블록'이 직접 발표한 실적이다. 2021년 2분기까지는 계속해서 애널리스트들의 예상을 뛰어넘는 어닝서프라이즈(예상치를 훨씬 웃도는 실적)가 발생하면서 매출과 주가가 우상향하는 모습을 보여준다. 하지만 2021년 3분기를 기점으로 '블록'의 매출은 애널리스트들의 예측보다 낮게 나오는 어닝 쇼크(예상치에 훨씬 미치지 못한 실적)가 발생하고 있다. 이에 따라 '블록'의 주가는 현재 52주 최고가인

$300보다 약 75% 정도 하락한 $63을 유지하고 있다. '블록' 입장에서는 Cash App이 주식 투자 수수료가 없다는 점이 큰 단점으로 판단할 것 같다.

마지막으로 전체적인 분석을 알아보자. 앞서 설명한 것처럼 주식 입문자들이 매력을 느낄 포인트가 $1 투자, 수수료 제로 덕분에 주식 입문에 좋을 것 같다. 또한 기업의 정보나 매출 등을 쉽게 알 수 있어서 기업에 대한 이해가 쉽다. 하지만 지나치게 단순하다는 지적이 있어 더 전문적인 도구, 예를 들어 이동평균선 등을 추가할 계획이 있다고 한다.

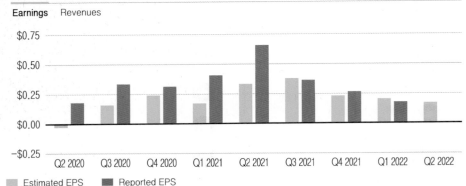

Block (SQ) Earnings, Revenues Date & History

The upcoming earning date is based on a company's previous reporting, and may be updated when the actual date is announced

'블록' 사의 주당순이익 현황

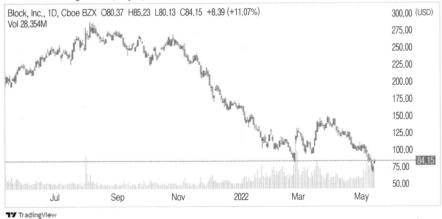

Published on TradingView.com, May 15, 2022 13:04 UTC

'블록' 사의 주가 흐름

■ Investing.com 서비스 개시일 & 간단한 역사

두 번째로 소개할 앱은 Investing.com이다. 현재 소유자는 Fusion Media이다. Investing.com은 2007년 Forexpros로 서비스를 시작했고 2012년에 Investing.com 이라는 도메인을 한화 27억을 주고 사는 도메인 거래에서 역대 최고로 큰 거래를 하여 현재의 Investing.com이 되었다. 2013년에 안드로이드 앱이 출시되었고 1년 뒤에 iOS 앱이 출시되었다.

■ Investing.com 앱 메인화면 이미지 & 메뉴

Investing.com에 처음 방문하면 제공되는 화면이다. 화면 위아래로 메뉴 구성이 되어 있는데 먼저 아래쪽 메뉴 구성부터 설명하자면 사용자는 첫 화면에서 실시간으로 다우 지수나 S&P500, 나스닥 지수를 볼 수 있으며 유명한 ETF의 가격도 볼 수 있다. 오른쪽으로 스크롤 하면 시장의 실시간 뉴스를 보여준다. 뉴스에 들어가 댓글을 등록할 수 있으며 네이버 주식 정보 방이랑 느낌이 비슷하다. 세 번째 화면에서는 중요한 경제 지표 발표를 볼 수 있다. 예를 들어 물가나 고용 현황 등 시장에 큰 영향을 끼치는 지표가 많이 볼 수 있어 투자자는 이 화면에 집중해야 한다. 네 번째 화면에선 투자자가 관심을 등록한 종목이나 ETF 등의 실시간 등락 현황을 보여준다.

다음으로 위쪽 메뉴 구성을 보면 첫 화면은 같고 옆으로 스크롤 할 때마다 아래쪽 메뉴에서 선택한 부분을 더 자세하게 볼 수 있는 정보를 위쪽 메뉴에 배치해놓았다. 이 메뉴에서 지수 선물, 환율, 원자재, 가상화폐 채권의 실시간 가격을 볼 수 있다. 이 부분에서 눈여겨볼 화면은 아래쪽 '시장' 메뉴에서 가장 오른쪽으로 가면 시장을 통틀어 가장 인기 있는 종목의 순위를 나열해 준다.

| 첫 화면 | 뉴스 화면 | 경제 캘린더 | 인기 종목 순위 |

■ Investing.com 회원가입 과정

Investing.com의 회원가입 과정은 앞서 소개한 Cash App보다 훨씬 간단한 편이다. 앱을 켜고 가장 오른쪽 화면으로 가면 화면 위쪽에 파란색 Sing Up이 표시된다. 이 화면에서 애플이나 페이스북, 구글 계정을 연동하여 로그인을 할 수 있으며 다른 방법으로는 이메일을 입력하기만 하면 회원가입이 완료된다.

■ Investing.com 주요 서비스와 서비스의 내용

Investing.com의 메인 서비스는 기술적 분석 제공이 있다. 후에 Investing.com의 경쟁자로 언급할 Tipranks와 가장 큰 차별점이 바로 기술적 분석이다. 주식을 하다 보면 어떤 종목의 매수나 매도 타이밍을 알기 쉽지 않다. 이를 분석하는 방법에는 기본적 분석과 기술적 분석이 있는데 먼저 기본적 분석은 주식의 내재적 가치를 분석하여 미래의 주가를 예측하는 방법이다. 기업에 대한 조사를 통해 이 기업이 앞으로 얼마만큼의 이익을 낼 것이고 성장률이 몇 퍼센트가 될 것인지에 대하여 분석하여 매수에 도움을 주는 분석법이다.

다만 기업에 대한 평가에 주관이 담길 수 있으며 정보를 얻기 어렵기 때문에 분석하기 어렵기도 하다. 다음으로 기술적 분석은 주가나 거래량이 담긴 차트를 통하여 시세를 예측하는 분석법이다. 가장 기초적인 기술적 분석은 이동평균선이 있다. Investing.com은 이 기술적 분석을 서비스로 제공 중이다. 자세하게 보기 위해 삼성전자의 기술적 분석을 참고했다. 이미지를 참고해 보면 15분, 30분, 1시간, 5시간, 하루, 주간, 월간 단위의 기술적 분석을 볼 수 있으며 이동평균을 이용한 분석과 기술적 지표를 이용한 분석 두 가지가 존재한다. 투자자는 이를 매수나 매도에 이용할 수 있다. 하지만 왜 이러한 기술적 분석을 내렸는지 정확한 설명이 없어서 아쉬움이 남는다. 이동평균 분석의 경우 어떤 가격에 매수나 매도만 나타내기 때문에 왜 이 가격에 거래해야 하는지에 대한 설명이 부족하다. 기술적 지표를 이용한 때도 마찬가지로 정보가 부족하다.

삼성전자의 기술적 분석 | 이동평균 기술적 분석 | 기술적 지표 분석

■ Investing.com 회사 및 서비스 관련 기사

다음으로 Investing.com의 성과를 다룬 기사를 한번 보자. Yahoo Finance에 2019년 8월 15일에 올라온 기사에 따르면 Investing.com은 세계 400대 웹 사이트에 진입하는 것은 물론이고 Invesing.com 공식 앱이 1,000만 다운로드를 달성했다고 주목했다. Investing.com의 공동 CEO인 Shlomi Biger은 인터뷰에서 "당사의 앱이 1,000만 다운로드를 달성한 것은 정말 겸손한 일"이라고 말했다. 또 다른 공통 CEO인 Mickey Winitsky는 Investing.com의 급속한 성장과 높은 접근성은 전 세계 사용자들의 수요 증가로 이어질 것이라고 말하면서 Investing.com의 사업 성장성에 대하여 자신감을 드러냈다.

■ Investing.com 경쟁사

Investing.com의 경쟁자 중 하나는 Tipranks이다. Tipranks는 Investing.com 과 유사하게 주식 정보를 제공하는 사이트다. Tipranks는 투자자에게 투자 결정을 내리는 것을 도와주며 월스트리트, 헤지 펀드, 블로거들의 의견을 취합하여 투자자에게 제공하며 그들을 감시해 투명성을 강화하는 서비스를 제공하고 있다.

■ Investing.com 국내 유사 기업 및 비교

한국에서 서비스되는 앱 중 Invesing.com과 비슷한 앱은 바로 '네이버 증권'이다. 필자는 Investing.com에 광고가 자주 나오는 점으로 인해 네이버 증권을 자주 이용해서 유사한 점을 쉽게 알 수 있었다. 먼저 Investing.com에서 제공하는 주요 콘텐츠 중 경제 캘린더 서비스가 있었는데 네이버 증권에도 비슷한 서비스를 제공 중이다. 네이버 앱을 실행하고 오른쪽으로 화면을 넘기다 보면 경제판이 나온다. 이 경제판에서 아래로 스크롤 하다 보면 여러 경제 정보를 제공하는데 이중 경제 캘린더 서비스 또한 제공 중이다. 경제지표에 대한 설명이 잘 되어 있고 친절하게 용어를 설명하기 때문에 한국인이 보기 편하다. 또한 실시간 원자재 가격, 환율, 주가지수 등을 보여준다. 이런 점을 볼 때 네이버 증권은 Investing.com과 매우 유사하다. 하지만 네이버 증권은 네이버 앱 안에 있는 경제판에 있으

경제 캘린더

채권 수익률

환율

므로 접근성이 불편하고 따로 네이버 증권이라는 앱을 출시하지 않으면 고쳐지지 않을 단점이기 때문에 네이버 증권 앱의 출시를 원하고 있다.

■ Investing.com 총 개인 분석 의견

Investing.com은 주식과 관련된 정보를 얻기에 가장 좋은 앱 중 하나로 판단한다. 전 세계 55개국에서 서비스를 제공하고 있기에 번역이 잘 되어 있고 기술적 분석 등 투자자에게 중요한 지표를 알려주기 때문에 좋은 앱으로 판단한다. 한국어 서비스 또한 잘 되어있으므로 주식을 하기 위해서 활용해야 할 앱 중 하나로 생각한다. 하지만 앱 화면을 볼 때 위아래로 광고가 뜬다는 점과 앱을 처음 실행했을 때 팝업 광고가 나온다는 점은 사용자 관점에서 불쾌한 경험으로 보인다. 이런 광고를 없애기 위해선 Investing Pro를 월 17,500원의 구독료를 내고 구매해야 한다. 그런데도 2021년 세계에서 가장 인기 있는 웹 사이트 194위에 매겨질 정도로 인기가 많고 월 2,100만 명의 사용자와 1억 8,000만 개 이상의 세션을 가진 세계 3대 금융 웹 사이트로 성장했다.

The Rich

■ The Rich 서비스 개시일 & 간단한 역사

세 번째로 소개할 모바일 앱은 'The Rich'다. 'The Rich'는 2019년 9월 3일에 모바일 마켓에 출시했다. 현재 2020년 6월 15일에 설립된 한국의 스타트업 기업인 (주)빌리어네어즈가 운영 중이다. 앱을 먼저 출시하고 나중에 법인이 설립된 독특한 경우로 보인다. 이 앱은 주로 주식 배당금에 초점을 맞춘 자산관리 앱이다. 주식 배당금을 모아 미래에 경제적 자유를 누리는, 즉 배당금으로만 생활할 수 있게끔 관리를 하는 게 바로 이 앱의 목표다. 이 앱의 이용자 다수가 미국 주식을 하는 사람이 많다. 그 이유로 한국 기업보다 미국 기업이 주주친화적이기 때문이다. 예를 들어 자사주 매입이나 배당금 인상을 자주 하므로 주주로선 주식을 보유만 하고 있어도 저절로 수익이 증가하기에 배당주를 투자하는 투자자로선 미국 시장이 상대적으로 좋다고 볼 수 있다. 그리고 이러한 배당주를 투자하는 사람들을 타깃으로 한 앱이 바로 'The Rich'다.

■ The Rich 앱 메인화면 이미지 & 메뉴

이제 'The Rich' 앱으로 들어가 보자. 'The Rich'를 다운로드하고 들어가게 되면 자료의 화면이 가장 기본이 되는 화면이다. 이 화면에서 위에 검색바에 주식이나 가상자산을 검색할 수 있고 관심 있는 종목을 선택하면 아래의 오늘의 뉴스에 관련된 뉴스를 띄어준다. 다음 화면으로 가면 'The Rich'의 커뮤니티가 나온다. 이곳에서 주식 의견 공유가 가능하고 상대방이 어떠한 종목을 가졌는지 포트폴리오를 볼 수 있다. 'The Rich'의 커뮤니티의 경우 앱의 취지처럼 배당에 관한 이야기가 많이 오가며 커뮤니티의 연령대가 다른 앱보다 높다는 느낌을 받을 수 있다.

이는 배당금 투자를 하는 투자자들이 대부분 노후의 생활비를 주식 배당금으로 충당하려는 경우가 많으므로 40~50대의 비중이 높은 것으로 보인다. 그다음 화면으로 가게 되면 투자자가 설정한 포트폴리오의 수익률과 예상 배당금 명세를 볼 수 있다. 마지막 화면은 실시간으로 올라온 커뮤니티 글이나 그날의 가장 인기 있는 글을 보여주는 화면이다. 'The Rich'의 독특한 점이라면 앱을 실행했을 때 위의 4가지 화면 중 무작위로 첫 화면으로 뜨게 된다. 이 점은 다른 앱과는 달라 신선함을 준다.

다음으로 메인화면을 보게 되면 앞서 소개한 오늘의 뉴스가 있다. 투자자가 오늘의 뉴스는 관심 등록한 주식과 관련된 모든 뉴스를 보여준다. 배당 캘린더는 몇 월 며칠에 어떤 기업이 배당을 하는지, 배당락일, 배당 지급주기 그리고 배당가격 알려준다. 필자로선 이 기능이 가장 좋다고 느껴지는 게 미국 배당주 투자를 하는 사람들은 월마다 배당받기를 원하는 경우가 많다. 이 기능을 활용하면 어떤 기업이 언제 배당락을 진행하고 배당금을 지급하는지 상세하게 알려주기 때문에 월 배당을 맞추기 편해진다. 마지막 화면은 투자 MBTI 기능인데 이 기능은 자신의 투자 성향을 알게 되는 서비스이다. 자신이 공격적 투자자인지 보수적 투자자인지 간편하게 알 수 있다.

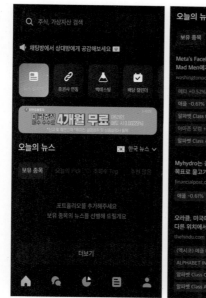
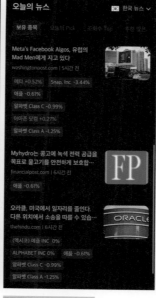

The Rich 메인화면　　　　The Rich 오늘의 뉴스　　　　배당 캘린더

■ The Rich 회원가입 과정

'The Rich'의 회원가입 과정에 대해 알아보자. 'The Rich'의 회원가입 과정은 이전에 소개했던 Investing.com과 매우 유사하다. 앱을 다운로드하고 실행하게 되면 카카오, 구글, 애플 로그인 중 하나를 선택해서 회원가입을 진행하면 된다. 아주 간단하므로 장점으로 보인다.

■ The Rich 주요 서비스와 서비스의 내용

다음으로 'The Rich'의 메인 서비스에 대해 알아보자. 첫 번째 메인 서비스로는 증권사 연동 포트폴리오가 있다. 자료 화면의 증권사를 포함한 20개의 증권사의 포트폴리오를 공동인증서를 통하여 'The Rich'에 쉽게 연동할 수 있다. 이서비스가 유용한 점은 만약 증권사 연동을 하지 않으면 어떤 주식을 샀는지 수작업으로 등록해야 하므로 손이 많이 가게 된다. 하지만 증권사 연동 포트폴리오를 이용하면 이 작업을 하지 않아도 주식 매매 명세가 반영되므로 간편해진다. 두 번째로 소개할 메인 서비스는 백테스팅이다. 백테스팅은 테스트 기간과 테스트

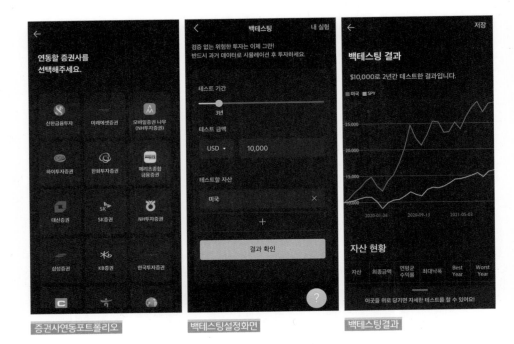

증권사연동포트폴리오   백테스팅설정화면   백테스팅결과

금액을 설정하여 과거의 기록을 바탕으로 수익률을 계산해주는 서비스이다. 예를 들어 자료 이미지에 두 가지 그래프가 있다. 빨간색 그래프는 미국의 대표적 기업인 '애플'의 주가 차트이고 노란색 그래프는 미국의 대표적 ETF인 'SPY'이다. 그래프를 보면 확실히 애플의 수익률이 월등한 것을 알 수 있다. 이처럼 백테스팅 서비스를 이용하여 과거 데이터를 쉽게 알 수 있다. 물론 이 서비스가 미래의 수익률을 추정하진 못하지만, 전체적인 추세를 알기에는 좋은 서비스로 보인다.

■ The Rich 회사 및 서비스 관련 기사

다음으로 'The Rich'와 관련된 기사를 한번 보자. 첫 번째 기사로 선정한 것은 핀테크 자산 포트폴리오 'The Rich', 유망 스타트업 팁스에 선정되었다고 알리는 2021년 7월 16일자 기사이다. 기사에 따르면 'The Rich'를 운영 중인 (주)빌리어네어즈는 중소벤처기업부에서 주관하는 민간투자 주도형 기술 창업 지원인 팁스에 확정되었다고 한다. 이를 통해 2년간 5억 원의 R&D 비용을 받을 수 있다. 또한 'The Rich'는 법인 설립 1년 만에 30만 명의 사용자를 모아 빠르게 성장하고 있다고 한다. 두 번째 기사는 앞서 설명한 '백테스팅'을 다룬 기사이다. 기사

핀테크 자산 포트폴리오 '더리치', 유망 스타트업 팁스 선정

오효진 2021년 7월 16일

자산 포트폴리오 서비스 더리치(법인명 빌리어네어즈)는 중소벤처기업부(이하 중기부)에서 주관하는 민간투자 주도형 기술창업지원 프로그램인 팁스(TIPS)지원 심사에서 6월 선정 팀으로 최종 확정됐다.

중소벤처기업부가 진행하는 팁스(Tech Incubator Program for Startup Korea)는 우수 기술을 보유한 유망 스타트업을 발굴해 정부가 민간 투자사와 함께 2년 간 약 5억 원의 연구개발(R&D) 비용을 지원하는 스타트업 육성 프로그램이다.

'벤처스퀘어' 오효진 기자 기사

에 따르면 (주)빌리어네어즈는 백테스팅 실험실 기능을 출시하였고 개인 투자자는 이를 이용하여 직접 하기 힘들었던 데이터 기반의 자산 시뮬레이션을 버튼 클릭 한 번으로 실험해 볼 수 있다고 한다.

그뿐만 아니라 포트폴리오를 다양한 시나리오를 바탕으로 실험해 볼 수 있다고 한다. (주)빌리어네어즈의 대표 조현호는 인터뷰에서 "이후 딥러닝을 이용한 포트폴리오 분석 이후 맞춤형 포트폴리오를 추천해주는 서비스를 제공할 것"이라고 밝혔다. 위 기사들을 통해 'The Rich'는 빠르게 성장 중이며 앞으로도 질 좋은 서비스를 계속해서 제공할 것으로 판단한다.

■ The Rich 경쟁사

'The Rich'의 대표적인 경쟁자로는 'Divtracker'이 있다. 앱 이름처럼 배당과 관련된 앱이고 'The Rich'와 비슷한 부분이 많다. 초기 화면에서 1년간 받을 예상 배당을 알려주고 한 달에 얼마, 하루에 얼마 정도 주는지에 대해서도 정보를 주고 있다. 두 번째 화면에선 'The Rich'의 배당 캘린더와 유사한 서비스가 있다. 'The Rich'와는 다르게 모든 종목에 대한 배당 일정을 알 수는 없고 내가 현재 'Divtracker'에 등록한 주식에 대해서만 언제가 배당락인지 알려주는 서비스이다. 마지막으로 'The Rich'와 유사한 뉴스 서비스가 있다. 현재 내가 등록한 주식과 관련된 뉴스 기사들을 아래로 나열해 준다. 이런 서비스를 보면 'The Rich'와 유사한 부분이 많아 경쟁을 하고 있는 구도이다. 이 앱은 현재 한국에서도 서비스 중이지만 한국어 서비스가 되지 않는 단점을 가지고 있다.

■ The Rich 총 개인 분석 의견

마지막으로 'The Rich'에 대한 전체적인 리뷰 의견을 정리하자면 'The Rich'는 배당 관리에 중점을 둔 자산관리 앱으로, 배당주를 선택할 때 도움을 주는 배당 캘린더 서비스와 백테스팅 등이 있다. 'The Rich'는 주로 2030 세대보다 배당금을 통해 4050 세대의 노후 대비와 관련된 앱이기 때문에 커뮤니티를 보면 타 앱보다 연령대가 높은 것을 알 수 있다. 물론 빠른 시기에 경제적 자유를 누리기를 원하는 젊은 투자자도 있고 배당주를 투자하지 않고 성장주에 투자하는 투자자도 많은 것으로 보인다. 단점으로는 화면 사이에 광고가 자주 나오는 점이다. 화면 중앙에 광고가 뜨거나 앱을 실행했을 때 초기 화면에 팝업 광고가 나오기 때문에 사용자에게 꽤 불쾌한 경험이 아닐까 한다.

■ Vanguard 서비스 개시일 & 간단한 역사

네 번째로 소개할 주식투자관련 모바일 앱은 미국의 대표적인 자산운용사인 Vanguard 그룹의 앱인 'Vanguard'이다. 기업에 대해 알아보자면 Vanguard 그룹은 1975년 5월 1일, 인덱스 펀드를 창안한 John Clifton Bogle이 설립한 미국의 자산운용사이다. 2019년 기준 자산운용사 업계 중에서 블랙록에 이은 2위로 높은 순위를 차지하고 있다. 현재 뮤추얼 펀드 시장 1위, ETF 시장에서도 블랙록에 이은 2위이다. 기업공개를 하지 않은 비상장기업이고, 2020년 기준 자본금 69억 3,600만 달러가 넘는다. 'Vanguard'는 2011년 6월 27일 마켓에 출시되었다. 필자가 'Vanguard'를 네 번째로 소개하게 된 이유는 Vanguard 그룹의 ETF와 ETF시장에 관심이 많기 때문이다. 그러므로 잠시 ETF 시장에 대해 알아보자.

현재 ETF투자는 전 세계적으로 투자자들이 가장 선호하는 투자방법이고 지수와 산업, 금, 달러 등의 원자재를 비롯해서 채권까지 투자종목을 총 망라해서 투자가 가능한 방법이다. ETF 투자의 장점으로 일반 펀드 대비 투자 비용이 낮고, 상품의 투명성이 높으며, 소액으로도 분산 투자가 가능하다. 마지막으로 환금성이 뛰어난 장점을 가지고 있다.

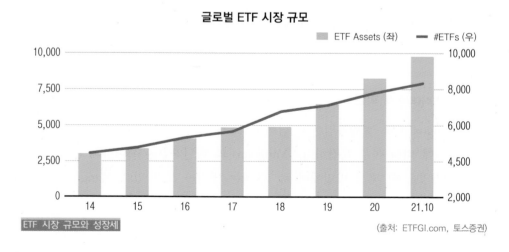

글로벌 ETF 시장 규모

ETF 시장 규모와 성장세

(출처: ETFGI.com, 토스증권)

■ Vanguard 앱 메인화면 이미지 & 메뉴

　　본격적으로 'Vanguard'로 들어가 보자. 먼저 살펴볼 것은 화면구성과 캡처 화면이다. 첫 번째로 보이는 화면은 'Vanguard'의 메인화면이다. 이 화면에서 자신의 시간별 수익률을 확인할 수 있다. 아래쪽은 계좌별 자본금 현황을 표시한다. 두 번째 화면은 첫 번째 화면의 연장선으로 더 자세한 정보를 제공한다. 모든 포트폴리오의 현재 수익률을 확인하고 주식, 채권 등의 수익률을 따로 볼 수 있다. 세 번째 화면 또한 첫 번째 화면의 연장선이고 그래프를 통해 자세한 수익률을 볼 수 있다. 네 번째 화면은 투자 화면이다. 이 화면에서 투자자는 Vanguard 그룹의 ETF나 주식, 그리고 뮤추얼 펀드에 투자할 수 있다. 아래쪽은 돈의 흐름을 관리하는 기능으로 돈의 입출금에 대해 관리할 수 있다.

메인화면　　　　메인화면 2　　　　메인화면 3　　　　투자 화면

■ Vanguard 회원가입 과정

　　'Vanguard'의 회원가입은 지금까지 소개했던 Cash App, Investing.com, The Rich에 비해 아주 복잡하다. 'Vanguard'의 회원가입은 특이하게 PC를 통하여 회원가입을 한 후 모바일에서 로그인하는 방법을 쓰고 있다. Vanguard 그룹의 공식 유튜브에 올라온 영상을 참고했다. 먼저 Vanguard 그룹의 웹 사이트에 접속한 후 오른쪽 위에 있는 open an account를 클릭한다. 그 후 start your new account를 선택하고 'Vanguard'에 돈을 어떤 식으로 이체할지 선택한다. 다음으

로 I'm new here을 선택하고 계속해서 continue를 선택한다. 다음 화면에서 계좌 종류와 투자 목적을 선택하고 자신의 개인 정보를 입력한다.

마지막으로 아이디와 비밀번호, 주거래 은행, 자신의 소득을 입력하게 되면 회원가입이 완료된다. 지금까지 소개했던 앱들과는 다르게 상당히 복잡한 회원가입 과정을 가지고 있다.

■ Vanguard 주요 서비스와 서비스의 내용

Vanguard 그룹은 ETF 시장에서 2위를 차지 한 만큼 메인서비스로 다양한 ETF를 제공한다. 첫 번째 자료 이미지를 보면 Vanguard 그룹이 만든 대표적인 ETF가 나열되어 있다. 그중 VOO는 워렌 버핏이 언급했던 ETF이다. 워렌 버핏은 투자금의 90%를 미국 S&P500 ETF에 투자할 것이라는 유언을 남겼다. 그리고 워렌 버핏이 언급했던 S&P500 ETF가 바로 Vanguard 그룹의 ETF인 VOO이다. Vanguard는 VOO 이외에도 미국 시장 전체에 투자하는 VTI, 미국 토탈 채권인 BND 등 여러 가지 ETF를 운영 중이기 때문에 투자자는 Vanguard 그룹의 ETF를 통해 손쉽게 분할 투자를 할 수 있다. 또한 'Vanguard'에서도 ETF에 대한 상세 정보 제공 서비스를 진행하고 있다. 'Vanguard'에 있는 search에서 Vanguard 그룹이 만든 뮤추얼 펀드나 ETF를 검색할 수 있다. 이처럼 Vanguard 그룹은 자사의 ETF를 'Vanguard'를 통해 효과적으로 홍보하고 있다.

Vanguard 그룹의 대표 ETF

VOO	Vanguard S&P 500 ETF	Equity	$275,702
VTI	Vanguard Total Stock Market ETF	Equity	$272,667
VTV	Vanguard Value EFT	Equity	$101,124
VEA	Vanguard FTSE Developed Markets ETF	Equity	$95,420
BND	Vanguard Total Bond Market EFT	Bond	$83,625
VWO	Vanguard FTSE Emerging Markets ETF	Equity	$78,126
VUG	Vanguard Growth ETF	Equity	$70,696
VIG	Vanguard Dividend Appreciation ETF	Equity	$64,637

■ Vanguard 회사 및 서비스 관련 기사

다음으로 Vanguard 그룹과 'Vanguard'와 관련된 기사에 대해 알아보자. 첫 번째 기사는 블룸버그에서 나온 기사이다. 기사에 따르면 Vanguard 그룹의 채권 ETF인 BND가 경쟁사인 블랙록의 채권 ETF인 AGG를 뛰어넘었다는 기사이다. Vanguard 그룹의 토탈 채권 마켓 ETF BND는 총자산 83.8십억 달러로 블랙록의 AGG를 넘어 세계에서 가장 큰 채권 ETF가 되었다고 한다. Vanguard 그룹은 아주 낮은 수수료로 ETF 시장에서 입지를 다졌고 마침내 경쟁자를 뛰어넘는 쾌거를 이루었다고 자축했다. Vanguard 그룹에 밀린 블랙록은 Vanguard 그룹을 따라 ETF의 수수료를 0.04%에서 0.03%로 낮췄다고 한다.

두 번째 기사는 Vanguard 그룹의 ESG 선도 기업에 투자하는 ESG ETF를 확대한다는 내용의 기사이다. Vanguard 그룹의 영국과 유럽의 ESG 전략 책임자인 Fony Yee Chan은 "우리가 지난 몇 년간 ESG 제품군을 부지런히 개발하여 투자 목표와 함께 선호도에 가장 적합한 제품을 선택할 수 있도록 지원했다"라고 하면서 ESG ETF의 출시는 장기간의 걸쳐 ESG ETF 포트폴리오를 구축할 수 있도록 한다고 발표했다. 최근 기업 경영 과정에서 ESG가 중요해진 만큼 Vanguard 그룹의 ESG ETF의 확대는 투자자들의 투자 영역을 넓혀주는 것으로 좋은 영향을 끼칠 것으로 판단한다.

■ Vanguard 경쟁사

다음으로 Vanguard 그룹과 'Vanguard'의 경쟁자에 대해 알아보자. 'Vanguard'의 대표적인 경쟁자는 블랙록과 스테이트 스트릿이다. 먼저 소개할 블랙록은 운영 자산 기준 전 세계 1위인 자산 운용사이다. Vanguard 그룹은 블랙록을 넘어서기 위해 노력하고 있는데 블랙록의 주요 ETF로는 S&P500 지수를 추종하는 IVV와 채권 ETF인 AGG, MSCI 이머징 마켓('신흥 시장')에 투자하는 IEMG가 대표적이다. 블랙록은 Vanguard와는 다르게 상장 기업이고 상장한 이후 자산 운용 시장 1위답게 현재까지 주가가 꾸준히 우상향을 하는 기업이다. 다음으로 스테이트 스트릿는 운영 자산 기준 전 세계 4위인 운용사이며 세계 최초의 ETF인 SPY의 운용하고 있다. S&P500 지수를 추종하는 ETF SPY의 운용 자산은 전 세계 1위이다. 금에 투자하는 GLD, 기술주에 투자하는 XLK 등 여러 가지 ETF 또한 운용 중이다. 스테이트 스트릿트도 블랙록과 마찬가지로 상장기업이다. 하지만 블랙록과 다르게 주가가 부진한 점을 볼 수 있다. 이는 SPY가 출시된 이후로 Vanguard 그룹의 VOO, VTI와 블랙록의 IVV에 점유율을 빼앗기고 있어 기업 성장을 이룩하지 못한 결과로 보인다.

■ Vanguard 국내 유사 기업 및 비교

다음으로 한국에서 Vanguard 그룹과 비슷한 기업을 알아보자. 찾아본 기업은 국내 대표 자산운용사인 삼성자산운용사이다. 삼성자산운용사의 대표적인 ETF로는 코스피 200 기업에 투자하는 KODEX 200, 코스피의 하락에 베팅하는 KODEX 선물 인버스 2X가 있다. 삼성자산운용사의 앱을 다운로드하고 싶었지만, 앱을 출시하지 않아 삼성자산운용사의 사이트에 들어가 정보를 얻을 수 있다.

■ Vanguard 총 개인 분석 의견

마지막으로 Vanguard 그룹과 'Vanguard'에 대한 분석은 긍정적이다. ETF 시장의 대표적인 기업이고 빠르게 자산을 늘려가고 있다. 또한 Vanguard 그룹과 'Vanguard'는 '가'에서 소개했던 것처럼 ETF 시장의 성장과 함께 성장할 것으로 보인다. 점차 많은 사람이 ETF 투자에 관심을 가지게 될 것이고 이는 Vanguard의 성장 동력이다. 하지만 '다'에서 본 것처럼 회원가입이 다소 복잡한 점은 투자자 유입에 부정적인 영향을 끼칠 것으로 판단한다.

Robinhood

■ Robinhood 서비스 개시일 & 간단한 역사

마지막으로 소개할 모바일 앱은 미국의 'Robinhood'다. 'Robinhood'는 2013년 4월 18일에 설립된 미국의 금융회사이다. 주력 사업으로 고객이 수수료 없이 미국 상장 주식과 ETF를 사고 팔 수 있는 증권중개업을 하고 있다. 2021년 7월에 미국 나스닥에 상장했고 2022년 9월 기준 시가총액은 한화 약 13조 원이다. 2022

년 2분기 매출은 4,200억 원이다. 'Robinhood' 앱은 2015년 8월에 양대 마켓에 출시되었고 2020년 5월 1,300만 개의 주식 계좌 수를 보유하며 경쟁사인 Charles Schwab을 제치고 1위를 달성했다.

■ Robinhood 앱 메인화면 이미지 & 메뉴

본격적으로 'Robinhood'로 들어가 보자. 먼저 살펴볼 것은 화면구성과 캡처 화면이다. 자료 이미지를 보게 되면 5개의 화면 캡처 이미지가 있다. 가운데에 있는 화면은 'Robinhood' 앱을 처음 실행했을 때 제공되는 회원가입/로그인 화면이다. 가장 왼쪽에 있는 화면은 'Robinhood' 앱 내에서 어떠한 주식 종목을 선택했을 때 처음으로 보여지는 화면이다. 자료 이미지는 미국의 식음료 회사인 '펩시'를 선택했다. 이 화면에서 투자자는 선택한 종목의 시간별 주가 흐름을 볼 수 있고 선택한 시간의 수익률 또한 볼 수 있다. 두 번째 화면에선 첫 번째 화면에서 아래로 스크롤 한 화면으로 그 종목의 여러 가지 정보를 얻을 수 있다. 시초가, 종가, 거래량, PER, 52주 신고가, 신저가 등을 볼 수 있다. 또한 아래쪽으로는 선택한 종목과 관련된 기사를 띄어준다. 이는 네 번째 화면에서 더욱 자세하게 알 수 있다. 마지막 화면은 선택한 종목의 최근 5분기 동안의 실적을 볼 수 있다. 연한 녹색은 애널리스트들이 예측한 EPS(주당 순이익)이고 진한 녹색은 기업이 직접 발표한 EPS이다. 아래 REPLAY EARNING CALL을 누르게 되면 기업이 실적을 발표할 때의 녹음 음성을 들을 수 있다.

'Robinhood' 앱 캡처 이미지들

■ Robinhood 회원가입 과정

다음으로 'Robinhood'의 회원가입 과정에 대해 알아보자. 'Robinhood'의 회원가입은 네 번째로 소개한 'Vanguard'보단 간단하지만 앞서 소개한 3가지 앱인 'Cash App', 'Invesing.com', 'The Rich'보단 까다로운 회원가입 절차를 가지고 있다. 먼저 'Robinhood' 앱을 다운로드하고 실행시킨다. 그 뒤에 본인의 계정을 만드는데 자신의 이메일과 비밀번호를 입력한다. 그리고 이름, 주소 등의 개인 정보를 입력한다. 다음으로 미국의 SSN을 입력한다. SSN은 미국의 사회보장번호로 예를 들자면 한국의 주민등록번호와 비슷한 기능을 한다. 대부분 한국인은 이 SSN 입력 단계에 막혀 'Robinhood'에 가입할 수 없다. 사회보장번호까지 입력하게 되면 투자 경험과 같은 개인 경험 설문조사를 하고 은행과 'Robinhood'와 연동하게 된다. 이 과정까지 끝내게 되면 'Robinhood'의 회원가입 과정이 마무리된다.

■ Robinhood 주요 서비스와 서비스의 내용

다음으로 'Robinhood'의 메인 서비스와 콘텐츠에 대해 알아보자. 'Robinhood'는 대표적인 서비스로 1$ 투자, 심플한 앱, 투자 수수료 제로, 교육 콘텐츠를 메인 서비스로 내놓고 있다. 먼저 1$ 투자를 보면 첫 번째로 소개했던 앱인 'Cash App'의 주력 서비스가 1$ 투자라고 밝힌 바가 있었다. 'Robinhood' 또한 1$ 투자를 메인 서비스로 내놓았고 'Robinhood'의 공식 블로그에 찾아가 보면 1$ 투자에 관한 내용을 써놓기도 했다. 블로그 내용을 보면 'Robinhood'는 항상 모든 사람이 참여할 방법을 만들었고 1$ 투자는 누구나 투자할 수 있다는 것을 보여주는 게 목표라고 언급했다. 또한 적은 금액으로 시작하여 여러 회사에 분산하여 자신의 거래 스타일과 포트폴리오의 균형을 개발하는 진입점으로 쓰이고 있다고도 언급했다. 이 1$ 투자 서비스는 2019년에 도입했고 2021년 3월까지 'Robinhood'의 이용자 중 60%가 이 기능을 이용했다고 한다. 다음으로 소개할 메인 서비스는 심플 그 자체이다. Stock Investment의 트렌드를 작성할 때, 필자는 MTS에서 간단명료한 사용자 인터페이스를 주력으로 밀고 나간 기업이 많은 사용자를 이끌었다고 서술했다. 이 트렌드에 맞게 MTS를 제작한 앱이 저번에 소개했던 'Cash App'과 그와 비슷한 '토스'이다.

'Robinhood'도 마찬가지로 앱 내부가 매우 심플한 게 특징이다. 이렇게 심플한 사용자 인터페이스는 기존 증권사들의 복잡하고 어려운 MTS보다 신규 투자자들이 적응하기 쉬워 많은 이용자를 늘릴 수 있다. 또한 'Robinhood'는 'Cash App'과 마찬가지로 투자할 때 내는 수수료가 없어 자주 거래하는 투자자들에게 좋은 서비스로 보인다. 마지막 서비스로는 앱 내부에 주식 교육 콘텐츠가 있다. 앱 마켓에서 'Robinhood'에 들어가 보면 Learn with in-app education이라는 서비스가 활성화되어 있다. IPO 일정, ETF 찾기, 순환 투자하기를 찾을 수 있고 어떤 식으로 투자해야 하는지를 알려주고 있다. 또한 'Robinhood 스낵'이라고 해서 주요 뉴스를 간편하게 알려주는 서비스 또한 진행 중이다.

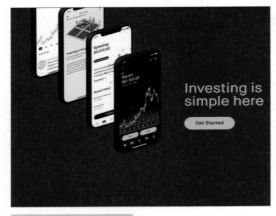

심플함을 강조한 'Robinhood'

주식 교육 콘텐츠

■ Robinhood 회사 및 서비스 관련 기사

다음으로 'Robinhood'와 관련된 기사 두 가지를 보자. 첫 번째 기사는 'Robinhood'의 활성 이용자가 4분기 연속으로 감소했다는 기사이다. 2021년 말부터 시작된 주식시장의 약세가 투자자들을 주식 시장에서 많이 떠나게 했는데 'Robinhood' 또한 이 약세장에서 많은 투자자들이 떠났다는 것을 알 수 있다. 또한 애널리스트들의 예상 수익률도 달성하지 못했다고 한다. 'Robinhood'의 CFO는 활성 이용자의 하락은 맞지만 코로나 팬데믹 이전보다 크게 상회한 수준이라고 언급했다.

두 번째 기사는 미국의 대표적인 투자 회사인 JP 모건이 'Robinhood'에 내린 평가를 볼 수 있다. JP 모건은 'Robinhood'가 직원들에게 상당한 주식 지분을 발행하고 있으므로 'Robinhood' 투자자로선 좋지 않은 시기가 찾아올 수 있다고 말했다. 또한 'Robinhood'는 정규직 지원을 계속해서 감원할 것이라고 밝혀서 'Robinhood'의 약세가 지속될 것이라고 주장했다. 주식시장이 약세장에 빠져 'Robinhood'에 대한 부정적인 기사가 많이 쏟아지는 편이다.

■ Robinhood 경쟁사

'Robinhood'의 경쟁자로는 첫 번째 앱으로 분석한 'Cash App'이다. 먼저 'Robinhood'와 'Cash App'은 메인 서비스가 유사하다. 'Robinhood'가 강조하는 MTS의 심플함은 첫 번째 앱 분석의 'Cash App' 스크린샷을 보게 되면 앱 내부가 'Robinhood'같이 심플한 것을 볼 수 있다. 또한 1$ 투자를 강조하는 부분도 두 앱이 경쟁 상대인 것을 알 수 있다. 마지막으로 주식 투자를 할 때 내는 수수료도 없다는 것도 같다. 반대로 두 앱의 차이점을 보게 되면 'Robinhood'는 앱 내부에 주식 교육 콘텐츠가 있다는 점이고 'Cash App'은 타인에게 나의 주식을 선물할 수 있는 주식 선물 콘텐츠가 있다.

■ Robinhood 기타 분석 내용

지금까지 써온 앱 분석을 보게 되면 이쯤에서 전체적인 분석에 대해 말하고자 한다. 하지만 'Robinhood'와 엮인 큰 사건이 하나 있어서 짚고 넘어가고자 한다. 그 사건은 바로 게임스톱 사건이다. 게임스톱 사건 2021년 1월 미국 월스트리트의 게임스톱 공매도에 대응하는 미국 개인 투자자들이 게임스톱 주식을 대량으로 매수하여 주가가 폭등하게 된 사건이다. 문제의 시작점은 '라이언 코언'이 게임 스톱 이사회에 합류하면서 시작하게 된다. '라이언 코언'은 오프라인 중심의 게임스톱을 온라인과 오프라인이 조화를 이루는 기업으로 만들겠다고 선언했다.

이에 반응한 미국 개인 투자자들이 게임스톱 주식을 매수하게 된다. 하지만 예상보다 높은 상승이 나오게 되었고 이를 보던 공매도 헤지 펀드들이 공매도하겠다고 SNS에 영상을 올리게 된다. 이를 보고 있던 개인 투자자들은 분노하였고 게임스톱 주식을 닥치는 대로 매수하게 된다. 이때 게임스톱 주가 상승률이 약 1,600%에 달했다. 아래 자료 이미지를 보게 되면 개인 투자자들과 공매도 세력들과의 싸움이 치열하게 벌어진 것을 알 수 있다. 2021년 1월 29일 금요일이 옵션

만기일이어서 주가를 올리려는 개인 투자자들과 주가를 내리려는 공매도 세력들과 엄청난 싸움이 벌어진 날이다. 하지만 이 싸움은 'Robinhood'의 게임스톱 매수 버튼 비활성화로 인하여 주가가 큰 폭으로 하락하게 된다.

'Robinhood'의 매수 버튼 비활성화는 투자자들은 물론이고 미국 정치권에서도 비판을 이어 나갔다. 'Robinhood'측에서는 게임스톱 한 종목으로 거래대금이 폭증하여 증거금 부족으로 인하여 매수 버튼을 비활성화했다고 해명했다. 하지만 투자자들은 'Robinhood'상대로 고소를 진행하게 되고 정치권은 'Robinhood' CEO를 상대로 청문회를 열게 된다. 이 사건이 벌어진 지 18개월 정도 지났지만, 아직도 많이 언급되는 사건 중 하나이다.

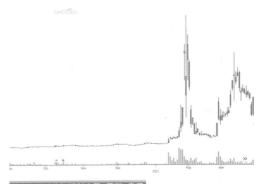

2020. 2021년 게임스톱 주가 흐름   게임스톱 매수 버튼 비활성화

■ Robinhood 총 개인 분석 의견

마지막으로 'Robinhood'에 대한 전체적인 분석을 정리해보자.

'Robinhood'는 밀레니얼 세대를 중심으로 많은 투자자를 모은 MTS로 보인다. 간편한 UI와 투자 수수료 제로를 내세워 큰 인기를 끌었고 계좌 수 1위도 달성하게 되었다. 하지만 투자 수수료가 없으므로 기업의 재무 상태가 좋은 편은 아니며 당분간 주식시장 약세장이 지속될 것으로 판단하기 때문에 새로운 비즈니스 모델을 만들어 낼 필요가 있어 보인다. 또한 위에서 언급한 게임스톱 사건처럼 투자자들이 'Robinhood'에 대한 신뢰를 잃게 되는 사건이 다신 일어나지 않아야 할 것이다. 'Robinhood'는 이러한 불확실성이 높은 시장에서 이익 감소를 상쇄하기 위해 최근 가상자산과 NFT를 보관할 수 있는 서비스를 개발 중이라고 밝혔다.

주식 서비스 5개 기업의 특징 비교

앱	Cash App	Investing.com	The Rich	Vanguard	Robinhood
국가	미국	이스라엘	한국	미국	미국
설립 연도	2009년	2007년	2020년	1975년	2013년
주요 서비스	주식 투자	정보 제공	정보 제공	ETF	주식 투자
수수료	×	×	×	0.03~0.22%	×
상장 여부	○	×	×	○	○
한국 서비스 여부	×	○	○	○	×
추천 사용자	투자 입문자	모든 투자자	배당주 투자자	ETF 투자자	투자 입문자
장점	수수료 x 간단한 UI	다양한 정보	배당 정보	다양한 ETF	수수료 x 간단한 UI

📖 참고문헌 및 자료 출처   (■ : 이미지 출처   ▲ : 기사 출처   ● : 용어 설명)

주식 투자 시장의 트렌드

- ▲ http://www.insightkorea.co.kr/news/articleView.html?idxno=97620
  ['서학개미' 토스증권으로 눈돌리자 MTS 리모델링 나선 대형 증권사들]
- ▲ https://n.news.naver.com/mnews/article/366/0000829795?sid=101
  [토스·카카오페이증권 따라 MTS 개편 나선 전통 증권사들, 투자자들은 시큰둥]
- ■ https://blog.toss.im/article/toss-newlogo   (토스 로고)

Cash App

- ■ '나' 스크린샷 3개   (스크린 캡쳐화면)
- ▲ https://www.fool.com/the-ascent/buying-stocks/cash-app-investing-review/
  [Cash App Investing Review: Tailor-Made for Beginner Stock Trading(캐시앱 리뷰 기사)]
- ▲ https://www.theverge.com/2019/10/24/20930659/square-cash-app-invest-stocks-commission-free-robinhood-competition
  [Square's Cash App officially adds free stock trading, starting at $1 ($1투자 기사)]
- ▲ https://www.crowdfundinsider.com/2021/02/172206-paypal-is-planning-to-offer-a-super-app-with-fintech-services-like-crypto-payments-investing-rewards-accessible-via-common-interface/
  [PayPal Is Planning to Offer a Super App with Fintech Services like Crypto, Payments, Investing, Rewards Accessible via Common Interface(경쟁사 페이팔 참고 자료)]
- ■ '사' 스크린샷 2개   (스크린 캡쳐화면)
- ▲ https://wts.tossinvest.com/?tab=home   (국내 유사 기업 참고)
- ▲ https://tossinvest.com/   (국내 유사 기업 참고)
- ■ '아' 그래프 2개   (https://www.tipranks.com/stocks/sq/forecast)
- ▲ https://cash.app/   (자료참고)

Investing.com

- ■ '나' 스크린샷 4개   (스크린 캡쳐화면)
- ■ '라' 스크린샷 3개   (스크린 캡쳐화면)

▲ '마'

https://au.finance.yahoo.com/news/investing-com-breaks-world-top-090900074.html?gucc
ounter=1&guce_referrer=aHR0cHM6Ly9lbi53aWtpcGVkaWEub3JnLw&guce_referrer_sig=AQA
AADgsHwBz8crokop8JMbAkcSuQTcBNbrHFbJy4rvEtsXeOjOkesZ4L-TFAQ-DoisEWk8P-dpqV
s3_chxlzDWD3WNk7SOrHPZRqdl1vxHLAx2crMF9w5Z_HYmvFuFgmdxtheZ2rvBc4jJ3JYXoLz9g
lkeHi4bqLLjkWJ1k4bVJVukB

[Investing.com Breaks Into World's Top 400 Websites, Reaches 10M Downloads]

■ '사' 스크린샷 3개 (스크린 캡쳐화면)

▲ https://www.investing.com/about-us/ (자료참고)

The RIch

■ '나' 스크린샷 3개 (스크린 캡쳐화면)

■ '라' 스크린샷 3개 (스크린 캡쳐화면)

'마'

▲ https://www.venturesquare.net/833232
(핀테크 자산 포트폴리오 '더리치', 유망 스타트업 팁스 선정)

▲ https://platum.kr/archives/169945
(핀테크 스타트업 '빌리어네어즈', 포트폴리오 시뮬레이션 서비스 '더리치 실험실' 출시)

▲ https://www.therich.io/ (자료 참고)

Vanguard

■ '가' 그래프 (effgi.com, https://wts.tossinvest.com/article/digest/289/?referer=etf-banner)

■ '나' 스크린샷 4개 (https://apptopia.com/ios/app/1433920498/about)

■ '라' 뱅가드 대표 etf (https://etfdb.com/etfs/issuers/vanguard/)

▲ https://investor.vanguard.com/corporate-portal/ (자료참고)

▲ https://www.youtube.com/watch?v=7Qh7oYXhTrk (자료참고)

'마'

▲ https://www.bloomberg.com/news/articles/2022-08-09/vanguard-steals-blackrock-crown-
for-world-s-biggest-bond-etf?leadSource=uverify%20wall
[Vanguard Steals BlackRock Crown for World's Biggest Bond ETF]

▲ https://www.marketsmedia.com/vanguard-expands-esg-etfs/[Vanguard Expands ESG ETFs]

- '나' 스크린 샷

  https://www.excellentwebworld.com/best-app-of-the-week/robinhood-stock-app/

'라'

- https://robinhood.com/us/en/ (simple is best)

- https://apps.apple.com/us/app/robinhood-investing-for-all/id938003185
  (Learn with in-app education)

- https://blog.robinhood.com/news/2021/6/8/anyone-can-invest-even-if-its-only-with-a-1-
  bill[$1 invest]

'마'

- https://www.fool.com/investing/2022/05/09/robinhood-losing-monthly-active-users-worried/
  [Robinhood Is Losing Monthly Active Users — Should Investors Be Worried?]

- https://www.coindesk.com/business/2022/07/25/coinbase-robinhood-shareholders-face-sig
  nificant-stock-dilution-jpmorgan/
  [Coinbase, Robinhood Shareholders Face Significant Stock Dilution: JPMorgan]

'사'

- https://www.reddit.com/r/wallstreetbets/ (월스트릿베츠 반응, 매수 버튼 비활성화 자료)

- https://www.tipranks.com/stocks/gme/stock-analysis (게임스탑 주가 참고 자료)

'아'

- https://zdnet.co.kr/view/?no=20220518083205 (로빈후드 nft 참고 자료)

05 · 뱅킹(Banking) 서비스 [강상윤]

가. 핀테크 뱅킹(Banking)의 트렌드

핀테크 산업의 발전은 해가 거듭될수록 빠르게 진행되고 있다. 그중 핀테크 뱅킹(Banking)의 트렌드가 무섭게 변하고 있는데 어떻게 변화하고 있는지 알아보도록 하자. 전 세계는 코로나 팬데믹을 겪으며, 모바일뱅킹 또한 코로나의 영향으로 인해 급격한 사용량을 보여주었다. 하지만 반대급부로 부작용도 발생해서 미국의 연방거래위원회(FTC)에 따르면 2019년 1분기와 2020년 1분기 사이에 신용카드 사기가 104% 증가했다고 발표했다. 하지만 2017년, 2018년, 2019년 같은 기간 동안 사기 건수는 27%에 그쳤다. 이에 관한 영향으로 모바일뱅킹은 '생체 보안(Biometric security)'이 중요한 화두로 떠오르게 되었다.

또한 글로벌 시장조사 기관인 주니퍼 리서치(Juniper Research)는 생체 보안 기술이 2020년 4,040억 달러에서 2025년 3조 달러 이상의 거래에 사용될 것으로 예측한다고 발표했다. 분석가들은 생체 인식을 사용하는 비접촉 모바일 결제의 수가 2020~2025년 동안 520% 증가할 것으로 예측한다. 이처럼 핀테크 산업의 핵심인 뱅킹 거래의 첫 번째 변화는 보안과 인증의 강화로 볼 수 있고 그 중에서도 생체 보안의 발전이 하루가 다르게 이루어지고 있다.

두 번째 핀테크 뱅킹 거래의 발전과 트렌드로 꼽히고 있는 것은 '인공지능 기반의 챗봇(Artificial intelligence-powered chatbots)'이다. 금융 및 은행 기관은 챗봇 기술을 사용하여 다양한 작업의 속도를 높일 수 있다. 아울러 직원 인건비의 절감과 함께 영업점 공간의 축소 내지는 폐쇄가 가능하기 때문에 챗봇을 비롯한 다양한 비대면 채널의 확대가 이루어지고 있다.

또한 챗봇의 활용으로 고객들의 대기 시간을 몇 시간에서 몇 초로 단축할 수 있으며, 365일 24시간 고객 지원을 보장하면서 고객을 응대하는 데 사용되는 지출을 크게 줄일 수 있다. 세 번째 트렌드는 '모바일뱅킹 앱(Mobile banking apps)'이다. 2020년 기준, 처음으로 미국 성인의 55% 이상이 스마트폰을 사용하여 은행 계좌에 연동해서 거래를 진행했다.

분석가들은 모바일 결제가 2020~2027년 동안 29%의 CAGR(Compound Annual Growth Rate)로 발전하여 2027년까지 8조 9,500억 달러를 차지할 것으로 예상한다.

본 도서에서 다루고 있는 모바일 금융서비스의 트렌드라고 할 수 있으며 향후에도 모든 금융거래를 고객의 손안에서 이루어지게 만드는 새로운 금융 신세계가 펼쳐질 것이다.

네 번째 트렌드는 '머신러닝(Machine learning)-ML'이다. 금융 기관은 인공지능의 일종인 머신러닝 기능을 사용하여 사용자 데이터를 분석하여 고객의 요구 사항을 파악할 수 있다. 이뿐만 아니라 ML 덕분에 기업은 지속적으로 시스템 모니터링이 가능해짐으로써 의심스러운 활동을 즉시 식별하고, 위험의 우선순위를 지정하며 다양한 해킹 공격을 차단할 수 있다.

다섯 번째 트렌드는 '블록체인 기술(Blockchain technology)'이다. 블록체인은 미래의 주요 디지털 모바일뱅킹 트렌드 중 하나이다. 이 기술은 암호화된 알고리즘을 기반으로 운영되기 때문에 금융 기관이 중요한 데이터의 보안을 유지하는 것을 훨씬 쉽게 해준다. 여섯 번째 트렌드는 '음성 결제(Voice payments)'라고 할 수 있는데 음성 결제는 2022년의 또 다른 모바일뱅킹 기술 트렌드이다. 현재 금융 시장은 Siri 및 Alexa와 같은 디지털 비서를 통한 P2P 거래의 수가 빠르게 증가하고 있다.

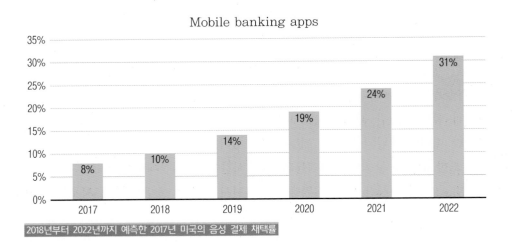

Mobile banking apps

2018년부터 2022년까지 예측한 2017년 미국의 음성 결제 채택률

시장 및 소비자 데이터를 전문으로 하는 독일의 회사인 'Statista'에 따르면 이 수치는 2017년 8%에서 2022년 31%에 이를 것으로 예상한다.

핀테크 금융 거래의 핵심인 뱅킹거래의 마지막 트렌드는 '카드 없는 ATM 출금(Cardless ATM withdrawal)'이다. 카드 없는 ATM 출금은 향후 몇 년 동안 주요 모바일뱅킹 산업 동향 중 하나이다. NFC 기술 및 QR 코드 스캔의 발달로 고객은 은행 ATM과 훨씬 쉽게 상호작용할 수 있다. 편의점 제휴 점포의 등장도 하나의 변화인데 KB국민은행(이마트24), 신한은행(GS25), 하나은행(CU) 등이 선보여 현재 파일럿 형태로 운영 중이고 장기적으로는 전국적인 편의점 점포망을 활용한 접근성 확대를 노리고 있다. 이제는 편의점에서 은행계좌개설과 체크카드와 OTP카드까지 발급이 가능하니 은행 영업점의 물리적 기능은 점점 사라지게 될 것이고 기본적인 뱅킹거래는 손안에서 스마트폰으로 진행하면서 가까운 편의점이나 카페에서 진행하는 시대가 올 것이다.

스마트폰이 우리 생활에 없어서는 안 될 부분이 되면서 은행은 모바일을 통해서 금융 업무를 가능하게 하려고 큰 노력을 기울이고 있는데 세계적인 사례를 통해서 하나씩 자세한 변화를 느껴보도록 하자.

나. 핀테크 뱅킹(Banking) 사례

N26

■ N26 서비스 개시일 & 간단한 역사

N26은 발렌틴 스탈프(Valentin Stalf), 막시밀리안 타옌탈(Maximilian Tayenthal)에 의해 2013년 금융 기술 스타트업으로 설립했다. 'iOS' 방식의 'App Store'에는 2015년 2월 4일 앱이 등록되었고, 'Android'방식의 'Play Market'에는 2015년 1월 22일 앱이 등록되었다. 처음에 N26은 은행 면허 없이 운영을 시작했지만 2016년 7월 독일의 금융 규제 기관인 'BaFin'으로부터 자체 은행 라이선스를 얻어 N26 Bank로 브랜드를 변경했다. 현재는 SEPA(Single Euro Payments Area)의 여러 회원국에서 운영하

Credit

N26의 로고

[자료: 공식 페이스북
(https://www.facebook.com/N26)]

고 있다. 하지만 2020년 2월 11일, N26은 영국의 유럽 연합 탈퇴로 인해서 영국 내 사업을 중단하고 4월 15일부터 모든 계정을 폐쇄할 것이라고 발표했으며, 2021년 11월 N26은 2022년 1월에 미국에서 철수한다고 발표한 뒤, 약 500,000개의 계정을 폐쇄했다. 따라서 미국 고객은 2022년 1월 11일 이후 더 이상 앱을 사용할 수 없게 되었다. 이는 N26이 유럽 내에서의 사업에 집중하기 위한 것으로 보여진다.

■ N26 전체 메뉴 항목

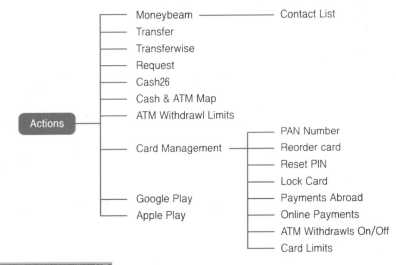

'Actions' 메뉴 내에서의 세부 항목

N26의 메인화면에는 'Home', 'Spaces', 'Explore', 'Actions' 이렇게 총 4가지의 메뉴가 존재한다. 'Home'에서는 가장 최근 것부터 순서대로 개인 계정의 잔액과 거래 목록을 확인할 수 있다. 'Spaces'에서는 개인의 하위 계정을 보고 관리할 수 있다. 'Explore'에서는 자신의 친구를 N26으로 초대하고 관리할 수 있다. 'Actions'에서는 다양한 작업을 수행하고 설정을 확인하고 ATM을 찾을 수 있다.

■ N26 메인화면 이미지

■ N26 회원가입 과정

N26에 가입하기 위해서는 크게 '인적 사항 입력', '휴대전화 번호', '거주지 주소', '추가 인적 사항', '세금 정보', '비밀번호 생성', '계좌개설' 단계를 거친다. '인적 사항 입력' 단계에서는 체류 중인 혹은 체류 예정인 국가를 기재한다. 추가로 이름, 이메일 주소, 생년월일을 입력하게 된다.

다음으로 휴대전화 번호와 거주지 주소를 입력한다. 여기서 거주지 주소는 추후 N26 카드의 발송지가 되므로 정확하게 입력해야 한다. '추가 인적 사항' 단계에서는 국적, 태어난 국가, 태어난 도시, 성별을 입력하고 현재의 신분을 입력한다. 또한 미국 시민권자이거나 그린카드 소지자인지를 물어본다. 여기서 그린카드란 미국의 영주권을 뜻한다. 또한 미국 납세의무 해당 사항을 물어본다. '세금 정보' 단계에서는 세금 납부 의무자라면 해당 세금 납부 국가를 입력해야 하고, 'Tax ID'를 추가로 입력해야 한다. 이렇게 여러 인적 사항 정보를 입력하면 '비밀번호 생성' 단계로 넘어간 뒤, 본인의 비밀번호를 설정한다. 비밀번호를 설정하고 N26의 관에 동의하면 통장 개설이 끝나게 된다.

통장을 개설했다면 N26 카드 발급 화면으로 넘어갈 수 있다. N26의 카드 종류는 'N26 Standard', 'N26 Smart', 'N26 You' 이렇게 세 가지가 존재한다. 이렇게 세 종류의 카드가 존재하는 이유는 카드별 연회비와 혜택을 다르게 해서 차별화를 두기 위해서이다. 각 카드의 연회비는 'N26 Standard'는 무료, 'N26 Smart'

는 1달에 €4.9, 'N26 You'는 1달에 €9.9이다. 당연하게 연회비가 비싸질수록 수수료와 같은 혜택들이 많아진다. 카드 발급 신청을 하게 되면 N26 담당자와 영상통화로 인터뷰하게 된다. 인터뷰는 자신의 이름(성과 이름의 철자), 여권 정보 확인, 계좌개설 목적, 주변 환경 등을 확인한다. 이로써 N26의 통장 개설과 카드 발급이 끝나게 된다.

■ N26 주요 서비스와 서비스의 내용

N26의 주요 서비스는 무료 계좌를 발급해 주고, 마스터 카드를 제공하여 편리한 결제를 도와줄 수 있게 해준다. 또한 개인 혼자만의 이용이 아닌 'MONEY BEAM'이라는 기능을 통해서 친구로 등록된 사용자들 간에 송금 서비스를 이용할 수 있다.

메인화면에 있는 'Spaces' 기능은 세부적인 자금 관리를 쉽게 해주며, N26 앱 내에서 여행, 전자기기, 애완동물 등 다양한 보험에 가입할 수 있다. 나아가 환전 서비스를 운영하고 있으며, N26과 연동된 ATM인 'CASH26'의 위치 또한 바로 알 수 있게 표시해 주고 있다. 개인들의 자금의 안전을 위해 €100,000 한도의 예금자 보호를 해주고 있다.

■ N26 회사 및 서비스 관련 기사

N26은 사용자가 많은 축에 속하는 모바일 은행 기업인지라 관련된 기사들 또한 많이 존재한다. 다양한 기사 중에서 주요 기사들을 소개하자면 '한경(김리안)'의 '핫한 유럽 핀테크…독일 N26 - 영국 조파 투자유치로 몸값↑'라는 기사, 'Bitcoin.com(Sergio Goschenko)'의 'German Online Bank N26 to Launch Cryptocurrency Trading Business This Year'라는 기사, 'CROWDFUND INSIDER(Omar Faridi)'의 'Digital Banking Platform N26 Explains Why it May Have to Block Certain Accounts'라는 기사가 있다. 먼저 한국경제신문의 기사는 유럽 핀테크 기업들의 눈에 띄는 성장세를 언급하며, N26이 9억 달러(약 1조 619억 원)를 조달했다는 내용을 주로 다루면서 N26의 성장을 말해주고 있다.

Bitcoin.com의 기사는 N26이 암호화폐 거래 사업에 진출한다는 내용을 다룬 기사이다. 기사 내에서는 은행의 공동설립자이자 현재 CEO 중 한 명인 Max

Tayenthal은 최근 발표에서 보편적인 플랫폼이 필요하다고 밝혔다는 것을 언급했으며, Tayenthal이 또한 은행이 작년에 암호화폐를 무시하면서 저지른 실수에 관해서도 이야기했다고 말해주고 있다. N26의 경영진이 파이낸셜 타임스에 "미국에서 출시하는 대신 거래와 암호화폐를 구축해야 했을까요? 돌이켜보면 현명한 생각이었을 수도 있었습니다."라고 인터뷰한 내용을 말하면서 N26의 암호화폐 거래 사업의 진출 가능성을 강조하고 있다. 마지막으로 CROWDFUND INSIDER의 기사는 N26의 계정 보안에 대한 인식을 다루고 있다. 기사 내에서 N26이 "의심스러운 활동이나 계정 오용을 감지하기 위해 수백만 개의 고객 계정에 대한 정기 검사를 수행하면서 의심스러운 활동이나 오용이 존재할 수 있는 곳에서 모니터링하고 이를 관리할 수 있도록 합니다."라고 말한 내용을 언급하면서 N26이 보안에 대한 인식을 강화하고 있으며, 꾸준하게 보안 관련 업데이트를 진행하고 있다는 내용을 다루는 기사이다.

■ N26 주요 서비스의 특징

N26의 주요 서비스의 특징은 첫 번째, 계좌 유지비가 무료라는 것이다. 독일의 일반 은행 계좌는 일정 금액 계좌 유지비를 지급해야 하지만 N26은 계좌 유지비가 들지 않는다. 두 번째, 거래명세서(Kontoauszug)를 인쇄할 필요가 없다. 독일의 일반 은행 계좌는 거래명세서를 매달 반드시 인쇄해야 하고 일정 기간 인쇄하지 않았을 경우 이를 우편으로 보내주면서 추가 비용을 청구하는 시스템이 일반적이다. 하지만 N26은 거래명세서가 모바일 앱 상에 그대로 남아있고 인쇄할 필요가 없다는 장점이 있다. 세 번째, 독일의 일반 은행 계좌는 자동이체서비스를 이용하려면 수수료가 들 수 있다. 이러한 불필요한 지출 없이 N26은 주기적으로 실행하는 자동이체서비스를 무료로 이용할 수 있다.

네 번째, 거래명세를 즉각적으로 확인할 수 있게 해준다. 독일의 일반 은행 계좌는 지출이나 입금 명세가 1~2일 지난 뒤 계좌 잔액에 반영이 되어 현재 계좌 잔액을 알기가 어렵다. 그러나 N26을 이용한다면 지출, 입금 등 거래와 동시에 모바일 앱으로 바로 알림을 확인할 수 있다. 다섯째, 다양한 은행 업무를 볼 수 있다. 독일의 은행에 방문하려면 예약을 잡거나 많은 시간을 기다려야 한다. N26은 소액대출, 마이너스통장, 외환 거래, 저축 등 다양한 은행 업무를 모바일로 신청 및 진행할 수 있다. 여섯째, 일반 은행 계좌를 만들면 기본적으로 제공되는 카드는 'EC Karte'로 체크카드 같은 기능을 한다. 반대로 N26의 카드를 만들면 'Master Karte'가 기본적으로 제공된다.

이 카드의 기능은 체크카드와 같지만, 신용카드로 분류된다. 하지만 이 점은 장점이자 단점이다. 'EC Karte'으로만 결제가 가능한 매장에서는 N26 카드를 이용할 수 없다. 일곱 번째, N26는 기본적으로 매월 3회(학생 및 월급 수령인 5회) 한도로 무료 출금이 가능하다. 이는 'N26 Standard', 'N26 Smart', 'N26 You' 순서대로 더 많은 혜택을 이용할 수 있다.

■ N26 경쟁사

N26의 경쟁 기업에는 'Monzo Bank(영국계)', 'Revolut(영국계)', 'Bunq(네덜란드)', 'Vivid Money(독일)' 등이 존재한다. 특히 'Vivid Money'와 독일 내에서 인터넷 뱅크 기업 순위 1, 2위를 다툴 만큼 두 기업 모두 규모가 상당하고, 서로 간에 경쟁이 치열하다.

하지만 차이점 또한 많이 존재한다. N26은 2016년부터 자체 은행 라이선스를 보유하고 있지만, Vivid는 'Solarisbank'를 기반으로 2020년에 출시되었다. 따라서 N26은 확실히 더 많은 인터넷 은행 사업에서 다양한 경험이 있다. 또한 N26에서는 'CASH26 ATM'을 이용하여 현금 입금을 지원하지만, Vivid에서는 불가능하다. 하지만 Vivid는 캐시백 기능을 적극적으로 지원하여 다양한 캐시백을 지원한다.

'Aldi & Lidl'와 같은 식료품점에서 최대 10%의 캐시백을 지원하며, 오프라인뿐만 아니라 Netflix와 같은 온라인 캐시백도 가능하다. 사용자들은 이 둘의 혜택들을 비교해 보면서 자신에게 적합한 은행을 이용할 수 있다.

■ N26 국내 유사 기업 및 비교

N26과 비슷한 한국 기업으로는 카카오뱅크, 케이뱅크, 토스뱅크와 같은 인터넷 은행들을 언급할 수 있다. 특히 카카오뱅크의 '세이프 박스'는 N26의 'Spaces'와 유사한 기능을 담당하고 있다. 하지만 한국 기업과 비교하면 N26은 지원하지 않는 기능들이 꽤 많이 존재한다. 따로 투자 기능이 존재하지 않아 주식과 같은

투자를 할 수 없으며, 전자기기, 애완동물과 같은 새롭게 느껴지는 보험 상품들이 존재하지만 비교적 적은 보험 상품을 가지고 있다. 또한 마이데이터 기능이 존재하지 않아 자신의 모든 자산을 한 번에 관리할 수 없다. 마지막으로 'N26 Total Menu Tree'에서 언급했듯이 발급하는 카드별로 기능을 다르게 한다는 차이점이 존재한다.

■ N26 분석 정리

유럽은 상당히 인터넷 전문은행이 잘되어 있는데 그 이유는 유럽 각국 정부의 핀테크 육성 정책, 다른 국가에 비해 쉬운 라이선스 발급, 인터넷 전문은행 등에 특화된 회사들이 있기 때문이다. 또한 은행처럼 보이는 핀테크 서비스가 있는데, 이들은 대부분 'EMI'인가를 받거나 'Banking－as－a－Service'를 이용한다. 이 서비스는 은행은 아니지만 은행과 비슷하게 업무를 수행할 수 있다. 추가로 'EMI'는 예금자 보호가 안 되는 경우가 많고, 'Banking－as－a－Service'는 예금자 보호가 되는 경우가 많다. 'EMI'란 먼저 은행과 제공하는 금융 서비스 범위가 상당히 다르다. 'EMI'는 고객이 은행 계좌 없이 결제를 수락하고 실행할 수 있는 전자 화폐 결제 계정을 제공하며, 전자 화폐 기술을 사용하는 'EMI'는 신용 이체, 자동 이체, 송금 및 외환 서비스와 같은 거래를 쉽게 해준다.

유럽에서 EMI는 최소 초기 자본 요건인 €350,000를 충족해야 한다. 은행의 초기 자본금인 €1,000,000와 비교하면 상당히 적은 금액이다. 'Banking－as－a－Service'는 라이선스를 가진 은행이 핀테크, 스타트업 등 제3자에게 라이선스 없이 은행과 관련된 서비스를 할 수 있도록 서비스를 제공하는 것이다. 은행은 이를 통하여 새로운 고객, 서비스와 수익을 창출하게 되며 제3자로 칭해지는 기업들은 발급받기 어려운 라이선스 없이, 은행 설립 요건에 필요한 수많은 인적, 물적 투자 없이 규제를 피하며, 새로운 서비스 창출의 기회를 얻게 된다.

결론적으로 N26은 한국의 인터넷 전문 은행들과 비교한다면 비교적 까다로운 절차로 계좌를 발급해 준다. 유럽 내에서의 기능은 매우 다양하고, 편리할 수 있지만 한국의 앱 들과 비교해서는 기능이 다양하지 않아 경쟁력이 없다고 생각한다. 하지만 유럽의 은행 특성을 생각해 봤을 때, N26은 유학생들과 현지인들에게 매우 유용한 인터넷 은행으로 여겨질 수 있다고 본다. 장점으로 여겨지는 예금자보호한도 또한 한국의 은행보다 큰 범위에서 가능하지만 최근 N26 사칭, 해킹 사건으로 돈을 잃은 사람들이 N26으로부터 보호받지 못한 사례가 많이 발생한다. 따라서 N26 내에서 혹은 독일 정부하에서 제도적 그리고 법률적으로 관련 규제를 확립할 필요성이 있다고 생각한다.

Revolut

■ Revolut 서비스 개시일 & 간단한 역사

Revolut는 2015년 7월 1일에 설립된 은행 서비스를 제공하는 영국의 금융 회사이다. Revolut는 본래 런던에 있는 금융 기술 회사인 'Level 39'에 기반을 두고 있다. 본사는 런던에 있으며, 니콜라이 스토론스키(Nikolay Storonsky)와 블라드 야첸코(Vlad Yatsenko)가 설립했다. 'iOS'방식의 'App Store'에는 2015년 3월 1일 앱이 등록되었고, 'Android'방식의 'Play Market'에는 2015년 6월 1일 앱이 등록되었다.

Revolut의 로고

니콜라이 스토론스키(Nikolay Storonsky)가 현재 CEO를 맡고 있고, 블라드 야첸코(Vlad Yatsenko)가 최고 기술 책임자인 CTO를 담당하고 있다. 2020년 11월에는 손익분기점을 기록함과 동시에 회사의 가치가 42억 파운드를 달성하여 영국에서 가장 가치 있는 핀테크 회사가 되었다. 2021년 1월에는 영국의 은행 면허를 신청했다. 또한 2021년 7월에는 회사의 가치가 미화 330억 달러를 달성하여 당시 영국에서 가장 가치 있는 기술 분야의 스타트업이 되었다.

■ Revolut 전체 메뉴 항목

Revolut의 메인화면에는 'Account', 'Cards', 'Stocks', 'Crypto', 'Vaults' 이렇게 총 5가지의 메뉴로 이루어져 있다. 'Account' 메뉴에서는 자신의 계좌를 전체적으로 관리할 수 있다. 송금과 환전을 이용할 수 있으며, 캐시백에 관련된 기능을 추가로 이용할 수 있다. 또한 자신의 소비명세를 한눈에 볼 수 있는 특징이 있다. 'Cards' 메뉴에서는 카드의 발급뿐만 아니라 카드를 전체적으로 관리할 수 있다. 예를 들면 카드의 정지와 지출 한도를 설정할 수 있으며, 보안을 위한 일회용 카드의 발급까지 가능하다. 'Stocks' 메뉴에서는 1,500개 이상의 기업들의 주식과 원자재 및 다양한 금융 상품에 투자할 수 있다. 또한 관심 기업의 실적과 시장 뉴스를 받아 볼 수 있으며, 지정가에 도달하면 알림을 설정해 둘 수 있다.

'Crypto' 메뉴에서는 비트코인, 이더리움 및 30개 이상의 암호화폐에 투자할 수 있다. $1라는 적은 금액부터 거래할 수 있으며 Revolut의 다른 통화와 마찬가지로 Revolut 앱 내에서 매수, 매도 및 송금을 할 수 있다. 또한 암호화폐가 원하는 가격에 도달하면 알림을 설정할 수 있는 기능이 있고, 암호화폐와 관련된 최신 소식들을 공유해 줌과 동시에 암호화폐와 관련된 짧고 간단한 퀴즈를 풀고 난후 암호화폐를 무료로 제공해준다.

'Vaults' 메뉴에서는 비상금과 같이 추가로 저축을 할 수 있게 해준다. 잔돈을 모으는 방식, 반복 이체를 설정하는 방식, 원할 때마다 소액의 현금을 숨겨두는 방식 등으로 자금을 모을 수 있다. 목표 금액과 기한을 설정하여 자신의 목적에 맞게 사용할 수 있으며, 가족이나 친구와 함께 'Group Vault'를 만들어 함께 목표 금액을 모을 수 있다.

■ Revolut 메인화면 이미지

■ Revolut 회원가입 과정

STANDARD	PREMIUM	METAL
£0/m	£6.99/m	£12.99/m
✓ 무료 UK 계좌 개설	✓ 무료 UK 계좌 개설	✓ 무료 UK 계좌 개설
✓ 무료 Euro IBAN 계좌 개설	✓ 무료 Euro IBAN 계좌 개설	✓ 무료 Euro IBAN 계좌 개설
✓ 은행간 환율로 150개 이상의 통화 지불	✓ 은행간 환율로 150개 이상의 통화 지불	✓ 은행간 환율로 150개 이상의 통화 지불
✓ 주요 30개 통화의 경우 월 5000 파운드 이내로 수수료 0원 환전	✓ 주요 30개 통화의 경우 금액 제한 없이 수수료 0원 환전	✓ 주요 30개 통화의 경우 금액 제한 없이 수수료 0원 환전
✓ 월 200 파운드 이내로 무료 ATM 인출	✓ 월 400 파운드 이내로 무료 ATM 인출	✓ 월 600 파운드 이내로 무료 ATM 인출
	✓ 해외 의료 보험	✓ 해외 의료 보험
	✓ 항공기 및 짐 지연 보상 보험	✓ 항공기 및 짐 지연 보상 보험
	✓ 글로벌 익스프레스 배달 서비스	✓ 글로벌 익스프레스 배달 서비스
	✓ 우선 고객 지원	✓ 우선 고객 지원
	✓ 5가지 종류의 가상화폐 즉시 교환	✓ 5가지 종류의 가상화폐 즉시 교환
	✓ 특별한 디자인의 Premium 카드	✓ 특별한 디자인의 Metal 카드
	✓ 보안성이 제공되는 가상 카드	✓ 보안성이 제공되는 가상 카드
	✓ 공항라운지 이용	✓ 공항라운지 이용
		✓ 캐시백 제공 - 유럽 내 이용 시 0.1% - 유럽 외 이용 시 1%
		✓ 라이프스타일 상담

Revolut 발급 카드별 혜택

Revolut의 계좌개설 시에 필요한 것은 Revolut 앱, 집 주소, 신분증 및 여권, 휴대전화 번호, 얼굴 이미지이다. 계좌개설은 Revolut의 앱을 통해 할 수 있다. 앱으로 계좌를 개설할 때 영국의 신분증이 필요하지만, 여권을 통해서도 가입할 수 있다. 계좌개설의 순서를 요약하자면 'App Store 또는 Google Play Store에서 Revolut 앱 다운로드', '전화번호 확인', '이름, 이메일 주소, 집 주소 및 생년월일 등 사용자 정보 확인', '여권 또는 신분증을 통한 본인확인', 계좌 승인 및 카드 신청 후 수령' 등 5단계이다. 계좌개설의 조건은 만 18세 이상, 3개월 이상의 유효한 여권 혹은 본인 확인이 가능한 신분증, 비자 및 거주증 혹은 월급 명세서 제출(특수한 경우)이다. 카드를 발급받기 위해서는 £10를 먼저 계좌에 입금한 뒤에 카드를 신청해야 한다.

Revolut는 발급하는 카드 종류에 따라 다른 혜택을 제공한다. 카드 종류로는

‘Standard’, ‘Premium’, ‘Metal’이 있다. ‘Standard’는 매월 무료로 이용할 수 있지만 ‘Premium’은 £6.99, ‘Metal’은 £12.99의 금액을 매달 지급해야 한다. 물론 더 많은 돈을 지급할수록 다양한 혜택을 받을 수 있다.

■ Revolut 주요 서비스와 서비스의 내용

Revolut 앱의 사용자는 실시간 환율 정보를 이용하여 국제간의 송금을 무료로 이용할 수 있고, 무제한으로 무료 ATM 인출과 전 세계에서 사용이 가능한 가상 카드 또한 무료로 사용할 수 있다. 또한 고객에게 Revolut 실물 카드를 제공하여 사용자가 전 세계에서 사용할 수 있도록 해준다. 이 카드를 사용하면 0%의 수수료로 30개국 이상의 통화로 쉽게 구매할 수 있도록 도와준다. 이는 높은 환율을 부과하는 은행을 거치지 않고 실시간으로 해외 결제를 할 수 있는 기능이다. 나아가, 암호화폐 또한 쉽게 사서 투자활동을 할 수 있다.

가장 유리한 암호화폐 환율로 ‘Bitcoin’, ‘Ethereum’, ‘Litecoin’을 지원하는 30개의 국가 통화 중 하나로 교환할 수 있다. Revolut의 카드는 일반적인 실물 은행 카드처럼 기능하며, Visa 또는 Mastercard로도 사용할 수 있다. 추가로 계좌 이용료가 무료인 ‘Standard’의 경우 한 달에 €1,000까지 수수료 없이 환전을 할 수 있으며, 한국의 안심 결제 전화번호와 유사한 느낌은 일회용 카드번호를 제공하여 탁월한 보안을 제공하고 있다. 자녀가 있으면 자신의 계좌에 서브 계좌를 추가하여 자녀의 계좌를 개설하여 관리할 수 있다.

■ Revolut 회사 및 서비스 관련 기사

유럽 최대의 모바일 은행으로 여겨지는 Revolut를 언급한 기사들은 주로 Revolut의 성장과 그 규모를 다루는 기사가 많다. 대표로 3가지의 기사들을 요약하자면 ‘Alt fi(John Reynolds)’의 ‘Revolut UK regulatory and risk bosses quit as fintech giant awaits UK banking licence decision’라는 기사, ‘Efinancialcareers (Sarah Butcher)’의 ‘We have hired a lot of people from Revolut. They are all excellent’라는 기사, ‘Crypto Potato(Mandy Williams)’의 ‘Revolut Launches Crypto Learn and Earn Feature’라는 기사가 있다. 먼저 Alt fi의 기사는 네오 뱅크인 Revolut가 영국 은행 라이선스에 대한 금융 규제 기관의 결정에 속도를 내기 위

해 많은 주요 경영진의 해임에 관한 내용이다.

기사 내에서는 핀테크 기업에서 고위 경영진의 높은 이탈률은 드문 일이 아니라고 주장함과 동시에 Revolut의 대변인이 "지난 몇 달 동안 이 사람들은 Revolut에서 떠나기로 결정했습니다. 기업가 정신이 높은 회사에서 사람들이 성장 단계에 합류하고 일부 사람들은 적절한 시기에 이직하기로 결정하는 경우는 드문 일이 아닙니다."라고 언급한 것을 다루고 있다. 이는 핀테크 기업이 성장을 위해 얼마나 많은 인력 교체를 강행하고 있는지를 보여주고 있다.

두 번째로 Efinancialcareers의 기사는 Revolut에서 퇴사한 많은 사람을 고용하고 있다는 내용의 기사인데, 이는 첫 번째 기사와 연결지어 생각해 볼 수 있다. 이 기사는 서비스형 소프트웨어를 의미하는 'SaaS' 스타트업에 자금을 지원하는 디지털 플랫폼 '캡체이스(Capchase)'의 유럽 총괄 책임자인 'Henrik Grim'과 인터뷰를 한 내용을 다루고 있다. 'Grim'은 "Revolut에서 많은 직원을 고용하고 있습니다."라고 말함과 동시에 "Revolut는 정말 흥미로운 인재 학교입니다. 그들은 우수한 사람들을 보유하고 있습니다."라고 말했다.

이와 같은 말은 Revolut에서 많은 퇴사자가 발생하고 있고, 이들은 또 다른 핀테크 기업에 인력을 제공해 준다고 볼 수 있다. 마지막으로 Crypto Potato의 기사는 Revolut의 새로운 기능을 통해 이용자들은 앱 내에서 암호화폐 및 블록체인 기술에 대해 배우면서 그에 따른 보상을 얻을 수 있다는 내용을 다루고 있다. Revolut는 현재 2개의 코스가 있다고 밝혔다. 첫 번째 교육 코스는 암호화폐와 기본 블록체인 기술에 대한 기본 개념을 다루며 암호화폐와 법정 화폐의 차이점과 암호화폐 시장과 관련된 위험에 대해 사용자를 교육한다고 말했다. 나아가 두 번째 코스는 교육 이수 시에 지급하는 암호화폐인 DOT, Polkadot의 사용 사례와 암호화폐 네트워크의 주요 기능을 다룬다고 언급했다.

이러한 내용은 Revolut가 암호화폐 투자기능을 제공하면서 투자자들에게 신중한 투자를 할 수 있도록 도와주고 있는 긍정적인 면이라고 볼 수 있다.

■ Revolut 주요 서비스의 특징

Revolut는 영국 내에서의 은행 계좌로 사용할 수 있다. 앱 내에서 반복 결제를 설정하여 자동 인출을 등록할 수 있으며, ATM에서 현금을 인출하고, 비접촉

Revolut 주요 기능 및 특징

Feature or highlight	Answer
Platforms available:	Mobile and web
Licenses or Regulations:	ECB, FCA, CySEC, DNB, FinCEN, ASIC
Countries available:	35
Features:	Crypto broker, Investment Broker, Digital Bank, Money Transfer
Money transfer fees:	LoW
Crypto trading fees:	2.5%
Trading fees:	0.25%
Digital Bank fees	0

결제를 지원한다. 나아가 국제 결제를 할 수 있다. Revolut를 사용하면 은행 간 환율에 따라 수수료 없이 30개 국가의 통화로 돈을 이체할 수 있다. 또한 이체뿐만 아니라 앱에서 30개 국가의 통화로 현금을 보유할 수 있다. 규모가 큰 인터넷 은행들과 마찬가지로 앱 내에서 친구로 등록된 사람들과 서로 간의 이체 및 청구서 분할 기능을 사용하여 그룹 지출을 지원하기도 한다.

'그룹 청구서'는 Revolut의 사용자들이 음식점에서 계산서를 분할 결제하거나 여러 명의 휴가 비용을 정산하는 등 그룹 비용을 더 쉽게 관리할 수 있도록 도와준다. 이 기능을 사용하려면 이름과 이미지로 그룹을 만들고 난 뒤, 사용자를 정의한 후 친구와 가족을 초대하여 그 그룹에 가입시켜야 한다. 그룹의 인원은 최소 2명에서 최대 20명까지 지원하지만 초대된 사람들은 모두 Revolut의 사용자들이어야만 한다. 기기 보험 및 여행 보험 등 다양한 보험에 가입할 수도 있으며 암호화폐 구매를 지원한다. 더불어, 2021년 여름에 새로 추가된 'Revolut Stays'는 계정 소유자가 예약 수수료 없이 Revolut를 통해 다양한 휴가지를 검색하고 휴가에 필요한 예약을 할 수 있는 기능이다.

결론적으로 Revolut의 장점을 나열해 보자면 첫 번째, 무료로 다중 통화 계좌 발급 및 최대 30개의 다국적 통화를 보유할 수 있다. 두 번째, 신청 및 설정이 쉽고, 신용 조회가 없다. 세 번째, 수수료가 없거나 비교적 적은 수수료로 해외에서 카드를 사용할 수 있다. 네 번째, 계정 및 카드를 손쉽게 관리할 수 있다. 다섯 번째, 은행 간 환율로 국제 송금을 가능하게 해준다. 여섯 번째, 금고에 돈을 따로 보관하고, 지출 목표를 설정할 수 있다. 일곱 번째, 앱을 통해 24시간 고객 서비스를 제공하며, 앱 내에서 직접 다양한 보험에 가입할 수 있다. 하지만 이렇게 장점만이 존재하지는 않는다.

여러 가지 장점을 가지고 있는 만큼 단점도 존재하는데, 그 첫 번째는 주말에는 시장이 닫힐 때, Revolut는 주요 통화에 0.5%, 기타 통화에 1%의 환율 인상을 적용한다. 두 번째, 무료 현금 인출은 한 달에 £200로 제한된다. 세 번째, 당좌 대월 또는 신용 카드와 같은 다른 은행 상품을 사용할 수 없다. 마지막으로는 대면 고객 서비스를 선호하는 사람들이 이용할 수 있는 지점이 없다는 점이다.

■ Revolut 경쟁사

Revolut의 경쟁사는 'Wise', 'Chime', 'PayPal', 등이 존재한다. 우선 Wise와 비교해 보자면 Wise 계정에서는 50개 이상의 통화를 보유하고 전 세계에서 사용할 수 있는 카드를 발급받을 수 있다. 또한 현지 계정 정보에 접근하여 30개국에서 수수료 없이 현금을 받을 수 있다. Wise는 수수료와 관련하여 Revolut과 약간 다르게 운영된다. 무료 계정을 선택하는 Revolut의 고객은 일정 금액에 대해서는 무료 수수료 혜택을 받지만, 계정을 자주 사용할 때는 수수료가 부과된다. 하지만 모든 Wise 계정은 무료이며, 계정을 얼마나 자주 사용하든지 간에 상관없이 환전 및 거래에 대해 저렴한 수수료를 부과한다. 다음으로 Chime과는 신용등급 향상과 관련하여 큰 차이점이 존재한다.

Chime의 계정은 평균적으로 0.5% APY(Annual Percentage Yield)를 제공하며 이는 미국 평균의 8배다. Chime은 또한 소액 결제를 충당하기 위한 보안 신용 카드 및 수수료가 없는 당좌 대월을 포함하여 사용자들이 돈을 관리하고 신용을 쌓을 수 있도록 돕는 전문 서비스를 제공한다. 마지막으로 PayPal은 계좌 서비스와 함께 지금 구매하고 나중에 지급할 수 있는 후불 결제 옵션을 제공한다는 장점이 존재한다. 결제하는 일정에 따라 결제를 마친다면 이자가 없으며, 신용점수에도 영향을 미치지 않는다. 하지만 대부분의 카드 이체에는 2.9%의 수수료가 존재하고, 국제 결제에는 훨씬 더 높은 5%의 수수료와 환전 비용이 든다는 단점이 있다.

■ Revolut 국내 유사 기업 및 비교

Revolut는 대한민국 '토스뱅크'의 롤모델이라고 알려져 있다. 그래서인지 토스뱅크와 유사한 점이 많이 존재한다. 토스뱅크와 Revolut는 두 기업 모두 다양한 국가의 통화로의 환전, 후불 결제 시스템, 보험 가입, 더치페이, 주식 투자 등 비슷한 기능을 사용자들에게 제공한다. 하지만 암호화폐와 관련된 기능은 토스뱅크에서는 일절 제공하지 않는다는 차이점이 존재한다.

아직 대한민국의 암호화폐 관련 규제가 강력하게 확립되지 않아 한국 인터넷 은행들은 암호화폐 관련 기능을 제공할 수 없다는 이유에서다. 또한 Revolut는 한국의 카카오뱅크, 토스뱅크 등과 같은 인터넷 은행들에 비해서 다양한 보험 상품을 제공하고 있다. 더욱이 Revolut의 가장 큰 차별화된 기능은 최근부터 제공하는 숙소 예약 결제 기능인 'Revolut Stays'이다. 대한민국 기업들에는 없는 이 기능은 앱 내에서 바로 숙소를 결제할 수 있는 기능이다. 이는 Premium 및 Metal 계정 보유자들은 숙박비 지출에 대해 추가로 10% 캐시백을 받을 수 있으며, 여행 보험 및 공항 라운지 할인 혜택을 받을 수 있다.

■ Revolut 기타 분석 내용

Revolut는 영국에서 가장 거래가 많은 인터넷 은행이다. 이는 고객 중심 모델의 기존 은행들에 비해서 더 민첩하고 유연하기 때문이라고 볼 수 있다. 이러한 강점은 안정적으로 고객층을 증가시킨다. 나아가 Revolut가 공동 계좌를 제공한다면 사용자들이 Revolut를 주거래 은행으로 만드는 데에 영향을 줄 것이다. 또한 유럽 내에서만 국한되지 않고 세계 여러 지역으로 서비스를 확장한다면 고객과 시장 점유율을 높일 수 있을 것이다. Revolut는 은행이 아니라 엄밀히 말하자면 전자 화폐 기관 즉, 금융 기술 회사이다.

이는 일반적인 은행의 대부분 업무는 할 수 있지만 예금자 보호가 안 된다는 비교적 불안정성을 내포하고 있다는 것을 의미하기도 한다. 하지만 송금과 환전을 시작으로 다양한 금융 거래 및 소비 결제 서비스를 덧붙이면서 경제 활동의 A부터 Z까지 가능한 슈퍼 앱으로 자리 잡고 있다. 위에서 언급했다시피 최근 'Revolut Stays'라는 숙박 서비스를 출시하면서 여행 경비 결제 영역까지 진출했다는 점은 계좌나 신용카드를 연동한 뒤 결제해야 하는 다른 여행 앱들과 달리 앱 자체가 은행 앱이기 때문에 결제의 편리함을 장점으로 내세우며 유용한 여행 서비스가 될 수 있을 것이라는 전망으로 볼 수 있다.

■ Revolut 분석 정리

Revolut는 여행에 정말 유용하다고 생각한다. 휴가를 계획 중이거나 업무상 자주 출장을 나가는 경우 필요한 현금을 Revolut 계좌로 쉽게 이동할 수 있으며, 많은 수수료를 지급해야 하는 부담이 없다. 하지만 요즘에는 해외에서 수수료가 들지 않는다는 점은 예전만큼 강점이 아니다.

다양한 해외 및 국내의 인터넷 은행에서 무료로 해외 결제를 제공하며 Revolut과 달리 완전한 은행 라이선스도 보유하고 있는 기업들이 많다. 그러나 해외 결제뿐만이 아닌 다양한 기능을 찾고 있다면 Revolut만큼 유용한 앱을 찾기 힘들 것이다. 해외 결제를 넘어서 암호화폐, 주식 거래 또는 자동 결제 시스템 등은 다른 앱에서는 거의 찾을 수 없다. 이러한 많은 기능이 필요한 경우에는 Revolut가 가장 합리적인 선택일 것으로 생각한다.

Vivid Money

■ Vivid Money 서비스 개시일 & 간단한 역사

Vivid Money는 모바일뱅킹과 디지털 투자 플랫폼을 제공하는 금융 기술 회사이다. 결제, 송금, 여러 국가의 통화 계정, 지출 명세서, 분할 청구서뿐만 아니라 해외 주식, ETF 및 150개 이상의 암호화폐에 투자할 수 있는 Vivid Money는 유럽에서 가장 큰 인터넷 은행 기업 중 하나이다. 아르템 야마노프(Artem Yamanov)와 알렉산더 에메셰프(Alexander Emeshev)가

Vivid Money의 로고

2019년 설립했으며, 2020년 6월 Solaris Bank와 협력하여 독일에서 사업을 시작했다.

2020년 6월 7일 'iOS'의 'App Store'와 'Android'의 'Play Market'에 동시에

앱이 등록되었다. 야마노프와 에메셰프는 개인 금융을 다루는 데 다채롭고 완전히 다른 경험을 제공하기 위해 Vivid Money를 설립했다고 언급하기도 했다. 2020년 6월 8일, Vivid Money는 독일에서 처음으로 출시되었으며, 그 뒤를 이어 프랑스, 스페인, 이탈리아에서 서비스를 시작했다. Vivid Money는 Solaris Bank, CM Equity 및 VISA와 같은 대규모 금융 기업들과 파트너십을 맺고 있어 더욱더 성장할 수 있는 회사이다.

■ Vivid Money 전체 메뉴 항목

Vivid Money의 Rewards 항목

Vivid Money의 메인화면에는 'Pockets', 'Timeline', 'Rewards', 'Payments', 'Support' 이렇게 총 5가지의 메뉴로 이루어져 있다. 각 메뉴의 기능들을 간략하게 요약해 보자면 첫 번째, 'Pockets'는 각각의 다른 계좌에 돈을 넣을 수 있고 이를 관리할 수 있다. 두 번째, 'Timeline'은 모든 계좌의 송금 및 결제 명세를 나열하여 보여준다. 또한 지출을 각각의 카테고리별로 자동으로 분석하여 자신의 소비 습관을 알 수 있도록 도와준다.

　　세 번째, 'Rewards'는 다양한 캐시백 혜택을 받을 수 있도록 지원해 준다. 다양한 바우처에서 사용할 수 있는 쿠폰을 제공한다. 'Standard' 계정 이용자들은 매월 €20, 'Premium' 계정 이용자들은 매월 €100의 혜택을 받을 수 있다. 네 번째, 'Payments'는 타인에게 송금할 수 있으며, 송금 요청을 보낼 수 있다.

　　더불어 자신의 소비 계획을 설정할 수 있고, 기부를 할 수 있도록 지원해 준다. 마지막으로 'Support'는 사용자들에게 앱 내에서 기능을 사용하기 위한 지원을 제공하고 있다.

■ **Vivid Money 메인화면 이미지**

Vivid Money 앱 메인화면

■ Vivid Money 회원가입 과정

Vivid Money의 계좌를 개설하고, 카드를 발급받기 위한 단계는 총 4단계로 요약할 수 있다. 먼저 앱을 다운로드하고 인적 사항을 입력해야 한다. 여기서 필요한 인적 사항에는 이름, 거주지, 생년월일, 국적, 출생 도시, 전화번호가 제일 먼저 요구된다.

이 정보들을 다 입력한 뒤에는 직업, 미국에서의 납세의무 여부, 카드 수령 주소, 이메일 주소를 요구한다. 이렇게 인적 사항들을 다 입력하고 나면 개인 인증 단계로 넘어가게 되는데 이때 화상 인터뷰 또는 우체국 방문 중에서 선택할 수 있다. 그러나 사용자들은 인터넷 은행의 특징인 신속함과 간단함을 이용하기 위해 대부분 화상 인터뷰를 선택한다.

화상 인터뷰에서 사용할 수 있는 언어는 영어, 독일어, 프랑스어 중에서 하나를 선택하면 된다. 화상 인터뷰에서는 대략 이름과 이름의 철자, 여권 정보 확인, 계좌를 만드는 목적, 근처에 다른 사람이 있는지 후면 카메라로 전환한 뒤 주변 확인 및 여권 움직임 등의 질문들을 요구한다. 이렇게 본인인증 절차들을 끝내고 나면 약관에 동의하게 되는데 이로써 계좌개설을 마칠 수 있다.

계좌개설을 완료하고 나면 앱 홈 화면의 하단에서 카드를 발급받을 수 있다. 이때는 본인의 이용목적으로 맞게 가상 카드(Virtual Card)와 실물 카드(Metal Card)를 선택한 후 발급받으면 된다. 추가로 계좌에 €200가 있으면 실물 카드를 무료 배송 받을 수 있다. 카드를 수령하고 나면, 앱 내에서 카드 활성화와 비밀번호 설정을 마친 뒤, 바로 카드를 사용할 수 있다. 또한 Vivid Money는 'Vivid Standard'와 'Vivid Premium' 중 자신이 이용할 계좌를 선택할 수 있다. 이에 관한 자세한 내용은 'Main Service Characteristic'에서 다루고자 한다.

■ Vivid 주요 서비스와 서비스의 내용

Vivid Money는 사용자들이 무료로 직불 카드를 이용할 수 있도록 제공하고 있다. 회원가입 시에 'Vivid Standard' 또는 'Vivid Premium' 계정에 가입하면 전용 직불카드를 제공하고 있다. 독일의 실물 은행에서 볼 수 없는 무료 은행 계좌를 제공하고 있으며, 이 계좌들은 'Banking-as-a-Service' 플랫폼인 'Solaris Bank'에서 지원하는 독일 은행 계좌이다.

Personalised card
Made from recycled plastic

Virtual card
Secure online payments

Metal card
A stylish metal card

Vivid Money의 발급 카드 종류

인터넷 은행의 가장 큰 장점인 간편한 결제 또한 Vivid Money가 제공한다. 수수료 없이 Vivid Money로 즉시 이체 및 결제를 할 수 있고, 앱 내에서 예약 결제 및 자동이체를 설정할 수도 있다. 계좌에 관련된 기능뿐만 아니라 카드에 관련된 다양한 기능을 제공한다. 최대 2개의 실물 카드와 3개의 가상 카드를 계정에 연결하여 사용할 수 있다. 또한 수수료 없이 최저 €0.01부터 1,000개 이상의 미국 및 유럽 기업들의 주식과 ETF에 투자할 수 있고 은행 간 환율로 유로화와 달러화 간의 환전 기능을 제공한다. Vivid Money의 독보적인 캐시백 기능은 다양한 프로모션을 통해서 한 달에 최대 €150를 받을 수 있고, 이 캐시백은 자동으로 'Stock Rewards Pocket'에 적립되어 선호하는 회사 주식에 투자할 수 있다. 더불어 암호화폐 투자 기능도 제공하는데 Bitcoin, Ethereum 및 Litecoin을 포함한 다양한 암호화폐에 무료로 투자할 수 있는 기능을 보유하고 있다.

Vivid Money의 계좌를 사용하기 위해서는 우선 계좌에 현금을 충전해야 한다. 이때, 다양한 방법을 통해서 충전을 지원한다. 신용/체크카드, 모바일 지갑(Apple Pay 또는 Google Pay), 은행 송금, SEPA(단일 유로화 지급 지역) 등의 방법으로 계정 잔액을 충전하거나 다른 Vivid Money 사용자에게 결제 요청을 보낼 수 있다. 하위 계정을 만들 수도 있는데 기본 계정 내에서 'Pockets'으로 불리는 최대

15개의 하위 계정을 무료로 만들 수 있다. 지출 분석 기능은 자동 분류를 통해서 사용자들의 다양한 지출 범주를 색상으로 구분하여 거래를 정리할 수 있게 도와 주고, 특정 범주에 대한 한도를 설정하여 지출을 관리하고 한도를 초과할 시에는 즉시 알림을 울려 사용자들의 소비 습관까지 관리해 준다. 또한 영어, 프랑스어 및 독일어를 통해 연중무휴 24시간 앱 내에서 라이브 채팅을 제공하여 사용자들 의 편의를 제공한다.

■ Vivid Money 회사 및 서비스 관련 기사

독일의 N26과 양대 산맥을 이루는 Vivid Money는 현재 뛰어난 성장률을 보 이고 있으며, 인터넷 은행의 선두 주자로 일어서게 되었다. 이 때문인지 Vivid Money에 관련된 기사들은 Vivid Money의 성장과 관련된 것으로 많이 쓰이고 있 다. 대표로 3가지의 기사들을 요약하자면 'TechCrunch(Ingrid Lunden)'의 'Vivid Money, a financial super app, raises $114M at an $886M valuation to expand in Europe'이라는 기사, 'Finance Forward(John Stanley Hunter)'의 'Auf dem Weg zur Super－App: Vivid Money startet Shopping－Feature'라는 기사, 'AziendaBanca (S.V.il)'의 'Vivid Money lancia Vivid Beat: spazio di social trading per la Vivid Community'라는 기사가 있다.

먼저, TechCrunch의 기사는 Vivid Money가 'Ribbit Capital' 및 새로운 후원 자와 함께 'Greenoaks Capital'이 주도하는 자금 조달 펀딩에서 1억 유로(약 1,340 억 원)를 투자 받았다는 내용을 다루고 있다. 또한 Vivid Money의 가치를 7억 7,500만 유로(약 1조 380억 원)로 평가했다는 내용과 2021년 4월에 마지막으로 투 자받았을 때의 회사 가치(3억 6,000만 유로)의 두 배 이상이라는 점을 언급하면서 Vivid Money의 놀라운 성장률을 말하고 있다.

두 번째, Finance Forward의 기사는 Vivid Mone가 은행 앱에 새롭게 쇼핑 기능을 제공한다는 점과 더불어 N26과 Revolut를 언급하며, 인터넷 은행이 경쟁 하며 성장하고 있다는 내용을 다루고 있다. 기사 내에서 '독일 최고의 N26보다 기능을 제공하는 속도가 빠릅니다.'라고 언급하며, Vivid Money가 얼마나 빠른 속도로 서비스를 제공하고 있는지를 알려주고 있지만 앱 다운로드 수를 보여주는 차트(Die Downloads der Banking－Apps pro Monat im Vergleich)를 보여주며, 금융 규제 기관인 'Bafin'이 N26에 성장 제한을 부과했음에도 불구하고 Vivid Money는 아직 어느 달에도 N26을 이길 수 없었다며, 각각의 앱들은 다양한 서비스를 제공해 실제 사용자들을 늘려야 한다고 주장하고 있다.

마지막으로 AziendaBanca의 기사에서는 Vivid Money가 투자 커뮤니티 전용 소셜 트레이딩 서비스인 'Vivid Beat'를 이탈리아 시장에 출시한다는 내용을 다루고 있다. 'Vivid Beat'의 사용법을 다루면서 기사 마지막에는 금융 교육의 중요성을 언급하고 있는데, Vivid Money는 금융 투자의 초보자들을 지원하기 위해 'Vivid Class'도 제공한다는 내용과 'Vivid Class'는 금융 상품의 심화한 내용 및 주식시장의 기본과정, ETF 및 채권 등을 간략하게 설명한 지식 등을 다루는 과정으로 이루어져 있다는 내용을 담고 있다.

■ Vivid Money 주요 서비스의 특징

Vivid Money는 주식, ETF, 귀금속 및 암호 화폐에 투자할 수 있다. 또한 매월 최대 €150의 캐시백을 받을 수 있으며, 매달 최대 €1,000까지 무료 현금 인출이 가능하다. 하지만 이러한 혜택들은 'Vivid Standard'와 'Vivid Premium' 계정에 따라 다르게 적용받게 된다. 이 점은 뒤에 자세하게 다룰 예정이다.

자동 결제와 관련해서 구독 제어 기능을 제공하여 YouTube, Netflix 등과 같은 온라인 결제에 대한 소비를 추적하고 이를 앱 내에서 차단할 수 있다. 하지만 모든 서비스가 무료로 제공되는 것은 아니다. 과다한 이용으로 추가로 드는 수수료를 정리해 보면 ATM 인출 수수료: €50 미만 인출 시 3%, 환전 수수료: 0.5%, 추가 카드 발급: €20, 가상 카드 설정: €1 등의 수수료를 부과하고 있다. 예금자 보호에 대해서는 독일 예금보증에서 사용자의 계좌에 최대 €100,000의 자금을 보증하고 있다. 더불어 지문, 얼굴인식 및 PIN을 사용하여 안전하게 계정을 보호할 수 있다고 설명한다.

만약 보안이 취약하다고 의심될 때는 가상 카드를 재설정할 수도 있는 기능 또한 제공하고 있다. 카드에는 만료 날짜, CVV 또는 카드 번호와 같은 세부 정보가 각인되어 있지 않아서 카드를 분실하더라도 계좌의 보안성을 높이고 있다. 그렇다면 서로 다른 혜택을 주는 'Vivid Standard'와 'Vivid Premium'을 비교해 보고자 한다. 'Vivid Standard'는 월 사용료 €0, 첫 번째 실물 카드는 무료 발급이

'Vivid Standard'와 'Vivid Premium'의 특징 비교

Features	Vivid Standard	Vivid Premium
Account management fee	• €0 per month	• €9.90 per month (free for first 3 months)
Debit card	• Physical metal debit card: First card free, subsequent cards chargeable at €20 each (maximum 2 cards) • Virtual debit cards: €1 each (maximum 3 cards)	• Physical metal debit card: First card free, subsequent cards chargeable at €20 each (maximum 2 cards) • Virtual debit cards: First card free, subsequent cards chargeable at €1 each (maximum 3 cards)
Finance Management features	• Free German banking account • Make Global payments, money transfers and direct debits – without any fees. • Create up to 15 free Pocket accounts with separate SEPA-eligible IBAN • Hold up to 40 currencies in separate pockets	• Free German banking account • Make Global payments, money transfers and direct debits – without any fees. • Create up to 15 free Pocket accounts with separate SEPA-eligible IBAN • Hold up to 107 currencies in separate pockets
Fee-free cash withdrawal	• Up to €200 per month	• Up to €1000 per month
Currency exchange at interbank rates	• Up to 40 currencies available • No limits for currency exchange	• Over 100 currencies available • No limits for currency exchange
Cashback	• Up to €20 per month • 10% from the Champion program	• Up to €100 per month • 10% from the Champion program • Up to 10% on popular personalised brands • 3% on all purchases in restaurants and cafes outside of Europe • 1% on all purchases outside of Europe • 0.1% on all other purchases

며, 두 번째 카드부터는 각 €20이다. 또한 첫 번째 가상 카드는 실물 카드와 같게 무료 발급이며, 최대 3개의 카드까지 발급할 수 있다.

하지만 두 번째 카드부터는 €1의 수수료를 지급해야 한다. 무료 현금 인출은 한 달에 최대 €200까지 제공하며, 금액 한도가 없는 최대 40개 통화를 환전할 수 있다. 캐시백은 월 최대 €20를 제공한다. 또한 최대 15개의 포켓 계좌를 무료로 생성할 수 있다. 'Vivid Premium'은 처음 1개월(유동적으로 변경) 동안은 무료이지만 그 이후에는 월 €9.90의 비용을 지급해야 한다. 하지만 그만큼 많은 서비스를 제공한다. 카드 발급 시에 지급해야 하는 수수료는 같지만 매월 최대 €1,000까지 무료로 현금을 찾을 수 있다. 또한 금액 한도가 없는 100개 이상의 통화를 환전할 수 있으며, 캐시백 월 최대 €100를 제공한다. 포켓 계좌는 'Vivid Standard'와 같이 15개까지 무료로 생성할 수 있다. 결론적으로 'Vivid Premium'은 캐시백을 많이 받을 수 있거나 다양한 국가의 통화로 환전이 필요한 이용자들에게 매우 적합하다.

■ Vivid Money 경쟁사

Vivid Money는 'Mercury', 'N26', 'Revolut', 'Monzo' 등의 인터넷 은행들과 경쟁을 한다. 그중에서 Revolut와 가장 경쟁을 치열하게 하고 있다. 같은 독일 국적인 N26과 경쟁을 더 많이 할 것으로 생각되지만 N26과는 지원하는 기능이 약간의 차이가 있어 서로 비슷한 서비스를 제공하는 Revolut와 더 많은 경쟁을 벌이고 있다.

우선 Vivid Money의 주요 기능을 간략하게 나열하면 무료 계좌 및 VISA 직불 카드 제공, 전 세계 모든 ATM에서 매월 최대 5회 무료 인출, 실시간 환율로 환전(최대 150개 통화), 구매 금액의 최대 10%까지 리베이트 제공, 가상 카드 발급 등이 있고, Revolut의 주요 기능에는 무료 계좌 및 무료 선불카드 제공, 무료로 다른 통화로의 송금, 모든 ATM에서 매월 최대 €600 인출, 최대 3개의 실물 카드와 5개의 가상 카드 제공 등이 있다. 얼핏 보면 비슷하게 느껴지는 두 기업이지만 약간의 차이가 존재한다.

유료 계정의 금액이 Vivid Money는 최대 €9.90인 반면, Revolut는 최대 €13.99이고, Vivid Money는 미성년자의 계정 발급이 불가하지만, Revolut는 가능하다. 또한 캐시백에서도 차이를 보이는데 Vivid Money는 최대 €150까지 캐시백을 받을 수 있지만, Revolut는 최대 30%까지 캐시백을 받을 수 있다. 따라서 사용자들의 자신들에게 더 적합한 은행의 계좌를 발급해야 하며, 각 기업의 자신들만의 차별화되는 기능들을 더욱이 제공해야 할 것이다.

■ Vivid Money 국내 유사 기업 및 비교

Vivid Money는 한국의 인터넷 은행인 '토스뱅크', '카카오뱅크', '케이뱅크'와 유사하다. 그중에서도 특히 캐시백을 지원하고, 소비패턴을 분석해 주는 기능이 있다는 면에서 토스뱅크와 가장 유사하다고 볼 수 있다. 하지만 Vivid Money와 토스뱅크는 사업 방식부터 차이가 있다. 대한민국의 토스뱅크는 인터넷 은행이지만 Vivid Money는 엄밀히 말하자면 아직 은행이 아닌 'Banking-as-a-Service'를 제공하는 기업이다.

■ Vivid Money 기타 분석 내용

Vivid Money의 사용자들은 Vivid Money의 유용하고, 다양한 기능들을 토대로 긍정적인 평가를 보내고 있다. 하지만 사람들이 제일 우려하는 것은 자산의 안정성이다. 이러한 사람들의 우려에 Vivid Money는 독일 DGS(예금 보장 제도)에 의해서 최대 €100,000까지 보증금 보증을 해주며, 3D 얼굴인식, 지문, PIN 코드 인증을 포함한 다양한 보안 기능 및 세부 정보가 없는 직불 카드. 가상 직불 카드 등을 홍보하며 자신들의 안정성을 나타내고 있다.

이는 분명한 장점과 경쟁력으로 보인다. 하지만 아직 사용자들이 말하는 단점 또한 존재한다. 사용자들은 간헐적으로 나타나는 앱의 속도 저하 문제와 검증 과정의 어려움 및 컴퓨터에서는 접속 불가능하다는 점을 내세워 개선을 요구하고 있다. Vivid Money가 지금보다 더욱더 성장하기 위해서는 이러한 작은 요구사항 또한 무시하지 않으며, 업데이트를 통한 빠른 대처를 해야 한다.

■ Vivid Money 분석 정리

Vivid Money는 여행을 자주 다니는 사용자, 쇼핑을 좋아하는 사용자, 투자를 시작하려는 사용자들에게 이상적인 올인원 인터넷 뱅킹이라고 생각한다. N26

의 기존 기능, 다양한 캐시백 기능, 친구 추천을 통한 보상 지급 등 독일 내에서뿐만 아니라 유럽 전역에서 사용자들이 아주 흥미롭게 접근할 만한 기능들을 다수 제공하고 있다. 하지만 현재 유럽 내 여러 국가에서 수많은 인터넷 은행 기업들이 새롭게 나타나고 있다. 결론적으로 Vivid Money도 큰 성장률을 보인다고 해서 안심할 것이 아니라 더욱이 차별화된 서비스를 많이 개발해야 한다고 생각한다. 대부분의 인터넷 은행들이 그렇듯이 실질적으로 앱 다운로드 수가 많다고 수익을 내는 것이 아닌, 앱 내에서 거래가 이루어지고 그 수수료로 수익을 내기 때문에 Vivid Money는 실질적으로 사용자들이 거래를 할 수 있도록 지원해야 한다고 생각한다.

Monzo Bank

■ Monzo Bank 서비스 개시일 & 간단한 역사

Monzo Bank는 톰 블룸필드(Tom Blomfield), 조나스 허케스타인(Jonas Huckestein), 제이슨 베이츠 (Jason Bates), 폴 리폰(Paul Rippon), 게리 돌먼(Gary Dolman)이 2015년에 설립한 영국에 본사를 둔 온라

Monzo Bank의 로고

인 은행이다. 또한 영국의 새롭게 발달하고 있는 수많은 인터넷 은행 중 가장 초기의 은행 중 하나이다. Monzo Bank는 초창기에 'Mondo'라는 이름으로 운영되었는데, 2016년 6월 13일, 유사한 이름을 가진 다른 기업이 법적으로 이의를 제기하여 기업 이름 공모전이 개최되었다. 그 결과, 2016년 8월 기업명을 'Monzo Bank Ltd'로 결정되어 지금의 Monzo Bank가 탄생하였다. 2022년 7월 기준으로 Monzo Bank의 고객은 580만 명이 넘는다. 2022년 7월에 발표된 가장 최근의 재무제표에 따르면 연간 매출은 1억 5,420만 파운드(약 2,460억 원)이다. 또한 'iOS'의 'App Store'에는 2016년 2월 4일 앱이 등록되었고, 'Android'의 'Play Market'에는 2016년 5월 13일 앱이 등록되었다.

■ Monzo Bank 전체 메뉴 항목

Monzo Bank의 앱은 다른 앱들과 비교하여 간단하고, 시인성이 좋다는 특징을 가지고 있다. 기본 무료 계정에 가입하게 되면 'Home', 'Payments', 'Help' 이렇게 총 세 가지의 메뉴가 제공된다. 하지만 계정 유형마다 조금씩 홈 메뉴별로 차이점이 존재하는데, 무료 계정의 모든 기능과 최대 £2,000의 금액에 대한 1%의 이자를 제공하는 'Plus' 계정은 'Plus' 메뉴가, 무료 및 'Plus' 계정의 모든 기능과 다양한 혜택이 추가된 'Premium' 계정은 'Premium'의 메뉴가 각각 추가된다. 더불어 'Plus' 계정은 한 달에 £5, 'Premium' 계정은 한 달에 £15를 각각 지급해야 한다.

또한 'Business' 계정에 가입하면 'Home', 'Get Paid', 'Pay', 'Help'의 메뉴가 제공된다. 'Business' 계정은 무료인 'Lite' 계정 또는 월 £5의 비용을 지급해야 하는 'Pro' 계정 중에서 선택할 수 있다. 방금 언급한 각각의 계정들의 특징에 대해서는 'Main Service Characteristic'에서 언급할 예정이다. Monzo Bank의 가장 기본이 되는 무료 계정의 메뉴를 기준으로 'Home'에서는 자신의 카드와 계좌, 결제 명세 등을 관리할 수 있다.

'Payments'에서는 각종 결제를 앱 내에서 직접 할 수 있으며 'Help'에서는 고객지원과 같은 서비스를 제공받을 수 있다. 'Plus' 계정의 'Plus' 메뉴에서는 후에 언급할 'Plus' 계정만의 혜택들을, 'Premium' 계정의 'Premium' 메뉴에서는 'Premium' 계정만의 혜택들을 사용할 수 있다.

■ Monzo Bank 메인화면 이미지

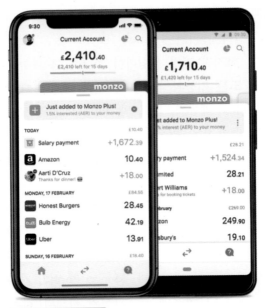

Monzo Free 메인화면

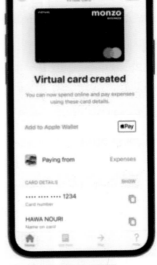

Monzo Business 메인화면

■ Monzo Bank 회원가입 과정

우선 Monzo Bank에 가입하려면 몇 가지 조건이 필요하다. 만 16세 이상이어야 하며, 영국에 거주해야 한다. 개설 전에 준비해야 할 것은 여권, 운전면허증, 국제 신분증, BRP(Biometric Residency Permit)과 같은 유효한 신분증을 가지고 있어야 한다. 가입 절차를 간략히 설명하자면 '계좌 선택', '이메일 인증', '개인 정보 입력', '본인인증', '카드 발급' 단계로 나눌 수 있다. 가장 먼저 기본적인 가입 절차를 시작하기 전에 '계좌 선택' 단계를 거치게 된다.

이때, 자신에게 적합한 'Personal Account', 'Joint Account', 'Business Account' 중에서 계좌를 선택할 수 있다. '이메일 인증' 단계에서는 이메일 주소를 입력한 뒤, 메일 인증해야 한다. 메일 인증을 하고 난 후, '개인 정보 입력' 단계로 넘어가면 계좌 소유주의 이름과 생년월일을 사용할 신분증과 같게 입력해야 한다. 또한 다음 단계는 주소 입력인데, 여기서 입력한 주소로 카드가 배송되기 때문에 자신의 실거주지의 주소를 입력해야 한다.

기본적인 개인 정보와 소득 정보의 입력이 끝나면 자신의 휴대전화를 통해한 번 더 문자 인증을 받고, 간단한 정책들과 약관 설명이 나오는데, 이 과정이 끝나면 '본인인증' 단계로 넘어간다. 이 단계는 두 단계로 나누어진다.

첫 번째, 이미지가 있는 본인의 신분증 이미지를 촬영하는 것, 두 번째, 셀프 동영상을 촬영하는 것이다. 신분증 이미지 촬영은 자신의 신분증을 정확하게 촬영하기만 하면 되고, 셀프 동영상 촬영 단계에서는 'Hi, my name is ( ) and I want a Monzo account'라는 글자가 표시되고 녹화 버튼을 누른 뒤에 이 문장을 그대로 따라 읽기만 하면 모든 인증 과정이 끝나게 된다. 이후, 원하는 계정 유형과 옵션을 선택하면 계좌개설이 완료된다.

'Personal Account'는 'Free', 'Plus', 'Premium' 중에서 선택할 수 있고, 'Business Account'는 'Lite', 'Pro' 중에서 계정을 선택할 수 있다. 계좌개설 후에는 사용할 카드를 선택하면 모든 단계가 끝난다. 입력한 주소로 배송된 카드를 수령하고 나서 앱 내에서 카드 등록 및 핀 번호 입력까지 마치면 바로 Monzo Bank의 카드를 사용할 수 있다.

■ Monzo Bank 주요 서비스와 서비스의 내용

Monzo Bank의 카드는 Master 카드와 Debit 카드로 발급되기 때문에 Master 카드의 가맹점에서는 전부 사용이 가능하다. 또한 'Contactless Pay'를 지원하여 편리하게 이용할 수 있으며, 영국 내에서 교통카드로 사용할 수 있도록 지원해 준다. 만약 Monzo Bank의 카드를 가지고 있다면 영국 교통카드인 오이스터 카드를 살 필요가 없다. 이때는 물론 TFL(Transport For London) 앱에 자신의 Monzo Bank 카드를 등록시켜야 한다.

Master 카드인 만큼 전 세계의 Master 카드 가맹점에서의 결제를 지원하며, 전 세계의 ATM에서 출금 또한 지원한다. 온라인에서도 해당 국가의 통화로 계산되어 결제되고 카드의 수수료가 따로 없다. 인터넷 뱅크의 장점인 신속성도 갖추었는데 결제 명세를 푸시 알림으로 바로 알려주며 지출 명세를 순서대로 정리해 주는 기능을 제공하고 있다. Monzo Bank는 지점이 없다. 하지만 근처에 현금 입금을 받아주는 'Pay point'라는 장소가 많이 존재하여 입금을 손쉽게 할 수 있으며 이는 앱 내에서 검색해 찾을 수 있지만 'Pay point'에서 현금 입금 시 £1의 수수료를 지급해야 한다. 입금 한도는 1회에 £300까지이며, 180일 내에 £1,000까지만 입금할 수 있다.

Monzo Bank은 청소년 계정을 지원하기도 하는데, 유럽 경제 지역인 EEA (European Economic Area) 내에서 비접촉 직불 카드 및 무료 ATM 인출을 포함하여 성인 계정과 동일한 모든 기능을 제공한다. 하지만 몇 가지 중요한 차이점이 있다. 우선, 청소년 계정은 도박과 같은 18세 미만이면 불법적인 모든 지출을 차단하며, Monzo 16-17 계정으로는 초과 인출을 받을 수 없다.

■ Monzo Bank 회사 및 서비스 관련 기사

Monzo Bank는 유럽에서 서비스를 시작하고 있는 수많은 인터넷 은행 중 가장 초기의 은행 중 하나인지라 다양한 기사들이 존재한다. 그러나 오래된 만큼 그에 따른 성장을 다루는 기사들이 주를 이룰 줄 알았지만, 최근 은행 법률을 위반해서인지 이를 언급한 기사가 많이 존재했다.

Monzo Bank의 대표적인 기사를 3가지 정도 들어보자면 'BusinessCloud'의 'Monzo breached banking rules around departing customers'이라는 기사, 'The Wall Street Journal(Chip Cutter)'의 'The Online Bank That Wants to Reshape Work and Money'라는 기사, 'Finextre(Helghardt Avenant)'의 'The emergence of niche banking'이라는 기사가 있다. 먼저 BusinessCloud의 기사는 Monzo Bank가 2021년 5월에서 2022년 3월 사이에 발생한 사건이 소매 은행 시장 조사 명령 위반이었다는 점을 언급하고 있다. 영국의 공정거래위원회라고 볼 수 있는 CMA가 Monzo Bank에게 법적 구속력이 있는 지시를 통해 고객의 과거 금융 거래를 알리는 방식을 검토하도록 명령했다는 점을 언급하면서 Monzo Bank의 규칙 위반을 지적했다. 하지만 Monzo Bank는 "그러나 이 정보는 이러한 고객의 요청에 따라 항상 사용할 수 있었습니다. 우리는 이 문제를 인지하자마자 같은 날 수정했고 영향을 받는 모든 고객에게 가능한 한 빨리 연락했습니다. 이용에 불편을 드려 죄송합니다."라고 말하며 자신들의 실수를 인정하며 빠르게 피드백하는 모습을 보여줬다. 이는 Monzo Bank가 비교적 오래된 기업인 만큼 자신들의 실수에 노련하게 대처하는 모습을 다룬 기사로 볼 수 있다. 두 번째, The Wall Street Journal의 기사는 Monzo Bank의 글로벌 CEO인 'TS Anil'을 인터뷰 한 기사인

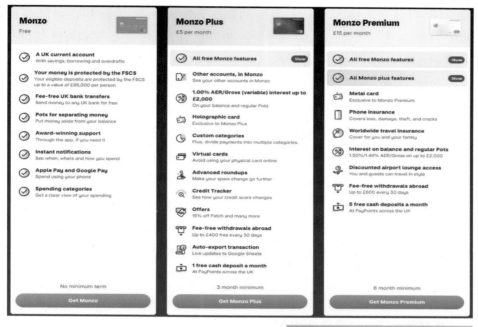

Simple pricing, no commitment

		Pro £5/m	**Lite** Free
		Your business' finances, taken care of.	The best of Monzo, for your business.
		Get Business Pro	**Get Business Lite**
Built for business			
Tax Pots	ⓘ	✓	✕
Integrated accounting	ⓘ	✓	✕
Multi-user access (Ltds only)	ⓘ	✓	✕
Invoicing	ⓘ	✓	✕
Exclusive offers	ⓘ	✓	✕
6 months Xero free (optional)	ⓘ	✓	✕
Virtual Cards	ⓘ	✓	✕
Auto-export transactions	ⓘ	✓	✕
Mobile and web access	ⓘ	✓	✓
Payment links	ⓘ	✓	✓
Card payments with Stripe	ⓘ	✓	✓
Easy bank transfers (free till 2024)	ⓘ	✓	✓

데, 그중 가장 중요하다고 볼 수 있는 내용은 은행을 볼 때 향후 10년 동안 업계에서 가장 크게 나타날 것으로 예상되는 변화와 사람들이 돈을 관리하는 방식에서의 변화를 언급한 내용이다. 'TS Anil'은 사람들이 열망하는 것은 지출, 지급, 대출 거래, 저축, 투자 등 모든 금융 관련 서비스가 한 곳에서 발생하는 것이며, 이를 시각화할 수 있고 분석할 수 있어야 한다고 말했다. 마지막으로 Finextre 기사에서는 수많은 인터넷 은행이 생기고 있음에도 불구하고, 오프라인 은행이 사라지지 않는 이유를 언급하며 인터넷 은행의 발전 방향성을 말하고 있다.

더불어 400개의 인터넷 은행 중 5%만이 손익분기점을 넘기고 있지만 오프라인 은행이 제공하지 않는 고객 요구 사항을 중점으로 비즈니스 모델을 성공적으로 조정한다면 수익을 올릴 수 있다고 언급했다. 또한 N26과 Monzo Bank가 최근의 패배를 인정했다고 말했으며 이를 극복하기 위해서는 어린이, 학생, 연금 수령자, 커리어 스타터, 프리랜서 등 제품을 세분화하여 설계해야 한다고 지적했다.

■ Monzo Bank 주요 서비스의 특징

Monzo Bank는 계정별로 다양한 혜택을 지원하며, 그 계정 간의 차이점이 두드러지게 나타난다. 우선 무료 Monzo 계정은 영국의 계좌를 무료로 지원해 주며, 이는 1인당 최대 £85,000의 한도까지 FSCS(Financial Services Compensation Scheme)에 의해 보호된다. 영국 은행에 무료로 송금을 지원하며, 현금을 분리하여 관리할 수 있는 'Pots' 기능을 제공해 계좌 관리를 유용하게 할 수 있다.

또한 결제 알림과 애플페이 및 구글페이를 지원하며 지출 카테고리 기능을 통해 지출을 명확하게 파악할 수 있도록 해준다. 월 £5를 지급해야 하는 'Monzo Plus' 계정은 무료 Monzo 계정의 기본 혜택에 추가로 Monzo에서 다른 계좌를 볼 수 있으며, 최대 £2,000의 금액에 대해서 1.00% AER/Gross(변동) 이자를 지급해 준다. 'Monzo Plus' 전용 홀로그램 카드가 발급되고, 결제 명세를 여러 범주로 나눈 'Plus' 전용의 맞춤의 카테고리 기능이 추가된다.

온라인에 사용할 수 있는 가상 카드를 발급할 수 있으며, 신용점수가 어떻게 변경되는지 확인할 수 있는 'Credit Tracker' 기능을 사용할 수 있다. 30일마다 최대 £400 한도로 해외 송금 수수료가 면제되고, 영국 전역의 'PayPoint'를 월 1회 무료로 이용할 수 있다. 월 £15를 지급해야 하는 'Monzo Premium' 계정은 무료

Monzo 계정 및 Monzo Plus 계정의 기본 혜택에 추가하여 'Monzo Premium' 전용 메탈 카드를 발급해 주며, 분실, 파손, 도난 및 균열을 보장하는 휴대전화 보험과 전 세계에서 유효한 여행자 보험을 제공한다. 이자 또한 1.50%/1.49% AER/총 £2,000까지 제공하고, 공항 라운지 할인과 30일마다 최대 £600 한도로 해외 송금 수수료를 면제해 준다. 영국 전역의 'PayPoint' 또한 월 5회 무료로 이용할 수 있다. 이처럼 Monzo Bank는 계정의 등급별로 비교적 큰 차이가 있다. 일반 계정과 마찬가지로 'Business' 계정도 'Lite', 'Pro' 간의 차이점이 많이 존재한다.

'Pro' 계정에만 존재하는 혜택으로는 자동으로 세금을 적립 받을 비율을 설정하는 'Tax Pots', 각종 회계 프로그램에 연동할 수 있는 'Integrated accounting', 최대 3명이 함께 재정을 관리할 수 있는 'Multi—user access (Ltds only)', 인터넷에서 송장을 생성 및 전송할 수 있는 'Invoicing', 6개월 동안 'Xero' 무료로 지원받을 수 있는 '6 months Xero free (optional)' 등이 존재한다.

■ Monzo Bank 경쟁사

Monzo Bank의 주요 경쟁사는 'Starling'과 'Revolut'으로 여겨진다. 이 세 가지 은행 기업은 모두 영국에서 출시되었으며 모두 디지털 전용 계좌를 운영하며 무료 계좌는 모두 비슷한 기능이 있다. Monzo Bank와 마찬가지로 Starling의 개인 계좌는 무료이며 앱을 통해 개설하고, 관리할 수 있다.

결제되면 알림을 받고 앱 내에서 지출을 분석하여 사용자들의 소비 습관을 관리할 수 있다. 또한 '목표'를 설정하여 특정 지출을 위해 저축하는 데 도움이 될 수 있으며, 자격이 있다면 초과 인출 기능을 사용할 수 있다. ATM에서 돈을 찾을 수 있고, 매장이나 온라인에서 결제를 할 수 있는 실물 카드를 받게 된다.

Starling의 가장 큰 장점 중 하나는 영국뿐만 아니라 해외에서 카드를 사용하고, 현금을 찾는 데 완전히 무료라는 것이다. Starling은 지점은 없지만, 우체국에서 Starling의 계좌로 현금을 입금할 수 있다. 더불어 앱을 통해 수표를 입금할 수도 있다. (£500 이상의 수표는 우편을 통해 보내야 한다.) Revolut는 Monzo와 Starling과 유사하게 무료인 'Revolut Standard' 계정을 사용하면 앱에서 기본적인 서비스를 실행할 수 있으며, 지출을 분석하고 'Vaults'라고 하는 저축을 만들 수도 있다. 하지만 현재 현금이나 수표를 입금할 수 있는 기능은 없다.

그러나 Revolut에는 다른 특별한 기능이 존재하는데, 최대 30개 통화로 현금을 보유할 수 있으며 해외 송금 시 은행 간 환율을 확인할 수 있다는 것이다. Revolut은 또한 언급한 3개의 기업 중에서 유일하게 주식 거래 및 암호화폐 구매를 지원하는 기능을 제공한다.

■ Monzo Bank 국내 유사 기업 및 비교

대한민국의 '토스뱅크', '카카오뱅크', '케이뱅크'와 같은 인터넷 은행들과 비교하자면 Monzo Bank는 이용할 수 있는 기능이 많지 않다. 하지만 기능적인 측면을 제외하고, 기업적인 측면을 보았을 때, Monzo Bank는 훨씬 앞서나가고 있다고 볼 수 있다. 사용자들을 우선시하고, 실패를 인정하며, 법률적 위반을 했을 때의 대처 방식은 대한민국의 기업들이 적극적으로 수용해야 한다.

하지만 Monzo Bank 또한 전 세계적으로 바라보았을 때, 대한민국의 인터넷 은행들과 같이 투자 및 보험, 마이데이터 서비스의 기능을 제공하면서 자신들만의 특별한 기능을 사용자들에게 선보여야 더욱이 앞서나갈 수 있는 기업으로 성장할 것이다.

■ Monzo Bank 기타 분석 내용

Monzo Bank는 단 5년 만에 최소한의 마케팅 비용으로 영국에서 가장 큰 규모의 인터넷 은행으로 발전했다. 현재 500만 명이 넘는 고객을 보유하고 있으며 그중 55%가 매주 활동하고 있다. 또한 활동 고객 중 40% 이상이 Monzo Bank를 주요 계정으로 사용하고 있으며 이 수는 꾸준히 증가하고 있다. 수많은 인터넷 은행들이 새롭게 생기고, 파산하기를 반복하고 있는 와중에 Monzo Bank가 입지를 이유는 자신들만의 특별한 목표가 있었기 때문이다. 영국 대부분의 은행과 달리 Monzo Bank는 가시성을 사용하여 사용자를 사전에 지원하는 것에 최적화되어 있다. 또한 Monzo를 주 계정으로 사용하는 고객에게는 더 높은 수준의 무료 수수료 허용 한도를 제공했다.

Monzo Bank의 회사 운영 체제 또한 투명성, 공정성 및 진정성을 고려하여 설계되었다. 다양성에 관련하여 연간 보고서를 발행하고 있으며 성별 임금 격차 0%에 도달하고 있는 기업이다. 제일 중요한 점은 Monzo Bank의 은행 인프라 구축 단계에서의 미래 지향적인 접근 방식이다. 배포의 능동성이 제한된 대규모 코드 기반의 서비스 대신 Monzo Bank는 확장성을 염두에 두고 마이크로 서비스 중심의 기술을 구축하고 사용했다. 그러므로 엔지니어링 팀은 업데이트 코드를 더 자주 배포할 수 있어 기존의 기업보다 빠르게 움직일 수 있었다. 이에 비해 대부분의 기존 기업들은 분기 또는 연간 기준으로 업데이트를 추진하고 있었고, Monzo Bank의 속도를 따라가지 못했다. 강력한 기반을 통해서 Monzo Bank는 글로벌 금융 플랫폼이자 영국의 대표적인 은행 기관이 될 수 있는 자리에 있다.

■ Monzo Bank 분석 정리

Monzo Bank는 은행업 허가증을 보유한 기업이다. 따라서 예금보증, 자동이체, 정기 결제 등 다양한 오프라인 은행의 서비스를 편리하게 이용할 수 있다. 특히 은행 카드를 사용하여 계좌를 충전할 때 수수료를 부과하지 않는 것은 큰 장점이다. 고객 서비스 또한 적극적으로 이루어지고 있다.

사용자들의 요구사항을 적극적으로 수용하고 있으며, 고객 중심의 비즈니스 모델을 운영하는 것은 눈에 띄는 장점으로 보인다. 하지만 이렇게 장점만 존재하고 있지는 않다. 우선 영국의 실제 거주자만 이용할 수 있다는 점은 매우 아쉬운 점이다. 또한 IBAN 번호가 없는 관계로 해외 지급금을 받을 수 없다. 'Pay point'를 이용할 시에는 £1의 수수료를 지급해야 하는데 이를 자주 이용하는 고객이라면 적지 않은 지출을 할 것이다.

마지막으로 Monzo Bank에는 투자나 보험과 같은 추가 기능이 없다. Monzo Bank가 수많은 경쟁 기업들이 뒤를 쫓고 있는 상황에서 현재에 만족하지 않고 더 성장하기 위해서는 방금 언급한 단점들을 보완할 서비스를 빠르게 제공해야 한다고 생각한다.

■ Monese 서비스 개시일 & 간단한 역사

Monese는 에스토니아의 기업가인 노리스 코펠(Norris Koppel)이 영국의 기존 은행의 대안으로 설립한 계좌개설 및 송금 서비스를 제공하는 인터넷 은행이다.

Monese의 로고

[자료: 공식 제공 로고, 홈페이지 내 메인 이미지 (https://monese.com/gb/en/media)]

유럽 경제 지역(European Economic Area)의 31개국에서 사용할 수 있으며, 2015년 9월 21일 첫 번째 제품으로 영국 내에서 즉시 개설이 가능한 모바일 예금을 출시했다. Monese가 탄생하게 된 배경을 간략하게 설명하자면 설립자인 코펠이 영국으로 이사를 했고, 그 당시에 현지 주소의 증명을 제공할 수 없음과 동시에 아직 영국에서의 신용 기록이 없었기 때문에 주요 은행의 계좌 신청이 거부되었다.

이 경험을 통해서 코펠은 언젠가는 거주지나 신용 기록의 부족과 같은 이유로 고객을 배제하지 않는 은행을 출시하겠다고 다짐하여 지금의 Monese가 설립되었다. Monese 앱은 비교적 'iOS'에서의 지원이 늦게 이루어졌는데 'iOS'의 'App Store'에는 2016년 7월 27일 앱이 등록되었고, 'Android'의 'Play Market'에는 2015년 9월 18일 앱이 등록되었다.

■ Monese 전체 메뉴 항목

Monese에 가입한 뒤, 메인화면에 접속하면 'Home', 'Card', 'Pay', 'Explore' 이렇게 네 가지의 메뉴를 볼 수 있다. 또한 앱을 실행하면 계좌의 잔액 바로 옆에 추가로 사용자의 모든 저축액을 볼 수 있다. 이 기능은 'Customise' 화면에서 설정할 수 있으며, 각각의 하위 계좌에 잔액이 얼마나 들어 있는지 분석하는 위젯을 설정할 수도 있다. 잔액 및 거래 외에도 계좌의 세부 정보, 지출 요약, 예산 진행 상황, 하위 계좌에 저축한 금액, 미결제 결제 요청 등을 표시할 수 있다. 이 위젯들을 원하는 대로 이동하거나 보고 싶은 부분만 나타나게 하여 Monese의 홈 화면을 사용자별로 커스터마이징 할 수 있다는 게 Monese 홈 화면의 가장 큰 장점이다.

'Card' 메뉴에서는 다른 앱과 마찬가지로 자신의 카드를 관리할 수 있으며, 가상 카드의 발급과 관리를 할 수 있다. 'Pay' 메뉴에서는 빠르게 블루투스를 통해 구매처에서 결제를 진행할 수 있으며, 블루투스 기능은 가까운 Monese 사용자의 연락처를 찾아 송금하는 데에도 사용할 수 있다.

'Explore'의 메뉴에서는 본인의 친구를 탭 하여 송금하거나 원하는 금액을 요청할 수 있고, 친구로 등록만 되어 있다면 추가 정보가 따로 필요하지 않다. 가장 특별한 기능은 휴대전화를 흔들면 개인정보 보호 모드가 시작되는 것이다. 만약 사용자가 공공장소에 있다면 이 기능을 사용하여 자신의 계좌 잔액과 거래를 볼 수 없도록 앱을 유지할 수 있다. 또한 앱에서 바로 단일 거래에 대한 PDF 명세서를 발급받을 수 있는 기능까지 지원한다.

■ Monese 메인화면 이미지

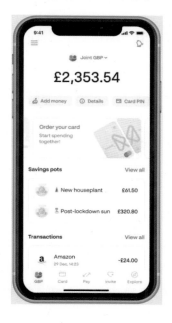

■ Monese 회원가입 과정

우선 Monese로 모바일 계좌를 개설하려면 만 18세 이상이어야 하고, 유럽 경제 지역(European Economic Area) 내에 거주해야 한다. Monese의 회원가입 절차는 크게 '개인 정보 입력', '본인인증', '계정 선택', '카드 발급'의 과정으로 나눌 수 있다. 먼저 휴대전화에 Monese 앱을 다운로드한 뒤, 이메일 주소와 전화번호를 입력한 뒤, 문자로 전송되는 코드로 첫 번째 본인인증이 이루어진다. 그런 다음 유로존 혹은 영국 계정을 원하는지 선택할 수 있다.

이렇게 간단한 '개인 정보 입력' 단계가 마무리된다. '본인인증' 단계에서는 여권이나 신분증을 스캔해야 한다. 스캔한 뒤, 신분증이 인증되면 셀프 동영상 촬영을 통해 추가적인 인증을 하는 과정이 남아있다. 셀프 동영상 촬영까지 마무리되면 '계정 선택' 단계로 넘어가게 되는데 이 단계에서 'Simple', 'Classic' 및 'Premium' 계정 중 자신이 사용할 계정을 선택하면 된다.

계정을 개설한 직후에 무료 직불 카드를 만들고 실물 'Master card' 기능을 지원하는 직불 카드를 신청할 수 있다. 이 카드 또한 무료이며, 가상 카드는 즉시 사용할 수 있고, 실물 카드는 며칠 이내에 발송되어 등록 후에 금액을 충전한 뒤, 바로 사용할 수 있다. 카드는 왼쪽 위 모서리에서 깜박이는 빨간색 아이콘을 눌러 'instant top-up' 메뉴에서 충전할 수 있다. 더불어 Monese 계좌 간의 송금을 지원하며 'Paysafecash' 및 'PayPoint' 또는 영국 우체국을 통한 현금 충전을 할 수 있다. 다른 직불카드에서 송금을 통해 충전하거나 송금 요청을 해도 모두 무료이다.

■ Monese 주요 서비스와 서비스의 내용

Monese는 '간단함'을 모델링한 계좌를 통해 계좌 관리 수수료 없이 계좌를 제공한다. 또한 가상 및 실제 'Master card' 직불 카드를 무료로 지원한다. 모바일로 발급하는 계좌는 주소 증명과 신용 확인 없이 개설할 수 있다. 나아가 19가지 국가의 통화로의 국제 송금을 지원하며 구글페이와 애플페이 같은 비접촉식 결제 기능을 제공한다. 다른 인터넷 뱅크와 마찬가지로 공동 계정을 운영해 다수가 하나의 계좌를 관리할 수도 있다. '간단함'을 모델링한 만큼 빠르고 간단한 설정으로 이루어져 있고, 지출은 거래 유형에 따라 자동으로 분류된다.

Monese계정 각종 한도

Monese GBP Account	Maximum limit
Maximum account balance	£40,000
Cash top up (via Post Office)	£250 per transaction/£500 per day/ £1,300 per month
Cash top up (via PayPoint)	£249 per transaction/£500 per day/ £1,300 per month
Debit card top up	£3,000 per day (max 2 top-ups)/ £3,000 per month(max 10 top ups)
Card purchase limit	£4,000 per transaction/£7,000 per day
ATM withdrawal	£300 per day

'Starter', 'Classic', 'Premium' 3종류의 계정을 제공하고 있고, 이에 관한 자세한 설명은 'Main Service Characteristic'에서 할 것이다. 하지만 이처럼 장점만 존재하는 것은 아니다. 은행 라이선스가 없으므로 예금보증이 존재하지 않는다. 이에 대해서 Monese는 전자 화폐 규정을 준수하는 전자 화폐 기관 'PrePay Technologies'에게 보호받는다고 답했다. 이는 제공업체가 파산할 때 최대 £85,000의 저축을 보장한다고 언급했으며 "우리는 당신의 돈을 누구에게도 빌려주지 않으며 언제든지 필요할 때 사용할 수 있습니다. 또한 보호를 위한 고객 또는 계정당 상한선이 없습니다. 이것은 당신의 모네 계정에 있는 모든 돈이 보호된다는 것을 의미합니다."라고 밝혔다.

하지만 이는 은행 라이선스가 없는 기업이 자신의 기업을 홍보하는 데에 필요한 정보를 제공한 것으로 사용자들은 국가별로 실질적인 보장금액을 주의 깊게 살펴보고 사용할 필요가 있다. 또한 ATM 인출, 충전, 지출에 대한 월별 한도 및 수수료가 비교적 많이 존재한다. 계좌에 보유할 수 있는 최대 잔액은 £40,000이고, 현금 충전(우체국)은 거래당 £250, 하루 £500, 월 £1,300이며 현금 충전(PayPoint)은 거래당 £249, 하루 £500, 월 £1,300이다.

체크카드를 통한 충전은 하루에 £500(최대 2회 충전), 월 £1,500(최대 충전 10회)의 한도가 존재하고, 카드 결제 한도도 거래당 £4,000, 하루당 £7,000이다. ATM 인출 또한 하루에 £300으로 제한된다. 현금 인출 비용은 거래당 EUR 1.50이며,

현금 예금의 경우 3.50%, 최소 EUR 3.00의 수수료를 지급해야 한다. 더욱이 외화로 결제하는 경우 2%의 수수료가 부과된다. 마지막으로 인터넷 은행의 필수적인 요소인 고객 지원이 열악하다는 후기가 존재한다. 사용자들은 Monese 챗봇의 개인 지원이 매우 느리다고 언급했다.

■ Monese 회사 및 서비스 관련 기사

Monese는 유럽 내에서도 오래된 인터넷 은행 중 하나이다. 그만큼 많은 기사가 존재할 것으로 예상했지만 기사의 수가 많지 않았다. 그중에서도 Monzo Bank의 대표적인 기사를 3가지 정도 들어보자면 'Irish Tech News(Ronan Leonard)'의 'MONESE LAUNCHES CASH TOP-UPS AT OVER 3,100 STORES IN IRELAND TO COMBAT "BANK BRANCH ISOLATION"'이라는 기사, 'FINSMES'의 'Monese Acquires Trezeo'라는 기사, 'Finextre(Paige McNamee)'의 'Ukraine: How fintech can prove itself to be a force for good'이라는 기사가 있다. 먼저 Irish Tech News의 기사는 Monese의 금융 상품 부사장인 'Garrett Cassidy'가 "현금은 아일랜드 사회에서 매우 중요한 부분입니다. 그러나 아일랜드 전역에는 지역 은행 지점이 없는 곳이 많이 존재합니다.

이는 전국적으로 계속되는 지점 폐쇄와 은행의 철수와 함께 더욱 늘어날 것입니다."라고 말한 것을 언급하며 Monese와 Paysafe의 파트너십이 Monese의 접근성이 좋은 금융 앱과 Paysafe의 광범위한 네트워크를 결합하여 은행 지점 결여 문제에 직면한 사람들에게 금융 서비스를 제공할 수 있다고 주장하고 있다.

두 번째, FINSMES의 기사에서는 아일랜드의 'Trezeo'를 인수했다는 내용을 언급하며 Monese가 해외에서 거주, 노동, 여행, 학업, 송금하는 사람들을 위한 은행 업무 도구를 제공하기 위한 기초를 다졌다고 말했다.

더불어 Monese가 처음으로 인수한 이번 인수가 독립적인 자영업자와 비전통적인 삶과 직업을 가진 사람들을 위한 신용 및 대출 확대의 일환이라고 평가했다. 마지막으로 Finextre의 기사는 우크라이나 전쟁 사태에서 핀테크 기업이 선한 영향력을 발휘할 방법을 다루었다. 핀테크 기업들이 국경을 넘어 즉각적이고 저렴하게 자금을 이동함으로써 전쟁의 피해로부터 재건하는 데 도움이 될 수 있다고 말하며 난민 캠프에 있는 사람들이 긴급하게 필요한 자금을 받을 수 있도록 보장할 수 있다고 주장했다. 또한 Monese가 이미 자금의 자유로운 이동을 가능하게 했으며 우크라이나 신분증으로 등록하는 모든 사람과 기존 우크라이나 Monese 계정 보유자들에 대한 모든 수수료를 면제했다는 것을 예를 들며 Monese를 챔피언이라고 언급했다.

■ Monese 주요 서비스의 특징

Monese는 'Starter', 'Classic' 및 'Premium' 이렇게 총 세 종류의 계정으로 서비스를 제공하고 있다. 'Starter' 계정은 월 사용료가 무료이다. 'Classic'와 'Premium' 계정은 각각 한 달에 £5.95, £14.95이다. 비접촉 결제 기능을 지원하는 체크카드, EUR 및 RON 통화 계좌, 자동 이체, 애플페이 및 구글페이 등은 세 계좌 같게 지원한다. 하지만 차이점이 매우 다양한데 카드 교체 기능은 'Starter'은 £9.90, 'Classic'은 £4.95의 비용을 지급해야 하며 'Premium'은 무료로 제공한다.

각종 수수료 또한 그 비용이 달라진다. 현금 인출 수수료가 'Starter'은 £1.50, 'Classic'은 월£500 무료(이후 2%), 'Premium'은 월£1,500 무료(이후 2%)이며 우체국 및 'PayPoint'에서의 입금 수수료가 'Starter'은 3.5%, 'Classic'은 월£400 무료(이후 3.5%), 'Premium'은 월£1,000 무료(이후 3.5%)이다. 해외 지출 수수료 또한 'Starter'은 2.5%이지만 'Classic'과 'Premium'은 무료로 지원한다는 점에서 차이가 있다. 각종 보험들도 차이점을 보이는데 임차료, 공과금, 식품류, 잡화류, 스트리밍 서비스, 취미생활, 간호, 학비, 시설 임대료, 보험료, 기부 등의 청구서에 대한 보장을 받을 수 있는 청구서 보호 보험은 'Starter'에서는 지원하지 않지만 'Classic'과 'Premium' 최대 £1,200, £1,800 한도로 지원한다.

다른 인터넷 은행들과 차별화를 두어 계정에 가입하면 입원 보험 혜택을 지원하기도 하지만 'Starter'에서는 보장받을 수 없으며 'Classic'과 'Premium'에서는 1일 £30(최대 30일), 1일 £50(30일 동안 매일)씩 지원받을 수 있다. 보호 보험 구매 또한 'Starter'에서는 구매할 수 없으며 'Classic'과 'Premium'에서는 1회 최대 £1,000/연 최대 £2,500, 1회 최대 £4,000/연 최대 £10,000씩 지원받을 수 있다. 이렇게 Monese는 계좌 종류별로 다양한 혜택의 차이점을 두어 유료 고객을 유치하고 있다.

Monese 계정별 차이점

	Simple	Classic	Premium
Cost	Free	£5.95/month	£14.95/month
Contactless debit card	✔	✔	✔
Replacement cards	£9.90	£4.95	FREE
Currency account (open EUR & RON account at no extra cost)	✔	✔	✔
Direct debits & Standing orders	✔	✔	✔
Apple/Google Pay	✔	✔	✔
Roundups	✔	✔	✔
Cash withdrawal	£1.50 free	£500 free per month (2% fee thereafter)	£1,500 free per month (2% fee thereafter)
Free manual cash top-up at Post Office & PayPoint	3.5% free	£400 free per month (3.5% fee thereafter)	£1,000 free per month (3.5% fee thereafter)
Spend abroad	2% fee	FREE	FREE
Local transfers	FREE	FREE	FREE
International transfers	2.5% fee (1% on weekends)	From 0.5% fee	FREE
Bills Protection Insurance	✘	Up tp £1,200	Up tp £1,800
Hospital stay insurance benefit	✘	£30 per day up to 30 days	£50 per day for 30 days
Purchase Protection Insurance	✘	Up to £1,000 per claim £2,500 per year (for purchases made in the last 90 days)	Up to £4,000 per claim, £10,000 per year (purchases made in the last 180 days)
Priority customer support	✘	✘	✔
Credit Builder	£7.95 monthly fee	£7.95 monthly fee	£7.95 monthly fee

■ Monese 경쟁사

Monese의 경쟁 기업으로는 'Wise'와 'Revolut'가 자주 언급된다. Wise는 설립한 지 10년이 넘은 영국의 오래된 인터넷 은행 중 하나로 개인, 프리랜서 및 비즈니스의 목적으로 온라인에서 쉽게 개설할 수 있다.

또한 유럽경제지역인 EEA(European Economic Area)뿐만 아니라 전 세계에서 개설할 수 있다. Wise 계좌를 사용하면 월 납부금이 없으며 200개 이상의 국가에서 사용할 수 있는 체크카드를 받을 수 있다. 반면에 수수료 없이 국제적으로 돈을 송금할 수 있다는 점에서 Wise 및 Monese와 유사한 Revolut는 사용자들에게 도움이 되는 기능이 많지만 이러한 서비스를 이용할 수 있는 지역이 유럽 내로 한정적이다. 따라서 사용자들의 각각의 앱의 기능들과 사용지역을 비교하며 자신에게 적합한 은행을 사용해야 한다.

■ Monese 국내 유사 기업 및 비교

Monese는 대한민국의 '토스뱅크', '카카오뱅크', '케이뱅크'와 같은 인터넷 은행들과 유사하다고 볼 수 있다. 하지만 대한민국의 인터넷 은행들과 직접적으로 비교했을 때는 제공하는 서비스가 현저하게 부족하다.

예를 들어 주식 투자, 환전, 보험, 대출과 같은 서비스가 존재하지 않거나 많이 부족하며 Monese가 특별하게 제공하고 있는 기능들 또한 대한민국의 인터넷 은행에서는 기본적으로 제공하고 있는 기능이기도 하다. 하지만 그렇다고 Monese가 경쟁력이 없는 것은 아니다. Monese의 무료 계정과 유료 계정의 혜택을 차별화 두어 유료 고객을 유치하며 수익을 벌어들이는 것은 대한민국의 인터넷 은행들도 사업적인 측면에서 긍정적으로 검토해 보아야 한다.

■ Monese 기타 분석 내용

Monese는 사람들의 거주지와 직장, 거래 방식이 변화하고 있는 삶에서 유용하다. 이 앱은 정기적으로 다른 국가를 이동하고 해외로 송금해야 하는 사람들에게 유용하다. 또한 Monese는 사용자가 질병, 실직 또는 사고로 인해 일할 수 없는 경우 이에 대한 보장을 받을 수 있는 청구서 보호 보험 정책을 시작한 최초의 모바일 은행이다. 하지만 Monese는 현금 인출 및 해외 지출과 같이 다른 기업들이 무료로 제공하는 일부 항목에 대해 수수료를 부과한다.

그러나 쉬운 과정을 통해 계좌를 개설하고 관리하는 만큼 만약, 다른 앱에서 계좌를 취득하고, 관리하는 데 어려움을 겪고 있다면 Monese의 가입을 고려해 볼 만한 가치가 있다. 또한 기능 목록에 보험 정책을 추가한 것은 전 세계적으로도 보았을 때 충분히 칭찬받아야 하지만 무료 계정을 이용하는 사람들은 이 혜택을 누릴 수 없다는 것은 아쉬운 점이다. 이렇게 사용자들의 관점에서 편리함을 생각하는 Monese는 영국과 유럽 계좌 사이에서 쉽게 전환할 수 있으므로 영국과 유럽을 정기적으로 여행하는 여행객과 회사원들의 경우 특히 유용하다고 볼 수 있다.

■ Monese 분석 정리

Monese는 그 역사가 오래된 만큼 사용자들에게 편리함과 안정성을 보장하는 기업이다. 하지만 은행 라이선스가 없는 점은 아쉽다고 볼 수 있다. 최근 들어 수많은 인터넷 은행들이 생겨나고 있고, 그 기업들이 폭발적으로 성장하고 있는 만큼 사용자들은 그 기업의 계좌를 이용했을 때 자신의 자산 안정성 여부로 사용할 기업을 선택하는 추세이다. 그러나 Monese가 은행 면허를 취득하지 않아 모든 사람이 안전하게 자신의 자산을 보장받을 수 없다는 것은 기업 경쟁력을 약화하는 것으로 생각한다.

또한 사용자들의 후기를 보았을 때, 느린 계좌개설 및 느린 국제 송금, 일부 계좌의 잠김 현상이 나타나 불만을 표시하고 있다. Monese는 다양한 보험 정책들로 소비자를 보호할 뿐만 아니라 이러한 소비자들의 직접적인 불만에도 빠르게 피드백을 주어 한 걸음 더 성장할 수 있는 기회를 얻어야 한다고 생각한다.

다. 핀테크 뱅킹(Banking)의 시사점

조사한 5개 기업의 앱을 통해서 우리는 핀테크 뱅킹 앱의 발전 방향과 나아가 핀테크 뱅킹 산업의 발전 방향까지 짐작해 볼 수 있다. 현재 핀테크 산업은 활발하게 이루어지고 있다. 전 세계에서 수많은 인터넷 전문 은행들이 생겨나고 있고, 'EMI'와 'Banking-as-a-Service'를 통해 금융 기술을 제공하는 기업들 또한 발달하고 있다. 대부분의 앱은 계좌 발급과 그에 따른 예금, 송금, 결제를 지원하고 있으며 금융상품 투자 및 암호화폐 투자, 나아가 보험과 대출까지 앱 안에서 이루어지도록 제작되고 있다. 최근 5년 사이에 비약적인 발전을 이룬 것이다. 하지만 그만큼 기업들이 보완해야 할 점도 많이 생기게 되었다.

제일 중요한 화두로 떠오른 것은 사용자들의 자산의 안전성이다. 국가에서 공식적으로 예금자 보호를 지원하지 않는 기업들의 상품들은 자체적으로 자산을 보호해 준다고 하지만 세계 곳곳에서 피해자들이 적지 않게 나오고 있다. 이로써 기업들이 경쟁력을 얻기 위해선 자산을 안전하게 보관하고 관리하는 방법을 체계적으로 마련해야 하는 것이 필수적으로 보인다. 그러나 안전성만을 확립한다고 해서 성공할 수 있다는 것은 아니다. 완벽한 안전성은 기본적으로 제공되어야 할 사항이어야 할 것이며 자신들만의 차별점을 더욱이 만들어내야 한다.

대표적인 예로 'Revolut'는 최근 들어 여행객들을 위한 숙소 예약을 앱 안에서 직접 할 수 있도록 지원했다. 전 세계의 모든 기업은 이처럼 변화하는 트렌드에 맞추어 현재 사용자들과 미래의 사용자들이 필요로 하는 기능들을 재빠르게 알아채고 선점하여야 치열한 경쟁 속에서 살아남을 수 있을 것이다. 최근 코로나 팬데믹으로 인한 사람들의 건강에 대한 관심도가 높아짐에 따라 앱 내에서 건강과 관련된 서비스를 제공할 수도 있고, 우크라이나-러시아 전쟁으로 인하여 기부와 관련된 서비스를 제공할 수도 있을 것이다. 이처럼 급격하게 변화하는 사회와 발맞추어 앱 또한 변화하여야 한다. 하지만 변화하는 것만큼 중요한 것은 사용자들을 유지하는 것이다. 기업들은 사용자들의 불만 사항과 요구사항들을 피하지 않고 적극적으로 수용함과 동시에 소통하여야 한다.

대부분 사용자는 군이 불편한 점이 있는 앱을 계속 사용하지 않을 것이다. 기업들은 자신들의 차별점만을 믿고 그에 따른 사후관리를 신경 쓰지 않는다면 수많은 사용자 이탈을 겪게 될 것이다. 이처럼 앞으로의 핀테크 뱅킹의 산업은 안전성, 차별성, 사후관리 이렇게 3가지 요소가 기업들의 성공과 실패를 좌지우지할 것이다.

뱅킹서비스 관련 5개 기업의 특징 비교

기업명	N26	Revolut	Vivid	Monzo	Monese
국가	독일	영국	독일	영국	영국
설립연도	2013년	2015년	2020년	2015년	2015년
은행 라이선스	보유	보유	미보유	보유	미보유
계좌 등급	N26 Standard N26 Smart N26 You (무료/€4.9/€9.9)	Standard Premium Metal (무료/£6.99/£12.99)	Vivid Standard Vivid Premium (무료/€9.90)	Monzo Monzo Plus Monzo Premium (무료/£5/£15) Monzo Lite Monzo Pro (무료/£5)	Starter Classic Premium (무료/£5.95/£14.95)
앱 등록일	iOS: 2015.02.04 Android: 2015.01.22	iOS: 2015.03.01 Android: 2015.06.01	iOS: 2020.06.07 Android: 2020.06.07	iOS: 2016.02.04 Android: 2016.05.13	iOS: 2016.07.27 Android: 2015.09.18
투자 및 보험	투자: 미지원 보험: 지원	투자: 지원 보험: 지원	투자: 지원 보험: 지원	투자: 미지원 보험: 제한적	투자: 미지원 보험: 제한적
메인 메뉴	Home Spaces Explore Actions	Account Cards Stocks Crypto Vaults	Pocket Timeline Rewards Payments Support	Home Payments Help	Home Card Pay Explore
차별점	CASH26 ATM	다양한 투자상품	캐시백	비즈니스 계정의 차별화	청구서 보호 보험 정책
추천 사용자	학생	개인 투자자 및 여행자	여행 및 쇼핑 소비가 많은 사용자	비즈니스 계정 이용자	출장이 많은 회사원

참고문헌 및 자료 출처   (■: 이미지 출처   ▲: 기사 출처   ●: 용어 설명)

핀테크 뱅킹 시장의 트렌드

- 2018년부터 2022년까지 예측한 2017년 미국의 음성 결제 채택률
  https://www.statista.com

N26

- N26의 로고
  WIKIMEDIA COMMONS
- 'Actions' 메뉴 내에서의 세부 작업
  https://www.niesena.com
- N26 앱의 메인 화면
  https://medium.com
- 김리안, "핫한 유럽 핀테크 … 독일 N26-영국 조파 투자유치로 몸값↑", 한국경제, 2021.10.19
- Sergio Goschenko, "German Online Bank N26 to Launch Cryptocurrency Trading Business This Year", Bitcoin.com, 2022.01.13
- Omar Faridi, "Digital Banking Platform N26 Explains Why it May Have to Block Certain Accounts", CROWDFUND INSIDER, 2022.04.25

Revolut

- Revolut의 로고
  https://www.holyjs-moscow.ru
- Revolut 앱의 메인 화면
  https://www.finder.com
- Revolut 발급 카드 별 혜택
  https://haheheehohoo.tistory.com
- John Reynolds, "Revolut UK regulatory and risk bosses quit as fintech giant awaits UK banking licence decision", Alt fi, 2022.07.25
- Sarah Butcher, "We have hired a lot of people from Revolut. They are all excellent", Efinancialcareers, 2022.07.20

- ▲ Mandy Williams, "Revolut Launches Crypto Learn and Earn Feature", Crypto Potato, 2022.07.11
- ■ Revolut의 주요 기능 및 특징
  https://www.finder.com

Vivid Money

- ■ Vivid Money의 로고
  https://www.play.google.com
- ■ Vivid Money의 Rewards 항목
  https://www.hannoveraner.tistory.com
- ■ Vivid Money 앱의 메인 화면
  https://www.expatwiki.org
- ■ Vivid Money의 발급 카드 종류
  https://www.hannoveraner.tistory.com
- ▲ Ingrid Lunden, "Vivid Money, a financial super app, raises $114M at an $886M valuation to expand in Europe", TechCrunch, 2022.02.08
- ▲ John Stanley Hunter, "Auf dem Weg zur Super-App: Vivid Money startet Shopping-Feature", Finance Forward, 2022.07.11
- ▲ S.V.il, "Vivid Money lancia Vivid Beat: spazio di social trading per la Vivid Community", AziendaBanca, 2022.05.24
- ■ 'Vivid Standard'와 'Vivid Premium'의 특징 비교
  https://www.finder.com

Monzo Bank

- ■ Monzo Bank의 로고
  https://www.forcardiff.com
- ■ Monzo Free의 메인화면
  Monzo Bank 공식 사이트
- ■ Monzo Business의 메인화면
  Monzo Bank 공식 사이트
- ▲ unidentified, "Monzo breached banking rules around departing customers", BusinessCloud, 2022.07.27
- ▲ Chip Cutter, "The Online Bank That Wants to Reshape Work and Money", The Wall Street Journal, 2022.05.09

▲ Helghardt Avenant, "The emergence of niche banking", Finextre, 2022.08.01

■ Monzo Bank의 계정별 혜택 비교
. Monzo Bank 공식 사이트

■ 'Business Lite/Pro' 간의 차이점
Monzo Bank 공식 사이트

Monese

■ Monese의 로고
https://www.seekvectorlogo.com

■ Monese 앱의 메인 화면
https://www.investingreviews.co.uk

■ Monese계정의 각종 한도
https://moneytothemasses.com

▲ Ronan Leonard, "MONESE LAUNCHES CASH TOP-UPS AT OVER 3,100 STORES IN IRELAND TO COMBAT "BANK BRANCH ISOLATION"", Irish Tech News, 2022.06.01

▲ unidentified, "Monese Acquires Trezeo", FINSMES, 2021.12.20

▲ Paige McNamee, "Ukraine: How fintech can prove itself to be a force for good", Finextre, 2022.03.10

■ Monese 계정별 차이점
https://moneytothemasses.com

06 · 지역 트렌드(중국) [김소윤]

가. 중국 모바일 금융 시장의 트렌드

중국의 모바일 금융 시장도 다른 나라 못지않게 큰 발전을 보이고 있다. 전 세계에서 가장 많은 빅데이터 보유국이고 알리바바, 텐센트, 바이두 등의 IT, SNS, 온라인 거래로 대변되는 글로벌 기업의 성장이 중국 국민들의 소득증가와 맞물리면서 핀테크 시장도 덩달아 큰 변화와 성장을 진행하고 있다.

KOTRA의 해외시장 뉴스에서 중국의 핀테크 성장 리포트에서 언급한 내용을 살펴보면 그 정도를 여실히 알 수 있다. <2020년 글로벌 핀테크 개발 보고서 (2020全球金融科技发展报告)>에 따르면, 글로벌 핀테크 상위 10개 국가는 중국, 미국, 영국, 호주, 캐나다, 싱가포르, 일본, 독일, 네덜란드, 프랑스로 나타났다. 전 세계 핀테크 상장기업의 시가총액의 89%가 중국과 미국이 차지하고 있으며, 중국과 미국의 양강 구도로 전세계 핀테크 시장의 흐름을 주도하고 있다.

중국은 특히 온라인 결제 거래 규모가 나머지 9개국을 초과한 강세를 보여서 거래규모와 건수가 얼마나 많은지 여실히 알 수 있다. 이처럼 중국의 온라인 지급결제 시장은 중국 최대 전자상거래 업체인 알리바바가 원활한 온라인 거래를 위해 도입한 제3자 지급결제 플랫폼인 알리페이(支付宝·즈푸바오)를 출시한 이후 급격히 발전했다. 하지만 최근 온라인 결제와 온라인 소액대출의 소비자 피해사례가 증가하고, 개인정보 보호법이 강화되는 추세로 거대 과점 빅테크 기업에 대한 관리감독 및 규제가 강화되고 있어서 지금까지의 발전과 성장이 계속될지 지켜봐야 하겠다.

이러한 중국의 핀테크 산업과 모바일금융의 발전은 위조지폐의 천국이라는 오명처럼 위조지폐가 워낙 많아서 어떻게든 현금 거래를 줄여야 하는 정책적인 목적과 함께 오포나 샤오미 등의 저가 스마트폰의 공급에 의해 가속화되었다. 기존 애플의 아이폰과 달리 안드로이드폰이 오픈 소스여서 중소기업들의 저가 스마트폰 제작이 큰 무리없이 진행된 점도 발전의 원인으로 꼽히고 있다. 게다가 워낙 넓은 면적의 국가이기 때문에 기존 유선 전화 등을 활용한 통신이 설치와 관리에 막대한 비용이 발생해서 대체수단으로 집중 육성한 모바일 통신과 금융 및 다양한 거래에 대한 성장 기폭제가 되고 있다. 오죽하면 중국에서는 길거리의 걸인들도 QR코드로 적선을 받고 도시 변두리의 골목 리어카에서 간단한 간식거리를 사더라도 스마트폰으로 결제가 가능하기 때문에 오히려 한국보다 더 보편화된 핀테크 지급결제 시장을 보유하고 있다고 해도 과언이 아니다.

중국의 모바일 금융에서 특히 모바일 결제 시장은 가장 높은 이용률과 거래금액을 보이고 있다. 위에서 언급한 핀테크와 모바일 금융의 발전 중에 특히 모바일 결제 시장의 등장으로 시장 참여자의 불편함을 해소할 수 있었기 때문에 중국 모바일 결제 시장 거래액은 2014년에 비해 2020년에 약 40배 이상 급성장했다.

2020년 중국 핀테크 유니언 기업

[자료: 후룬연구원(胡潤研究院)]

회사명	경영범위	시장가치(억 위안)	설립연도	빅테크 기업(주주)
앤트그룹蚂蚁集团	플랫폼	10,000	2014	알리바바
뤄진소陆金所	플랫폼	2,700	2011	텐센트
마이크로뱅크微众银行	대차 업무	1,500	2014	텐센트
징동수커京东数科	플랫폼	1,300	2013	징동
쑤닝금융苏宁金服	플랫폼	500	2006	쑤닝, 알리바바
완더万得	소프트웨어	300	2005	
인롄银联商务	지불	200	2002	
두소만금융度小满金融	플랫폼	200	2018	바이두
롄롄수즈连连数字	지불, 청산	140	2009	
PingPong	경내, 국경간지불 시스템	140	2015	
Welab	소비자신용	100	2013	알리바바
에어클라우드空中云汇	국경간지불시스템	70	2016	텐센트, 알리바바
옌신과기岩心科技	소비자신용	70	2015	알리바바
이셩진푸易生金服	지불	70	2011	
롄이롱联易融	공급사슬 금융 供應鏈金融	70	2016	텐센트
쉐이띠水滴	크라우드펀딩	70	2016	텐센트
와차이挖财	펀드판매	70	2009	
중관춘과진中关村科金	소비자금융, SW	70	2007	

중국 신용카드 보급률이 낮은 가운데 간편결제 수단은 소비자에게 매우 유용한 수단이었다. 상점은 비싼 결제 장비를 따로 도입할 필요 없이 종이 한 장만 출력해 붙여놓으면 됐기에 쉽게 도입할 수 있었다. 또한 수수료가 낮아 큰 부담이 되지 않고 정부도 초창기 엄격한 규제 없이 혁신기업들이 성장할 수 있도록 하여 모바일 결제 시장이 급격하게 성장할 수 있었다.

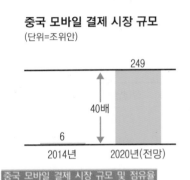

중국 모바일 결제 시장 규모
(단위=조위안)

249

40배

6

2014년　　2020년(전망)

중국 모바일 결제 시장 규모 및 점유율

중국 모바일 결제 시장점유율
(단위=%)

■ 알리페이　■ 텐페이　■ 기타

82　　54

11　　39

2014년　　2019년

[자료: iResearch · 맥킨지]

또한 중국의 인터넷 전문은행 시장의 발전도 중국 핀테크 시장의 핵심으로 자리잡고 있다. 2014년 중국 최초의 인터넷 전문은행이 설립되었는데 회원 가입이 수 초 이내에 가능할 정도로 빠르고 다양한 서비스를 제공하고 있다. 이용자들이 이미 위챗이나 QQ 등 기존 SNS를 통해 계좌이체 및 지급결제에 익숙해져 있고 SNS 기업이 기존 회원 정보를 활용해서 간단하게 계좌개설이 가능한 플랫폼과 앱(App)을 개발해서 속도와 편의성을 높이고 있다. 아울러 중국도 세계적으로 번진 COVID-19의 영향으로 모바일 금융 시장이 급성장한 점도 있다.

하지만 개인정보의 유출과 활용이 난무하고 비자금이나 불법자금의 유통이 많다는 점과 가계나 개인들의 무분별한 대출의 남발로 개인신용과 가계의 재정적인 문제가 국가문제로 확대될 정도로 위험이 높아지고 있는 것이 우려로 다가오고 있다.

또한 인터넷 전문은행은 설립이나 운영 면에서 모기업이나 지주기업에 너무 많이 의존하고 있어서 마이뱅크의 경우 알리바바 계열이라 기존 알리바바의 운영 방식과 방향성을 너무 복제하다보니 독창적이고 온라인, 모바일 생태계에서 차별성을 잃어간다는 점은 중국정부와 관련 기관이 계속 고민해야 하는 사항이라고 보여진다.

　그럼 지금부터 중국 모바일 금융 서비스의 사례를 알아보면서 좀 더 중국 핀테크와 모바일 금융 서비스에 대해서 간접적으로 경험해보도록 하자.

중국핀테크 주요 분야와 대표기업

[자료: 중국핑안(中国平安), 동팡차이푸(东方财富) 등 홈페이지, 동우증권연구소(东吴证券研究所)]

분야	산업군	대표기업명	주요 특징
기초 서비스	신용조회, 클라우드 컴퓨팅 빅데이터, 정보교환 시스템 구축	중국핑안 中国平安	기술을 활용하여 기업 은행, 보험 및 자산관리 등 전통적인 금융업무 개발
		쑤닝금융 苏宁金融	O2O융합금융 서비스, 오프라인과 온라인을 통해 데이터와 마케팅 일체화 실현
		징동수커 京东数科	AI를 통해 산업 디지털화를 촉진하는 신기술 기업으로, 빅데이터 디지털 기술 활용 산업비용 절감
		은지제 银之杰	개인 신용조회 기술 및 응용 연구, 전개하여 인터넷 트래픽 플랫폼간 협력방식 모색
		항생전자 恒生电子	중국 금융 IT 시스템 선도기업, 자본 시장 개혁의 가장 큰 수혜자로 클라우드 비즈니스, AI 등 신기술 분야 개발 중
		장량테크 长亮科技	은행 IT 시스템 선도기업, 시스템 국산화와 해외 사업 병행
		중커소프트 中科软	중국 보험IT 시스템 선도기업, 보험 핵심 업무 처리시스템의 시장점유율 1위
융자	P2P 대차금융 및 크라우드 펀딩과 같은 직간접 자금 조달 방식	루팍스 陆金所	금융의 세계화 발전과 정보 기술의 혁신 결합, 중소기업 금융 플랫폼 구축
		금융이장통 金融壹账通	중소기업을 위한 신용 데이터베이스를 구축하고 금융 서비스를 제공하는 은행 금융 플랫폼
		앤트그룹 蚂蚁集团	(알리바바 계열) 개방형 생태계 조성, 중소기업 및 소비자 대상 포괄적인 금융 서비스 제공
투자 관리	거래, 스마트 투자상담 자산 관리	동팡차이푸 东方财富	IT기술을 활용하여 온라인 경제 비즈니스 개발, 인터넷을 통해 축적한 빅 데이터로 다양한 금융 서비스 업무 확대

분야	산업군	대표기업명	주요 특징
		통화순 同花順 다즈훼이 大智慧	증권정보 플랫폼 증권 거래, 스마트 투자상담 등 증권 서비스
		라오후증권 老虎证券 푸투 富途控股 Interavtive Brokers Group 盈证券	자체 거래 시스템을 구축하여 국제 주식 시장에서 온라인 실시간 거래, 투자 및 금융 상담 등 금융 서비스 제공
		레모네이드 Lemonade	AI를 통해 임대인, 임차인 대상 보험상품 제공, APP를 통해 빠른 시간 내에 맞춤형 재산 보험 상품 판매
		중안자이셴 众安在线	기술 혁신으로 인터넷 보험 실적 개선, 보험 산업의 정보화 업그레이드를 촉진하기 위한 자체 기술 구축
지급 결제	온라인 및 모바일 결제 디지털 캐시	알리페이 支付宝 위챗 페이 微信支付	제3자 결제 플랫폼으로 시작되었으며, 축적된 고객 빅데이터와금융 기술을 통해 소비자 개인 및 기업계의 B2C, B2B 개방형 플랫폼 운영
		PayPal	전세계에서 가장 광범위하게 사용되는 제3자 결제수단으로 개인과 기업에게 편리한 온라인과 모바일 결제 서비스 제공
		잉시셩 赢时胜	자산 관리, 예탁평가 및 청산 시스템 선두 기업
		광전운통 广电运通	선도적인 은행 ATM 설비, AI전략적 전환과 업그레이드 제공

나. 핀테크 지역 트렌드(중국) 사례

Alipay

■ Alipay 서비스 개시일 & 간단한 역사

우선 중국의 모바일 결제 시장점유율 1위 기업인 Alipay에 대해 살펴보자. Ant group의 자회사인 Alipay는 신뢰를 기반으로 하는 종합 라이프 플랫폼을 지향하며 2004년 설립된 이후 200개 이상의 금융기관과 협력하여 거의 1,000만 개의 소상공인에게 지급 서비스를 제공했으며 서비스의 확장이 계속 증가하는 추세다.

Alipay는 결제 서비스에서 바이러스 전파 가능성을 배제하고 글로벌하게 서비스를 확대하여 모두가 사용할 수 있도록 접근성을 높이고, 스마트 전자 상거래, 신속한 디지털 혁신 및 강력한 데이터 기반 마케팅 기능을 통해 이전과는 다른 방식으로 비즈니스를 성장시킬 수 있게 도와주고 있다.

■ Alipay 앱 분석

Alipay 앱을 분석해보면 앱에 처음으로 들어가게 되는 첫 화면에서 휴대전화번호 인증을 하면 메인화면이 뜬다. 메인화면에 보이는 주메뉴는 Scan, Pay, Collect, Pocket가 있다. 첫 번째, Scan은 상인의 바코드나 QR코드를 인식해 결제할 때 사용된다. 두 번째, Pay는 자신의 명의로 된 바코드나 QR코드를 인식해 결제할 때 사용된다. 세 번째, Collect는 다른 사람에게 돈을 받을 때 사용되고 네 번째, Pocket는 교통카드, 멤버십 카드, 할인권 등 여러 가지 카드와 항공권, 기차표, 입장권과 신분증, 운전면허증 등을 한 번에 정리하는 서비스를 제공한다. 메인화면에서 'more'에 들어가게 되면 그 외 다양한 메뉴들을 볼 수 있다.

　　다음으로 카드 등록 절차를 살펴보자. 내국인이 카드를 등록할 때는 메인화면에서 Pay/Collect에 들어가 Add 버튼을 누른 후, 카드 정보를 입력한다. 그리고 휴대전화 번호 인증을 한 다음 6자리 숫자의 비밀번호를 만들면 자신의 QR코드가 생성된다. 결론적으로, 카드 정보와 휴대전화 번호 인증만 하면 간편하게 알리페이 서비스를 이용할 수 있다는 것이다.

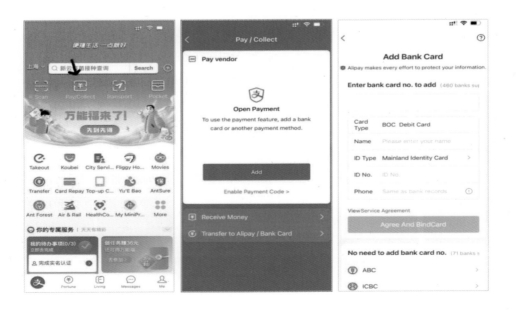

■ Alipay 주요 서비스와 내용

Alipay는 간편 온라인 결제 서비스로 간단한 송금 및 이체와 매장 내 결제와 같은 서비스를 제공하고 있다. 앱을 이용해 중국인들은 음식점, 편의점에서 자신의 명의로 된 QR코드나 바코드를 인식해 결제하고 POS 기가 따로 없는 상점에서는 매장에 있는 QR코드를 인식해 간편하게 결제할 수 있는 서비스이다.

매장 내 결제는 신뢰할 수 있는 결제 시스템이며, 거래비용을 절감할 수 있는 특징이 있다. 매장 내 결제의 경우 많은 고객의 접근성을 높이고, 온·오프라인 데이터 기반 마케팅 활동을 통해 매장 실적과 쇼핑객의 소비를 개선할 수 있다. 여기서 결제에 지원되는 통화는 SGD, JPY, PHP, MYR, THB, EUR, AUD, NZD, USD 및 CAD이다.

그 외 서비스는 Convenient Life, Shopping& Entertainment, Wealth Management, Education & Public Welfare의 카테고리로 나누어 제공된다. Convenient Life에는 스마트폰 요금 충전, 신용카드 결제, 전기세·수도세·전기세·아파트 관리비·난방비 등의 납부, 택배 조회, 병원 예약, 온라인 진료, 백신 접종예약, 의약품 배달, 가계부 정리, 자동차 관리 등의 서비스가 있다. 두 번째 메뉴인 Shopping& Entertainment에는 중국인들이 해외로 갔을 때 필요한 다양한 서비스를 제공한다. 세 번째, Wealth Management에는 펀드 투자와 주식에 대한 정보, 온라인보험, 환율 계산 등의 서비스를 제공하고 네 번째, Education & Public Welfare에는 온라인 결제에 쌓인 포인트로 기부를 할 수 있다.

Alipay에 Tour pass라는 프로그램이 있는데, 이는 외국인들을 위한 프로그램이다. 예전에는 중국은행 계좌와 현지 휴대전화 번호가 없으면 외국인은 중국에서 앱을 이용해 결제하기에 어려움이 많이 나타났다. 그래서 Alipay는 Tour pass를 만들어 외국인이 중국은행 계좌와 현지 전화번호 없이도 90일 동안 결제가 가능하여지도록 만들었다.

■ Alipay 회사 및 서비스 관련 기사

Alipay에 관한 기사를 살펴보자. 2017년 2월 21일 중국 알리페이의 모회사인 앤트 파이낸셜 서비스그룹(이하 앤트 파이낸셜)이 카카오페이에 2억 달러(약 2,300억 원)를 투자하고 전략적 파트너십을 체결했다는 내용의 기사이다. 이 기사에 의하면, 이번 투자를 통해 국내 카카오페이 제휴 사업자들은 중국인 등 알리페이 이용자들을 대상으로 쉽고 빠른 결제 옵션을 제공할 수 있으며, 국내 카카오페이 이용자들은 해외 알리페이 가맹점이나 알리바바 쇼핑몰에서 카카오페이 결제가 가능해질 것으로 보인다.

네이버 페이의 가맹점 수는 11만여 개인 반면 카카오페이 가맹점 수는 1,300 개 수준으로 네이버 페이에 비해 적은 편이다. 카카오페이는 알리페이의 국내 가맹점 3만 4,000여 개를 중국인 관광객들을 대상으로 확보할 수 있으며 국내 쇼핑몰 이용자들을 대상으로 해외 알리페이 가맹점과 알리페이 쇼핑몰을 확보할 수 있다는 점에서 이번 제휴가 카카오에 긍정적인 영향을 줄 것으로 보인다. 하지만 단기적으로 국내 결제 시장에 직접적으로 큰 영향을 미치지는 못할 것이라는 의견이 우세하다. 카카오페이가 해외 가맹점이 늘어나는 측면은 있으나 국내 이용자들 대상의 국내 결제 가맹점이 갑자기 늘어나는 것은 아니기 때문이다. 또 알리페이가 국내 시장에 직접 진출하는 것이 아니므로 국내 업체들이 갑자기 가맹점을 바꾸지 않으리라고 예상된다.

■ Alipay 경쟁사

중국은 모바일 결제 서비스가 많이 보편화되어 있어 관련된 기업들도 많이 존재한다. 그중 중국의 시장점유율은 알리페이가 54%, 위챗 페이가 38%이다. 여기서 Alipay의 경쟁사는 위챗 페이라고 할 수 있다. 위챗 페이와 Alipay의 가장 큰 차이점은 위챗 페이가 Alipay와 달리 채팅 프로그램에 연결되어 있다는 점이다.

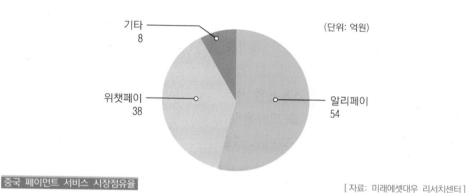

기타
8

(단위: 억원)

위챗페이
38

알리페이
54

중국 페이먼트 서비스 시장점유율

[자료: 미래에셋대우 리서치센터]

■ Alipay 국내 유사 기업 및 비교

Alipay와 비슷한 한국 기업은 삼성페이, 네이버페이, 카카오페이이다. 삼성페이는 신용카드로 직접 계산하는 대신 스마트폰을 카드 결제기에 터치해 사용할 수 있는 모바일 결제 서비스로, MST(마그네틱 보안 전송) 방식을 지원해 일반 신용카드 결제기에서도 사용할 수 있어 범용성을 특징으로 볼 수 있다. Alipay와 비교해 보자면, Alipay는 카드 결제기 없이 QR코드만 있으면 결제할 수 있지만 삼성페이는 카드 단말기가 꼭 필요하다는 차이점이 있다.

또한, 삼성페이와 Alipay의 공통점으로는 대중교통 카드 서비스를 제공해 대중교통 이용할 때 지갑 없이 자유롭게 생활할 수 있었다는 점이다. 출시 1년 사이 한국, 미국, 중국, 스페인, 호주, 싱가포르, 브라질 등 7개 국가를 시작으로 푸에르토리코, 러시아, 태국 등으로 서비스를 확대했다. 그 후, 말레이시아, 인도, 베트남에도 서비스를 늘려가 전 세계적으로 범위를 넓히고 있다.

두 번째, 네이버페이는 네이버 포탈의 자사 인터넷 쇼핑몰인 네이버 쇼핑에서 연간 7조 원 규모의 간편결제 서비스를 제공하고 있다. 네이버 페이는 네이버

ID만 가지고 있으면 온라인 상품을 바로 결제할 수 있다. 오프라인에서 자신의 QR코드로 지정된 네이버페이 매장에서 스캔 후 결제가 가능하고 온라인이나 오프라인에서 결제 시 결제 금액에 1%를 월 1만 원 한도의 포인트로 적립해 준다. 또한, 오프라인에서 네이버 포인트를 충전해 결제를 할 수 있는 서비스도 제공한다. 이는 사용 금액의 최대 2.5% 적립해 주며, 현금 영수증 발행으로 소득공제 혜택이 주어진다. 그리고 후불 결제, 대출 잔액조회나 납부 관리, 연금이나 IRP 거래명세와 운용상품 조회, 부동산 시세 확인, 자동차 시세 조회 및 차량 관리 서비스, 환전 등을 할 수 있으며 네이버페이로 음식점에서 주문도 가능하다. 이는 모두 Alipay가 제공하고 있는 서비스이다.

세 번째, 카카오페이는 Alipay와 똑같이 오프라인 결제나 송금받기, 고지서를 납부할 때 타인의 QR코드를 인식해서 결제를 할 수 있고 연결된 계좌나 카드의 바코드를 인식하여 결제나 멤버십 적립이 가능하다. 그리고 가스·전기 요금, 통신 요금, 지방세를 바로 결제할 수 있으며 은행을 방문하지 않고도 여러 금융사별 대출 비교를 할 수 있다.

삼성페이, 네이버페이, 카카오페이에 있는 서비스는 Alipay가 모두 가진 서비스이다. 하지만, Alipay에는 택배 조회, 병원 예약, 온라인 진료 등 이보다 더 다양한 프로그램을 보유하고 있다. 또한, 삼성페이, 네이버페이, 카카오페이 모두 한국에서 충분히 보편화되어 있지만 Alipay의 이용자 수 10억 명으로 한국의 기업들보다 월등히 많다는 차이점이 있다.

앤트그룹 현황

알리페이(결제서비스) 회원	10억명
알리페이 사용 상점	8,000만개
알리페이 연간 거래액	118조 위안
핀테크 고객	7억명
합작 금융회사	2,000개
총 운용자산	4조 1,000억위안
소액대출 규모	2조 1,000억위안

※ 2019년 기준

앤트그룹 현황과 매출규모

앤트그룹 매출 구성 (단위: %)

스타트업 투자 등 기타 **0.9**

결제서비스 35.8	금융업 합계 63.3		
	보험 8.4	소액 대출 15.5	자산운용 39.4

※ 2020년 상반기 기준

[자료: 앤트그룹]

카카오페이·네이버페이·삼성페이 현황

	Pay 삼성페이	카카오페이	네이버페이
가입자 수	1,900만명	3,500만명	2,800만명
가맹점 수	신용카드 사용가능한 모든 곳	50만(추정)	온라인 48만, 오프라인 7만
거래액	현재까지 누적 결제금액 80조원	20년 2·4분기 14.8조원 (결제액 50% 이하)	20년 2·4분기 6조원 (결제액 중심)

삼성페이, 카카오페이, 네이버페이 가입자 수

[자료: 각사·이베스트투자증권]

■ Alipay 기타 분석 내용

Alipay 앱은 iOS에 2009년 10월 15일, Google Play에 2012년 1월 13일 출시했다. iOS 기준으로 Alipay는 실사용자 순위 2위를 달성한 중국에서 대중화된 앱이다.

모바일 결제 서비스인 Alipay는 단순히 모바일 결제 서비스뿐만 아니라 전반적인 생활에 필요한 서비스들을 지원해 일상생활에 깊숙이 자리 잡은 앱이라고 볼 수 있다.

실 사용자 순위

1	WeChat Tencent	=
2	Alipay Alipay	=
3	Pinduoduo Xunmeng	=
4	TikTok ByteDance	=
5	Taobao Taobao	=
6	Kwai Kuaishou	=
7	QQ Tencent	=
8	Baidu Baidu	=
9	iQIYI iQIYI	=
10	Tencent Video Tencent	=

중국 앱 실사용자 순위

■ WeChat Pay 서비스 개시일 & 간단한 역사

WeChat Pay는 2011년에 출시되었으며 텐센트의 모바일 결제 시스템인 텐페이를 WeChat Pay에 연동하여 탑재된 지갑 기능을 통해 간편결제 서비스를 이용할 수 있는

위챗페이 로고

모바일 페이 수단이다. 홍콩, 대만, 인도네시아. 이스라엘, 싱가포르, 한국, 태국, 영국, 스위스, 프랑스, 미국, 캐나다 등 여러 국가를 지원한다.

여기서 Tencent라는 기업은 전 세계 사람들의 삶의 질을 향상하기 위해 혁신적인 제품과 서비스를 개발하는 세계 최고의 인터넷 및 기술 회사이다. 1998년 중국 선전에 본사를 두고 설립되었고, 서비스는 전 세계 10억 명 이상의 사람들을 연결하여 친구 및 가족과 연락을 유지하고, 교통수단을 이용하고, 생필품을 지불하고, 엔터테인먼트를 즐길 수 있도록 한다. 이 기업은 2004년부터 홍콩 증권거래소에 상장되었다.

■ WeChat Pay 앱 분석

다음으로 WeChat Pay 앱에 대해 살펴보자. WeChat Pay는 채팅 프로그램으로 앱 안에 WeChat Pay라는 프로그램이 있다. WeChat Pay의 메뉴를 보면 Money, Wallet 등의 다양한 메뉴들이 있다. 돈을 송금하거나 송금 명세 등을 확인할 수 있다. 그 외 다양한 메뉴들이 있어 중국인들이 채팅이나 송금 기능뿐만 아니라 전반적인 생활에도 영향을 끼치는 앱임을 알 수 있다.

 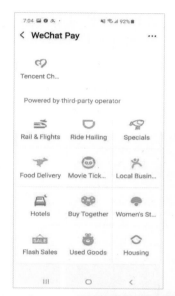

다음으로 회원가입 절차를 알아보자. WeChat Pay 앱에 회원가입을 하려면 먼저 휴대전화번호 인증을 해야 한다. 다음으로는 이름과 휴대전화번호, 암호를 설정하면 간편하게 가입이 완료된다.

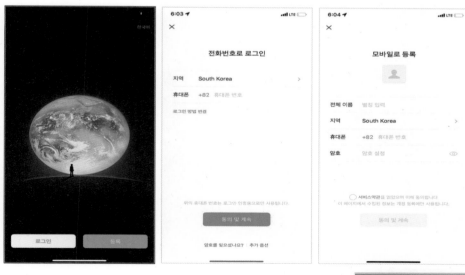

WeChat Pay에 카드를 등록하려면 메인화면에서 'Me' 버튼을 누르고 'Services'에 들어가 그 화면에서 'Wallet'을 누르고 'ID info'에 들어가게 되면 국적, 주소, 성별, 카드 정보 등을 등록하고 전화번호 인증을 한 다음 6자리 비밀번호를 등록하면 카드가 등록된다.

WeChat Pay 카드 등록 절차

요약하자면, WeChat Pay에 회원 가입할 때 필요한 정보는 휴대전화번호와 이름이고, WeChat Pay에 카드를 등록할 때 필요한 정보는 국적, 주소, 성별, 이름, 카드 정보, 휴대전화번호다.

■ WeChat Pay 주요 서비스와 내용

WeChat Pay는 채팅 앱으로 채팅에서 음성 메시지나 음성통화, 영상통화, 위치 공유, 용돈을 보내는 기능인 홍바오, 계좌이체 등 다양한 서비스를 제공한다. 그리고 모바일 결제, 택시 호출, 공유 자전거 이용 등을 할 수 있다. WeChat Pay의 메뉴 중 Moments, Shake, Search를 알아보면 Moments는 카카오스토리 같은 기능으로 이미지를 올리고 친구들이 서로 좋아요, 댓글을 남길 수 있는 서비스이다. Shake는 동시에 Shake를 누른 사람과 매칭되어 채팅을 할 수 있는 프로그램으로 주로 외국인 친구를 사귈 때 사용된다. 마지막으로, Search는 글, 공식 계정, 미니 프로그램 등을 검색하고 실시간 정보를 제공하는 기능을 제공한다. 여기서 미니 프로그램은 WeChat 앱 안에 있는 쇼핑몰을 의미하며 소

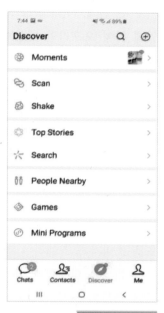

WeChat Pay 메뉴

비자들은 WeChat 안에서 따로 앱을 다운로드할 필요 없이 쇼핑을 할 수 있는 프로그램이다. 많은 쇼핑몰이 사용자에게 쿠폰을 주면서 홍보하고, 소식을 알리는 용도로 사용된다. 또한, 의료 서비스, 공연 표 예매, 배달 서비스 기능도 있다.

이제 Wechat Pay의 기능에 대해 살펴보자. WeChat Pay는 WeChat에서 상대방에게 홍바오를 보내거나 상점에서 결제할 때 주로 사용된다. 식당, 약국, 병원, 택시, 관리비, 의료 서비스를 WeChat Pay로 결제하고 기차, 비행기 표 예매, 인터넷 쇼핑, 음식 배달, 맛집 평점을 검색하는 기능도 있다. 또한 Health code라는 프로그램이 있는데 이는 코로나 이후로 생긴 서비스로 건강 정보, 여행 이력 등을 관리하고 위치정보를 확인해 중국인들의 이동을 관리하는 시스템이다.

Wechat Pay에서 결제는 다섯 가지 방식으로 진행된다. QR코드 결제, 미니

프로그램 결제, 공식 계정 결제, 인앱 결제, 웹 결제가 있다. 첫 번째, QR코드 결제는 사용자가 Wechat Pay의 QR코드를 제시하면 판매자는 이를 스캔하여 결제하는 방식이다. 거스름돈 없이 짧은 시간 이내에 간편하게 결제를 할 수 있어 효율성이 향상되고 오류를 줄일 수 있다. 따로 결제기기가 없는 매장을 위해 생긴 서비스이다.

두 번째, 미니 프로그램 결제는 위챗에 있는 미니 프로그램에서 결제할 수 있게 하여 오프라인 매장보다 온라인 쇼핑을 이용할 수 있도록 이바지하는 기능이다.

세 번째, 공식 계정 결제는 위챗 앱에서 브랜드를 등록한 판매자가 결제 기능을 활성화해 물건을 팔 수 있는 기능이다. 공시 계정을 통해 정기적으로 브랜드와 서비스를 홍보하여 소비자들이 오프라인 매장이나 온라인 매장에서 구매를 할 수 있게 하는 기능이다. 네 번째, 인앱 결제이다. 인앱 결제란 앱에서 직접 개발한 결제 시스템을 의미한다. 중국의 온라인 쇼핑몰에 Wechat Pay를 통합하여 소비자가 Wechat Pay를 사용하여 결제하는 방식이다.

다섯 번째, 웹 결제는 Wechat 앱의 스캔 기능을 이용하여 판매자의 결제 코드를 소비자가 스캔하여 결제하는 방식이다. 그 외 서비스로는 Wechat Pay 자동 통관 기능을 활성화한 가맹점은 플랫폼에서 통관 정보를 제출할 수 있고, API를 통해 물품의 결제 정보를 통관에 보낼 수 있어 통관의 효율성을 높일 수 있다.

WeChat Pay는 중국인들이 해외로 여행을 갈 때 불편함을 해소하기 위해 많은 서비스를 제공한다. 일본의 한신, 한큐 백화점의 사례를 살펴보자. 한신, 한큐 백화점은 세계 최초의 역형 백화점이자 일본 최대 규모의 백화점이다. 일본을 방문하는 사람들의 필수 코스이기도 하다. 면세품의 80% 이상은 중국인 관광객이 구매할 정도로 한신, 한큐 백화점을 찾는 중국인 관광객이 늘었다. 중국인들이 이 백화점을 방문할 때 겪는 불편함이 있다. 중국인들은 현금을 사용하지 않지만, 일본은 현금을 주로 사용하기 때문에 결제에 어려움을 겪는다. 또한 중국인들이 물건을 구매하거나 세금 환급을 할 때 긴 줄과 대기시간이 발생하며 언어 장벽으로 인해 쇼핑을 제대로 하지 못하거나 잘못된 음식을 주문하는 경우가 발생한다. 그리고 회원 카드를 잃어버리면 구매하는 데 어려움이 발생한다.

이러한 불편함을 해소하기 위해 WeChat Pay는 네 가지 해결 방안을 내세웠다. 첫 번째, 한신, 한큐 백화점에 WeChat Pay를 매장 전체에 등록했다. 두 번째,

푸드코트에 WeChat으로 QR코드를 스캔해 음식을 주문하고 WeChat Pay로 결제를 할 수 있게 제공해 음식 주문 실수나 대기시간을 줄일 수 있게 되었다. 세 번째, 한큐 뷰티 메이크업 예약이라는 프로그램을 개설해 중국인 관광객들은 미리 휴대전화로 상품 정보를 검색하여 뷰티 상품을 사전에 예약해 결제를 할 수 있게 하여 대기시간도 줄이고 매장의 운영 효율성을 높였다.

네 번째, WeChat Pay 앱에서 'VIP 멤버십' 미니프로그램을 개설하여 중국 소비자들이 QR코드를 직접 스캔해서 회원가입을 하고 보너스 포인트를 적립할 수 있고 할인이나 세금 환급 등의 여러 가지 혜택을 누릴 수 있다. 따라서 WeChat Pay는 중국인 관광객들을 위해 해외의 쇼핑몰뿐만 아니라, 공항, 음식점, 관광지 등에도 영역을 넓혀 나갔다.

■ WeChat Pay 회사 및 서비스 관련 기사

WeChat Pay에 관한 기사를 살펴보면 WeChat의 숏폼 동영상 플랫폼 '채널'에 전자상거래 기능이 추가됐다는 기사가 있다. 이용자는 이 기능을 통해 자신이 원하는 제품 등을 전시, 거래할 수 있고 텐센트는 WeChat 채널의 영상광고를 친구와 공유하거나 광고를 클릭하면 쇼핑 사이트·플랫폼으로 이동하게끔 링크를 거는 기능을 추가함으로써 텐센트가 크리에이터 기반 수익 창출 구조를 만들고 있다고 평가하였다.

텐센트가 이러한 크리에이터 기반 경제구조를 만드는 것은 메타버스와도 연결된다. 크리에이터 경제는 유니티·에픽 게임즈·마이크로소프트 등이 메타버스 핵심 요소로 지목된 요소 중 하나이기 때문이다. 이처럼 최근에 큰 이슈와 주목을 받고 있는 메타버스를 활용한 다양한 고객접점 채널확장을 진행중이고 기존 회원들과의 연계서비스도 지속적으로 확대되고 있다.

■ WeChat Pay 경쟁사

WeChat Pay의 경쟁사로는 Alipay가 있다. 이들의 공통점은 온라인 및 오프라인 결제, 기차표 및 공연 표 예매, Healthcode, 공과금 결제, 쇼핑 등의 대부분 서비스를 모두 제공한다. 또한 모두 인출 수수료가 부과되고, WeChat Pay의 가맹점 수수료는 0.6%이고, Alipay는 0.55%로 비슷한 수준이다.

WeChat Pay와 Alipay의 차이점을 살펴보자. Alipay는 결제 시스템부터 시작된 서비스이다. 하지만 WeChat Pay는 홍바오라는 중국의 세뱃돈을 송금하는 서비스부터 시작되었다. 또한 Alipay와 다르게 채팅 프로그램에서 비롯된 모바일 결제 서비스이다.

두 개의 앱이 제공하는 주요 서비스도 다르다. Alipay는 돈과 관련한 서비스가 많아 거액의 결제 및 이체할 때 많이 사용한다. WeChat Pay는 채팅 서비스를 기반으로 홍바오나 소액결제를 할 때 사용된다는 차이점이 있다. 또한, WeChat Pay는 WeChat과 호환되는 모든 기기를 지원한다. 하지만 WeChat Pay를 웹사이트에서 결제하는 일은 굉장히 까다로우므로 Alipay를 이용하는 것이 더 효율적이다. 그리고 Alipay가 WeChat Pay보다 더 많은 통화를 지원한다는 차이점이 있다.

■ WeChat Pay 국내 유사 기업 및 비교

WeChat Pay와 비슷한 한국 기업은 카카오페이다. 카카오페이도 WeChat Pay와 마찬가지로 채팅 프로그램과 결합한 서비스이면서 QR코드로 결제하는 시스템을 가지고 있다. 그리고 둘의 공통점으로는 채팅하는 상대에게 송금을 할 수 있으며, 온라인 결제, 공과금 납부 등이 가능하다는 것이다.

WeChat Pay와 카카오페이의 차이점은 두 서비스같이 오프라인에서 QR코드로 결제하는 기능의 상용화 여부이다. 중국에서는 신용카드가 보편화되어 있지 않은 대신 모바일 결제가 상용화되어 있으므로 WeChat Pay 가맹점 수가 많다. 따라서 WeChat Pay의 오프라인 결제 기능이 주요 서비스로 자리 잡았다. 하지만 한국은 신용카드가 보편화되어 있어 모바일 결제 서비스가 상용화되어 있지 않다. 또한 카카오페이 가맹점 수가 WeChat Pay 가맹점 수보다 적어서 오프라인 결제 서비스를 주로 사용하지 않는다는 차이점이 있다.

■ WeChat Pay 기타 분석 내용

WeChat Pay 앱은 중국에서 iOS 기준 7위로 많은 회원을 보유하고 있는 상용화된 채팅 앱이다. iOS에 2011년 1월 21일, Google Play에 2011년 1월 30일 출시했고 WeChat Pay는 WeChat 앱 안에 있는 모바일 결제 서비스로 기존

WeChat은 한국에서의 카카오톡과 같은 채팅 앱으로 단순히 채팅만 하는 것이 아니라 자신의 이야기를 공유할 수 있는 SNS 기능, 홍바오 등의 송금 기능, 검색 기능 등 다양한 프로그램이 존재한다. 여기서 WeChat Pay는 송금 및 결제 외에도 공과금 납부, 기차표 예매 등의 다양한 서비스를 제공한다. 이처럼 WeChat Pay는 중국에서 전반적인 생활에 자리 잡은 서비스임을 알 수 있다.

무료   전체 보기 >

1 快手 — Kuaishou ∧1

2 抖音 — Beijing Microlive Vision ∨1

3 高德地图-高德打车,导航公交地铁出行 — AutoNavi =

4 快手极速版 — Kuaishou ∧4

5 拼多多 - 多多买菜，百亿补贴 — Xunmeng ∨1

6 抖音极速版 — Beijing Microlive Vision ∧3

7 WeChat — Tencent ∨1

8 Alipay - Simplify Your Life — Alipay ∨1

9 QQ — Tencent ∧1

10 美团-美好生活小帮手 — Sankuai ∧2

iOS 기준 WeChat Pay 앱 순위

■ Unionpay 서비스 개시일 & 간단한 역사

UnionPay는 2002년에 설립되었으며 중국 상하이 시
에 본사를 둔 중국의 국영 금융 서비스 회사이다. 중국어
정식 명칭은 중국은련고분유한공사라고 불린다. 2003년
중국은련고분유한공사는 타 은행 간의 업무를 지원할 수
있는 '은련카드'를 출시했다. 이 은련카드를 소지하고 있

Unionpay의 로고

는 사람들은 시스템에서 상호 연결할 수 있었으며 은련에서 제공하고 있는 통합
결제 채널을 통해 빠른 결제를 할 수 있게 되었다.

UnionPay 앱은 상업 은행, 결제 업계 관계자 및 중국 UnionPay가 개발한
모바일 결제 플랫폼이다. 이를 통해 사용자는 안전하고 쉽게 결제 서비스를 이용
할 수 있다. UnionPay 앱은 간편하고, 카드 소지자의 카드 세부 정보 등의 보안
을 보장하고, 잠재적으로 위험한 상품을 원격으로 관리해 사용자를 이로부터 보
호하고, 사기의 위험으로부터 보상해주는 시스템이 있다. 또한 UnionPay는 48개
국에서 안전하고 편리하게 서비스를 이용할 수 있다.

■ UnionPay 앱 분석

UnionPay 앱에 대해 살펴보자. 앱의 메인화면은 지급 코드, 스캔, 카드 관리
로 오프라인에서 간편하게 결제할 때 사용되는 서비스이다. 그 외 메뉴로는 택시,
휴대전화 충전, 환율 계산, 이체, 항공권, 호텔, 신용카드 결제, 바이러스, 글로벌
렌터카 등 다양한 서비스들이 존재한다. 이를 통해 금융 서비스 이외에도 중국인
들이 전반적인 생활에 필요한 서비스들도 존재한다는 것을 알 수 있다.

다음으로 앱 회원가입 절차를 알아보자. 메인화면에서 '나'를 선택하고 '등
록'을 선택해 휴대전화 번호 인증을 한 다음 비밀번호를 설정하면 간편하게 가입
할 수 있다.

UnionPay 앱 메인화면

① '나'를 선택 ② '등록' 선택 ③ 휴대폰 번호로 회원가입 SMS 인증 번호 입력 로그인 비밀번호 설정 ④ 등록 성공

UnionPay 앱 회원가입 절차

    회원가입을 완료하게 되면, 카드를 등록할 수 있다. 카드 등록 절차를 알아 보자. '카드'에서 '+'를 선택하여 카드번호를 입력하거나 은행 카드를 스캔한다. 그다음, 각종 개인 정보를 입력 후 휴대전화번호 인증을 한 다음 6자리 비밀번호 를 설정하면 간단하게 카드 등록이 완료된다.

UnionPay 카드 등록 절차

① '카드'에서 '+'를 선택하여 카드 번호를 입력하거나 은행 카드를 스캔합니다.

② 개인정보 입력

③ SMS 인증 코드 입력

④ 결제 비밀번호를 입력하고 확인하세요.

■ UnionPay 주요 서비스와 서비스의 내용

UnionPay 앱의 주요 서비스는 모든 은행 계좌를 연결 및 관리하고 QR 결제, 카드 미지급 결제, 송금, 모바일 퀵패스 등이 있다. QR 결제는 3,000만 이상의 가맹점이 이용하고 있으며, 아시아, 중동, 아프리카 등의 지역에서 200만 명 이상의 판매자가 이 서비스를 이용한다. 또한, 중국에서 1,600만 이상의 가맹점에서 사용되며 중국 본토 이외의 31개국에서 사용할 수 있다. 이 앱의 사용자는 일본, 싱가포르, 호주, 뉴질랜드, 캐나다, 러시아 등 92개 국가 및 지역에서 1,100만 개 이상의 POS 단말기에서 UnionPay 모바일 퀵패스를 사용할 수 있다.

QR 결제 서비스는 글로벌 시장에서 사용할 수 있다. 또한 UnionPay는 보안성이 높은 토큰 기술을 적용해 QR코드 결제의 안전성을 높였다. 이 결제 방식은 두 가지로 나뉜다. MPM(Merchant Presented Mode) 방식과 CPM(Consumer Presented Mode) 방식이 있다. MPM 방식은 가맹점이 QR코드를 만들어 소비자가 휴대전화로 이 코드를 스캔해 결제하는 방식이다. CPM 방식은 소비자의 UnionPay 앱에 등록된 QR코드를 가맹점에서 스캔해 결제하는 방식을 의미한다.

UnionPay QR 결제 서비스는 45개국에서 제공하고 있으며 한국은 BC카드(우리카드, IBK 기업, SC 제일, DGB 대구, BNK 부산, BNK 경남, 하나 BC, 신한 BC, 농협 BC, 수협은행, 우체국, 바로 카드), 우리카드, KB 국민카드 등 해외를 방문하는 한국인들을 위한 서비스를 출시했으며 NH은행과 하나카드는 서비스 준비 중이다.

모바일 퀵패스(Quick Pass)는 결제 정보를 휴대전화 또는 클라우드에 저장해서 모바일 기기를 퀵패스 전용 단말기에 터치해 결제하는 서비스이고 NFC 방식으로 결제하는 아이폰, 삼성 등 핸드폰의 전자 월렛에서 UnionPay 카드를 등록하면 모바일 결제를 할 수 있다. 중국에서 애플페이로 모바일 퀵패스를 사용하고 있다면 한국에서 애플페이 서비스가 출시되지 않았지만, 한국의 UnionPay 가맹점에서 중국에서 사용하던 그대로 결제할 수 있다. 한국에서 BC카드, 신한카드 고객은 페이북 및 신한 플레이 앱에서 UnionPay 모바일 퀵패스 카드 발급이 가능하다.

그 외에도 UnionPay 앱은 휴대전화 요금 충전, 이체, 환율 계산, 호텔 및 항공권 예매 등의 서비스를 제공한다.

■ UnionPay 회사 및 서비스 관련 기사

UnionPay와 관련된 기사를 살펴보자. 유니온페이 인터내셔널 "한국 시장 모바일 결제 업무 확대"라는 내용의 기사이다. 이 기사에 따르면, 글로벌 카드 브랜드사인 유니온페이 인터내셔널이 코로나 이후 시대에 대비해 한국 모바일 결제 인프라 강화에 나섰다고 2022년 2월 8일에 밝혔다는 내용이다. 올해도 국내외 카드 고객들의 니즈를 만족시키기 위해 결제 업무를 지속 확대할 방침이다.

유니온페이는 자사의 대표적인 모바일 결제 상품인 근거리무선통신(NFC) 방식의 유니온페이 퀵패스와 QR코드를 활용한 유니온페이 모바일 결제 가맹점을 확대하고 있다. 이를 통해 외국인 관광객들이 현금이나 실물 카드 없이 모바일 기기만으로 간편하게 상품을 구매할 수 있도록 할 예정이다.

유니온페이는 지난해 12월 말 기준 전국 가맹점에 약 7만 8,000대의 QR 신규 결제 단말기를 추가했다. 이는 전년 대비 37% 증가한 수치다. 전체적으로는 편의점, 면세점, 마트, 커피숍 및 놀이공원 등에 28만여 대의 QR 결제 단말기를 제공하고 있으며, 이 중에 7만 2,000대 이상의 단말기가 서울 택시에 보급됐다. 최근엔 화장품 전문점 네이처 컬렉션, 더페이스샵, 달콤커피 등의 가맹점에 QR 결제 서비스 인프라를 구축했다. 한국 간편결제 진흥원과 MOU 체결해 올해 내 130만 대의 제로페이 가맹점에 QR 결제 서비스를 확대할 예정이다. 또 유니온페이는 지난해 신규 퀵패스 단말기를 전국에 1만 대를 추가했다. 전년 대비 20%가량 증가한 수치다. 전국의 모든 CU·GS25·이마트24 편의점과 롯데리아·엔제리

너스·크리스피도넛을 포함한 롯데 지알에스(GRS) 가맹점, 파리바게트·배스킨라빈스를 보유한 SPC 가맹점, 맥도날드, 호텔·리조트에서 퀵패스 서비스 이용이 가능하다. 국내 고객이 해외 94개 국가에서 간편하게 모바일 결제를 사용할 수 있는 모바일 발급 업무도 강화했다. 유니온페이는 KB국민·BC·우리·신한카드, TMONEY, 다날과 손잡고 중국을 포함한 해외를 방문하는 한국 고객들을 위한 모바일 결제 서비스를 선보였다.

2021년 한국 내 유니온페이 모바일 카드 신규 발급 수는 약 84만 장으로 전년 대비 130% 이상 증가했다. 이명호 유니온페이 인터내셔날 한국지사장은 "COVID−19 시대를 지나오며 결제 및 소비 트렌드가 한층 더 디지털화되어가고 있다"라며 "유니온페이는 일반 가맹점 외에 가맹점 키오스크 내 모바일 결제 인프라 확충 등 모바일 인프라 촉진으로 변화된 결제 트렌드에 맞는 서비스를 고객에게 제공하기 위해 지속해 노력하겠다"라고 말했다.

■ UnionPay 경쟁사

UnionPay의 경쟁사는 Alipay와 WeChat Pay이다. Union Pay는 신용·직불 카드 제공 업체였지만 Alipay와 WeChat Pay는 온라인 거래 및 전자 상거래를 위해 설립된 서비스이다. WeChat Pay는 거의 모든 모바일 기기를 지원하지만, UnionPay는 모든 기기를 지원해 더욱 쉽게 접근할 수 있다. 또한, Alipay와 WeChat Pay에 반해 UnionPay는 모든 통화를 지원해 외국에서 더 자유롭게 사용할 수 있다.

UnionPay에도 오프라인에서 결제할 수 있는 QR코드 결제 서비스를 제공하지만 이미 Alipay와 WeChat Pay가 모두 시장에서 점령하고 있으므로 중국인들이 잘 사용하지 않는다. 수수료에 대해 비교해 보자면, UnionPay는 신용·직불카드 제공업체이므로 Alipay와 WeChat Pay에 비해 가맹점 수수료가 0.8%, 은행 수수료 0.7%, UnionPay 자체 수수료 0.1%로 높은 편이다.

UnionPay와 비슷한 한국 기업은 네이버페이, 카카오페이가 있다. 이들의 공통점은 QR코드 결제 서비스를 제공한다는 것이다. 또한, 이들의 차이점은 네이버페이, 카카오페이와 달리 UnionPay는 결제 서비스 이외에도 항공권, 호텔 예약 등 금융 이외 분야의 서비스도 제공한다는 것이다.

■ UnionPay 기타 분석 내용

UnionPay 앱은 Google play 기준 2011년 5월 27일, iOS 기준 2013년 3월 5일에 출시했다. iOS가 Google playstore보다 약 2년 늦게 출시했음을 알 수 있다. 중국의 모바일 결제 서비스는 Alipay와 WeChat Pay가 대부분을 차지하고 있다. 따라서 UnionPay의 모바일 결제 서비스는 중국에서 잘 사용하지 않지만 모든 통화를 지원한다는 점을 통해 중국 본토보다 해외에서 더 많이 사용되고 있음을 알 수 있다.

중국 핀테크 3개 기업의 특징 비교

기업명	Alipay	WeChat Pay	UnionPay
국가	중국	중국	중국
설립연도	2004년	2011년	2002년
메인메뉴	Scan Pay Collect Pocket	Money Wallet	지급 코드, 스캔, 카드 관리
주요 서비스	QR코드 결제, 온라인 결제, 공과금 납부 등	WeChat에서의 송금 (ex. 훙바오), QR코드 결제, 공과금 납부 등	QR 결제, 카드 미지급 결제, 송금, 모바일 퀵패스 등
회원가입 시 필요정보	카드 정보, 휴대전화번호	국적, 주소, 성별, 카드 정보, 휴대전화번호	카드 정보, 휴대전화번호
앱 출시일	iOS: 2009.10.15 android: 2012.01.13	iOS: 2011.01.21 android: 2011.01.30	iOS: 2013.03.05. android: 2011. 05.27

■ 서비스 개시일 & 간단한 역사 Bank Of China(BOC)

1912년 2월에 공식적으로 설립됐으며 1949년까지 연속적으로 국가의 중앙은행, 국제 외환은행 및 국제무역 은행 역할을 했다. 또한, 1949년 이후 국가 지정 외환 및 무역 전문 은행으로서 오랜 역사를 바탕으로 중국의 외환 운영 관리를 담당, 국제 무역 결제, 해외 자금 이체 및 기타 비무역 외환 서비스를 제공함으로써 중국의 대외 무역 발전과 경제 기반 시설에 중요한 지원을 제공했다.

1994년에는 국유 상업은행으로 바꿨으며, 2004년 8월에 중국은행 유한회사를 설립하였다. 중국은행은 2006년 6월과 7월에 홍콩 증권 거래소와 상하이 증권 거래소에 각각 상장되었으며 중국 상업은행으로 최초로 A−Share와 H−Share 기업공개를 개시하고 두 시장에 이중상장을 달성한 최초의 중국 상업은행이다. 2018년 중국은행은 다시 글로벌 시스템적으로 중요한 은행으로 지정되어 신흥 경제국의 유일한 금융기관이 되어 8년 연속 글로벌 시스템적으로 중요한 은행으로 지정되었다. 2008년, 2022년 하계와 동계 베이징올림픽게임의 공식 은행 파트너가 되어 중국에서 두 번의 올림픽 게임을 제공한 유일한 은행이다.

■ Bank Of China(BOC) 앱 분석

BOC 앱의 메인화면에 들어가게 되면 다양한 메뉴들을 볼 수 있다. 여기서 메인화면의 서비스로는 내 근처에 있는 BOC 지점을 찾아주거나 외국환거래 연한도 조회, 환율조회가 있다. 나머지 메뉴는 이체 송금, 체크카드 서비스, 거래명세, 정기예금 가입, 정기예금 해지, 계좌 소개, 환전, 대출, 국제송금 검색, 모바일뱅킹 거래 조회가 있다.

BOC 앱 메인화면 & 메뉴

BOC 앱에 가입하는 방법은 간단하다. 직접 지점에 찾아가 카드나 계좌를 개설하면 아이디와 비밀번호를 발급해 준다. 그 후 은행에서 준 Etoken을 통해 전송된 OTP(일회성 비밀번호)를 받아 App에 입력하면 로그인이 완료된다. 보안을 위해 은행에서 제공한 비밀번호를 변경할 수 있다.

■ Bank Of China(BOC) 주요 서비스와 서비스의 내용

BOC에서 제공하고 있는 서비스는 계정관리, 송금, 투자 및 재무관리, 신용카드, 요금 납부, 온라인 결제, 대출 관리, 휴대전화 출금으로 총 8가지로 나눌 수 있다.

첫 번째, 계정관리는 BOC 연계 계좌의 계좌 명세 및 거래명세 조회, 셀프서비스로 계좌 연동, 임시 분실신고, 개인 전자화폐 계좌관리 등의 서비스가 있다.

장성 전자 직불 카드, 장성 위안화 신용카드, BOC 계열 신용카드 등을 BOC 앱에 연결하면 계좌 명세 및 거래명세를 확인할 수 있고 체크카드 분실신고를 앱에서 일시적으로 할 수 있다. 가상 은행 카드를 신청할 때 신용카드를 선택해 전

3 · 글로벌 모바일 금융 트렌드 [지역 트렌드]

자지불 기능을 활성화하여 가상 은행 카드의 유효기간과 한도를 설정하여 거래 위험을 줄일 수 있다. BOC 앱에서는 1년 이내의 거래명세 조회가 가능하며 결손 금 신고 기한은 결손 신고업무의 다음 날부터 5일이며 만기일 이후에는 결손 신고가 무효이며 일시 결손 신고상태인 체크카드는 일시 결손 신고업무를 수행할 수 있다. 분실신고가 된다면 그 기한은 연장되며 분실신고는 유효한 본인의 신분증을 갖고 가까운 영업점으로 가면 된다.

두 번째, 서비스는 송금이다. 연계 계좌 간의 이체가 가능하며 타 국내 은행에서 개설한 계좌 간의 송금과 휴대전화 번호만을 가지고 이체를 할 수 있다. 정기예금 투자기능도 있다. 연동 계좌의 당좌계좌를 이제 계좌로, 정기예금을 이제 계좌로 선택한 후, 입금명세를 입력하면 정기예금을 신청할 수 있다. BOC는 GBP, USD, HKD, CHF, JPY, EUR, CAD, AUD, SGD 등 다양한 조건의 최대 9개 통화의 일시금 예금을 지원한다. 또한, 정기예금 출금, 갱신을 할 수 있다. 올인원 계좌의 원 데이 콜 입금, 7일 콜 입금을 추가 및 출금을 할 수 있다. 그리고 수취인 계정 관리, 거래 한도 관리 등의 서비스를 제공한다. BOC는 24시간 연계 계좌이체 및 은행 내 이체 서비스를 제공한다. 하지만 5만 위안 이상의 국내 은행 간 송금 거래는 오전 9시부터 17시까지 서비스를 제공한다. 출금 계좌 잔액은 즉시 조회할 수 있고, 송금할 때 수취인의 휴대폰 번호와 송금의 목적에 따라 SMS 알림을 보낼 수 있다. 예약 이체의 경우, 거래 실행일에 수취인에게 문자를 보낸다.

세 번째, 투자 및 재무관리는 외환, 금, 펀드, 보험, 국채, 은행 선물 이체 등의 서비스를 제공한다. 외환 거래 계좌 설정, 외환 거래, 외환 거래 계좌 정보 조회, 환율조회 등의 외환 거래를 할 수 있다. 위안화와 미 달러의 두 가지 결제 통화를 선택해 금과 은을 거래하고 BOC 앱에서 거래조회나 취소를 하고 12개월 이내 귀금속 거래를 조회할 수 있다. 또한, 개방형 펀드 거래 계좌 개설, 펀드 가입, 청약, 환매, 펀드 배당 방법 변경, 거래 및 배당 기록 조회 등의 기능을 하며 BOC 앱에서 판매하고 있는 보험상품을 조회 및 가입거나 보험료 납부, 기존 증권 및 거래명세 조회, 증권의 갱신, 해지, 해약을 할 수 있다. 국고채 계좌 개설, 매수, 매도, 거래 조회를 할 수 있으며, 은행 결제계좌와 증권계좌 간 자금 이체, 계좌 정보와 거래명세 조회의 기능을 한다. B 주 증권을 거래할 때 앱을 통해 중국은행 자본 계좌와 B 주 증권 증거금 계좌 간에 실시간 이체와 은행의 자본 계정과 B 주 증권을 거래할 때 앱을 통해 중국 은행 자본 계좌와 B 주 증권 증거금 계좌 간에 실시간 이체와 은행의 자본 계정과 B 주 증거금 계정 간의 이체 정보 조회를 할 수 있다.

네 번째, 신용카드는 앱을 통해 신용카드의 이체 및 상환, 분실신고 등의 서비스를 제공한다. 또한, 신용카드 조회를 통해 총 신용 한도, 총 사용 가능 금액, 현금 인출 한도, 할부 한도, 할부 사용 가능 금액 등을 알 수 있다. BOC 앱에서 상환 방식을 전액 상환 또는 최소 상환금액으로 설정할 수 있다. 그리고 종이 명세서, 전자 명세서, 휴대전화 명세서 서비스를 활성화나 비활성화를 시킬 수 있으며 종이 명세서의 발송 주소와 전자 명세서 수신자의 이메일 주소를 설정할 수 있다. 또한, 신용카드 분실신고를 할 수 있다. 신용카드로 여러 가상 은행 카드를 신청할 수 있으며 거래 한도, 유효 기능을 설정하고, 결제 기능을 활성화할 수 있다.

다섯 번째, 요금 납부는 통신비, 수도 요금, 전기 요금, 선불카드 충전 등의 각종 요금을 낼 수 있는 기능이다. 이러한 셀프서비스 결제는 약정 청구서 결제와 비약 전 청구서 결제로 구분할 수 있는데, 약정 청구서 결제는 사전에 신청하고 결제 항목의 고유 식별자와 체크카드 셀프서비스 결제에 해당하는 관계를 설정한 후 조회 및 결제하는 것이다. 미약정 청구서 결제는 BOC 앱에서 사전 신청 필요 없이 조회 및 결제하면 된다. 요금납부는 1년 이내 지급한 기록을 조회할 수 있다. 또한, 중국철도 인통카드 등 각종 선불카드에 충전하고 계좌 잔액을 확인하는 기능이 있다. 1년 이내의 선불카드 충전 명세 조회가 가능하다. 여섯 번째, 온라인 결제는 온라인 쇼핑몰에서 결제할 수 있는 서비스이다. BOC 앱에 로그인 후 전자결제 서비스 첫 페이지에서 모바일 결제 기능을 직접 활성화나 해지할 수 있다. 그리고 모바일 결제 거래의 누적 한도를 설정할 수 있으며 전년도 결제명세를 조회하여 쇼핑명세를 편리하게 관리할 수 있다. 이는 만리장성 전자 직불카드, 만리장성 RMB 신용카드, BOC 시리즈 신용카드를 BOC 모바일뱅킹 자산 관리 버전 및 VIP 버전과 연결한 고객이 신청할 수 있는 서비스이다. 여기서 중국은행에서 규정한 일일 최대한도 내에서 고객이 직접 일일 이체 한도를 설정할 수 있다. 모바일 결제 SMS 알림 서비스를 맞춤 설정해 결제 시 알림을 받을 수 있다. 또한, Welcome Message는 가짜 웹사이트를 식별하고 위험을 예방할 수 있다. 특히, 모바일 결제할 시 로그인하면 나타난다. 모바일 결제 기록은 1년 이내에 할 수 있다.

일곱 번째, 대출 관리는 이력 상환 명세, 잔존 대출 상환액을 조회하고 대출 조기 상환액을 계산할 수 있는 기능이다. 상환 명세 조회는 대출금 지급일부터 마감일까지 고객의 연체금을 포함한 대출 계좌에 있는 모든 상환 명세를 조회할 수 있다.

여덟 번째, 휴대전화 출금은 언제 어디서나 편리한 서비스를 제공한다. 출금자는 송금 번호, 출금 비밀번호, 휴대전화 번호가 있으면 간편하게 출금할 수 있다. 또한 모든 송금 명세 및 지불인이 돈을 인출했는지를 알 수 있다.

BOC는 내국인과 외국인에게 주어지는 서비스가 다르다. 외국인에게는 계좌 조회, 송금, 수수료 지급, 전자 청구서, 신용카드 및 셀프서비스와 같은 기본 서비스를 지원한다. 이를 지원하는 국가는 호주, 싱가포르, 영국, 프랑스, 캄보디아, 헝가리, 이탈리아, 독일, 일본, 잠비아, 태국, 말레이시아, 인도네시아, 베트남, 필리핀, 라오스, 캐나다, 한국, 뉴질랜드, 파키스탄, 폴란드, 네덜란드, 파나마, 룩셈부르크, 포르투갈, 벨기에, 스웨덴이다.

■ Bank Of China(BOC) 국내 유사 기업 및 비교

BOC와 비슷한 한국기업으로는 하나은행, 우리은행, 신한은행 등이 있다. 중국과 한국의 모바일뱅킹에 대해 비교를 하자면 우선 중국은 모바일 결제가 대중화되어 있어 카드를 사용하는 사람을 거의 찾아볼 수 없다. 한국에서도 모바일 결제를 많이 사용하곤 하지만 모바일 결제보다 카드 결제를 선호하는 편이다.

중국에서 신용카드가 대중화되지 않는 이유는 신용카드를 발급받으려면 보통 소득증명, 보유 부동산, 차량과 같은 자산이 일정 수준 이상임을 증명해야 하지만 중국인 중에서 이를 충족시키는 경우가 많이 없기 때문이다. 하지만 모바일 결제는 신용카드처럼 자격심사가 필요하지 않아서 모바일 결제가 대중화되었다고 볼 수 있다. 하지만 한국의 경우 신용카드의 혜택으로 인해 모바일 결제보다는 신용카드를 더 선호한다.

이렇게 한국과 중국의 결제 문화의 차이로 한국은 모바일뱅킹이 대중화되어 있는데, 반해 중국은 그 대신 모바일 간편결제 서비스가 대중화되어 있다.

■ Bank Of China(BOC) 기타 분석 내용

BOC는 홍콩(BOCHK), 캐나다(BOCC)에 주요 자회사를 두고 있으며, 한국에서도 많은 지점을 보유하고 있다. 한국 지점에서 중국으로 유학 가려는 사람들이 주로 판다 카드를 발급받곤 한다. 판다 카드에 연계된 가상 계좌는 하나은행 계좌이다. 전 세계적으로 VISA, MASTER 카드를 일반적으로 사용하지만, 중국에서는 UNION PAY의 사용이 보편화되어 있어 편리하게 사용할 수 있다. 실명 확인할 수 있는 신분증을 지참하여 은행에 가면 판다 카드를 발급받을 수 있다.

BOC 앱은 iOS 기준 2016년 6월 30일에 출시했으며 android에는 출시되지 않았다. iOS 기준 평균 평점은 2.31로 낮은 점수를 나타내고 있다.

표시된 평균 평점
2.49
★★☆
259 ratings

5	71
4	17
3	19
2	14
1	138

iOS 앱 스토어에 등록된 해당 앱의 평균 및 총 평점을 표시합니다.
날짜 선택과는 별개.

iOS 기준 BOC 앱 평점

ICBC

■ 중국공상은행(ICBC) 서비스 개시일 & 간단한 역사

중국공상은행은 1954년 10월 5일에 설립되었으며, 1984년 1월 1일 국유 상업은행으로 설립하였다. 2005년 10월에 중국공상은행

中国工商银行
INDUSTRIAL AND COMMERCIAL BANK OF CHINA

중국공상은행 로고

주식회사로 전환했는데 이후 2006년 10월 27일 홍콩과 상해에 당시 세계 최대 규모로 동시 상장하였다. 또한 중국공상은행은 1993년 한국에 진출했다. 서울, 부

산, 대림, 건대 지점을 두고 운영하고 있으며 중국공상은행의 한국 내 총자산은 180억 불 이상이다. 주요 업무는 무역금융, 대출, 채권투자 등이다.

중국공상은행은 우량 고객, 다양한 업무 포트폴리오, 강한 시장 경쟁력을 가지고 있어 16,182개의 중국 네트워크와 49개국 425개 점포로 이루어진 전 세계적인 은행이다. 또한, 중국공상은행은 2014년 영국 <더 뱅커> 지에서 '올해의 은행' 및 세계 1,000대 은행 중 1위를 차지했으며 8년 연속 포브스 글로벌 2000 기업 1위로 선정되었다.

■ 중국공상은행(ICBC) 앱 분석

중국공상은행 앱에 대해 살펴보자. 메인화면을 보게 되면 내 계정, 송금, 투자, 휴대전화 충전, e 납부금, 신용카드 등의 메뉴가 있다. 이를 통해 굳이 직접 은행에 찾아가지 않고 앱으로 은행 업무를 할 수 있다는 것을 알 수 있다.

중국공상은행의 회원가입 절차로는 인증을 한 다음 영문·숫자 조합으로 8~30자리 비밀번호를 설정한다. 그 후 이름과 여권번호 등록 후 공상은행 카드 입력 혹은 스캔하고 카드 만들 때 설정한 비밀번호를 입력하면 회원가입이 완료된다. 즉, 회원 가입할 때 필요한 정보는 휴대전화 번호, 여권, 공상은행 카드다.

중국공상은행 앱 메인화면

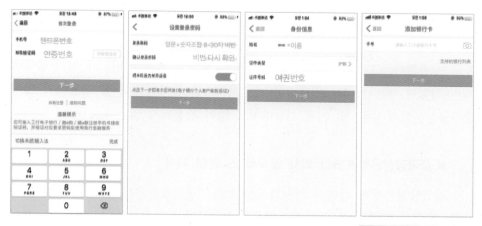

■ 중국공상은행(ICBC) 주요 서비스와 서비스의 내용

중국공상은행 앱의 주요 서비스는 계좌관리, 송금, 개인대출, 모바일 증권 시장, 펀드, 외환, 자산관리 등 다양한 서비스를 제공하고 있다.

이 서비스에 대해 자세히 살펴보자. 첫 번째, 계좌관리는 등록된 계좌 목록, 공동 계좌, 계좌 결손 신고, 거래명세 조회, 급여 및 주택자금 조회 등의 기능이 있다. 두 번째, 송금은 등기 계좌이체, 은행 간 송금, 해외 비자카드나 휴대전화로 송금을 할 수 있는 서비스이다. 세 번째, 개인대출은 미결제 대출 계약 정보, 상환 일정, 상환 명세 등을 조회할 수 있으며 간편 대출 서비스를 제공한다.

네 번째, 모바일 증권 시장은 상하이 증권 거래소 등의 정보를 조회할 수 있으며 관심 종목 커스터마이징 기능이 있다. 다섯 번째 기능은 펀드의 가입이나 청약, 고정 투자, 환매, 주문 취소, 잔액 확인 및 거래명세 조회를 할 수 있다. 여섯 번째, 외환은 실시간 환율 및 추세차트 조회가 가능하며 계좌 잔액 및 거래명세 조회를 할 수 있는 서비스이다. 마지막으로 자산관리는 자산관리 서비스 및 제품을 제공하는데, 자산관리 서비스는 자산관리 계약 및 계약에 서명, 조회하는 기능을 제공한다. 자산관리 상품은 자산관리 상품을 구매하고, 상환, 출금, 보유 지분 조회 및 거래 명세 조회 기능을 제공한다. 이를 통해 프라이빗 고객이 모바일뱅킹을 통해 자산관리 상품을 구매할 수 있다.

그 외 서비스로는 국고채 사업, 귀금속 사업, 현금인출 예약, 신용카드 관리,

콜 예금 관련 조회 기능, 보험 업무 등의 서비스를 제공한다. 중국공상은행 앱에서 송금 및 이체 기능 외에도 다양한 기능들이 존재하지만, 송금 및 이체 기능을 주로 사용한다. 그리고 중국의 모바일뱅킹은 모바일 결제 서비스가 이미 중국에 자리 잡았다. 따라서 모바일뱅킹이라는 서비스를 중국인들이 잘 사용하지 않아 중국공상은행의 송금 및 이체 기능마저도 많이 사용되지 않는다.

■ 중국공상은행(ICBC) 회사 및 서비스 관련 기사

중국공상은행과 관련된 기사를 살펴보자. '중국공상은행, 디지털 위안화 사용할 수 있는 학생증 추진'이라는 기사이다. 이 기사에 의하면, 2022년 5월 25일 중국 언론 정쵄르바오에 따르면 중국 공상은행은 첫 '디지털 위안화 스마트 학생증' 프로젝트를 하이난에서 추진한다고 밝혔다.

디지털 위안화를 학생증으로 지불하고 캠퍼스에서 사용하게 되는 것은 이번 중국에서 최초 사례로 이미 지난 18일 사용이 시작됐다.

하이난에서 추진되는 디지털 위안화 스마트 학생증 프로젝트 대상 학교는 싼야시의 하이난루쉰 고등학교다. 중국 공상은행과 통신사 차이나모바일이 손잡고 '슈퍼 심(SIM) 하드월렛 팩－디지털 위안화 스마트 학생증'을 배포했다. 이 학생증에는 NFC 모듈, 디지털 위안화 하드월렛, GPS 위치 확인, 긴급 구조 등 기능이 통합되어 있다. 동시에 학교는 캠퍼스 안팎의 주요 상점과 매장을 선택해, 디지털 위안화 스마트 콘트랙트 방식을 통해 학생들이 안전한 소비를 할 수 있도록 한다. 이는 매장의 POS 기기에 갖다 대는 방식으로 몇 초 내에 결제가 완료된다.

부모는 디지털 위안화 스마트 학생증을 통해 학생들의 소비 상황을 알 수 있으며, 자녀들의 생활비를 편리하고 신속하게 송금할 수 있다. 매체에 따르면 5월부터 여러 중국 내 은행이 대학교와 손잡고 캠퍼스 내 디지털 위안화 시범 프로젝트를 추진하고 있다. 5월 10일엔 중국 농업은행의 닝보 지점이 저장닝보이공대학과 디지털 위안화를 사용할 수 있는 캠퍼스 구축을 위해 협력하기로 했다. 농업은행의 충칭 지점도 시난대학과 유사한 협력을 시작했다.

중국공상은행은 '2019년 세계 100대 은행' 순위에서 1위를 차지한 은행으로 전 세계적으로 총자산이 4조가 넘은 유일한 은행이다. 또한, 세계은행 상위 10위 중 중국이 1위부터 4위까지 모두 차지하고 있다.

자산 기준 글로벌 은행 톱10

(단위: 억 달러)

올해 순위	작년 순위	은행명	국가	총자산
1	1	중국공상은행	중국	4조 274
2	2	중국건설은행	중국	3조 3,765
3	3	중국농업은행	중국	3조 2,874
4	4	중국은행(BOC)	중국	3조 922
5	5	미쓰비시UFJ파이낸셜그룹	일본	2조 8,129
6	6	JP모건체이스	미국	2조 6,225
7	7	HSBC홀딩스	영국	2조 5,581
8	9	뱅크오브아메리카	미국	2조 3,545
9	8	BNP파리바	프랑스	2조 3,367
10	10	크레디트아그리콜	프랑스	2조 1,236

세계은행 순위

핀테크 지역 트렌드 중국 대표은행 특징 비교

기업	BOC	ICBC
국가	중국	중국
설립연도	1912년 2월	1954년 10월 1일
메인메뉴	지점 외국환거래 연한도 조회 환율조회	내 계정 송금 투자 휴대전화 충전 e 납부금 신용카드
주요 서비스	계정관리, 송금, 투자 및 재무관리, 신용카드, 요금 납부, 온라인 결제, 대출 관리, 휴대전화 출금	계좌관리, 송금, 개인대출, 모바일 증권 시장, 펀드, 외환, 자산관리 등
회원가입시 필요정보	지점에서 카드나 계좌 개설하면 아이디, 비밀번호 제공	이름, 여권, 공상은행 카드
앱 출시일	iOS: 2016.06.30	iOS: 2012.12.14 android: 2015.10.15

참고문헌 및 자료 출처　　(■ : 이미지 출처　　▲ : 기사 출처　　● : 용어 설명)

중국 모바일 결제 시장

- ■ 중국 모바일 결제 시장 규모 및 점유율 표
  https://www.mk.co.kr/opinion/contributors/view/2020/12/1284068/
- ■ 중국 모바일 결제 시장 내용 출처
  오단화. "중국의 모바일결제가 전통적 결제방식에 미치는 영향에 관한 연구." 국내석사학위논문
  건국대학교 대학원. 2020. 서울
- ■ ▲ 중국 핀테크 현황과 기업이미지
  https://dream.kotra.or.kr/kotranews/cms/news/actionKotraBoardDetail.do?MENU_ID=180&pNttS
  n=188539

Alipay

- ■ 알리페이 로고 이미지
  https://www.pngwing.com/ko/search?q=%EC%95%8C%EB%A6%AC+%ED%8E%98%EC%9D
  %B4
- ■ 알리페이의 메인 화면 및 메뉴
  알리페이 앱 캡쳐화면
- ■ 알리페이 카드 등록과정 이미지 및 내용
  https://youtube.com/watch?v=RlfEnfBNfRw&feature=share
- ■ 알리페이 주요서비스 내용 출처
  https://www.alipay.com/(알리페이 공식 홈페이지)
- ▲ 이유미 기자. "[이데일리]손잡은 카카오페이-알리페이, 국내 결제시장 영향은?". 전자신문. 2017.02.21.
  https://www.edaily.co.kr/news/read?newsId=02896246615832816&mediaCodeNo=257&OutL
  nkChk=Y
- ■ 중국 페이먼트 서비스 시장 점유율
  http://news.bizwatch.co.kr/article/market/2020/02/19/0029
- ■ 알리페이의 회원 규모
  https://www.hankyung.com/international/article/202109131256i
- ■ 삼성페이, 카카오페이, 네이버페이 가입자 수
  https://www.sedaily.com/NewsView/1ZA93CP166

▲ 알리페이 삼성페이 내용 출처

　권태성 기자, "[이투데이]삼성페이 출시 3년, 결제시장 뒤바꿨다", 전자신문, 2018.08.20.

　https://www.etoday.co.kr/news/view/1654050

■ 중국 앱 실 사용자 순위

　https://www.data.ai/account/login/?next=%2Fdashboard%2Fhome(data ai 공식 홈페이지)

WeChat Pay

■ 위챗페이 로고

　https://www.pngwing.com/ko/search?q=%EC%9C%84%EC%B1%97+%ED%8E%98%EC%9D%B4

■ 위챗페이 메인화면

　https://blog.naver.com/crecocoffee/221665217134

■ WeChat 회원가입 절차 및 WeChat Pay 카드 등록 절차 이미지 및 내용 출처

　https://youtube.com/watch?v=SkZfYgtl5us&feature=share

■ WeChat Pay 메뉴

　https://blog.naver.com/crecocoffee/221665217134

■ WeChat Pay 주요서비스 내용

　https://youtube.com/watch?v=JyDQ1V9Y4as&feature=share

　https://pay.weixin.qq.com/index.php/core/home/login?return_url=%2F(WeChat Pay 공식 홈페이지)

▲ 이원용 기자, "[글로벌이코노믹] '메타버스'노리는 텐센트...위챗에 '전자상거래기능'추가", 전자신문, 2022.07.25.

　https://news.g-enews.com/ko-kr/news/article/news_all/202207251446202134c5fa75ef86_1/article.html?md=20220725151416_U

■ iOS 기준 WeChat Pay 앱 순위

　https://www.data.ai/account/login/?next=%2Fdashboard%2Fhome(data ai 공식 홈페이지)

Unionpay

■ Unionpay의 로고

　https://www.pngwing.com/ko/search?q=unionpay

■ UnionPay 앱 메인화면

　UnionPay 앱 캡쳐 이미지

■ UnionPay 앱 회원가입 절차 및 UnionPay 카드 등록 절차

　https://www.unionpayintl.com/kr/(UnionPay 공식 홈페이지)

▲ 유은실 기자, "[서울파이낸스]유니온페이 인터내셔널" 한국시장 모바일 결제 업무 확대"", 전자신

문, 2022.02.28.

http://www.seoulfn.com/news/articleView.html?idxno=445976

▲ 알리페이, 위챗페이, 유니온페이 비교 내용

https://themindstudios.com/blog/china-payment-systems-guide/

Bank Of China(BOC)

- BOC로고

  https://1000logos.net/bank-of-china-logo/

- BOC앱 메인화면 & 메뉴

  BOC앱 캡쳐 이미지

- BOC앱 주요서비스

  https://www.bankofchina.com/index.html

- ios기준 BOC앱 평점

  https://www.data.ai/account/login/?next=%2Fdashboard%2Fhome(data ai 공식 홈페이지)

ICBC

- 중국공상은행 로고

  https://www.pngwing.com/ko/search?q=%EC%A4%91%EA%B5%AD+%EC%9D%80%ED%96
  %89+%EB%A1%9C%EA%B3%A0

- 중국공상은행 앱 메인 화면

  https://blog.naver.com/pacifica904/220767176497

- 중국공상은행 회원가입 절차

  https://blog.naver.com/chlwldud7432/221223223774

- 중국공상은행 주요서비스 내용

  http://www.icbc.com.cn/icbc/(ICBC 공식 홈페이지)

▲ 유효정 중국 전문기자, "[ZDNET KOREA] 中공상은행, 디지털 위완화 사용 가능한 학생증 추진",
전자신문, 2022.05.26.

  https://zdnet.co.kr/view/?no=20220526023812

- 세계은행 순위

  https://m.news.zum.com/articles/51851698

07 · 핀테크 지역 트렌드(남미와 기타)　　　[정희정]

가. 남미와 기타지역 핀테크 사례

글로벌 금융 서비스 그룹 BBVA(Banco Bilbao Vizcaya Argentaria)

■ BBVA 서비스 개시일 & 간단한 역사

BBVA의 역사는 1857년 스페인 북부의 빌바오 시 상무위원회에서 발행인 및 할인은행으로 빌바오 은행이 설립되어 1878년 자체 지폐 발행권 상실 후 대출 및 할인은행으로 개편되었고 비스카야 은행은 1901년 설립되었으며 1902년에 두 은행이 합병하면서 지금의 BBVA가 시작되었다.

합병 후에도 두 기관 모두 법적 실체로서의 지위를 유지했는데 1960년대까지 빌바오 은행은 다수의 은행을 인수하고 종합 금융 그룹으로 그 모양새를 구축하였고 1984년 인수를 통한 성장 전략을 내세우며 방크 카탈라나를 인수했다. 1998년 빌바오 은행과 비스카야 은행의 합병을 빌바오 비스카야 은행이 세워졌고 1999년 아르헨타리아 은행과 합병되어 현재의 BBVA이 설립되었다.

BBVA는 스페인 시장에서 강력한 리더십 위치를 차지하며 멕시코에서 가장 큰 금융기관, 남미에서 최고의 프랜차이즈를 보유하며 터키의 Garanti BBVA의 주요 주주이다. 또한, 미국에서 중요한 투자와 거래, 자본시장 은행 사업을 운용하고 있으며 1990년 3월 30일에 상장해서 2022년 3월 31일 기준 시가총액 3억 4740만 유로, 주당 장부가액은 6.92유로이다.

■ BBVA 전체 메뉴 항목

BBVA의 종합 금융 플랫폼은 통합계좌조회, 모기지, 투자관리, BBVA Bconomy(PFM), 챗봇 'Blue' 등의 다양한 서비스를 제공하고 있다. 간편한 회원가입과 다양한 서비스를 쉽게 접근할 수 있는 앱의 도입으로 많은 소비자의 유입이 이어지고 있다. 2020년 3분기 기준 디지털 고객 수 35백만 명으로 스페인 뱅킹 앱 순위 내 1위를 차지하고 있으며 무려 22%의 점유율을 자랑한다.

2017년 35% 수준이었던 디지털 판매 비중(건수 기준)도 64%까지 끌어올렸다. 글로벌 파이낸스 매거진이 주최하는 공신력이 있는 시상식에서 2020년 베스트 글로벌 은행으로 선정되며 2020년 서유럽의 '가장 혁신적인 디지털 은행'으로 선정되었다. 특히, 모바일앱은 포레스터가 매년 실시하는 글로벌 뱅킹 모바일앱 리뷰에서 2019년에 1위를 차지하며 3년 연속 글로벌 1위를 차지하기도 하였다.

BBVA 메인화면 이미지

[자료: 공식 사이트]

■ BBVA 회원가입 과정

BBVA의 '디지털 온 보딩'시스템으로 비대면 계좌 개설은 5분도 채 걸리지 않는다. BBVA의 앱을 다운로드한 후 '활성화'를 선택하고 본인이 인증할 문서의 유형과 번호를 입력한다. 다음 단계로 휴대폰으로 인증번호를 전송받아 인증 절차를 거치면 된다. 액세스 비밀번호를 생성하고 확인까지 된다면 회원가입 절차는 모두 완료된다.

■ BBVA 주요 서비스와 서비스의 내용

BBVA는 '기회를 제공하는 은행'이라는 슬로건을 내세우며 고객의 생활과

밀접한 금융 서비스를 제공하여 고객의 삶이 개선될 수 있는 기회를 제공하고 있다. 디지털 온 보딩, 전자 지갑 앱 BBVA Wallet, P2P 송금 앱 bizum, 1000명 이상의 원격 상담원, 원 클릭 대출, 디지털 공과금 등의 서비스를 제공하고 있다. 이외에도 모바일 앱을 통해 지점 내점 전 선호하는 직원을 선택하여 예약하는 모바일 예약 서비스, 자산 및 소비 관리 서비스를 제공하며 미래 지출 이벤트 경고와 가계부 기능 등의 서비스가 있다.

BBVA의 'Varola View'는 부동산 플랫폼으로 부동산 정보와 모기지 자문 서비스를 제공하고 있다. 이는 고객이 아니더라도 무료로 이용이 가능하며 부동산 회사의 데이터를 활용해 설정한 주택과 주변 다른 주택들의 시세 정보를 제공하고 수입과 지출 내역에 근거한 현금흐름 평가와 주택 담보대출 시뮬레이션이 가능하다.

■ BBVA 주요 서비스의 특징

BBVA의 디지털 트렌스포메이션으로 미래 디지털 뱅킹 플랫폼을 계층화하고 있다. 이는 프란시스코 곤잘레스 회장이 글로벌 디지털 은행 설립이라는 목표 하에 2007년부터 진행되어 온 것이다. '고객서비스를 위한 기술 활용'이라는 슬로건 하에 6가지의 전략적 지향점을 가지고 있다. 편리한 고객 맞춤형 솔루션이나 계획적 의사결정과 모니터링 툴 제공 등의 고객 경험의 새로운 기준 마련, 모바일 기반 디지털 매출 증대, 내부적인 신규 비즈니스 모델 발굴, 규제자본 요구에 대한 초과 달성이라는 자본할당 최적화, 채널 효율화를 위한 최신 기술 기반 프로세스 개선과 인프라 통합 등 효율성 확보, 영역별 글로벌 최고 인력의 채용과 육성 그리고 유지라는 최상의 인력과 조직이다.

BBVA의 인력과 조직은 2007년 IT 그룹 내 소규모 팀에서 2011년 혁신 전담 팀 형성, 2014년 글로벌 뱅킹 디비전 신설, 2015년 글로벌 뱅킹 부서 확대로 이어졌다. 디지털 뱅킹 Division을 Area로 전환해 3개의 하부 영역(신사업, 고객솔루션, 마케팅)으로 구분하고 핵심 조직으로 활동하기 시작하였다. 오픈 이노베이션과 프로젝트 기반 혁신 등으로 M&A와 협업, 외부 전문가 채용, 유연한 예산 편성, 벤처펀드를 통한 투자 등을 아끼지 않으며 디지털 은행으로 발전해 왔다. 현재도 핀테크 기술과 기업에 많은 투자를 진행하며 정보 통신기술을 이용한 종합 금융 서비스를 확대하고 있다.

■ BBVA 국내 경쟁사

카카오뱅크는 국내 인터넷 전문은행으로 2017년 7월 첫 서비스를 출시하였다. 2년 만에 고객 수 1,000만 명 돌파를 기록하기도 하였으며 국내 경제활동인구의 44.3%가 카카오뱅크 고객인 것으로 나타났다. 서비스의 편의성과 저렴한 수수료, 요구사항에 기민하게 반응하는 민첩성과 우수한 고객 경험 제공 등으로 금융업계 내 핀테크 기업들의 자리는 점차 커질 수밖에 없는 시점이다.

■ BBVA 분석 내용

삼정 KPMG에서 발표한 'Samjong Insight Vol.73'(2021) 보고서에서는 BBVA를 긴 역사와 전통을 자랑하는 BBVA는 가장 선진적인 금융 서비스를 제공하는 글로벌 금융그룹으로 꼽힌다고 서술하였다. BBVA가 보여주는 디지털 혁신은 핀테크 기업처럼 되지 않으면 생존이 어렵다는 공통된 인식하에 운영모델을 성공적으로 내재화함으로써 달성한 것으로 보았으며 그룹의 디지털 전환 목표를 달성하기 위해 속도에 치우친 단기적인 투자 성과 추구보다는 장기적인 관점에서 잠재성을 우선시하여 핀테크가 중심이 되는 다수의 전략을 실행하여 결과적으로 변화의 역동성을 높일 수 있었다고 한다.

■ BBVA 총 개인 분석 의견

남미는 COVID-19 사태 이후 계좌 발급 건수가 급증한 지역이다. 그 가운데 네오 뱅킹의 영향력이 커지면서 발급받은 건수가 늘어난 것이다. 핀테크 기업의 영향력이 커질수록 BBVA의 입지도 더욱 단단해질 것이다. 오래전부터 디지털화를 위해 투자와 개발이 이어졌고 현재에도 다중 혁신 전략이 진행이 되고 있다. 생활 플랫폼에도 접목하여 개발이 진행되고 있는 만큼 다양한 방면에서의 모습이 기대된다.

■ **Nubank 서비스 개시일 & 간단한 역사**

누뱅크는 2013년 설립되어 2014년 4월 1일 카드를 사용한 첫 번째 거래가 이루어졌다. 이후 4년 뒤 누뱅크는 유니콘 스타트업 지위를 획득하며 2021년 미국 증시에서 기업공개를 진행하여 26억 달러를 조달하였다. 누뱅크의 비즈니스 구조는 두 가지로 개인을 대상으로 하는 서비스와 법인을 대상으로 하는 서비스이다. 누뱅크는 '증가하는 고객 수×(증가하는 고객 수익－낮은 운영 비용)＝수익'구조로 일반 은행과 운용 비용이 낮다는 점이 차이점이다. 인건비나 임대료의 부담이 적어 낮은 비용으로 기존 은행과 비교하면 높은 수익을 가져갈 수 있다.

■ **Nubank 전체 메뉴 항목**

Nubank는 크게 홈, 프로필, 계정 및 바로 가기, 내 카드, 기타 제품, 더 알아보기 6가지 메뉴가 있다. 왼쪽 상단의 인형 아이콘을 눌러 프로필 및 설정 영역에서 PJ 계정 전환, 푸시 알림의 기록을 확인할 수 있다. 홈은 홈 화면에서 계

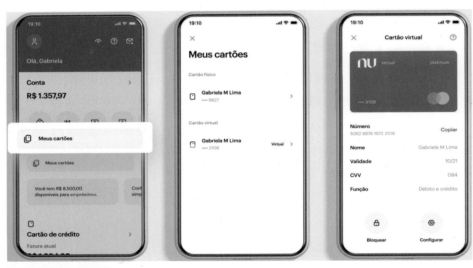

Nubank 메인화면 이미지　　　　　　　　　　　　　　　[자료: Nubank 공식 사이트]

정 잔액, 카드 명세서 금액을 숨기는 옵션과 자주 묻는 질문, 사람들을 초대하는 영역 등의 서비스를 제공하고 있다. 계정 및 바로가기에서는 입금, 이체, Pix 사용, 휴대폰 크레딧 충전 등의 버튼이 있으며 계정을 클릭하면 잔액, 거래 내용, 저축 등이 담긴 화면으로 이동이 가능한 것이다. 내 카드는 카드 전용 영역으로 카드 설정을 빠르게 할 수 있으며 가상 카드 데이터를 생성하거나 확인할 수 있다. 더 알아보기는 Nubank의 새로운 상품 출시 발표와 다양한 콘텐츠를 만나볼 수 있는 것이다.

■ Nubank 주요 서비스와 서비스의 내용

뱅킹과 보험, 대출 및 투자, 기업(PJ Account)으로 나누어 볼 수 있다. 뱅킹은 신용카드, 디지털 지갑, 자동이체, 소득세 환급 서비스, 긴급재난지원금 수령 등의 은행 서비스를 제공한다. 보험은 생명보험과 모바일 보험으로 최저 9헤알로 저렴한 보험료를 자랑한다.

더불어 추가 보장 선택으로 보험 맞춤화 서비스를 제공하고 있다. 대출 및 투자는 대출 시뮬레이션을 통해 할부 횟수와 지불 일자 등 가장 적합한 옵션을 설정할 수 있는 기능을 제공한다. 더불어 승인 즉시 입금이 가능하고 이더리움, 비트코인 투자도 가능하며 이를 보관할 수 있는 기능도 제공하고 있다. 이 서비스들은 개인을 대상으로 제공하는 서비스이다.

법인을 상대로 하는 서비스는 PJ Account로서 기업 계정을 제공한다. 신용 카드, 담보 대출, 보험 서비스 등을 법인 상대로 제공한다.

■ Nubank 주요 서비스의 특징

누탭(NuTap)은 Nubank가 법인을 대상으로 제공하고 있는 서비스이다. 고객이 Android 휴대전화 뒷면에 있는 신용카드나 직불카드에 접근하게 되면 비접촉식으로 결제가 되는 방식이다. PJ 계정 고객이 휴대폰을 통해 직불, 현금 등을 할부로 청구할 수 있는 방법도 있으며 회원 비용, 임대료, 유지 보수 비용이 없다는 큰 장점이 있다. 결제가 완료된 금액은 영업일 기준 1일 이내 계정으로 입금이 되며 PJ Account 고객인 파트너 회사만 이용이 가능하다. 영수증 관리, 다른 은행으로 무료 무제한 이체, PJ 카드 발급, 수금 전표 생성, 바코드를 통한 전표/청구서/

세금 지불 등의 법인에게 필요한 간편하고 유용한 서비스를 제공하고 있다. 이 서비스들도 추가 비용 없이 PJ Account 회원이라면 모두 무료로 이용이 가능하다.

■ Nubank 회사 및 서비스 관련 기사

Q 브라질도 '디지털 뱅크'가 대세

[데이터뉴스]

최근 브라질에서는 오프라인 지점을 두지 않고 온라인에서만 영업을 전개하는 디지털 뱅크가 빠르게 증가하고 있다.

주요 5대 은행이 80% 이상 시장점유율을 차지하는 상황에서 디지털 뱅크는 모바일 활용에 능숙한 MZ 세대와 은행 지점 등의 인프라 이용이 어려운 금융 소외계층을 포섭하는 전략으로 영토를 넓히고 있다.

우리금융경영연구소가 발표한 '브라질 디지털 뱅크의 성장 배경과 시사점'에 따르면 2013년 출범한 브라질 디지털 뱅크인 누뱅크는 디지털 채널에서 카드, 예금, 대출, 투자, 보험 등 다양한 금융 서비스를 제공하면서 고객 수가 2020년 3,320만 명, 지난해 5,240만 명, 올해 상반기 6,230만 명 등으로 급성장하고 있다. 올해 상반기 기준 활성 고객 비중만 80%에 이른다.

누뱅크는 △신속한 충성고객 확보 △사업영역 확대 △고객서비스 품질 제고를 위한 디지털 기술 내재화를 통해 고속 성장을 거듭하고 있다. 매출액도 급성장하고 있다. 올해 상반기 누뱅크는 19억 2,820만 달러의 매출액을 기록, 2년 전인 2020년(7억 3,410만 달러)보다 두 배 넘게 성장했다.

브라질의 디지털 뱅크 성공 배경은 기존 은행들의 폭리도 한몫했다. 브라질의 경우 소수 대형 은행이 과점하고 있는 시장 상황으로, 고객 금융비용 부담이 나날이 증가했다. 월드뱅크에 따르면 브라질 시중은행 금리 스프레드(대출금리-예금금리)는 지난해 기준 25.7% 포인트(P)로 세계 3위에 해당한다.

■ Nubank 경쟁사 및 국내 유사 기업

브라질 시장에서의 경쟁자는 이타우 우니방코를 말하고 싶다. 이타우 우니방코는 브라질의 전통적인 시중 은행으로 점유율 1위를 자랑하였다. 하지만 지난해 누뱅크가 이타우 우니방코를 넘어서 브라질 시총 1위 금융사로 성장하였다. 뉴욕 증시 상장한 첫날 15% 올라 몸값 56조 원을 기록한 것이다. 핀테크 기업들의 상장으로 시중은행의 변화와 성장이 기대된다.

국내의 유사 기업으로는 카카오뱅크가 있다. 카카오뱅크는 국내 최대의 핀테크 은행이기도 하다. 2020년 삼정KPMG 경제 연구원이 발표한 '2020 상반기 카카오뱅크 현황' 자료에 따르면 카카오뱅크의 수신금액과 여신금액, 누적 고객 수가 성장세인 그래프를 확인할 수 있다. 지점이 없는 형태로 인터넷과 모바일 뱅킹으로만 운영되는 점이 비슷하다고 말할 수 있다. 두 기업 모두 각국에서 큰 성장세를 보이고 있는 핀테크 기업이기도 하다.

■ Nubank 분석 내용

자본시장연구원은 2022년 6월 '브라질 디지털 뱅크 Nubank의 성장과정과 시사점'이라는 자료를 발표한 바 있다. 이 자료에 언급된 바에 의하면 "편의성/상품성/비용 면에서 기존 금융회사들보다 경쟁우위에 있다" 언급하였으며 결제, 예금, 투자, 대출, 보험 등 5개 영역을 구성하였으며 현재 적자 지속이나 대출 및 운용 사업 확대로 수익성 개선의 움직임이 보인다고 설명하고 있다.

더불어 4,800만 명의 고객을 확보하였고 종합 디지털 자산관리 플랫폼으로의 전환이 예상된다고 한다.

■ Nubank 분석 정리

Nubank는 WPP 순위에서 가장 강력한 브라질 브랜드로 선정되기도 하였으며 CEO David Velez는 TIME 100 세계에서 영향력 있는 인물에 등재되기도 했다. 브라질 핀테크 기업 중 투자 유치액도 1위를 기록하며 브라질과 라틴 아메리카 내에서 최대의 규모를 자랑하고 있는 디지털 은행이다. 다양한 곳에서 핀테크를 논할 때 Nubank를 언급하고 있다. 이러한 성장세는 당분간 지속될 것이라고 예상이 된다. 적자인 면이 보이고 있지만 꾸준한 고객 증가와 새로운 상품 출시로 인해 수익성이 커진다면 더 큰 규모의 기업으로 성장할 것 같다.

독립적인 상품으로 투명하고 완전한 은행 C6 BANK

■ C6 BANK 서비스 개시일 & 간단한 역사

C6 BANK는 2019년 8월에 출범하여 브라질에서 빠르게 성장하고 있는 기업이다. 2022년 8월까지의 통계에 의하면 총 2천만 개의 계좌 개설과 60개 이상의 상품을 선보이고 있으며 3,500여 명 이상의 직원이 함께 일하고 있다. 브라질 사람들이 가장 일하고 싶어 하는 스타트업 목록을 발표하는 LinkedIn Top Startups 2021에서 1위, Canaltech Award에서 2년 연속 최고의 디지털 은행으로 선정되기도 하였다.

앱 스토어 평점은 5점 만점에 4.7점을 기록, 평균 계좌 개설 시간 5분, 카드의 95%가 5일 이내 배송되는 등의 간편하고 신속한 서비스를 제공하며 브라질 디지털 은행으로서의 입지를 넓히고 있다.

■ C6 BANK 전체 메뉴 항목

C6 BANK는 크게 개인, 법인, 자녀들을 위한 Yellow 계정이 존재한다. 개인을 위한 계정 보험, 신용카드, 생명보험, C6 Tag, 투자 등의 서비스를 제공한다. C6 Tag은 브라질 전국의 고속도로에 적용되고 있는 서비스이며 통행료와 주차료 등의 결제 서비스를 제공하고 있다. C6 투자에서는 투자 조언, 중개 및 보관 수수

료 무료라는 혜택을 제공하고 있으며 개별적인 투자와 투자 추천을 선택하여 개별적인 투자 성향에 맞는 투자를 진행할 수 있도록 하고 있다. 이외에도 계정 보험, 생명보험, 카드 등의 상품을 출시하여 제공 중이다.

개인 금융 서비스뿐만 아니라 법인 서비스도 제공하고 있다. 투자와 웹뱅킹, 신용카드, C6 명함, C6 PAY, PJ 크레딧 등의 서비스를 통해 법인의 간편한 결제 서비스와 관리 시스템을 조성하였다.

■ C6 BANK 메인화면 이미지

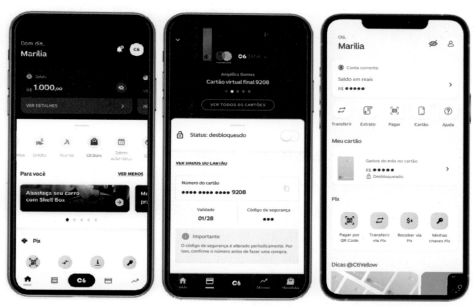

[자료: C6 BANK 공식 사이트]

■ C6 BANK 회원가입 과정

C6은행은 계좌개설을 진행하기 위해서는 타 은행보다 자세하고 확실한 정보를 통해 가입이 가능하다. 그 절차는 다음과 같다. 휴대폰의 앱스토어에서 C6 BANK 앱을 다운로드한다. 앱으로 이동하여 "계좌 개설"을 탭 하여 계좌 개설 절차를 진행한다. 이 과정은 모두 채팅 형식으로 진행이 된다.

먼저, 앱을 사용하며 부르고 싶은 이름 혹은 닉네임을 작성하여 시작하게 된다. 이용 약관 및 개인 정보 보호 정책을 확인하여 "읽기 및 동의"를 해야 한다.

이후 개인 cpf 번호와 e-mail 주소, 휴대폰 번호를 순차적으로 입력 후 비밀번호 6자리를 설정한다. 이 비밀번호는 앱을 액세스하기 위한 비밀번호로 지정된다. 그렇다면 앱에 대한 액세스 생성이 완료된 것이다.

여기서 끝나지 않고 이름, RG 또는 CNH 문서의 이미지를 촬영해야 한다. 이 과정에서 이미지 촬영은 지침을 따르고 밝은 환경에서 촬영이 되어야 한다는 것을 유의해야 한다. 모든 정보는 이미지에서 읽을 수 있어야 한다. 이렇게 이미지가 촬영되었다면 "예" 버튼을 누르고 주소를 입력한다. 이후 지시에 따라 본인의 셀카를 촬영해야 한다. 총 월 소득 금액, 정치적으로 노출된 사람이거나 그와 관계가 있는 경우를 응답해야 하며 직업을 입력하고 "확인"을 눌러준다. 그렇다면 조금 더 자세한 정보로 자산, 즉 집과 자동차, 투자 등 관련된 모든 자산의 추정 가치를 입력해야 한다. 마지막으로 계좌 개설 조건을 확인하고 수락한다면 "동의합니다"를 누른다. 계좌 개설은 모두 완료된다. 이제 그 분석은 이메일로 받게 되면 완료가 된다.

■ C6 BANK 주요 서비스와 서비스의 내용

크게 개인 고객과 법인 고객으로 나누어 살펴보고자 한다. 개인 고객을 대상으로 하는 서비스에는 국제 달러 및 유료 계정인 Conta Global, 포인트 프로그램 Atomos, 수천 가지 제품을 최대 50% 할인된 금액으로 구매 가능한 C6 Store, C6 Card, C6 Tag, C6 TechInvest가 있다. 법인 고객을 대상으로는 카드, 인출, Pix, 신용 등이 포함된 무제한 디지털 무료 계정인 C6 Empresas, 기업 대출, 판매의 시작부터 끝까지 판매 솔루션을 제공하는 C6 Pay, 회사의 얼굴이 있는 카드로 12가지의 색상 중 선택하여 제작이 가능한 C6 명함 서비스까지 존재한다.

■ C6 BANK 주요 서비스의 특징

C6 BANK의 개인 고객 서비스 중 C6 Tag를 먼저 살펴보고자 한다. C6 Tag은 Veloe 기술이 적용된 무료 통행료 및 주차 태그이다. 브라질 전역의 고속도로 통행

료 광장과 파트너인 Veloe가 적용하는 모든 주차장에서 적용이 된다. 즉, 브라질 전국 범위에서 적용이 되고 있다. 앱을 통해 잠금 해제하고 차창에 붙여주기만 하면 되기 때문에 사용하기 쉽고 C6 계좌에서 요금이 직접 인출되어 복잡하지 않은 간단한 구조를 자랑한다. 또한, 앱을 통해 추가 태그를 요청하여 여러 차량에서 사용하고 앱을 통해 관리가 가능하다. 이 모든 과정에서 수수료는 제로로 모두 면제된다는 장점을 자랑한다.

차에서 내리지 않고 앱을 통해 충전이 가능하다. C6 Tag 지불 의사를 안내원에게 알리고 C6 BANK 앱에서 "C6 Tag Vehicles"를 클릭하고 "Pay fuel"을 선택하여 사용하려는 연료 펌프의 6자리 코드를 입력하고 충전을 탭 하면 된다. 그렇게 금액을 확인하고 결제를 진행하면 된다. 간단한 방법으로 앱을 통해 결제가 가능한 것이다.

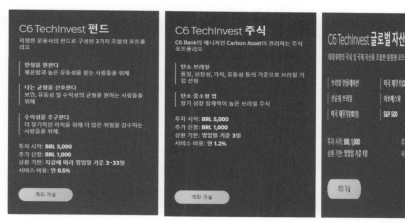

다음으로 살펴보고자 하는 서비스는 C6 TechInvest 서비스이다. C6 BANK의 전문가의 전문성과 최첨단 기술을 결합하여 관심사에 따라 포트폴리오를 구축해 준다. 종류는 총 3가지로 저명사의 운용사 펀드로 구성된 3가지 조합의 포트폴리오, C6 BANK의 매니저인 Carbon Asset이 관리하는 주식 포트폴리오, 최대 9가지 국내 및 국제 자산을 조합한 맞춤형 포트폴리오 세 가지이다. 이를 자신이 투자하고자 하는 곳에 진행하면 된다.

이 서비스는 관심사에 따라 국내 및 국제 자산의 최상 조합에 쉽게 투자할 수 있도록 도와주며 자신을 위해 만든 포트폴리오에 투자하거나 원하는 대로 맞춤화하여 투자를 진행할 수도 있다. 그리고 한 번에 여러 투자를 할 수 있다는 다각화 장점도 있다. 투자 방법을 살펴보자면 지갑 유형을 선택한다. 이는 펀드, 주식, 글로벌 자산 중 선택하는 것이다. 이후 얼마를 투자할 것인지 결정해야 한다. R$1,000~5,000까지 자유롭게 투자가 가능하다. 시장을 모니터링하면서 투자를 주기적으로 자산 재조정하며 투자를 진행하는 것이다.

Q C6 BANK 회사 및 서비스 관련 기사 ⋮

" 디지털 뱅킹: C6 Bank의 자동화된 플랫폼이 브라질의 통행료 지불 시장에서 상당한 점유율을 차지함 "

C6 Bank의 자동 결제 시스템은 브라질에서 가장 빠르게 성장하는 온라인 플랫폼 중 하나라고 합니다. C6 Bank는 2019년 8월에 금융 서비스를 제공하기 시작했습니다. 디지털 뱅킹 플랫폼은 회사의 성장을 가속화하는 데 도움이 되는 C6 태그를 도입했습니다. 약 2년 만에 C6 Bank의 통행료 태그는 13%의 시장점유율에 도달했습니다.

C6 Bank의 업데이트에서 언급했듯이 브라질의 두 회사가 이 시장을 탐색했습니다. 처음으로 요금 표 서비스를 제공한 이 회사는 2000년에 운영을 시작했습니다. 여러 대리점을 파트너로 두고 11년 동안 이 분야에서 유일한 서비스 제공 업체였습니다. 2011년에는 법률이 변경되어 다른 지역의 기업도 진출할 수 있었습니다. 그때 첫 번째 경쟁자가 시장에 진입했습니다. 경쟁사가 서비스를 시작한 후에도 시장은 2019년까지 매출의 90% 이상을 차지하는 오리지널 브랜드에 집중했습니다. 소비자는 이러한 서비스를 사용하기 위해 신용카드가 필요했습니다. C6 Bank 팀은 사용 요금 외에 통행료 또는 주차 요금이 청구서에 나와 있다고 밝혔습니다.

C6 Bank의 제품 및 개인 책임자인 Max Gutierrez는 다음과 같이 밝혔습니다.

"브라질에는 신용카드 없이 유료 도로와 주차장을 이용하는 수백만 명의 사람들이 있습니다." 고객에게 제품을 제공한다는 C6 Bank의 아이디어는 "카드가 필요하지 않은" 무료로 당좌예금에서 인출되는 "태그"를 깨닫는 데서 비롯되었습니다. C6 태그는 "자동차 직불 카드처럼" 작동한다고 회사는 설명했습니다. "수년 동안 새로운 것을 보지 못한" 시장에서 C6 태그는 경쟁을 "뒤흔들었다"라고 회사는 주장합니다.

현재 브라질에서 '태그'를 사용하는 1천만 대의 차량 중 약 55%가 '시장의 리더이자 개척자'를 사용합니다. 또 다른 13%는 해당 부문에서 두 번째 회사의 서비스를 사용하고 있습니다. 시장 소식통에 따르면 C6 태그는 운영 2년 만에 이미 "사용자의 13%"인 두 번째 브랜드와 경쟁하고 있습니다.

Gutierrez는 "새로운 경쟁자가 이미 등장했지만 우리는 여전히 시장에서 완전히 무료인 유일한 경쟁자입니다."라고 지적했습니다. C6 Bank는 "회원비나 배송료를 부과하지 않습니다." 회사는 또한 통행료 또는 주차 요금이 "사용자 계정에서 직접 출금되며 충전할 필요가 없습니다"라고 설명했습니다.

새로운 자동 결제 옵션과 팬데믹으로 인해 더 많은 소비자가 자동 결제 스티커를 사용하게 되었습니다. 브라질에서 가장 큰 고속도로 사업체 중 한 곳에서는 COVID-19 발병 이후 "태그" 사용의 증가가 상당했습니다(70% 이상). 이 비율은 "지역 및 고속도로 교통량에 따라 다릅니다." Gutierrez는 "이 시장은 정체되어 있었지만 소비자가 혜택을 보기 시작했기 때문에 현재 성장하고 있습니다."라고 주장합니다.

C6 Tag의 경우 2021년 9월부터 수수료나 월 사용료가 없는 자동 결제 외에 C6 Tag Rodovia 보험이 있습니다. 충돌이나 사고가 발생한 경우, 피보험자는 "상황에 따라 24시간 운행되는 견인 트럭, 사고 장소 및 숙박 시설에서 최대 400km 범위 내에서 여행을 완료할 수 있는 무료 택시를 받을 수 있습니다. 발생 - 자체 및 제3자 차량 손상에 대한 최대 BRL 5,000에 대한 보장에 추가로."

C6 Bank의 보험 분야를 담당하는 Fabio Basilone 은 다음과 같이 말했습니다.

"우리는 이 제품으로 좋은 반응을 얻었습니다. 출시 2개월 만에 제품이 성숙기에 도달했을 때 예상했던 목표에 이미 도달한 것입니다." 브라질 고속도로 영업권 협회(ABCR)에 따르면 현재 전국 유료 교통량의 47%가 자동으로 수행됩니다. 이 평균은 상파울루 주에서 70%로 증가합니다. Gutierrez는 다음과 같이 덧붙였습니다. "팬데믹은 '태그'의 수용을 크게 가속화했습니다. 태그를 사용하면 멈출 필요가 없고 차창을 열고 현금을 받을 필요가 없기 때문입니다. 이 모든 것이 전염 가능성을 줄여줍니다."

[인용 기사 출처: Omar Faridi, "Digital Banking: C6 Bank's Automated Platform Captures Significant Share of Brazil's Toll Payment Market", CROWDFUND INSIDER, Jan 4, 2022

(기사 URL: https://www.crowdfundinsider.com/2022/01/184934-digital-banking-c6-banks-automated-platform-captures-significant-share-of-brazils-toll-payment-market/)

■ C6 BANK 경쟁사 및 국내 유사 기업

브라질 유니콘 기업 중 투자유치액이 가장 큰 기업은 Nubank이다. 두 번째로 큰 기업이 바로 C6 BANK이다. 경쟁기업으로 Nubank와 EBANX 두 개의 기업을 선정할 수 있다. 먼저, Nubank는 따로 다루었지만 2018년 브라질의 3번째 유니콘 기업으로 선정되었고 라틴아메리카 최대 규모의 디지털 뱅크이다.

EBANX는 2020년 브라질 유니콘 스타트업 명단에 합류하였다. 이 회사는 국경을 추월하는 결제 서비스를 핵심적으로 제공하고 있다. 예를 들어 보자면, Airbnb, AliExpress, Uber 등과 같은 서비스이다.

[자료: Distrito, Diario do Comercio, KOTRA 상파울루 무역관 취합]

■ C6 BANK 분석 내용 정리

SEU CREDITO DIGITAL 언론사의 Autor Eliel Souza Em이 2022년 8월 21일에 작성한 기사에서는 "C6 BANK의 장점과 단점이 무엇인가요?"라는 제목으로 장점과 단점을 정리하여 설명하고 있다. 이 기사에서 꼽은 장점으로는 100% 무료 송금 및 출금, 앱 채팅을 통한 24시간 서비스가 있다. 또한, CBD에 대한 대규모 투자 포트폴리오와 신용 및 직불카드로 각 구매에 대한 보상을 제공하는 Atom 포인트 프로그램을 설명하고 있다.

반대로 C6 BANK의 단점으로는 자동 수율이 없으며 키워드 응용 프로그램의 불안정 입력을 말하고 있다. 또한, 10%를 초과할 수 있는 높은 회전 이자율을 설명한다.

■ C6 BANK 총 분석 정리

브라질의 상파울루는 전 세계 핀테크 도시 4위로 선정되었다. 그만큼 브라질 온라인 지급 결제 시장이 확대되고 있는 추세이다. 그중 C6 BANK는 개인부터 기업까지 다양하고 편리한 서비스를 제공하고 있다. 예금, 맞춤형 카드 디자인부터 보험, 투자 영역까지 다양한 서비스를 일체적으로 제공하고 있으며 더불어 고객의 라이프 스타일에 맞춘 서비스를 제공하며 편리함을 극대화하고 있다. 이러한 다양한 상품의 출시는 C6 BANK의 새로운 이용자를 유치할 수 있을 것이다. 또한, JP모건 체이스가 지분 40% 인수하는 등 투자처도 발굴하고 있는 긍정적인 면이 있다.

그러나, 높은 회전 이자율 등은 발목을 잡는 요소가 될 수 있다. 그러한 단점을 커버할 수 있는 많은 장점을 노출하고 이점을 늘려야 한다고 생각한다.

우루과이 최초 핀테크 유니콘 기업 dLocal

■ dLocal 서비스 개시일 & 간단한 역사

dLocal은 2016년 아르헨티나, 브라질 등 8개국에서 Payins 및 Payouts 솔루션을 출시하며 시작되었다. 이후 2017년 Marketplace 솔루션 출시, 2019년 GA를 투자자로 환영하며 16개국으로 확대되었다. 이후 2020년 GA가 주도하는 2차 투자 라운드에 따라 유니콘 지위를 획득하였다.

dLocal은 글로벌 판매자들을 신흥시장 이용자들과 연결해 주는 업무에 초점을 두어 글로벌 판매자들이 안전하고 효율적인 방법으로 온라인 결제 서비스를 이용할 수 있도록 한다. 현재 AP(Direct Application Programming Interface)와 원테크놀로지 플랫폼, 그리고 하나의 계약을 총칭하여 OnedLocal 모델이라 불리며 신흥 지상 제어 결제 플랫폼을 시행하고 있다. 클라우드 기반 플랫폼으로 현재 29

[자료: 한경글로벌마켓]

개 국가에서 지원하고 있다.

dLocal은 현재 나스닥에 상장되어 있으며 재무상태표, 손익계산서, 현금흐름표 상의 대부분의 수치가 3년간 증가세를 보이고 있다.

■ dLocal 전체 메뉴 항목

dLocal의 메뉴 구성은 크게 7가지로 구성된다. 시작하기, 지불 수락(Payins), 지불금 보내기, 타사 통합, 첫 결제 이후, 지불 방법, 기타로 분류된다. 시작하기는 계정 설정 및 첫 번째 지불 테스트를 수행할 수 있다. 지불 수락은 카드 결제와 대체 지불 방법(APM)을 이야기할 수 있다.

현금 결제, 은행 송금 결제, 지갑 결제, 모바일 머니 결제, 인도만 해당되는 Paylater 결제, 브라질만 해당하는 PIX 결제 등이 그 예이다. 세 번째로 지불금보내기는 파트너의 은행 계좌에 직접 자금을 예치해 파트너에게 현지 통화로 지불할 수 있다. 이 과정에서 외화 변환과 관련된 수수료와 세금을 피할 수 있다는 장점이 있다. 타사 통합은 Shopify 및 광속 설정으로 제3자 계정을 연결해 결제할 수 있도록 한다. 첫 결제 이후는 환불 보내기, 결제 수단 추가, 스마트 필드 통합으로 이루어져 있으며 지불 방법은 다양한 지불 방법을 추가하는 것이다. 기타는 환불 절차, 3D 보안 등이 있다.

■ dLocal 메인화면 이미지

[자료: dLocal 공식 사이트]

■ dLocal 회원가입 과정

판매자와 구매자를 구별하여 계정 생성, Q&A과 관련된 사항을 정리하여 사이트를 제공하고 있다. 크게 판매자 대시보드, 서류(판매자용), 고객 서비스 포털로 구분되어 안내하고 있다.

구매자는 사이트 내에서 국가, 시·도, 주소, 우편번호, 이름, 이메일, 신분증, 생일, 신분증의 앞면과 뒷면의 이미지, 주소 증명이미지, 서명, 화면 스크린샷, 확인 코드를 순차적으로 알맞게 입력하면 회원가입 절차가 완료된다.

판매자는 앱과 사이트 내에서 회원가입이 가능하며 양식에 맞추어 이메일, 상호, 국가, 비밀번호를 순차적으로 입력하여 메일을 전송받으면 된다. 이 상태는 "비활성화" 상태이므로 "라이브 모드 활성화"단계가 필요하다. Test Mode 토글 위로 마우스를 가져간 계정 정보를 클릭하거나 설정하여 일반으로 진입한다. 이후 요청을 제출하기 전 모든 정보가 최신 정보인지 반드시 확인 후 '계정 활성화' 버튼을 눌러 다시 한번 최신 정보인지 묻는 팝업을 확인하고 요청을 눌러야 한다. 이후 dLocal에서 계정 정보를 확인하여 완료가 되면 이메일을 전송해 준다. 이 과정은 2~6주 소요된다.

■ dLocal 주요 서비스와 서비스의 내용

메인 서비스는 Payins과 Payouts 서비스이다. Payins 서비스는 현지화된 카드 결제 경험을 제공하고 최고의 기능을 활용해 전환율을 높이고 있다. 현지 획득, 스마트 라우팅, 스마트 체이닝, 할부 서비스, 구글 페이 등이 그 예가 될 수 있다. 또한, 매일 사용하는 결제 수단을 수용해 신흥 시장의 95% 이상의 소비자에게 도달할 수 있다.

현금 결제, 은행 송금, 디지털 지갑, 모바일 결제 등 소비자가 사용하는 결제 수단을 이용할 수 있다는 편리한 장점을 가지고 있다. dLocal을 사용해 로컬을 획득한다면 전환율 상승, 발행 은행 요구사항에 맞는 조정, 할부 기능, 현지 시장에 맞는 기능 등이 존재한다.

하나의 단일 통합
향후 국가 및 결제 수단을 추가하기 위해
별도의 노력이 필요하지 않습니다.

세금 및 규정
우리가 지역 복잡성을 처리하는 동안
귀하의 비즈니스 확장에 집중하십시오.

전담 전문가 팀
당사의 전문가 팀이 귀하의
비즈니스 성장을 도와드립니다.

심층 분석 도구
자동화된 보고서 또는 전용 대시보드를
총한 통화, 국가 및 지불 유형 데이터

최소화된 위험
우리는 신흥 시장의 사기 및 지불 거절을
알고 있습니다.

[자료: dLocal 공식사이트]

Payouts는 현지화된 결제 경험으로 글로벌 거래의 차별화를 두고 있으며 쉽게 지불 작업을 확장할 수 있다는 특징이 있다. 이는 단일 통합을 사용해 인적 오류 위험을 줄이면서 팀의 수동 작업 시간을 자동화한다.

다양한 규정 준수 요구사항, 예측할 수 없는 규제 변화 및 변동성이 심한 환율 변동으로 인해 전 세계 파트너와 판매자에게 비용을 지불하는 것 등의 어려움을 지역 전문가 팀과 함께 위험을 관리하고 있다. 즉, 신흥 시장의 위험과 운용 부담을 제거하고자 하고 있다. Payouts의 작동 방식은 자금 수집/추가, 지시 보내기, 사용자 지불, 결제 완료 및 알림 받기로 진행되어 판매자와 구매자 모두 편리하게 결제를 진행하고 자금을 받을 수 있는 것이다.

■ dLocal 주요 서비스의 특징

dLocal을 통해 라틴 아메리카와 아프리카, 아시아 어디에서나 몇 분이면 판매가 가능하다. 이로 인해 전환율 증가, 현지 결제 수락, 빠른 통합이 이루어질 수 있으며 고객이 사용하는 결제 수단이 활성화될 수 있다. 결제 경험을 통해 성공적인 거래와 판매를 늘려 전환율을 증가시키고 현장에 직접 참여하지 않고 현지화된 결제 서비스를 시작할 수 있다. 마지막으로 하나의 글로벌 계정을 통해 35개 이상의 국가를 연결할 수 있다.

■ dLocal 회사 및 서비스 관련 기사

Forbes에서 2021년 9월 7일 발표한"넷플리스 및 아마존 결제를 지원하는 우루과이 핀테크 거물을 만나보세요"라는 제목의 기사에서는 dLocal의 창업주들이 오늘날 100억 달러 가치의 우루과이 역사상 가장 성공한 기업가라고 언급하고 있다. 더불어 Susquehanna Capital의 분석가인 James Friedman은 "dLocal은 신흥 시장 소비자가 선진 시장 전자 상거래 회사에서 구매하고 현지 자금원으로 지불할 수 있도록 한다.

아마존과 마이크로소프트는 그들의 가장 큰 고객이며 가격이 높기 때문에 가치를 더한다는 것을 알 수 있다"고 기사에서 언급하였다. 이 기사에서는 dLocal의 창업주들이 우루과이 역사상 가장 성공한 기업가라고 말하였다. 이는 우루과이 내에서 dLocal의 성장세와 성공을 알 수 있는 부분이다.

■ dLocal 분석 내용

REUTERS에서 2021년 10월 22일에 "투자자들이 라틴 아메리카 유니콘을 사냥함에 따라 Focus Tech 급증"이라는 제목으로 기사가 올라왔다.

이 기사의 내용을 살펴보자면 라틴계 붐은 사모 펀드 및 벤처 캐피털에서 가장 큰 이름을 가진 사람들의 눈길을 사로잡았고 월스트리트의 은행들은 미국에서 더 많은 라틴계 유니콘을 공개함으로써 골드러시를 활용하려고 한다는 내용이다. 더불어 Alex Ibarahim 국제자본시장 대표는 "지금 라틴의 파이프라인을 보면 브라질뿐만 아니라 멕시코, 콜롬비아, 페루 등 이 지역에서 유입될 수 있는 것이 매우 놀랍다."와 "그리고 그 국가의 고성장 스타트업 중 다수는 미국과 같은 큰 글로벌 시장에 베팅하고 있다"라고 말했다. 이 기사의 자료를 더 참고하자면 라틴 아메리카의 핀테크 기업과 유니콘 기업의 수는 기하급수적으로 증가하고 있다는 점을 알 수 있다. 여기서 언급된 모든 기업이 서로의 경쟁자이며 동시에 함께 발전하고 있는 기업이다.

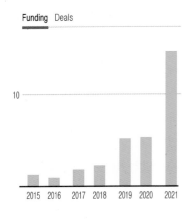

Dealmaking boom in Latam
In the first nine months of 2021,
funding for startups is up 174%
from all of 2020—in $ bln

Funding Deals

10

2015 2016 2017 2018 2019 2020 2021

Note: Jan-Sep 2021
Source: CBInsights – Q3 2021 State of Venture Report

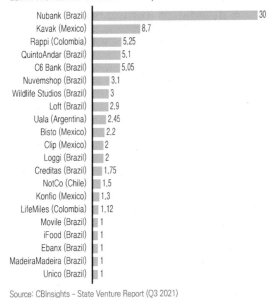

Latino unicorns
Latin America has at least 21 startups valued above $1 bin

Nubank (Brazil)	30
Kavak (Mexico)	8.7
Rappi (Colombia)	5.25
QuintoAndar (Brazil)	5.1
C6 Bank (Brazil)	5.05
Nuvemshop (Brazil)	3.1
Wildlife Studios (Brazil)	3
Loft (Brazil)	2.9
Uala (Argentina)	2.45
Bisto (Mexico)	2.2
Clip (Mexico)	2
Loggi (Brazil)	2
Creditas (Brazil)	1.75
NotCo (Chile)	1.5
Konfio (Mexico)	1.3
LifeMiles (Colombia)	1.12
Movile (Brazil)	1
iFood (Brazil)	1
Ebanx (Brazil)	1
MadeiraMadeira (Brazil)	1
Unico (Brazil)	1

Source: CBInsights – State Venture Report (Q3 2021)

[자료: REUTER]

■ dLocal 분석 정리

　　dLocal의 성장 담당 부사장인 Michel Golffed는 보도자료를 통해 2021년에 따라야 할 신흥 시장의 3가지 결제 트렌드로 첫 번째, 실시간 결제와 모바일 머니, 지갑이 성장할 것이다. 두 번째, 현금은 여전히 중요하다. 세 번째, 대체 결제 수단에 대한 사기 관리를 설명하였다. 신흥 시장은 여전히 선진국 대비 은행 이용자의 수나 그 기술력이 낮은 편이다. 그렇기 때문에 신흥 시장의 지불 동향을 파악하고 있어야 그들에게 필요한 서비스를 제공할 수 있다고 생각한다. 그런 점에서 신흥 시장에 대한 끊임없는 개발을 진행하고 있는 dLocal은 성장성이 높은 회사라고 평가하고 싶다.

차용인의 담보를 사용한 대출 제공 플랫폼, Creditas

■ Creditas 서비스 개시일 & 간단한 역사

Creditas는 담보대출을 제공하는 디지털 플랫폼을 운영하는 금융 기술 회사로 차용인의 담보를 사용하여 대출을 제공한다. 총 펀딩 금액이 11억 달러이며 소프트뱅크 외 27기관의 투자자를 소유하고 있다. 2012년 4월 설립되었으며 자동차 보험과 은행업, 소비자 대출, 다양한 금융 서비스를 선보이고 있다. 특히나 2021년에는 2020년 대비 관리 중인 포트폴리오가 198% 성장하고 공헌 이익이 2배 이상 증가하는 추세를 확인할 수 있다.

■ Creditas 전체 메뉴 항목

현재 브라질 시장에서 시중 최저 금리 대출을 자랑하는 기업인 만큼 대출, 가정 솔루션, 자동차 솔루션, 기업 솔루션으로 나누어 상품을 분류하여 제공하고 있다. 대출 영역에는 보증 대출, 부동산 담보 대출, 학생 대출, 자영업자 대출, 온라인 대출, MEI 대출, 대출 핀테크, 리노베이션을 위한 대출 등 다양한 종류의 대출 서비스가 있다. 가정 솔루션은 담보 부동산 형성이나 금융 개혁과 같은 가정을 위한 서비스가 있으며 자동차 솔루션은 자동차 금융이나 차량 구입, 차량별 대출, 보증 대상 차량 등 차량 전반에 관한 금융 서비스가 포함된다. 기업 솔루션은 급여 선지급, 급여 대출 혜택, 기업 혜택, 혜택 카드, 금융 교육 등 기업에 연관한 서비스 이외에도 기업과의 협력을 통해 직원 복리후생을 위한 금융도 포함이 된다. 개인연금이나 개인 급여 대출, 직원 복리후생 등의 서비스가 있다.

■ Creditas 메인화면 이미지

■ Creditas 회원가입 과정

먼저 모바일 앱 스토어 Play Store 및 Apple Store에서 creditas 앱을 다운로드하여 실행한다. 이후 휴대폰 번호를 입력하여 인증 번호를 요청하여 인증하고 E-mail과 CPF를 통해 인증 절차를 수행하면 완료된다.

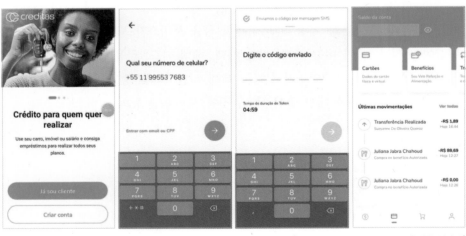

■ Creditas 주요 서비스와 서비스의 내용 및 특징

Creditas의 핵심 서비스는 보증 대상 차량으로 대출, 부동산 담보 대출, 급여 대출이다. 차용인의 담보를 사용하여 대출을 제공하는 회사인 만큼 담보 대출이 주된 서비스이며 그 성격에 맞게 차량과 부동산, 급여 담보 대출의 경우 시뮬레이션을 통해 미리 대출에 대한 내용과 금액 파악할 수 있다. 필요한 금액과 이메일, 이름을 입력하면 입력한 이메일을 통해 결과를 발송해 주는 것이다.

부동산 담보 대출과 관련한 것을 자세히 살펴보자면 리노베이션, 임대, 매각과 관련된 대출이 있다. 리노베이션은 긴급 수리, 집 전체 혹은 장식 및 가구를 수리할 때 받을 수 있는 대출이며 임대는 부동산에서 토지 경계 설정자 그리고 거주자로 진행되는 서비스로 부동산은 광고주에게 최고의 재정적 혜택을 제공받으며 토지 경계 설정자는 신용전문가의 도움으로 빠르게 임대하고 재산을 보호받는 혜택을 받는다. 마지막으로 거주자는 보증인을 별도로 설정하지 않고 이상적인 집을 임대할 수 있다. 또한, creditas에서는 부동산 매각 서비스도 실시하고 있다.

Creditas의 차별화된 서비스로는 HR 포트폴리오 서비스이다. 법인을 대상으로 제공하고 있는 것으로 기업 내 근로자를 위한 서비스이다. 그들에게 7가지의 혜택 카드, 급여 대출, 급여 선지급, 금융 교육, 개인연금, 크레딧 스토어, 건강과 관련된 보험 서비스 등의 복리후생을 제공해 주는 것이다. 이는 기업이 근로자의 복리후생을 위하여 Creditas와 협력하여 제공한다.

■ Creditas 회사 및 서비스 관련 기사

Finextra에서 2022년 7월 11일에 "브라질 Crditas, 은행 라이선스 인수"라는 제목으로 기사를 발표했다. 이에 따르면 Creditas는 은행 라이선스와 모기지 시장을 구매하여 서비스를 확장할 예정이며 Andorra's Banco Andbank의 라이선스를 취득해 예금을 받을 수 있게 된 것이라고 설명하였다. Creditas의 CEO인 Sergio Furio는 "은행 사업 인수로 우리는 추가 자금원으로 예금을 통해 빠른 성장을 계속할 수 있을 것입니다."라고 언급하기도 하였다.

■ Creditas 경쟁사 및 국내 유사 기업

PagSeguro라는 회사를 경쟁자로 볼 수 있다. PagSeguro는 브라질 최대의 포털 사이트인 UOL의 자회사이다. 2006년 포털용 결제 서비스를 시작으로 출범하였고 금융시장에서 소외된 고객을 타깃으로 하여 시작하였으며 현재는 은행업과 카드업까지 사업 분야를 확장하였다. 2018년 미국 나스닥 상장에 성공하며 현재 시가 총액 114억 달러의 규모를 자랑하고 있다.

국내 유사 기업으로는 toss의 대출 서비스를 꼽을 수 있다. toss는 1분 만에 최저 금리를 찾아주는 내게 맞는 대출 서비스나 신용점수에 맞는 맞춤 대출 추천 서비스 등의 추천 서비스와 대출 이자와 매월 갚아야 할 금액을 미리 계산할 수 있는 서비스도 제공하고 있다.

■ Creditas 분석 내용

한경 BUSINESS는 지난해 2021년 10월 18일 "글로벌 '핀테크 강자'로 부상한 브라질"이라는 제목의 신문 기사를 발표하였다. 이 기사에서는 골드만삭스를 비롯해 글로벌 투자업계가 브라질의 핀테크 시장을 눈여겨본 데는 이유가 있다면서 브라질 인구는 2억 명을 넘고 국내총생산(GDP)은 2020년 기준 약 1조 4,000억 달러로 어마어마한 내수 시장을 갖춘 국가라고 설명하였다. 또한, 실제로 브라질의 핀테크 업체들 가운데는 기존 금융 시장의 불편함을 해결하기 위한 '금융 서비스'에 특화된 업체들이 대부분이며 브라질을 기반으로 활동 중인 핀테크 업체는 771개라고 언급하였다.

■ Creditas 총 개인 분석 의견

핀테크 기업이 약 700개 이상의 기업을 자랑하는 브라질 시장에서 대출을 중점으로 하는 서비스를 제공한다는 차별화된 점과 최저 시중 금리를 자랑한다는 점이 Creditas의 장점이라고 생각한다. 브라질 이외에도 라틴 아메리카의 스마트폰 보급률은 성장하고 있는 추세인 만큼 디지털 은행의 성장세도 점차 커질 것이라고 예상하고 싶다. 추후 은행 라이선스 취득으로 대출 이외의 은행업 서비스도 추가된다면 다양한 니즈를 가진 고객이 증가할 수 있을 것이라고 생각한다.

그러나 최저 시중 금리 이외에는 다른 핀테크 은행에서도 충분히 제공할 수 있는 서비스라고 생각한다. 그렇기 때문에 차별화된 상품을 끊임없이 생각하고 출시해야 살아남을 수 있을 것이라 예측된다.

기타 지역 핀테크 5개 기업의 특징 비교

기업명	BBVA	Nubank	C6 BANK	dLocal	Creditas
국가	스페인	브라질	브라질	우루과이	브라질
설립 연도	1857년	2013년	2019년	2016년	2012년
앱 등록일	spain버전: 2014.01.30	2014.04.25	2019.05.15	각 어플 내에서 사용	2018.06.22
메인 메뉴	• 통합계좌조회 • 모기지 • 투자 관리 • BBVA Beconomy • 챗봇 Blue	• 홈 • 프로필 • 계정 및 바로 가기 • 내 카드 • 기타 제품 • 더 알아보기	• 개인 • 법인 • Yellow계정	• 시작하기 • 지불수락 • 지불금 보내기 • 타사 통합 • 첫 결제 후 • 지불 방법 • 기타	• 대출 • 가정 솔루션 • 자동차 솔루션 • 기업 솔루션
차별점	• 전자 지갑 앱 BBVA Wallet 서비스 제공 • 원 클릭 대출 • 디지털 공과금 • 부동산 플랫폼 'Varola View'	• 연회비 없음 • 소득세 환급 서비스 • NuTap • 보험 맞춤화 서비스	• 자녀를 위한 계정 'Yellow' • 특성을 나타내는 카드 디자인 • C6 Tag	• 인도: Paylater 기능 • 브라질: PIX 결제 • 현지화된 결제 경험	• 다양한 대출 상품 • 대출 전문 플랫폼
추천 사용자	• 전자 카드를 한 번에 관리 하고 싶은 사람 • 부동산 서비스 를 이용하고자 하는 사람	• 사업자 • 보험 서비스를 이용하고자 하는 사람 • 투자 및 다양 한 상품을 이용 하는 사람	• 자녀를 위해 계 좌를 개설하는 학부모 • 운전자 • 투자자	• 다양한 국가와 거래를 하고 싶은 판매자	• 대출 상품만 이용하고 싶은 사람 • 차별화된 대출 상품을 찾는 사람

참고문헌 및 자료 출처 (■: 이미지 출처   ▲: 기사 출처   ●: 용어 설명)

BBVA

- 공식 사이트
  https://www.bbva.com/en/

Nubank

- 공식 사이트
  https://nubank.com.br/
- ▲ [데이터뉴스] 브라질도 '디지털 뱅크'가 대세
  https://www.etnews.com/20220928000218

C6 BANK

- 공식 사이트
  https://www.c6bank.com.br/?utm_source=google&utm_medium=pi-cpc&utm_campaign=aquis icao-pf_consideration_marca_google&utm_term=as-18mais_2nd-busca-masterbrand&utm_c ontent=20210801_aquisicao-pf_consideration_marca_google_as-18mais_search_pi-cpc_2nd -busca-masterbrand_google_abra-sua-conta_na_lp-c6_bdt-acq&gclid=EAIaIQobChMI5uWk ypLq-gIVEFRgCh2TfQ6QEAAYASAAEgJZmPD_BwE&gclsrc=aw.ds&
- ■ Distrito, Diario do Comercio, KOTRA 상파울루 무역관 취합
- ▲ 디지털 뱅킹: C6 Bank의 자동화된 플랫폼이 브라질의 통행료 지불 시장에서 상당한 점유율을 차지함
  https://www.crowdfundinsider.com/2022/01/184934-digital-banking-c6-banks-automated- platform-captures-significant-share-of-brazils-toll-payment-market/

dLocal

- 공식 사이트
  https://dlocal.com/
- 공식 블로그
  https://dlocal.com/our-solution/payouts/

▲ 투자자들이 라틴 아메리카 유니콘을 사냥함에 따라 FOCUS Tech는 급등

https://www.reuters.com/technology/tech-stampede-investors-hunt-latin-american-unicorns-2021-10-21/

Creditas

■ 공식 사이트

https://www.creditas.com/

■ 공식 블로그

https://www.creditas.com/blog/posts/como-acessar-o-novo-app

▲ 브라질 Crditas, 은행 라이선스 인수

https://www.finextra.com/newsarticle/40616/brazils-creditas-buys-banking-licence

서기수

경영학 박사(재무관리)

前) 한미은행, 한국씨티은행 재테크 팀장(17년 근무)
　　서울사이버대학교 세무회계학과 겸임교수
　　현대, 신세계 백화점 문화센터 대표 강사
　　한성대학교 경영학과, 광운대학교 경영대학원 출강
　　국세청, 경찰청 등 정부기관 및 삼성전자, KT&G 등
　　다수 기업체 강의 출강(자산관리, 투자, 경제 등)
現) 서경대학교 금융정보공학과 교수
　　한국금융연수원 겸임교수
　　서울 시민대학 사회경제분야 자문교수

저서:『사이버PB 서 팀장의 천만 원부터 시작하기』,『돈의 심리 부자의 심리』,『서기수의 부자특강』,『꿈의 습관』,『이명박 정부시대의 부동산 투자전략』,『재테크 선수촌』등 다수

강의 및 칼럼 문의: moneymst@naver.com

서경대학교 MFS(Mobile Financial Service) 연구회 연구원

- 편종성(Roboadvisor)
- 이종우(Payment)
- 정희정(남미 등 기타국가 App)
- 강상윤(Banking)
- 김소윤(China App)
- 박재현(Loan)
- 김민재(Stock)

글로벌 모바일 금융 서비스 트렌드

초판발행	2023년 2월 25일
지은이	서기수·서경대학교 MFS 연구회
펴낸이	안종만·안상준
편 집	전채린
기획/마케팅	손준호
표지디자인	Ben Story
제 작	고철민·조영환
펴낸곳	㈜ **박영시**
	서울특별시 금천구 가산디지털2로 53, 210호(가산동, 한라시그마밸리)
	등록 1959. 3. 11. 제300-1959-1호(倫)
전 화	02)733-6771
f a x	02)736-4818
e-mail	pys@pybook.co.kr
homepage	www.pybook.co.kr
I S B N	979-11-303-1701-4 93320

copyright©서기수·서경대학교 MFS 연구회 2023, Printed in Korea

정 가   25,000원